EINHEITLICHE ARCHITEKTURTHEORIE
FORM, SPRACHE, KOMPLEXITÄT

Eine Begleitschrift zu Christopher Alexanders *The Phenomenon of Life — The Nature of Order, Book 1*

Nikos A. Salingaros

Mit Beiträgen von Christopher Alexander, Zaheer Allam, Michael Carey, Peter Eisenman, Léon Krier, Kenneth G. Masden II, Michael W. Mehaffy und Edward O. Wilson

NIKOS SALINGAROS

EINHEITLICHE ARCHITEKTUR-THEORIE

Form, Sprache, Komplexität

ARKTOS
LONDON 2022

© 2022 Arktos Media Ltd.

Alle Rechte, einschließlich derjenigen des teilweisen Abdrucks sowie der photomechanischen und elektronischen Wiedergabe, sind vorbehalten.

Originaltitel: *Unified Architectural Theory: Form, Language, Complexity* (2013)

ISBN	978-1-914208-53-9 (Taschenbuch)
	978-1-914208-54-6 (Gebundene Ausgabe)
	978-1-914208-55-3 (Ebook)
ÜBERSETZUNG	Damien François
LEKTORAT	John Bruce Leonard
	Constantin von Hoffmeister
EINBAND	Tor Westman
LAYOUT	John Bruce Leonard

🌐 Arktos.com   📘 fb.com/Arktos   🐦 @arktosmedia   📷 arktosmedia

Inhalt

1. Vorwort 1
2. Ein biologisches Verständnis der Architektur 6

I

3. Einführung in die Lehrveranstaltung 11
4. Vorlesungsskript, erste Woche 15
5. Architekturtheorie 23
6. Integrierte Wissenschaft und die Umwelt im nächsten Jahrhundert 35
7. Vorlesungsskript, zweite Woche 43
8. Vorlesungsskript, dritte Woche 50
9. Die Kolmogorov-Chaitin-Komplexität 58
10. Gegen Ökophobie und für einen humanen Lebensraum 64
11. Vorlesungsskript, vierte Woche 73
12. Anwohnerfreundliche Städte errichten 80
13. Politik, Philosophie, Kritische Theorie und menschliche Wahrnehmung ... 91
14. Vorlesungsskript, fünfte Woche 100
15. Grenzen der Design-Wissenschaft: „Evidenzbasiertes Design" 108
16. Vorlesungsskript, sechste Woche 117
17. Biophilie 125
18. Neurowissenschaften, natürliche Umwelt und Baudesign 134
19. Vorlesungsskript, siebte Woche 162
20. Vorlesungsskript, achte Woche 171
21. Vorlesungsskript, neunte Woche 178
22. Vorlesungsskript, zehnte Woche 186
23. Die Transformation von Ganzen 193
24. Vorlesungsskript, elfte Woche 206
25. Größenstufen und Fraktale 213
26. Fraktale Kunst und Architektur minimieren den physiologischen Stress ... 224

27. Vorlesungsskript, zwölfte Woche 253
28. Intelligenz und Informationsumwelt 261
29. Vorlesungsskript, dreizehnte Woche. 270
30. Komplexe adaptive Systeme. 277
31. Architektur: Biologische Formen und künstliche Intelligenz 289
32. Vorlesungsskript, vierzehnte Woche. 309
33. Zur Macht der Gefühle. Peter Eisenman im Gespräch mit Christopher Alexander. 316
34. Nüchterne Betrachtungen zur Natur der zeitgenössischen Architektur....329
35. Schlußfolgerung 343

II

36. Die Entdeckung der Theorie auf der Grundlage von Bewertungen 348
37. Erstes Kursprojekt. 352
38. Checkliste Formensprache 356
39. Architektonischer Regionalismus korreliert mit Design-Komplexität 358
40. Zweites Klassenprojekt: Bewertung und Klassifizierung von Formensprachen. 361
41. Quantitative Bewertungen des Regionalismus und der Komplexität 363
42. Anmerkungen für Studenten zum allgemeinen Rahmen der Lehrveranstaltung. 370
43. Lehrveranstaltung: Das Konzept. 374
44. Nachwort. 379

ANMERKUNG DES ÜBERSETZERS

Unser Instinkt ist nicht nur schneller als unser Verstand, er ist auch nachhaltiger. Vielleicht, weil er schon länger zur Menschwerdung gehört als der Intellekt.

MESSNER: *ÜBER LEBEN*, 2014,
MÜNCHEN: PIPER VERLAG, S. 79

Ich habe auf den ausdrücklichen Wunsch des Autors den deutschen Text sehr nah am englischen Original übersetzt. Prof. Salingaros wünschte ebenfalls, daß ich auf unnötig komplizierte wissenschaftliche Formulierungen verzichte, um eine größtmögliche Leserschaft zu erreichen. Seine Ideen sollen so einfach wie möglich dargestellt sein. Es ist mir bewußt, daß die eine oder andere Formulierung auch „deutscher" hätte ausfallen können; dennoch habe ich mich in diesen Fällen für eine „direktere" Übersetzung entschieden, damit der ursprüngliche Sinn des Textes am besten erhalten bleibt.

Unser Dank (Prof. Salingaros und ich) geht an Frau Elisabeth de Coudenhove-Kalergi für die hervorragende Korrekturarbeit.

DR. PHIL. DAMIEN FRANÇOIS

1

Vorwort

Im Herbst 2012 hielt ich eine Lehrveranstaltung zur Architekturtheorie an der Architecture School der Universität von Texas in San Antonio. Sie war so angelegt, daß auch viele Studenten von außerhalb sie verfolgen konnten, wo immer sie waren. Alles, was sie zu tun hatten, war unsere beiden Lehrbücher zu besorgen und zu lesen sowie mein Vorlesungsskript und sonstige Lektüren (die hier eingearbeitet sind). Selbst diejenigen Studenten, die keinen Zugang zu den Lehrbüchern hatten, konnten über die Grundgedanken in meinem Skript, das den Lesestoff zusammenfaßte, eine Menge lernen. Dieses Skript lege ich nun hiermit vor, zusammen mit dem zusätzlichen Lesestoff. Es ergänzt, ersetzt jedoch nicht die beiden Lehrbücher, auf die wir aufbauen:

- Christopher Alexander, *The Nature of Order: An Essay on the Art of Building and the Nature of the Universe, Book 1 — The Phenomenon of Life*, Center for Environmental Structure, Berkeley, 2001.

- Nikos A. Salingaros, *A Theory of Architecture*, Umbau-Verlag, Solingen, 2006. (Dieses Buch wurde auch ins Chinesische und Persische übersetzt).

Insgesamt ermöglichen diese Veröffentlichungen einen neuen und durchaus intelligenteren Zugang, um Architektur besser zu verstehen. Am Ende des Semesters hatten die Studenten Alexanders Buch sowie Kapitel 1 bis 7 und 10 aus meinem, die einen direkten Bezug zu *The Nature of Order* haben, studiert und aufgenommen. Die wichtigsten in meinem Vorlesungsskript zusammengefaßten und kommentierten Pflichtlektüren wurden ergänzt nachdem sie in einer Art rundem Tisch in der Veranstaltung besprochen wurden. (Da weder Alexanders Band 1 noch mein eigenes Lehrbuch explizit für den Kurs, den ich anbieten wollte, verfaßt worden waren, erwies es sich als notwendig, die Kapitel ein wenig neu zu ordnen. Diese Sequenz ist von Bedeutung.)

Der Fokus lag dabei auf einer Einheitlichen Architekturtheorie, die jede Form von Architektur beinhaltet und beschreibt, von den traditionellen Bauten bis zu den neuesten, aktuellen Designtrends. Noch wichtiger ist die Tatsache, daß der ausführliche, theoretische Rahmen auf Wissenschaftlichkeit und nicht auf persönlicher Meinung beruht. Die Theorie ist, wie ich belegen werde, begründet und hat auch prognostizierbares Potenzial. Viele Architekten, die sich mit Alexanders Arbeit befaßt haben, konnten oder wollten seine Ideen nicht in ihre eigene Arbeit umsetzen, weil sie fälschlicherweise meinten, es ginge ihm ausschließlich um einen bestimmten Typ („eurozentrisch" oder „nostalgisch") von Architektur. In unserer Lehrveranstaltung konnten wir dieses Mißverständnis ausräumen. Der hier vorgelegte einheitliche, theoretische Rahmen ist pragmatisch, original, umfassend und trifft besonders für das innovativste Design zu.

Am Ende des Kurses konnten die Studenten selber feststellen, was einen „guten" Bau ausmacht, nicht nur in seiner Rücksicht auf menschliche Bedürfnisse, sondern auch in seiner didaktischen Dimension. Ist er funktional und emotional befriedigend, trägt er dazu bei, die Lebensqualität seiner Nutzer zu steigern? Ein separates, jedoch korrelatives Kriterium bezieht sich auf den Bau als Modell oder Vorbild, welches uns Designtechniken lehrt, die direkt in der Praxis Anwendung finden könnten. Unsere Analyse ist ein Hilfsmittel, Designfehler im Bau auf diversen konzeptuellen Ebenen zu entdecken oder zu vermeiden. Ein „guter" Bau kann architektonische Lösungsansätze liefern, die man in die eigenen Projekte transferieren kann, um Fehler zu vermeiden.

Sowohl Alexander als auch ich selber haben weiterhin, nachdem unsere beiden Bücher (die uns hier als Lehrbücher dienen) fertig waren, einen wichtigen Forschungsbeitrag zu der zentralen Frage geleistet, wie

Architektur und menschliche Natur interagieren. Die neuen Aufsätze, die ich mit Kenneth Masden und Michael Mehaffy verfaßt habe, sind in die Vorlesungsunterlagen aufgenommen. Als Zusatzlektüre habe ich ein Interview mit dem bekannten klassischen Architekten Léon Krier beigefügt. Der Biologe Edward O. Wilson, einer der größten lebenden Wissenschaftler und Gründer der Biophilia, hat mir freundlicherweise erlaubt, auf sein Essay zurückzugreifen, welches in direktem Zusammenhang mit dieser Vorlesung steht. Schließlich, in meiner Eigenschaft als einer der vier Herausgeber der Online-Publikation *Katarxis 3* (zusammen mit Lucien Steil, Brian Hanson und Michael Mehaffy), habe ich auf die Alexander-Eisenman-Debatte aus dem Jahr 1982 (die ich ursprünglich für das Web vorbereitet hatte), ein zusätzliches Essay von Alexander und einen Teil eines eigenen Essays aus derselben Publikation zurückgegriffen.

Die beiden studentischen Projekte, in denen es darum ging, eine bestimmte architektonische Formensprache zu dokumentieren und zu gebrauchen, machen einen wichtigen Aspekt des Kurses aus. Im ersten Projekt ging es darum, daß jeder Student eine architektonische Formensprache wählte und dokumentierte, um sie schließlich beim Entwurf eines neuen Gebäudes anzuwenden (nur eine konzeptuell sehr grobe Skizze).

Die regionale Anpassung des Gebäudes wurde bewertet, indem es mit seiner Komplexität korreliert wurde. Diese Übung führt quantitative Methoden in die Architekturtheorie ein. Beim zweiten Projekt ging man viel weiter in der Verbindung von Anpassungsfähigkeit und Komplexität der Formensprache, und man brauchte dabei ein weitaus ausgefeilteres Modell für die geometrische Komplexität und die regionale Anpassung. Präzisere Messungen wurden vorgenommen, um nach möglichen Korrelationen zu suchen. Ein allgemeiner Abriß dieser Projekte ist im Anhang beigefügt.

Das Ergebnis aus den Lektüren und den Projekten zeigte den Studenten, wie sie diejenigen Teile eines Gebäudes unterscheiden können, die gut funktionieren — bzw. die sie überzeugen -, von denjenigen, die nur unzureichend für den menschlichen Umgang konzipiert wurden. Gelungene Formen und Räume beruhen darauf, daß sie auch Emotionen beachten, auf keinen Fall aber nur intellektuell und formal befriedigen, weil diese oft zu nüchternen wie auch chaotischen Ausformungen führen können.

Somit behaupten wir, daß die Gestaltungsprioritäten heute grundsätzlich das Gegenteil von dem sind, was sie sein sollten. Ein gelungenes, nutzerfreundliches Gebäude spricht die Mehrzahl der Menschen an, wenn es auf menschliche Gefühle eingeht. Um ein altes Mißverständnis aus dem Weg zu räumen: Ein Gebäude muß nicht neutral oder unspezifisch sein, um diese universelle Anziehungskraft zu erlangen. Im Gegenteil, das Eingehen auf regionale Ausprägungen und die Nutzer verbindet unverkrampften Regionalismus mit gestalterischem Anspruch, der durchaus zu einer komplexen Formensprache führen kann.

Die Tatsache, daß wir auf eine theoretische Grundlage mit objektiven Bewertungen zurückgreifen konnten, ermöglichte uns zu erklären, weshalb ein Gebäude unmittelbar intuitiv auf Anhieb gefallen kann. Gleichzeitig unterschieden wir in unserer theoretischen Herangehensweise zwischen dem Eindruck, etwas auf Anhieb zu „mögen", weil es provokant oder auffallend ist, und der tiefgründigeren Annäherung, die spüren läßt, weshalb es ein gutes oder ein schlechtes Arbeits- bzw. Wohnumfeld ist. Dieser zweite Zustand bezieht sich mehr auf die empfundene Einfachheit einer natürlichen Umgebung. Wir haben die systemischen (mathematisch umsetzbaren) wie biologischen Gründe finden können, wieso die von uns herausgearbeitete Analogie korrekt ist. Manche Gebäude haben bei vielen Studenten ein unwohles Gefühl verursacht, ohne daß sie dieses jedoch begründen konnten. Jetzt können sie es — dank einer auf objektiven Kriterien beruhenden Analyse. Unsere Theorie hat also die Bewertung von Strukturen entscheidend verändert.

Das Bahnbrechende dieser Lehrveranstaltung wird erst im Vergleich zwischen den Lektüren und den Projekten deutlich. Die Studenten durften eine beliebige architektonische Formensprache wählen; über die Hälfte von ihnen entschied sich für Gebäude und Stilrichtungen von zeitgenössischen Star-Architekten. Die meisten anderen Studenten wählten einen bekannten modernistischen Architekten des frühen 20. Jahrhunderts, nur wenige entschieden sich für traditionelle Formensprachen. Trotz der daraus entstehenden Voreingenommenheit entdeckten die Studenten die Anpassungsvorteile traditioneller Formensprachen und erklärten, sie würden künftig ihre eigenen Entwürfe dementsprechend überdenken. Wir lieferten objektive Kriterien, um die heutige Nutzbarkeit einer gewissen Formensprache zu bewerten. Dies wurde dadurch möglich und gelang uns, weil wir als Grundlage einen theoretischen Rahmen verwendeten, welcher eine humanorientierte Architektur unterstützt.

Anschließend konnten Architekturschulen diese Veranstaltung als festen Bestandteil ihres Lehrplans verwenden, was nichtsdestotrotz voraussetzte, daß ein Dozent sich bereiterklärte, sie anzubieten. Er ist unabdingbar, um die Diskussionen in den Vorlesungen projektorientiert zu leiten und auch, um die Arbeit der Studenten zu bewerten. Interessierte Studenten aber können durch die Rahmensetzungen dieses Kurses eine Menge erlernen, auch wenn sie alleine, ohne Dozent, arbeiten. Dies bestätigen die positiven Rückmeldungen der Studenten, die das Wochenskript online gelesen haben. Wichtig ist hier die Synthese der Ideen, die dargestellt sind.

Am Ende des vorliegenden Buches werden auch einige praktische Vorschläge gemacht, wie ein Kurs organisiert werden kann; jedem Kollegen, der erwägt, in der Zukunft diesen oder einen ähnlichen Kurs anzubieten, werden sie zugute kommen. Selbstverständlich hat jeder Dozent seine eigene Vorstellung, wie er den Lehrplan und die Leseliste aufstellt, und wie integrierte Projekte strukturiert werden sollen.

2

EIN BIOLOGISCHES VERSTÄNDNIS DER ARCHITEKTUR

Auszug aus einem meiner Essays in Katarxis *Nr. 3, September 2004. Abgedruckt mit Genehmigung.*

ARCHITEKTUR UND BIOLOGIE HABEN TATSÄCHLICH vieles gemein. Diese Beobachtung wird aus einer strukturellen Perspektive als intuitiv richtig wahrgenommen, weil Menschen eine Beziehung zwischen natürlichen und künstichen Prozessen spüren, aus denen Formen generiert werden. Nichtsdestotrotz mag das Ausmaß der Behauptung überraschen, stammt diese Aussage doch von Architekten mit unterschiedlichster Architektursprache. Die Idee der biologischen Verknüpfung wird sowohl von traditionellen Architekten als auch von Modernisten, Postmodernisten, Dekonstruktivisten und erst recht von solchen mit „organischen Formen" in Anspruch genommen. Man könnte meinen, daß die suggerierte Verknüpfung der Architektur mit der Biologie dazu mißbraucht wird, jedweden architektonischen Stil zu begründen. Wenn sie aber eine solch umfassende Inanspruchnahme findet, dann verliert die biologische Verknüpfung ihren Wert oder wird dadurch zumindest so konfus, daß sie bedeutungslos ist. Gibt es einen Weg, den daraus entstehenden Widerspruch und die Konfusion aus der Welt zu schaffen?

Bislang haben Architekten und die an Architektur interessierten Wissenschaftler ihren Blick auf die morphologische Imitation der Natur fokussiert. Für ihre Konstruktionen haben sich die Menschen natürlicher und auch biologischer Formen bedient, manchmal explizit, häufiger aber implizit. Dennoch bin ich der Meinung, daß das Verständnis der biologischen Wurzeln der Architektur und des Städtebaus eine andere Komponente braucht, die unabhängig von der strukturellen Nachahmung ist. Dieser schwer faßbare Aspekt des Problems betrifft zunächst die Art und Weise, wie wir Formen überhaupt wahrnehmen und eine Beziehung zu ihnen aufbauen. Als solche hat diese Fragestellung mehr mit der internen Struktur des Menschen zu tun als mit übergreifenden biologischen Strukturen. Die Antwort findet man in den kognitiven Prozessen, in der Wahrnehmung und in der Neurophysiologie.

Die Suche nach biologischen Einflüssen auf Architektur und Städtebau setzt eine allgemeine Übersicht des Problems voraus. Da es sich um ein weites Feld handelt, ist es sinnvoll, dieses nach prinzipiellen Fragen zu gliedern. Der folgende Fragenkatalog ist nur ein erster Ansatz für die Untersuchung.

1. Weshalb ähneln Bauformen biologischen Formen?

2. Welche Art Bauformen entsprechen eher biologischen Vorbildern?

3. Neigen Menschen dazu, gewisse Formen vorzuziehen, weil sie diese subjektiv als angenehmer empfinden?

4. Neigen Menschen auch instinktiv dazu, mit bestimmten Formen zu bauen?

5. Macht es überhaupt Sinn, biologische Formen in unseren Bauten nachzuahmen?

6. Haben wir mehr als nur ein ästhetisches Vergnügen — zum Beispiel einen physischen oder einen psychologischen Nutzen — von einer Umgebung, die die Essenz biologischer Strukturen wiederzugeben vermag?

7. Wirkt es sich negativ aus, wenn wir inmitten von und um Formen leben, die in einem Widerspruch zu biologischen Formen stehen?

8. Verstehen wir biologische Strukturen gut genug, um mehr als nur ihre oberflächlichen Erscheinungen nachzuahmen?

Diese Fragen sollten Anstoß sein, um Problemen in der Beziehung der

Menschen zu ihrer natürlichen wie gebauten Umwelt, die seit langem bestehen, wissenschaftlicher nachzugehen und vielleicht zu lösen. Einerseits möchte ich mich an dieser Stelle auf die Beziehung zwischen Architektur und Städtebau fokussieren und andererseits auf die vererbten Gehirnstrukturen, die die Funktion des „Geistes" beim Menschen beeinflussen. Eine Reihe von innovativen Architekten und Denkern sind jetzt dabei, die Grundlagen für eine neue Architektur auszuarbeiten, die eine Antwort auf menschliche Bedürfnisse liefert, und die durch ein tieferes Verständnis der biologischen Struktur gekennzeichnet ist. Unser Erkenntnisvermögen ist das, was uns zu Menschen macht; es ist mit Sicherheit dafür verantwortlich, wie wir Strukturen wahrnehmen. Daher ist die menschliche Neurophsysiologie unentbehrlich, um zumindest einen Teil der oben genannten Fragen zu beantworten.

ERSTER TEIL

VORLESUNGEN UND LEKTÜREN

„Wenn wir irgendetwas einzeln herauszunehmen versuchen, stellen wir fest, daß es mit allem anderen im Universum verbunden ist."

JOHN MUIR

3

EINFÜHRUNG IN DIE LEHRVERANSTALTUNG

UNSERE LEHRVERANSTALTUNG VERFOLGT DAS ZIEL, den Studenten theoretische Grundlagen zu vermitteln, um eine sinnvolle architektonische Arbeit zu leisten. Die theoretische Motivation, die hinter den unterschiedlichen Bautypen steckt, wird gründlich untersucht. Auf dem Hintergrund der architektonischen Praxis und der tektonischen Strukturen analysieren wir auch die wissenschaftlichen Grundlagen, die die architektonische Entwicklung bestimmen und rechtfertigen. Indem wir die Ideen und Prozesse untersuchen, die Bauformen eine Gestalt geben, bewerten wir diese Formen auf einer objektiven Basis. Dieser Ansatz ist völlig innovativ. Eine Lehrveranstaltung, die die theoretischen Grundlagen von Orten und Bauten erkundet, hat einen wichtigen Platz im Lehrplan, da sich keine andere Lehrveranstaltung mit dem Thema befaßt. Der Kurs ist formell aufgeteilt in Vorlesung, Gestaltungs- und Analyseprojekte und Diskussion.

Die Studenten müssen sich über das, was sie in dieser Lehrveranstaltung erwartet, ein Bild machen können. Die Architekturtheorie besteht zur Zeit aus einem disparaten Gebilde von Schriften von Architekten, Kritikern, Architekturhistorikern und Philosophen. In der Philosophie, die hinter unserer Lehrveranstaltung steckt, gehen wir davon aus, daß der aktuelle Stand der Dinge beirrend und nicht unbedingt hilfreich in Fragen der Gestaltung ist. Auch sind wir der Meinung, daß die neuesten, zumeist wissenschaftlichen Ergebnisse zu einer neuen einheitlichen Architekturtheorie zusammengefaßt werden können. Die Studenten sollten sich auch der Tatsache bewußt sein, daß die Disziplin sich gerade in ihrem Anfangsstadium befindet, und daß Widersprüche und Polemiken zwischen den Experten einfach dazugehören. Die besprochenen Themengebiete sind in Kategorien aufgeteilt, was zu einer systematisierten Kategorisierung in der vorliegenden Thematik führen wird. Somit schaffen wir auch auf diesem Gebiet Klarheit.

Erstens, was heute als Fundament der Architekturphilosophie dient, reicht zur Darlegung der Theorie absolut nicht aus. Es gibt viele sehr unterschiedliche philosophische Richtungen in der zeitgenössischen Gesellschaft, von denen jede einzelne eine eigenwillige Interpretation der Struktur der Materie und der Stellung des Menschen im Universum darstellt. Die deutlichsten und am meisten besprochenen Beispiele zeitgenössischer Architektur entsprechen nur einer dieser philosophischen Richtungen, und kollidieren, oftmals gewaltig, mit anderen philosophischen Interpretationen. Nichtsdestotrotz werden Architekturstudenten in der Regel mit keiner anderen Philosophie als der, die gerade in Mode ist, konfrontiert. Dieser Stand der Dinge ist völlig subjektiv.

Zweitens hängt dieser Zustand auch damit zusammen, wie Architekturtheorie zu verstehen ist. Meine Definition entspricht derjenigen der Architekturtheorie in der gängigen wissenschaftlichen Praxis: Sie ist ein Deutungsrahmen für die Architektur und deren Interaktion, sowohl mit Menschen als Nutzer als auch mit der natürlichen Umwelt. Die architektonische Disziplin besteht aus zwei sich ergänzenden Teilen: die Bauten an sich, und ein theoretischer Rahmen, der zur Erläuterung und zur Bewertung dieser Bauten dient. Eine Theorie, die keinen Erläuterungscharakter hat, ist nutzlos. Am nutzvollsten ist eine Theorie, wenn sie vorausschauend und experimentell überprüfbar ist. Der Diskurs der zeitgenössischen Architektur ist jedoch seltsamerweise weit entfernt von jeglichem reellen Zusammenhang mit echten Bauten. Die Architekten bieten tatsächlich theoretische Erläuterungen zur Form ihrer Bauten an, dennoch ist es oft schwer, eine Beziehung zwischen Theorie und Praxis herzustellen. Was viele heute als Architekturtheorie betrachten, ist bloß ein sehr kleiner Unterbereich der Philosophie.

Drittens werden einige Studenten womöglich erstaunt sein, daß ich die Arbeit anderer Autoren, die heute als prominente Architekturtheoretiker gelten, einfach ablehne. Da ich aber über Archtitektur schreibe und publiziere, ist es geradezu selbstverständlich, daß ich mit anderen sogenannten Architekturtheoretikern nicht einverstanden bin und mit ihnen streite. Unsere jeweiligen Ideen ringen miteinander um Legitimität. Wenn der Diskurs eines Kollegen grundsätzlich von meinem Ansatz abweicht, erachte ich es als mein Recht, zu verkünden, daß seine Schriften bestenfalls nutzlos sind, um Architektur zu verstehen, bzw. im schlimmsten Fall, daß diese fehlerhaft oder gar bedeutungslos sind.

Diese Einstellung wird in akademischen Architekturkreisen für Aufsehen sorgen. Lehrer an Architekturschulen sind nur selten auch Architekturtheoretiker. Es mag sein, daß der eine oder andere Hochschullehrer nebenbei als Architekt arbeitet, aber das heißt ja nicht, daß er auch zwangsläufig einen Beitrag zur Architekturtheorie leistet. Zudem ist es in der akademischen Welt üblich, jedem Diskurs zur Architektur Gültigkeit zuzusprechen, insbesondere wenn die Ideen mit bekannten Namen in Verbindung gebracht werden. Somit legen Dozenten im Normalfall den Studenten Texte von bekannten Autoren ohne jegliche Kritik vor. Die verfügbaren Lehrbücher, auf die man in einer Veranstaltung zur Architekturtheorie zurückgreifen kann, sind in der Regel nichts weiter als zusammengestellte Texte von verschiedenen Autoren. Dozenten gehen davon aus, daß die Herausgeber dieser Bücher den Inhalt jedes darin enthaltenen Beitrages überprüft haben; diese Annahme ist jedoch falsch. Die Aufgabe eines Herausgebers ist es, bekannte Namen für die Veröffentlichung zu gewinnen, was aber an sich keine Garantie für die Richtigkeit ihrer Ideen darstellt.

Das hat alles Konsequenzen, die Architekturstudenten stark beunruhigen sollten. Eine echte Architekturtheorie aufstellen, das bedeutet für mich, Prognosen machen und eine Bewertungsgrundlage schaffen. Wenn wir die Grundlagen für die Theorie sorgfältig genug geschaffen haben, auf präziser und ehrlicher Art und Weise, dann müssen wir mit den Prognosen leben. Studenten, die die Gewohnheit haben, Bauten von namhaften Architekten als bemerkenswerte Beispiele zeitgenössischer Architektur zu betrachten, könnten schockiert sein, wenn die Auseinandersetzung mit der Theorie sie dazu führt, diese Bauten zu kritisieren. Wenn andere Architekturtheoretiker die Bauten, die wir kritisieren, loben, kann der Schock sogar noch größer sein. Studenten sind solche Widersprüche einfach nicht gewohnt. Wie entscheidet man, wer nun recht hat? Wie lauten die verschiedenen Bewertungskriterien? Mit diesen Fragen betreten wir den Bereich der subjektiven Meinung, die die Politik und die Medien vertreten. Es ist das Ziel dieser Veranstaltung, die Disziplin so zu öffnen, daß die daraus enstehenden Spannungen zu einem besseren Verständnis der Architektur führen werden.

4

VORLESUNGSSKRIPT, ERSTE WOCHE

DIE STRUKTUR VON ARCHITEKTURTHEORIEN

LEKTÜREN IN DER ERSTEN WOCHE:

- Alexander, *The Phenomenon of Life*, Prologue & Kapitel 1, „The Phenomenon of Life".
- Salingaros, „Architectural Theory", Ausschnitte aus *Anti-Architecture and Deconstruction* (Umbau-Verlag, Solingen, 2008), auch ins Chinesische, Französische, Italienische und Russische übersetzt.
- Edward O. Wilson, „Integrated Science and the Coming Century of the Environment", *Science*, Band 279, Nr. 5359 (27. März 1998), S. 2048–2049.

ARCHITEKTUR IST EIN AKT, BEI dem der Mensch in das natürliche Ökosystem eingreift und dieses verändert. Wenn wir den Boden und die Pflanzen, die dort wachsen, zerstören, um Bauten und Infrastruktur zu errichten, ist es immer gleich die gesamte biologische Ordnung des jeweiligen Ortes, die zerstört wird. Es ist das Ziel der Architektur, Strukturen zu schaffen, die den Menschen nicht nur als Unterkunft dienen, sondern ihnen auch diverse Aktivitäten ermöglichen. Die Menschen sind ein Teil des Ökosystems Erde — etwas, das sie allzu oft vergessen.

Deshalb ist es logisch zu behaupten, daß die Architektur theoretische Grundlagen braucht, die ihren Ursprung in natürlichen Ökosystemen haben. Mit dem Akt des Bauens werden Materialien durch den Menschen in eine spezifische Ordnung gebracht; diese Materialien wurden der Natur entnommen und bis zu einem gewissen Grad verändert. Einige der Materialien, die wir heute am häufigsten nutzen, zum Beispiel Glas- und Stahlplatten, werden in energieaufwendigen Verfahren hergestellt, die hohe energetische Kosten verursachen. Diese Materialien können keine Grundlage für nachhaltige Lösungen sein, auch wenn die Industrie sie als solche anpreist. Der Abbau von Rohstoffen und eine drohende ökologische Katastrophe sind die Folgen unserer Entfremdung von der Natur. Auch haben wir ein blindes Vertrauen in Technologie als Lösung für die Probleme, die aus dieser Entfremdung entstehen.

Architekturtheorie, wie wir sie in unserer Lehrveranstaltung verstehen, ist wie ein Rahmen, der architektonische Phänomene anhand von wissenschaftlicher Logik und wissenschaftlichen Methoden untersucht. Viele Experimente, die bereits von anderen Autoren durchgeführt worden sind, werden wir auf die Architektur anwenden. Die Theorie stellt ein Modell bereit, welches Untersuchungen und Beobachtungen zur Form und Struktur darlegt.

Anerkannte Theorien helfen uns, die Arbeit der Architekten zu interpretieren, auch wenn diese ihre eigenen Motivationen und Erklärungen haben. Nichtsdestotrotz ermöglicht uns die Theorie, unterschiedliche Arten von Bauten miteinander zu vergleichen und zu bewerten, wie gut sie im Verhältnis zu ihren Nutzern und zur Natur stehen. Dadurch können wir in Erfahrung bringen, wie ein Bau entstanden ist, welche Beziehung er zu seiner Umgebung hat, und wie er mit ihr interagiert.

Es ist gut, wenn Architekturtheorie nicht bloß für Architekten, sondern auch für den Durchschnittsbürger zugänglich wird. Allein aus diesem Grunde sollten Theorien entsprechend klar formuliert sein. Die Vorteile liegen darin, daß die Gebäude ja letztendlich von jedermann bewohnt sind; Architekten hingegen können sich ihre eigenen vier Wände und ihren Arbeitsplatz aussuchen. Ein weiterer wichtiger Punkt ist, daß die meisten Bauaktivitäten aus dem Aufrichten von selbstgebauten und informellen Siedlungen bestehen. Es sind Nutzer und nicht Architekten, die diese Strukturen bauen.

Christopher Alexander hat Pionierarbeit geleistet und eine erste Theorie zu der von Menschen gemachten Ordnung verfaßt. Da sie direkt in der natürlichen Ordnung gründet, kommt es zwischen den beiden Ordnungstypen nie zu Widersprüchen und auch zu keiner Verwirrung.

Alexander ging von fünf Vermutungen aus, um seine weitere Arbeit voranzutreiben:

(1) Beiden Ordnungstypen (natürlich und künstlich) liegen dieselben Mechanismen zugrunde.

(2) Die natürliche Ordnung ist eine selbstorganisierende und selbstkorrigierende Ordnung. Was wir zu sehen bekommen, existiert, weil es funktioniert.

(3) Die künstliche Ordnung ist nicht zwangsläufig selbstorganisierend und selbstkorrigierend; und wenn sie es doch womöglich ist, dann auf der Zeitebene von Generationen, sodaß der Einzelne davon keine Kenntnis haben kann. Ungeachtet der Konsequenzen greifen somit Menschen in ihre natürliche Umgebung ein, errichten Bauten und bauen Strukturen, die schädlich für sie sind. Es ist dann nicht einfach, das Gute zu erkennen und vom Schlechten abzugrenzen.

(4) Es ist möglich, wissenschaftliche Werkzeuge zu entwickeln, die uns helfen, herauszufinden, was in den Produkten des menschlichen Schaffens gut oder schlecht ist — inwiefern sie die natürliche Umwelt und auch uns Menschen belasten.

(5) Der menschliche Körper kann als Aufspürungs- bzw. Meßinstrument dienen, um herauszufinden, was gut und was schlecht ist in der Architektur. Die Grundannahme dabei ist, daß das menschliche Gefühl universell ist und daß 90% der Menschen ähnlich reagieren, selbst wenn sie aus unterschiedlichen Kulturkreisen stammen.

Um gute Bauten zu errichten, brauchen wir eine Weltsicht, eine Vorstellung der Welt, die gesund ist und uns ermöglicht, die Dinge gründlich zu verstehen. Eine gesunde Weltsicht hat ihren Ausgangspunkt in der Beziehung zur Welt: eine direkte Bindung an die universelle Ordnung und an den natürlichen Verlauf der Dinge.

Das Gegenteil, also die Abgrenzung von der Welt, führt zu einem gefährlichen Zustand, in dem man Situationen als von der Welt getrennte Mechanismen untersucht. In diesem Modell gleicht ein Bau oder auch eine Stadt einer Maschine. Die moderne Wissenschaft hat sich schuldig gemacht, diese Abgrenzung von der Natur vorangetrieben zu haben, denn wissenschaftliche Modelle sind zwangsläufig selbstgenügsam und in ihrem Spielraum begrenzt — ansonsten wären sie ja völlig nutzlos.

Die Wissenschaft liefert exzellente Modelle, um Dinge zu erklären, die wie mechanische Systeme funktionieren. Nichtsdestotrotz entspricht dies nicht einer ausführlichen Erklärung der Dinge, selbst wenn es um solche geht, die wir gut verstehen. In vielen Fällen ignorieren wir sogar die mechanistische Beschreibung von den Phänomenen, die wir beobachten.

Was der rein mechanistischen Weltsicht fehlt, ist das menschliche Bewußtsein, unsere persönliche und emotionelle Bindung an das Universum. Dies mag auf Anhieb keine Rolle spielen, wenn es darum geht, technische Probleme zu lösen; es ist jedoch immer von großer Bedeutung, wenn es um unser Leben geht — wie zum Beispiel in der Architektur. Eine weitere wichtige Konsequenz der mechanistischen Weltsicht ist der Mangel an Werten. Ein Mensch, der tief im Universum verwurzelt ist, kennt den Unterschied zwischen gut und böse, echt und falsch, schön und häßlich. Diese Eigenschaften sind nicht relativ und auch nicht an Meinungen gebunden. Einem Konsumenten, der von natürlichen Werten getrennt lebt, kann man toxische Produkte unterjubeln und ihn glauben lassen, daß sie gut für ihn sind.

Der Weg aus der gegenwärtigen, restriktiven Sicht des Universums muß über eine weitaus tiefere Beziehung zwischen dem Menschen und seiner Umwelt führen. Wer tief im Universum verwurzelt ist, achtet auf das Wechselspiel zwischen sich und seiner Außenwelt.

Diese Feststellung führt uns zu der Vorstellung, daß die Menschen eine gemeinsame Bewertungsgrundlage teilen und in der Lage sind, intuitiv beurteilen zu können, ob etwas einer künstlichen Ordnung oder dem Leben selbst entspricht. Daraus ergibt sich die Einschätzung, daß 90% der spontanen Reaktionen von Menschen auf ihre Umwelt gleich sein müssen, ungeachtet der Kulturen und Entfernungen, die diese voneinander trennen. In dieser neuen Weltsicht spielen Ornamente eine bedeutende Rolle in der Beziehung zwischen Mensch und Weltordnung. Ornamente sind also dazu bestimmt, einen nicht-mechanistischen Sinn zu haben.

Es geht uns also um die Architektur und die Produktion menschlicher Artefakte als wesentliche Teile natürlicher Ökosysteme. Ordnung und Leben sind miteinander verbunden. Natürliche Dinge haben eine wesentliche Ordnung in sich, und das Leben, wie wir es gewöhnlich kennen und verstehen, ist einfach eine Weiterführung dieser Ordnung. Deshalb sollten humane Bauten nicht im Widerspruch zur natürlichen Ordnung stehen bzw. sie nicht beschädigen.

Die Öksysteme, die es auf der Erde gibt, und wovon viele untereinander verbunden sind, beinhalten selbst weitere Komponenten und sind auch selbst als solche enthalten; weder metabolisieren noch reproduzieren sie sich. Alle Schichten des Systems sind voneinander abhängig. Diese Lebenseigenschaft von unbewegten Objekten und Situationen wird aus ihrer Teilnahme an der natürlichen Ordnung geboren. Der menschliche Körper hat Mechanismen entwickelt, um diese Ordnung aufzuspüren. Es ist also nicht verwunderlich, etwas als „lebendig" zu empfinden aufgrund von geometrischen Eigenschaften, auch wenn das Objekt selbst nicht biologisch ist.

Metabolismus und Reproduktion sind zusätzliche Eigenschaften biologischer Organismen. Einen Bau als „lebendige" Einheit zu betrachten, hat als einfache Folge, daß man davon ausgeht, daß er auch beizeiten repariert und restauriert werden muß. Diese Analogie mit dem Metabolismus entlarvt einen der Grundtenöre der industriellen Architektur des 20. Jahrhunderts als falsch — und zwar die Suche nach absolut ausdauernden und wetterfesten Materialien. Diese Suche ist sehr kostspielig geworden. Schlimmer noch, sie streitet die Existenz der Lebenseigenschaften ab. Materialien, die verwittern, lassen Bauten entstehen, die sich ähnlich wie biologische Organismen verhalten. Die Tempelanlage von Ise in Japan zum Beispiel wird alle 20 Jahre neu gebaut.

Bauten reproduzieren sich auch: Wenn eine Formensprache von anderen Bauherren übernommen wird, dann wird der originale Prototypbau in mehreren Kopien reproduziert — nicht eins zu eins, jedoch mit dem gleichen „genetischen" Material.

Da eine Sache als „lebendig" empfunden wird, wenn sie eine starke Beziehung zu unserem Geist und unserem Körper aufbaut, gibt es einen gegenseitigen Effekt: Dieses Objekt, dieser Ort oder diese Konfiguration bewirkt, daß wir uns lebendiger fühlen. Es lassen sich haufenweise Artefakte, Bauten und städtische Gebiete finden, die sich „lebendig anfühlen"; das wiederum läßt uns uns selbst „lebendiger" fühlen. Immer stammen diese Werke aus funktionalen Traditionen und selten aus neuen Designtrends.

Die dadurch wahrgenommene Lebensqualität entspringt spezifischen, geometrischen Konfigurationen; es ist möglich, diese Gesetze, die Lebensqualität aufkommen lassen, an den Tag zu legen. Selbst in nichttraditionellen Beispielen von Objekten und Orten im 20. Jahrhundert, die als „lebendig" empfunden werden, kann dieses Gefühl auf die Geometrie zurückgeführt werden. Dies gründet nicht in Konzepten, einem besonderen Image oder Modetrends. Indem man eine Beziehung zur Sache aufbaut, entsteht eine direkte Verbindung zum Hersteller. Somit kann sich dieser nicht hinter irgendwelchen Ideen oder Konzepten verstecken, die den Grundcharakter der Sache beeinträchtigen.

Um Architektur wirklich zu verstehen, gibt es keinen besseren Weg als die Wissenschaft, um den Geheimnissen der Natur auf die Spur zu kommen.

Edward Wilson hat die Errungenschaften der Wissenschaft zusammengefaßt:

(1) Systematisches Zusammentragen von Ideen über die Welt, möglichst durchorganisiert und in Form von bündigen Grundprinzipien.

(2) Die Resultate müssen unabhängig überprüfbar und wiederholbar sein.

(3) Es hilft, Informationen zu quantifizieren, denn dadurch können in den Grundsätzen mathematische Modelle zum Einsatz kommen.

(4) Die Bündigkeit von Information durch Systematisierung und Klassifizierung ist vorteilhaft bei der Speicherung.

(5) Eine Garantie für Wahrheit liefert die Konsilienz — verschiedene Disziplinen werden „horizontal" miteinander verbunden.

Die Konsilienz dient als Zuverlässigkeitstest einer Theorie. Eine Theorie mag sich gut anhören, selbst wenn sie grundsätzliche Fehler beinhaltet. Da sie gegebenenfalls verschiedene falsche Annahmen miteinander verknüpft, kann die interne Folgerichtigkeit zu Fehlschlüssen verleiten. Normalerweise sollte es möglich sein, von einer richtigen Theorie in eine andere Theorie, die sich auf einen anderen Bereich bezieht, überzugehen. Wenn es einen Widerspruch gibt, dann ist etwas nicht in Ordnung. Es kann sein, daß es nicht bloß ein Hindernis, sondern eine Ungereimtheit ist, das oder die es dann zu beseitigen gilt.

Architekturtheorie kann durch zwei Mechanismen entwickelt bzw. überprüft werden: durch interne Hypothesen, die wiederholt überprüft werden, und durch externe konsiliente Verknüpfungen zu anderen Disziplinen, die eine überprüfbare Grundlage haben. Zu diesen gehören die sogenannten „harten Wissenschaften".

Gute Architektur ist weniger eine reduktionistische als eine synthetische Displizin — was sie zwangsläufig sein muß. Wenn sie aber reduktionistisch gebraucht wird, dann beinhaltet sie wahrscheinlich ernsthafte Fehler, die schliesslich der Umwelt schaden. In diesem Zusammenhang bedeutet anpassungsfähig sein, viele unterschiedliche Antworten auf menschliche Bedürfnisse und die natürliche Ordnung zu synthetisieren.

Am wichtigsten für die Architektur ist die direkte Verknüpfung mit der Evolution des Menschen, den physischen Bedürfnissen seines Organismus und auch die Tatsache, Informationen zu nutzen, die dem kulturellen Evolutionsstand entsprechen. Wenn man den biologischen Ursprung der menschlichen Bedürfnisse und Verhaltensweisen außer Acht läßt, entkoppelt man die Architektur von der Welt und von der Menscheit. Architekten sollten Bauten entwerfen, die gewöhnliche Menschen als angenehm empfinden, und nicht bloß Bauten, an denen Architekten selber Gefallen finden. Auch sollten Architekten „ortsgebunden" bauen, das heißt, sie sollten ihre Bauten an den jeweiligen Ort, an dem sie gebaut werden, anpassen, und nicht ortsunabhängig.

5

ARCHITEKTURTHEORIE

von Nikos A. Salingaros

Auszüge aus: Anti-Architecture and Deconstruction *(AAAD), dritte Auflage (Umbau-Verlag, Solingen, 2008). Abgedruckt mit freundlicher Genehmigung.*

ARCHITEKTURTHEORIE (*AAAD*, S.149–150)

DAMIT WIR SCHRIFTEN, DIE DEN Anspruch haben, zur Architekturtheorie beizutragen, korrekt besprechen, ist es zunächst einmal sinnvoll, zu definieren, was Architekturtheorie überhaupt ist. Eine Theorie, in gleich welcher wissenschaftlichen Disziplin, ist ein Gesamtrahmen, der:

(1) Erklärungen zu beobachteten Phänomenen liefert;

(2) Wirkungen voraussagt, die durch bestimmte Umstände verursacht werden;

(3) es ermöglicht, neue Sachbestände zu gestalten, die sich entsprechend der Theorie entwickeln und vorausgesagt werden können.

In der Architektur sollte dieser Gesamtrahmen erklären können, weshalb Bauten auf Menschen in einer bestimmten Art und Weise wirken, und weshalb manche Bauten gelungener sind als andere, sowohl in praktischer als auch in psychologischer und ästhetischer Hinsicht.

Eine wichtige Voraussetzung für eine Architekturtheorie ist ihre Fähigkeit, vereinzelte und augenscheinlich unabhängige Beobachtungen über den Umgang des Menschen mit Bauformen zusammenzufügen und zu erläutern. Eine weitere Voraussetzung ist die Formalisierung dieser Beobachtungen in der Form eines Rahmens, der sich bei Entwürfen einfach anwenden läßt.

Leider erleben wir erst jetzt, wie die Architektur mit der überfälligen Ausarbeitung ihrer theoretischen Grundlagen beginnt. Es ist nicht übertrieben zu behaupten, daß dieser Forschungsbereich bislang lediglich von persönlichen Launen und von Modeerscheinungen angetrieben wurde, und nicht von theoretischen Grundlagen. Die Folge davon ist ein riesiges Mißverständnis, das auf die wissenschaftliche Ignoranz von drei Architekten-Generationen zurückgeht: Ein gigantischer Korpus von Schriften ist mit „Architekturtheorie" verwechselt worden, obwohl es sich dabei keineswegs um Theorie handelt. Diese Schriften werden den Architektur-Studenten als Theorie gelehrt und von Architekten in die Praxis umgesetzt; nichtsdestotrotz dienen sie nur dazu, gewisse stilistische Modeerscheinungen und Dogmen zu verbreiten, anstatt Architekturformen zu erläutern. Doch verfügen wir jetzt über ausreichende architekturtheoretische Grundlagen, aus denen der Kern dieser Disziplin ausgebaut werden kann. Dieser Kern besteht aus den Schriften von Christopher Alexander (Alexander, 2001; Alexander et al., 1977), von Léon Krier (1998) sowie auch von mir, dem Verfasser (Salingaros, 2006), und von einigen weiteren Theoretikern.

Echte Architekturtheorie hat sich in zwei parallele Richtungen entwickelt. Einerseits geht es darum, auf historisch bewährte Lösungsansätze zurückzugreifen. Es überrascht also nicht, daß es hier um traditionelle Architektur geht, deren Typologien innovativ eingesetzt werden. Die Architekten, die diese Richtung bewußt ignorieren, machen den Fehler, davon auszugehen, daß es ihr bloß um die Kopie älterer Vorlagen geht; aber eigentlich geht es ihr darum, eine wohlentwickelte Fachsprache zu nutzen, um neuartige Lösungen auszuarbeiten. Die zweite Richtung echter Architekturtheorie basiert auf Wissenschaft.

Dabei wird auf Modelle aus der Biologie, der Physik und der Computerwissenschaften zurückgegriffen, um zu erklären, wie architektonische Formen entstehen, und weshalb Menschen auf bestimmte Weisen auf unterschiedliche Strukturen reagieren. In vielen Hinsichten kann der wissenschaftliche Ansatz mit dem traditionellen Entwurfsansatz vereinbart werden. Praktisch besteht der einzige Unterschied darin, daß der wissenschaftliche Ansatz nicht an bestimmte Typologien gebunden ist, und deshalb eine viel ausgebautere Fachsprache kennt als im traditionellen Ansatz.

Architekten fällt es in der Regel schwer, den wissenschaftlichen Korpus echter Architekturtheorie zu schätzen — aufgrund gewisser Fehlaussagen in den bereits existierenden Texten. Autoren, die behaupten, von wissenschaftlichen Theorien samt Fachausdrücken Gebrauch zu machen, unterliegen alle ausnahmslos einer Verwirrung, die sie an ihre Leser weiterleiten. Ein Großteil dieser architektonischen Literatur ist schlicht und einfach falsch; Architekten verfügen jedoch nicht über ausreichende wissenschaftliche Kenntnisse, um es einzusehen.

Respektierte Architektur-Kommentatoren veröffentlichen irreführende Aussagen, die von Architekten und Studenten als sinnvolle Erklärungen übernommen werden, die daduch so verwirrt sind, daß sie nicht mehr in der Lage sind, echte wissenschaftliche Erklärungen zu schätzen. Sie halten falsche Erklärungen für die Realität.

Dies geschieht leider, weil es in der Architektur bislang noch keine Grundlagen gibt, um zwischen richtiger und falscher Theorie zu unterscheiden. Auf anderen Gebieten hat man es erst geschafft, theoretische Grundlagen zu entwickeln, nachdem ein solches Kriterium zur Unterscheidung zwischen Sinn und Unsinn eingeführt wurde. Fälschlicherweise glauben Architekten, daß eine Reihe solcher Kriterien nur in experimentellen Bereichen wie der Physik existieren können und übersehen dabei, daß die Architektur an sich eine experimentelle Disziplin ist. Das Problem liegt darin, daß die beobachtbare, experimentelle Seite der Architektur jahrzehntelang wohlwollend vernachläßigt wurde, und zwar bis zu dem Punkt, wo ihre Praktiker die fundamentale Qualität der Disziplin vergessen haben.

Die Notwendigkeit einer Theorie (*AAAD*, S. 164-166)

Ich habe auf zeitgenössische Autoren aufmerksam gemacht, die meines Erachtens tatsächlich zur Bildung von theoretischen Grundlagen für die Architektur beitragen. Ich habe auch bemerkt, daß das, was heute von vielen Architekten als Architekturtheorie angenommen wird, überhaupt keine Theorie ist, sondern bloß den geschickten Versuch darstellt, einen gewissen Entwurfsstil zu propagieren. Außenstehende (d. h. die meisten Menschen) nehmen naiv an, daß die zeitgenössische Architektur bereits eine theoretische Grundlage, wie zum Beispiel die Chemie oder die Neurowissenschaften, hat, die erklärt, wie Bauten auszusehen haben.

Somit tragen die vielen Schriften, die fälschlicherweise als Architekturtheorie gekennzeichnet werden, lediglich dazu bei, bestimmte Vorstellungen ins Leben zu rufen und zu untermauern; diese Vorstellungen werden anschließend einfach übernommen und als Muster für Bauten in einem seltsamen Stil genutzt. Eine theoretische Grundlage bilden diese Vorstellungen jedoch nicht. Diese Schriften entsprechen in keiner Weise den vorherrschenden Kriterien zur Bildung einer Theorie.

Jede Disziplin baut mit der Zeit ihren eigenen Wissensfond auf, mit dem sie eine Vielzahl von Phänomenen zu erklären vermag. In der Architektur wird Wissen seit Jahrtausenden gesammelt. Ein Teil dieses Wissens wird in Form eines kompakten theoretischen Rahmens kodifiziert; ein weiterer Teil davon ist geradezu phänomenologisch, wurde jedoch durch Beobachtung und Experimente getestet. Fakten und Ideen setzen sich auf eine bestimmte Art und Weise zusammen, die allen echten Disziplinen gemein ist.

Das entscheidende Merkmal eines theoretischen Rahmens ist seine durchsichtige interne Komplexität, gekoppelt an seine externe Konnektivität. Dies geschieht auf die Art und Weise, wie sich Erklärungsnetzwerke im Laufe der Zeit entwickeln:

(1) Neueres Wissen zu einer bestimmten Thematik baut auf dem bereits existierenden Wissen auf.

(2) Älteres Wissen wird nur durch eine bessere Erklärung desselben Phänomens ersetzt und nicht, weil sich die Mode geändert hat und es wird verlangt — dieser Prozeß generiert unterschiedlich vernetzte Wissensebenen.

(3) Eine Theorie aus einer bestimmten Disziplin muß den vernünftigen Übergang zu anderen Disziplinen ermöglichen.

Das setzt eine Art Schnittstelle voraus, und zwar dort wo eine Disziplin in eine andere übergeht, und zwar in ihrem gesamten peripheren Bereich. Alle Theorien, die sich selbst isolieren, weil sie für andere unverständlich sind, sind zwangsläufig suspekt. Eine dichte interne Konnektivität und eine etwas lockere nach außen hin ermöglichen Selbstkorrektur und Wahrung. Das trifft für alle komplexen Systeme zu.

Als Beruf hat sich die Architektur immer wieder sowohl von ihren eigenen Wissensgrundlagen als auch von anderen Disziplinen entkoppelt, im Glauben, ewig „zeitgenössisch" bleiben zu können — ungeachtet der neueren und vielgepriesenen Verknüpfungspunkte mit der Philosophie, der Linguistik und der Wissenschaft im allgemeinen, die sich jedoch als Enttäuschung erwiesen haben.

Das ist natürlich das Hauptmerkmal einer Mode, das genaue Gegenteil einer echten Disziplin. Immer wieder hat die Architektur das gewonnene Wissen über Bauten und Städte ignoriert und sich dabei von unsinnigen Sprüchen und Einflüssen leiten lassen. Diejenigen, die am meisten von der Instabilität und Oberflächlichkeit der Modeindustrie profitieren, haben Todesangst, mit echtem Wissen über die Welt konfrontiert zu sein. Es würde sie ja arbeitslos machen. Architekten und Kritiker ändern regelmäßig die dominante Mode, um den Markt zu stimulieren. Dabei verbrauchen sie ein gewaltiges Maß an Ressourcen, um für gleich welchen vergänglichen Stil, der gerade in Mode ist, Werbung zu machen. Damit sie ihre Mode verkaufen können, sind sie verpflichtet, jede Anwendung von bisher erlangtem architektonischen Wissen zu unterdrücken. Das hindert jede theoretische Grundlage daran, sich jemals zu entwickeln. Eine sich permanent ändernde Mode ist einfach parasitär in Bezug auf zeitlose Prozesse.

Kritiker tun neo-traditionelle Bauten als billige Kopien von klassischen Prototypen ab, selbst wenn sie sich an nichts erinnern, was in den vergangenen zwei Jahrtausenden gebaut worden ist. Die Architektur-Medien sind der Meinung, „eine klassische Säule bedeute Tyrannei" und daß man irgendwie Totalitarismus fördert, wenn man der klassischen Architektur einen gewissen Reiz zuspricht. Gleichzeitig wird aber die Wertschätzung jeder Form von nicht-klassischer, funktionaler Architektur lächerlich gemacht. In diesem Zusammenhang werden wir als bloß ignorant oder „sentimental" abgestempelt — was nach geläufigen architektonischen Werten heute einem Kapitalverbrechen gleicht. Neuartige Bauten, die humane Qualitäten aufweisen, die ebenfalls nichts mit der klassischen Typologie zu tun haben, sind ebenso verboten.

Heute werden die Menschen dazu verführt, die „Architektur der Zukunft" als zwangsläufig „zerklüftet und aufgebrochen" und nur aus Glas und poliertem Metall bestehend zu schätzen. Mögliche Zweifel werden aus dem Weg geräumt, indem man den Architekten die ehrwürdigsten Auszeichnungen verleiht. Manch einer, der damit beschäftigt ist, diesen Stil zu verbreiten, handelt mit geradezu religiösem Eifer. Viele Modernisten glauben ernsthaft, daß sie der Zivilisation einen Gefallen tun, wenn sie die Zukunft vertreten und uns dabei vor Rückständigkeit und Rückentwicklung bewahren. Architekturschulen sind von Rechtschaffenheit durchdrungen. Beginnend mit dem Bauhaus in den 1920er Jahren, haben sich viele Schulen vorgenommen, die Gesellschaft umzustrukturieren, zur Verbesserung der Lebensumstände aller Bürger, ob diese es wollen oder nicht. Wenn Otto Normalverbraucher sich nach Bauten aus früheren Zeiten sehnt, die humane Proportionen haben, ist es bloß ein Zeichen von menschlicher Schwäche.

Wir befinden uns an der Schwelle zu einer historischen architektonischen Abrechnung. Eine neue Architektur mischt außergewöhnliche, geschwungene Formen und fraktale Maßstäbe mit den aufgebrochenen Formen der Dekonstruktion. Wir sind der Meinung, daß Architekten, die mit der Zeit gehen wollen, ihre dekonstruktive Last ablegen sollten und stattdessen denjenigen, die sie zuvor verspottet und verleumdet haben, die Hand reichen — gemeint sind die Traditionalisten und die neuen, erfinderischen Architekten, die die menschliche Dimension und das humane Verständnis respektieren. Indem neuartige Formen mit Typologien vermischt werden, die eine geschichtlich kompetitive Auslese durchgemacht haben, kann eine neue Architektur entstehen, die den Bedürfnissen des Menschen angepaßt ist, statt diese immer zu vernachläßigen. Indem man ihnen nahegelegt hat, das „bizarre Aussehen" der Dekonstruktion als Neuheit zu betrachten, hat man die jüngeren Architekten getäuscht. Nichtsdestotrotz wächst eine neue Generation von Architekten auf, die intelligent genug ist, zu erkennen, was geschieht, und sich von dieser unglücklichen Täuschung abwendet.

Das traditionelle Erbe (*AAAD*, S. 112-115)

Obwohl einige Traditionen anachronistisch und fehlgeleitet sind, sind sie trotzdem als Lösungsfundus zur Bewertung neuer Ansätze von immenser Bedeutung. Eine neue Lösung kann gewiss beizeiten eine traditionelle ersetzen, aber das darf nur geschehen, wenn sie die Beziehungen zu den anderen Wissensbereichen erfolgreich wiederherzustellen vermag. Im Kontext von sozialen Mustern, Architektur und Städtebau sind neue Lösungen sinnvoll, wenn sie an die traditionellen sozialen, architektonischen und urbanistischen Muster anknüpfen (mit anderen Worten: alle Muster vor den 1920er Jahren). Wenn es zu einer offensichtlichen „Lücke" kommt und eine Disziplin sich nicht auf die Außenwelt bezieht, stimmt etwas wirklich nicht.

Neulich hat Edward Wilson die Idee der „Konsilienz" als „disziplinübergreifende Verflechtung von kausalen Erklärungen" (Wilson, 1998a) geprägt. Die Konsilienz setzt voraus, daß in der Natur alle Erklärungen miteinander verknüpft sind; es gibt keine Phänomene, die ganz isoliert sind. Wilson fokussiert auf unvollständige Wissensfragmente, auf den großen Bereich, der die Naturwissenschaften von den Geisteswissenschaften trennt. Mit Vergnügen stellt er fest, daß dieser Graben allmählich, dank der Arbeit von Evolutionsbiologen, Forschern der Kognitions- und Neurowissenschaften sowie anderen Forschern in künstlicher Intelligenz, überbrückt wird. Gleichzeitig stellt er mit Besorgnis fest, daß einige Geisteswissenschaftler darum bemüht sind, Teile des Wissenskorpus einfach zu löschen. Wilson ist der Meinung, daß sie aus Ignoranz handeln. Zu Derridas Werk schreibt er: „Das... ist das Gegenteil von Wissenschaft, fragmentarisch dargestellt wie in einem Traum, gleichzeitig banal und fantasievoll. Es nimmt keine Rücksicht auf die erkenntnistheoretischen und sprachphilosophischen Entwicklungen in der ganzen zivilisierten Welt und klingt eher wie die Behauptungen eines Gesundbeters, der nicht einmal weiß, wo die Bauchspeicheldrüse liegt" (Wilson, 1998b: S. 41).

Leider ist es aber heute so, daß die Geisteswissenschaften mehrheitlich Glaubenssysteme unterstützen, die das Netz des konsilienten Wissens beschädigen. Obwohl es nie offen ausgesprochen wird, hat die Dekonstruktion gerade als Ziel die Vernichtung aller Wissenseinrichtungen. Was Derrida in einem Interview dazu gesagt hat, ist alarmierend genug:

„Die Dekonstruktion durchdringt gewisse soziale und politische Strukturen, stößt auf Widerstand und löst dabei sozusagen Institutionen auf... in der Tat, man soll diese 'festen' Strukturen, wie ich sie nennen würde, nicht bloß als materielle Strukturen, sondern 'fest' im Sinne von kulturellen, pädagogischen, politischen und ökonomischen Strukturen aufheben" (Norris, 1989: S. 8).

Viele Menschen streben nach Neuheit und sind sich der möglichen Konsequenzen, die sie mit sich bringt, nicht bewußt. Dieses Streben wird auch oftmals von rücksichtslosen Einzelpersonen gelenkt. Nicht alles, was neu ist, ist gut. Als Beispiel könnte man ein neues, künstlich erzeugtes Virus nehmen, das in der Welt ausgesetzt wurde. Wegen der immensen zerstörerischen Kraft, über die die Menschheit jetzt verfügt, ist es unabdingbar, grundsätzlich die möglichen Konsequenzen von Neuheiten zu verstehen.

In einem Aufsatz, den er zur Publikation bei einer prätentiösen, dekonstruktivischen akademischen Zeitschrift eingereicht hat, hat Alan Sokal eine unsinnige dekonstruktivistische Kritik von wohl bekannten wissenschaftlichen Behauptungen verfaßt, und zwar in der Form eines urkomischen Scherzes (Sokal, 1996). Keiner der Gutachter dieser Zeitschrift hat Sokals Arbeit vor der Publikation hinterfragt, obwohl seine Täuschung so offenkundig und er selber fest davon überzeugt war, daß sie auffallen würde. Dennoch wurde sie nicht als solche erkannt. Daraufhin enthüllten Sokal und Jean Bricmont (1998) die dekonstruktivistische Kritik als unsinnig und bewiesen, daß einige viel beachtete dekonstruktivistische Texte auf sinnwidrigen wissenschaftlichen Quellen basierten. Dies ist nur die bekannteste Bloßstellung von unsinnigen dekonstruktivistischen Schriften; es gibt viele weitere Beispiele (Huth, 1998). In einem weiteren Sturz dekonstruktivistischer Texte kodierte Andrew Bulhak den literarischen Stil der Dekonstruktivisten mit einem Computerprogramm namens *Postmodernism Generator* (1996). Diese unsinnigen Texte, von der Software meisterhaft produziert, können nicht von den Texten unterschieden werden, die von bekannten „Dekonstruktionsphilosophen" verfaßt wurden.

Ungeachtet der Frage nach ehrlichen Inhalten taugt keine Disziplin, wenn sie nicht auf einem soliden intellektuellen Gebilde ruht. Eine Charakteristik, die kohärente Disziplinen kennzeichnet, ist die hierarchische Komplexität, die aus der Verknüpfung von Ideen und Resultaten eine einzigartige interne Struktur bildet. Ähnlich wie ein gültiger Geldschein sollte diese Struktur nur sehr schwer zu fälschen sein. Dies ist nicht der Fall mit der Dekonstruktion. Ein idiotischer Beitrag zur Statistischen Mechanik, der zwar von den richtigen Fachausdrücken und mathematischen Symbolen in einem wohlformulierten, aber wissenschaftlich sinnlosen Wirrwarr Gebrauch macht, würde sofort entlarvt.

In einem solchen Rahmen würde selbst der kleinste Fehler auffliegen. Es ist ja die Aufgabe der Gutachter, jeden Schritt in der Argumentation eines ihnen vorgelegten Artikels zur Veröffentlichung in einer Fachzeitschrift zu überprüfen. Das nackte Überleben der Disziplin selbst hängt von einem Korrektursystem ab, das mögliche Hirngespinst-Beiträge erkennt und ausmistet. Im dazu Gegensatz hängt das Überleben der Dekonstruktion, in der es nichts zu überprüfen gibt, von der wachsenden Produktion von dekonstruktivistischen Texten und Bauten ab.

Dekontruktivistische Texte ergeben Sinn, ja, aber nicht in einer logischer Art und Weise. Es handelt sich bei ihnen eher um eine Art Poesie, die die menschliche assoziative Erkenntnisfähigkeit missbraucht, indem sie willkürlich auf die Fachsprache zurückgreift.

Roger Scruton hat es so formuliert: „Dekonstruktion... sollte nach dem Modell der magischen Inkantation gedeutet werden. Inkantationen sind keine richtigen Argumente und scheuen vollkommene Gedanken und komplette Sätze. Sie hängen von Schüsselbegriffen ab, die ihren Effekt durch Wiederholung erreichen und in langen Listen von kryptischen Silben dargestellt werden. Ihr Ziel ist nicht, das darzustellen, was existiert, sondern das herbeizubeschwören, was es nicht gibt... Inkantationen sind nur dann wirksam, wenn Schlüsselbegriffe und -sätze den Status einer mystischen Penumbra erlangen" (Scruton, 2000: S. 141-142).

Der Gebrauch von bestimmten Wörtern mit der Absicht, Emotionen zu wecken, ist die übliche Technik, auf die man bei der kultischen Indoktrination zurückgreift. Diese Praxis verstärkt die kultische Aussage. Ob in Gesängen, die wenig Sinn machen, außer, daß sie die Emotionen der Anbeter zu einem fieberhaften Gemütszustand heraufschrauben helfen, oder in Anreden von politischen Demagogen, die wilde und leidenschaftliche Loyalität wecken, *ist* die emotionale Manipulation die Botschaft. Selbst nach der Entlarvung des betrügerischen Charakters der dekonstruktivistischen Philosophen wird ihr Werk doch als seriös eingestuft. Dekonstruktivistische Bücher sind in allen Universitätsbuchhandlungen vefügbar, während angesehene Akademiker durch längere Besprechungen ihre angebliche Legitimität untermauern. Indem man sie mit den Insignien der gelehrten Forschung ausstattet, entsteht der Eindruck, daß es sich dabei tatsächlich um echte Wissenschaft handelt.

Die Dekonstruktionsanbeter wenden die klassischen kultischen Techniken an, um sich akademische Positionen zu sichern; um die Fachliteratur zu infiltrieren; um Gegenspieler auszumerzen; um eine Machtbasis aufzubauen, mithilfe der Propaganda und der Manipulation durch Medien usw. Sie machen Gebrauch von der Indoktrination, um Anhänger zu rekrutieren, meistens unter den unzufriedenen Studenten der Geisteswissenschaften. Wie David Lehman schreibt: „Diese Anti-Theologie [die Dekonstruktion] wird von kabbalistischen Mysterien und Ritualen umhüllt, die mit religiösen Zeremonien gleichzustellen sind... Sie ist bestrebt zu zeigen, daß die Ideale und Werte, nach denen wir leben, nicht natürlich und unvermeidlich sind, sondern, daß sie bloß willkürlichen Entscheidungen gleichen, die uns eigentlich nicht vorschreiben sollten, wie wir zu leben haben. Und doch, wie ein Religionsersatz greift die Dekonstruktion auf eine fast geheime Sprache zurück, mit der Absicht, den Laizismus in einem Zustand der permanenten Mystifizierung zu halten. Angeblich anti-dogmatisch ausgerichtet, ist sie dennoch selbst zum Dogma geworden; weil sie auf tiefstem Skeptizismus und Zweifel aufgebaut ist, zieht die Dekonstruktion echte Gläubige an und fordert ihre totale Hingabe" (Lehman, 1991: S. 55).

Literatur

- Christopher Alexander (2001) *The Phenomenon of Life: The Nature of Order, Book 1*, The Center for Environmental Structure, Berkeley, Kalifornien.

- Christopher Alexander, S. Ishikawa, M. Silverstein, M. Jacobson, I. Fiksdahl-King & S. Angel (1977) *A Pattern Language*, Oxford University Press, New York.

- Andrew Bulhak (1996) „Postmodernism Generator", abrufbar online unter <http://www.elsewhere.org/cgi-bin/postmodern>.

- John Huth (1998) „Latour's Relativity", in: *A House Built on Sand*, bearbeitet von Noretta Koertge, Oxford University Press, New York, S. 181–192.

- Léon Krier (1998) *Architecture: Choice or Fate*, Andreas Papadakis, Windsor, England. Neuer Titel: *The Architecture of Community*, mit neuem Material, Island Press, Washington, DC, 2009.

- David Lehman (1991) *Signs of the Times: Deconstruction and the Fall of Paul de Man*, Poseidon Press, New York.

- Christopher Norris (1989) „Interview of Jacques Derrida", *AD — Architectural Design*, 59 Nr. 1/2, S. 6–11.

- Nikos A. Salingaros (2006) A Theory of Architecture, Umbau-Verlag, Solingen.

- Roger Scruton (2000) „The Devil's Work", Kapitel 12 von: *An Intelligent Person's Guide to Modern Culture*, St. Augustine's Press, South Bend, Indiana.

- Alan Sokal (1996), „Transgressing the Boundaries: Toward a Transformative Hermeneutics of Quantum Gravity", *Social Text*, 46/47, S. 217-252.

- Alan Sokal & Jean Bricmont (1998) *Fashionable Nonsense*, Picador, New York. In Europa: *Intellectual Impostures*.

- Edward O. Wilson (1998a) „Integrating Science and the Coming Century of the Environment", Science, 279, S. 2048-2049.

- Edward O. Wilson (1998b) *Consilience: The Unity of Knowledge*, Alfred A. Knopf, New York.

6

INTEGRIERTE WISSENSCHAFT UND DIE UMWELT IM NÄCHSTEN JAHRHUNDERT

von Edward O. Wilson

Science, Band 279, Nr. 5359 (27. März 1998), S. 2048–2049. Abgedruckt mit freundlicher Genehmigung.

DER SECHSHUNDERTSTE JAHRESTAG DER AMERICAN Association for the Advancement of Science ist der richtige Zeitpunkt um zuzugeben, daß die Wissenschaft nicht mehr die spezialisierte Domäne einer professionellen Elite ist. Sie ist auch keine Philosophie, und auch kein Glaubenssystem, oder, wie einige postmoderne Autoren zu denken scheinen, bloß eine Weltsicht unter vielen. Sie ist eher so etwas wie eine Kombination von Gedankengängen, eine Kultur der Erleuchtungen, die während der Aufklärung vor vier Jahrhunderten geboren wurde und sich seither exponentiell zum Besseren entwickelt hat, um die Wissenschaft als effektivste Lernmethode für die materielle Welt zu etablieren, die es je gegeben hat.

„Das Wesen der Wissenschaft ist, knapp formuliert, die Systematik, die Erkenntnisse über die Welt zusammenträgt und das daraus gewonnene Wissen in Form von überprüfbaren Gesetzen und Prinzipien kondensiert" (Wilson, 1998: S. 53). Ihre Bestimmungsmerkmale sind erstens die Bestätigung von Entdeckungen und das Untermauern von Hypothesen durch Wiederholung durch unabhängige Forscher, am besten mit unterschiedlichen Vorgehensweisen und Analysen; zweitens, die Messung, d. h.

die quantitative Beschreibung der Phänomene in universell anerkannten Maßstäben; drittens, die Ökonomie, durch die die größtmögliche Menge an Information in einfacher und präziser Form abstrahiert und anschließend wieder entpackt werden kann, um die Details wieder nachzustellen; viertens, die Heuristik, die neue Wege für neue Entdeckungen und Interpretationen möglich macht.

Fünftens und letztens, die Einheit des Wissens, die Verwobenheit von kausalen Erklärungen verschiedenster Wissensbereiche. „Diese Einheit des Wissens", sagte William Whewell, als er 1840 das Konzept in seiner Synthese *The Philosophy of the Inductive Sciences* zum ersten Mal benutzte, „ist ein Wahrheitstest für die Theorie, die sie hervorbringt" (Whewell, 1840: S. 230).

Das Ganze hat sich in den Naturwissenschaften bewiesen, wo das Netzwerk von Ursache und Wirkung, so „hauchdünn" sie auch oftmals erwiesen sind, sich auf beinahe alle Bereiche, von Quantenphysik bis Biogeographie, ausdehnt. Dieses Netzwerk erstreckt sich über große Bereiche von Raum, Zeit und Komplexität und vereint das, was zu Whewells Zeiten noch als radikal entgegengesetzte Arten von Phänomenen galt. So konnte es zur Annäherung von Chemie und Physik kommen, die wiederum die molekulare Biologie untermauern, die selbst tief mit der zellulären, der organismischen und der evolutionären Biologie verwurzelt ist.

Die Raum-, Zeit- und Komplexitätsskalen in dem Netzwerk haben sich dank dieser Entwicklung ungefähr vierzigfach magnifizieren können. Man nehme zum Beispiel das Untersuchungsspektrum des Netzwerkes, das von der Quantenelektrodynamik bis zur Entstehung von Galaxien reicht; oder seine Ausdehnung in den biologischen Wissenschaften, die nicht bloß mit der Physik und der Chemie vereint sind, sondern auch in die Sozialwissenschaften und Geisteswissenschaften überlappen.

Obwohl diese letzte Ausdehung noch kontrovers ist, verdient sie wegen ihrer Folgen für die menschliche Kondition eine besondere Aufmerksamkeit. In den zwei Jahrhunderten nach dem Untergang der Aufklärung haben Wissenschaftler immer wieder strenge Trennungslinien zwischen den großen Bereichen des Wissens, und besonders zwischen den Naturwissenschaften einerseits und den Sozial- und Humanwissenschaften andererseits gezogen.

Diese Abgrenzung, die eine ungefähre Trennung zwischen der wissenschaftlichen und der literarischen Kultur verkörpert, wurde als epistemologische Diskontinuität bezeichnet, als permanente Kluft zwischen den Wissensformen. Inzwischen hat es sich aber deutlich herausgestellt, daß die Grenzen gar nicht so ausgeprägt sind, und auf beiden Seiten ein breiter Bereich von unerkundeten kausal miteinander verbundenen Phänomenen auf eine kooperative Erkundung wartet.

Forscher aus vier verschiedenen Bereichen innerhalb der Naturwissenschaften bewegen sich nun in den Grenzgebieten:

- Kognitive Neurowissenschaftler, die früher einmal die Vorreiter der inzwischen nicht mehr so „stillen" Revolution waren, bedienen sich eines Arsenals von neuen Techniken, um die physischen Grundlagen von mentalen Ereignissen zu mappen. Sie haben den Rahmen ihres Diskurses über den Geist von einer semantischen und introspektiven Analyse auf Nervenzellen, Neurotransmitter, Hormone und rekurrente neuronale Netze verlagert. Parallel dazu bemühen sich Forscher in der künstlichen Intelligenz, die ihren Blick auf die künftige Möglichkeit von künstlichen Emotionen richten, um eine allgemeine Kognitionstheorie, in Zusammenarbeit mit Neurowissenschaftlern.

- Indem sie die Molekulargenetik mit traditionellen Psychotests kombinieren, haben Genetiker mit der Bestimmung und sogar der Lokalisierung von Genen begonnen, die für bestimmte mentale Aktivitäten (von der Drogenabhängigkeit bis zu Stimmungs- und Kognitionsabläufen) verantwortlich sind. In ihrem Bemühen, ein umfangreicheres und notwendiges Verständnis der Interaktion zwischen Genen und ihrer Umwelt zu gewinnen, gehen sie auch der Epigenese der Aktivitäten nach, also den komplexen molekularen und zellulären Signalwegen der geistigen Entwicklung, die vom Informationscode, welcher vorgibt, was sich entwickeln soll, zum Phänotypen führt.

- Evolutionsbiologen, insbesondere Soziobiologen (die man innerhalb der Sozialwissenschaften auch Evolutionspsychologen und Evolutionsanthropologen nennt), rekonstruieren die Anfänge des sozialen Zusammenlebens der Menschen, wobei sie besonderes Augenmerk auf die Evolution durch natürliche Selektion legen.

- Umweltwissenschaftler befassen sich in diversen Spezialgebieten, die Humanökologie inbegriffen, vor allem mit der Umwelt, in der sich unsere Spezies entwickelt hat, sowie auch den Bereichen, die für den Menschen überlebenswichtig sind. Gerade die Idee eines Grenzbereiches von kausalen Verbindungen zwischen den großen Lernzweigen wird in der Regel von Sozialtheoretikern und Philosophen als reduktionistisch abgetan. Zwar ist die Diagnose natürlich richtig, man beachte jedoch, daß die Reduktion und die Einheit des Wissens, die sie voraussetzt, der Schlüssel zum Erfolg in den Naturwissenschaften sind. Weshalb sollte das nicht für andere Wissensformen zutreffen? Weil der Geist und die Kultur materielle Prozesse sind, ist es geradezu logisch, davon auszugehen, daß Sozialwissenschaften und Geisteswissenschaften durch die Assimilierung der Disziplinen, die sich im Grenzbereich bewegen, gestärkt werden. So mühsam auch die Entstehung der kausalen Verbindungen zwischen Genen, Geist und Kultur sein mag und so abhängig diese auch von historischen Begebenheiten sein mögen, bilden die Verbindungen ein tatsächliches Netzwerk. Durch die Erforschung dieser Verbindungen kann der Mensch nur zu neuen Erkenntnissen gelangen. 1605, am Vorabend der Aufklärung, prägte Francis Bacon bereits dieses Prinzip der integrativen Wissenschaft (damit bezeichnete er einen Großteil der Wissenszweige) mit einem Bild, das mir besonders gefällt: „Man kann nichts Fernes entdecken, wenn man sich nur auf flachem Gebiet aufhält. Und wer auf einer Stelle in der Wissenschaft bleibt, kann auch unmöglich die subtileren und höheren Bereiche der Wissenschaft erkunden" (Bacon, 1605).

Zwangsläufig geht mit Reduktion auch Synthese einher, woraus sich dann erst die Einheit des Wissens zwischen den Disziplinen herausbilden kann. Synthese ist bei weitem viel schwieriger zu erlangen als Reduktion, weswegen reduktionistische Arbeiten an der Spitze der Forschung stehen. Es ist zum Beispiel viel einfacher, ein Enzymmolekül auf die Aminosäuren zu reduzieren, aus denen es besteht, und seine dreidimensionale Struktur zu beschreiben, als vorherzusagen, wie die Struktur eines Enzymmoleküls auf der bloßen Grundlage der Sequenz seiner Aminosäuren aussieht. Am Ende des Jahrunderts scheint die Balance zwischen Reduktion und Synthese sich zu verändern. Die Aufmerksamkeit innerhalb der Naturwissenschaften fängt an, sich von der Suche nach Elementareinheiten und

Grundgesetzen zu verabschieden, und wendet sich hochorganisierten Systemen zu. Vergleichsweise widmen Forscher der Selbstzusammensetzung von Makromolekülen, Zellen, Organismen, Planeten und Universen mehr Zeit. Das gilt ebenfalls für den Geist und die Kultur. Wenn dieser Blick auf die universelle Einheit des Wissens korrekt ist, dann bezieht sich die Kernfrage der Sozialwissenschaften, in meinen Augen, auf das Wesen der Verbindung zwischen der genetischen und der kulturellen Evolution. Dies ist auch eine der letzten großen Problemfragen in den Naturwissenschaften. Dieser Aspekt der Überlappung der zwei großen Lernbereiche kann wie folgt zusammengefaßt werden, Wir wissen, daß Kultur erlernt wird, aber ihre Form und die Art und Weise, wie sie überliefert wird, von der Biologie geprägt ist. Umgekehrt sind die Gene, die einen Großteil der Verhaltensbiologie des Menschen vorschreiben, in einer kulturellen Umgebung evolviert, die wiederum selbst evolvierte. Man hat eine Menge über diese beiden Evolutionsformen, die als separat betrachtet wurden, herausgefunden. Was weiterhin nicht ganz klar ist, ist, wie sie miteinander verbunden sind. Der richtige Ansatz, um diese Verbindung (auch als Gen-Kultur-Koevolution bekannt) zu erklären, ist, meines Erachtens, die Natur des Menschen in einem neuen Licht, heuristischer, zu betrachten. Die menschliche Natur, das sind nicht die Gene, die sie festlegen, und auch nicht die Universalien der Kultur, die ihr Produkt sind. Sie ist eher so etwas wie die epigenetischen Kognitionsregeln, die geerbten Regelmäßigkeiten in der kognitiven Entwicklung, die die Wahrnehmung des Individuums vorherbestimmen und es für bestimmte kulturelle Varianten empfindlicher machen.

Die epigenetischen Regeln sind bereits für eine große Anzahl von unterschiedlichen kulturellen Kategorien dokumentiert worden, vom Erwerb der syntaktischen Fähigkeiten und paralinguistischen Kommunikation zu Inzestvorbeugung, Farbvokabularen, Betrügererkennung uvm. Die fortdauernde Suche nach solchen angeborenen und beeinflussenden Effekten gilt als effektivste Methode, um die Gen-Kultur-Koevolution zu verstehen, und dadurch die kausale Verbindung zwischen der Biologie und den Sozialwissenschaften zu etablieren. Außerdem glaube ich, daß sie auch einen vernünftigen Weg vorzeigt, um solide theoretische Grundlagen für die Geisteswissenschaften zu schaffen — den biologischen Ursprung von ethischen Regeln und ästhetischen Eigenschaften in der Kunst zum Beispiel.

Indem sie die Suche nach der Einheit des Wissens quer durch die großen Lernbereiche fördert, ist die naturalistische Weltsicht viel mehr als bloß ein weiteres geistiges Spiel für Philosophen und Sozialtheoretiker. Die physischen Grundlagen der Natur des Menschen bis tief in ihre evolutionären Wurzeln und genetischen Einflüsse hinein zu verstehen, bedeutet, das nötige Werkzeug zur Diagnose und Management einiger der schlimmsten Krisen in der Geschichte der Menschheit zu liefern.

Möglicherweise sind die schlimmsten globalen Probleme, die in der Eigenart der menschlichen Natur gründen, die Überbevölkerung und die Zerstörung der Umwelt. Die Krise kommt nicht, sie ist da. Ob wir es wollen oder nicht, das Jahrhundert der Umwelt hat begonnen. Bevor es soweit ist, daß der Mensch den Planeten völlig zerstört, muß die höchste Priorität von Wissenschaft und Politik die Eindämmung des Bevölkerungswachstums sein.

Kurz gefaßt, hier ist das Problem, oder, besser gesagt, der Komplex von ineinander verwobenen Problemen, wie ihn Forscher sehen. Ihr Konsens lautet: „Die Weltbevölkerung ist bedenklich angewachsen und wird ihren erwarteten Höhepunkt um das Jahr 2050 erreichen. Ihre Pro-Kopf-Produktion, Gesundheit und Langlebigkeit sind zwar allgemein gestiegen, doch nur, weil die Menschheit das Grundkapital unseres Planeten vertilgt, wozu nicht nur die Bodenschätze gehören, sondern auch die jahrmillionenalte biologische Vielfalt. Bereits heute hat der Homo sapiens die Grenzen seiner Nahrungs- und Wasservorräte fast erreicht. Im Gegensatz zu allen anderen Spezies, die es jemals auf dieser Erde gab, verändert er die Atmosphäre und das Klima der Welt, verringert und verschmutzt ihre Wassergebiete, rottet ihre Wälder aus und vergrößert ihre Wüstenflächen. Ein Großteil dieses Raubbaus ist allein einer Handvoll Industriestaaten zu verdanken, deren bewährte Wohlstandsformeln bereitwillig vom Rest der Welt übernommen wurden. Dieser Wetteifer kann nicht beibehalten werden, jedenfalls nicht mit demselben Grad an Zerstörung und Abfallproduktion. Selbst wenn die Industrialisierung der Dritten Welt einige Erfolge erzielen sollte, werden es die Nachbeben der Umweltzerstörung sein, die zu einer Dämpfung der bisherigen Bevölkerungsexplosion führen." (Wilson, 1998, S. 374) Neue Studien zeigen, daß zwei zusätzliche Planeten „Erde" nötig wären, um den Lebensstandard der gesamten Welt, bei der heutigen Technologie, auf das Niveau der Vereinigten Staaten von Amerika zu erhöhen.

Es ist an der Zeit, uns selbst als biologische und kulturelle Spezies genau unter die Lupe zu nehmen, und zwar mit allen intellektuellen Werkzeugen, die uns zur Verfügung stehen. Wir sind brillante Altweltaffen, deren Erfolg als Spezies die Umwelt zerstört, an die uns die Evolution eine Milliarde Jahre lang angepaßt hat. Vor der Bedeutung dieser Existenz sind wir auf alarmierende Weise ratlos und lassen uns weiterhin von unseren primitivsten und unüberlegten Instinkten leiten, verhalten uns unverantwortlich und sind hin- und hergerissen. Wir schaffen es einfach nicht, mit Weisheit in die Zukunft vorauszuschauen. Es gibt viele praktische Gründe — abgesehen von anderen Überzeugungen —, um in die Richtung einer erklärenden Integration nicht nur der Naturwissenschaften, sondern auch der Sozial- und der Geisteswissenschaften hin zu arbeiten. Die Dringlichkeit und die Komplexität vieler Problemfragen, die später einmal zu groß sein könnten, verlangen, daß wir uns jetzt mit ihnen auseinandersetzen.

LITERATUR

- Francis Bacon (1605) *Über die Würde und den Fortgang der Wissenschaften (Advancement of Learning*, Tomes, London).
- William Whewell (1840) *The Philosophy of Inductive Sciences* (Parker, London).
- Edward O. Wilson (1998) *Die Einheit des Wissens*, Siedler, Berlin (*Consilience: The Unity of Knowledge*, Knopf, New York).

Edward O. Wilson, *Pellegrino University Research Professor und Honorary Curator in Entomology an der Harvard University, ist der Autor von 18 Büchern, wovon zwei den Pulitzer Prize erhalten haben; begeisterter Verfechter der freien Künste und Befürworter des globalen Artenschutzes und von natürlichen Ökosystemen. Auch aktiv am Museum of Comparative Zoology, Harvard University, 26 Oxford Street, Cambridge, MA 02138, USA.*

7

Vorlesungsskript, zweite Woche
Formensprachen und ihr Wortschatz

Lektüren in der zweiten Woche:

- Alexander, *The Phenomenon of Life*, Kapitel 2, „Degrees of Life".

- Alexander, Auswahl aus „A Pattern Language", abrufbar online unter http://www.patternlanguage.com/apl/aplsample/aplsample.htm

- Oder das Buch selbst: C. Alexander, S. Ishikawa, M. Silverstein, M. Jacobson, I. Fiksdahl-King, and S. Angel (1977) *A Pattern Language* (Oxford University Press, New York).

- Salingaros, *A Theory of Architecture*, Kapitel 11, „Two Languages for Architecture".

Die Lebensqualität, wie wir sie in Gebäuden und urbanen Räumen empfinden, wird durch die Geometrie (die Form der Strukturen auf allen Ebenen und auch ihre Kohärenz) erzeugt und dadurch, wie diese den Menschen prägt. Sie wirkt auch als Katalysator für zwischenmenschliche Handlungen — wenn es gelingt, sie umzusetzen.

Die einfachste Weise, diese Lebensqualität zu verdeutlichen, ist, Objekte oder Ausstattungen paarweise zu vergleichen und intuitiv zu entscheiden, welche mehr „Leben" in sich haben. Nach einer Reihe von solchen Experimenten wird deutlich, daß das „Lebensmaß" in der Architektur durch die geometrische Struktur erzeugt wird.

Dennoch hat das Leben, wie es empfunden wird, nichts mit der Geometrie der Formen zu tun. Es entsteht eher aus Konfigurationen, aus der Komplexität und den Mustern in einer bestimmten Situation. Es handelt sich dabei oft um unerwartete Nebeneinanderstellungen und Formen, die sehr gut funktionieren, und die sich meistens mit der Zeit entwickelt haben, obwohl sie keineswegs von Anbeginn geplant wurden.

Die Geometrie eines Gebäudes entsteht durch die Umsetzung einer bestimmten Formensprache, die der Architekt gewählt hat. Das prägt die emotionale und physiologische Reaktion des Anwenders stark. Eine Formensprache kann gezielt eingesetzt werden, um das empfundene „Lebensmaß" zu maximieren.

Eine Formensprache beinhaltet die Grundelemente: Böden, Wände, Decken, Volumen und ihre Unterteilungen, Fenster, Materialien, Ornamentierung sowie auch die Regeln, um diese zu kombinieren. Innerhalb einer bestimmten Formensprache ermöglicht die architektonische Komposition das Entwerfen nach den Regeln dieses Idioms.

Jede traditionelle Architektur hat ihre eigene Formensprache oder, besser gesagt, sie besteht aus einer Gruppe von miteinander verbundenen Sprachen, denn Sprachen entwickeln sich unterschiedlich mit der Zeit und ohne Ortsbeschränkung. Die Sprache ist abhängig vom Klima und von den lokalen Materialien. Sie stellt auch eine Weiterführung der traditionellen Künste, von sozialen Gewohnheiten und der materiellen Kultur dar.

Architektur ist adaptiv, wenn sich ihre Formensprache mit der Mustersprache verschmilzt und verbindet, was alle Formensprachen auch tun, die sich traditionell entwickelt haben. Nichtsdestotrotz können Formensprachen auch anders ausgerichtet und nicht adaptiv sein.

Im 20. Jahrhundert ist ein neues Phänomen enstanden: Formensprachen, die von Mustersprachen abgelöst wurden. Diese Formensprachen waren nicht mehr Teil eines adaptiven Architektursystems, sondern sie wurden zu selbstversorgenden Einheiten. Ihre Anerkennung erhielten sie durch künstlerische, politische und philosophische Kriterien.

Ein weiteres damit zusammenhängendes Phänomen, das entsteht, wenn die architektonische Praxis nicht in einer Mustersprache verankert ist, ist der Austausch eines entwickelten Musters (welches das humane Leben und Sensibilitäten einbezieht) durch sein Gegenteil—ein Antimuster. Antimuster können dysfunktional sein und können auch Angst und physisches Unwohlsein verursachen. Formensprachen könnten Antimustern folgen, aber das würde sie selbstverständlich nicht adaptiv machen.

Formensprachen können unabhängig von ihren Beziehungen zu Mustersprachen studiert werden. Sie können unterschiedliche Maße an interner Komplexität aufweisen. Genau wie geschriebene und gesprochene Sprachen sind Formensprachen durch ihren jeweiligen Umfang an Wortschatz, durch ihren Reichtum an Kombinationsregeln zur Schöpfung neuer Worte (Morphosyntax) und ihre Anpassungsfähigkeit an mögliche neue Situationen gekennzeichnet. Eine Formensprache kann aber auch sehr primitiv sein, mit wenig Wortschatz und Kombinationsregeln.

Selbst bei geringer Anpassungsfähigkeit können einzelne Formensprachen visuell gefallen. Diese Eigenschaft reicht in der heutigen Gesellschaft aus, um das Überleben der Formensprache zu garantieren, insbesondere seit der Revolution in der Kommunikation. Es ist fraglich, ob dies der Fall in historischen, traditionellen Gesellschaften hätte sein können, in denen die Ressourcen begrenzt waren.

Im Gegensatz zu historischen Zeiten behandelt die heutige Konsumgesellschaft Formensprachen als kommerzielle Produkte. Ihr Erfolg hängt also sowohl vom Marketing ihrer Anbieter ab als auch vom Gewinn, den ihre Anwender machen können. Ihre Anpassungsfähigkeit spielt dabei keine Rolle.

Formensprachen leben und sterben gemäß relativ gewöhnlichen Gesetzen: (i) man wählt eine bestimmte Formensprache für ein neues Gebäude, aber (ii) die Gesellschaft zieht deutlich eine ältere Formensprache vor, um die Bauten, die nach ihren Regeln enstanden sind, unberührt zu lassen. Entscheidungen zu neuen Gebäuden könnten auf der Grundlage ihres adaptiven Wertes getroffen werden, oder von der Art und Weise, wie sich Menschen darin fühlen, wie anwenderfreundlich sie sind, wie nützlich sie sich für die menschliche Produktivität erwiesen haben, wie nachhaltig und wiederverwertbar die verwendeten Materialien sind usw. Ein Kunde könnte aber auch auf solche völlig divergierende Kriterien zurückgreifen wie das Marketing-Potenzial, die Wiederverwertung von kommerziell erfolgreichen Typologien im spekulativen Bauen, Kostenreduzierung, Maximierung von nutzbarem Raum usw.

Die Inertie der integrierten bürokratischen Kosten, an denen Banken, Bau- und Versicherungsunternehmen beteiligt sind, stellt einen weiteren, sehr wichtigen Entscheidungsfaktor dar. Sie alle verhindern die praktische Umsetzung von Veränderungen in ihrer tradierten Art und Weise, Geschäfte in der Architektur und im Bauwesen zu machen.

Der zweite Faktor, der die Konservation gefährdet, stellt ein Problem dar, mit dem jede Generation konfrontiert ist; es handelt sich um die Versuchung älteren Bauten und urbanen Räumen ein Lifting zu verpassen, um neuen Moden zu folgen. Menschliche Gesellschaften streben danach, immer auf dem Laufenden zu sein; um diesem Wunsch nachzugehen, müssen sie sich entscheiden, welches Opfer sie dafür zu bringen bereit sind.

Einmal abgesehen von Fragen der Anpassung ist es unerläßlich, die verschiedenen Formensprachen zu katalogisieren und zu klassifizieren. Ein einzelnes Gebäude, eine Gruppe von Gebäuden, die Arbeit eines Architekten oder gar einer gesamten Bewegung innerhalb der Architektur, hängen von einer bestimmten Formensprache ab. Das Bauen an sich liefert Informationen dazu. Andere Architekten können danach die Formensprache von den gebauten Beispielen übernehmen.

In seltenen Fällen wird eine Formensprache von einem Architekten zu Papier gebracht, sodaß es leicht von einem anderen umgesetzt werden könnte. Meistens müssen die Regeln also von den Gebäuden selbst abgeleitet werden.

Architekten können Formensprachen lernen, um sie für viele Bauten zu nutzen, ohne sie in irgendeiner Weise zu verändern. Es gibt aber auch

Architekten, die Änderungen einführen, die adaptiv sein können, und die Formensprache somit in einer eigenen, unterschiedlichen Variation nutzen. Andere Architekten erfinden ihre eigenen Formensprachen, sodaß ihre Gebäude zu „Marken" werden. Im Zeitalter der Markendarstellung hilft es ihnen, erfolgreich zu sein.

Einige Architekten wechseln im Laufe ihrer Karriere von einer Formensprache zur anderen — es sind Formensprachen, die sich traditionell entwickelt, oder welche, die sie selbst erfunden haben. Aus diesem Grund ist es nicht immer möglich, einen Architekten anhand einer bestimmten Formensprache zu identifizieren.

Alle traditionellen Formensprachen mußten sich zusammen mit einem adaptiven Design entwickeln, was eine gewisse „Komplexitätsschwelle" voraussetzt — genauso wie alle menschlichen Sprachen auch eine unterschwellige Komplexität teilen, die die Ausdrucksvielfalt ermöglicht. Neue Formensprachen halten sich jedoch nicht an einem solchen Zwang auf.

Es gibt im 20. Jahrhundert viele Beispiele von Formensprachen, die die „Komplexitätsschwelle" nicht erreichen, und zwar aus unterschiedlichen, dennoch miteinander verbundenen Gründen: (1) die Sprache wurde erfunden und mußte sich nicht entwickeln, und (2) sie brauchte sich nicht an eine Mustersprache anzupassen.

Ich möchte eine biologische Analogie für die Architektur und ihre beiden Sprachen anführen. Wir betrachten Mustersprachen als metabolisierende Aspekte von Organismen und Formensprachen als vermehrende Anteile der Struktur von Organismen. Somit wird die Architektur gleich als lebender Prozeß identifiziert (darauf komme ich später zurück). Menschen interagieren mit Gebäuden, um sie zu nutzen und sie zu reparieren — es handelt sich dabei um einen ähnlichen Prozeß wie beim Metabolismus.

Die vermehrende Funktion wird von der Formensprache übernommen. Ein Architekturtyp überlebt nur, wenn er Kopien und Variationen von sich selbst generiert und dabei auf eine bestimmte Formensprache zurückgreift. Genauso wie es der Fall bei Organismen ist, braucht eine vermehrende Einheit nicht zu metabolisieren.

Viren sind organische Komplexe, die nicht metabolisieren. Aus diesem Grund haben sie einen bei weitem weniger komplexen Inhalt. Also vermehren sie sich sehr viel effizienter als es komplexere metabolisierende Organismen vermögen.

Da die Ideen, die hier besprochen werden, Vorhersagen beinhalten, die überprüfbar sind, beabsichtige ich mit dieser Lehrveranstaltung, eine echte Architekturtheorie vorzulegen. Einfache Formen verbreiten sich schneller und können schließlich komplexere Einheiten verdrängen. In der Tat haben sich im 20. Jahrhundert vereinfachte Formensprachen, die industrielle Formen und Materialien bevorzugten, stark vermehrt und dabei solche ersetzt, die adaptiver waren — und somit auch komplexer. [Ich habe eine Theorie der Vermehrung der Formensprachen bezogen auf Memen verfaßt; diese wird in den jeweiligen Kapiteln unseres Lehrbuches besprochen, auf die hier nicht eingegangen wird.]

Ein gibt ein weiteres Phänomen, das jetzt erklärt worden ist: weshalb Mustersprachen nicht planmäßig an Architekturschulen gelehrt werden. Der Grund dafür liegt darin, daß, da die Formensprachen des Modernismus sich nicht mit den Mustersprachen „kuppeln" lassen, diese weniger interessant in den Augen eines Berufes wurden, der sich ausschließlich am Modernismus orientierte.

Jedoch bestimmen Mustersprachen die Anpassung von Bauten an Menschen sowie auch die Beziehung von Bauten zur Natur. Nur wenn Mustersprachen ihre zentrale Position in der Architektur zurückerlangen, wird es dem Menschen möglich sein, gebaute Umgebungen zu erschaffen, die anpassungsfähiger und nachhaltig sind.

Die Formensprachen des 20. Jahrhunderts waren und bleiben ein gewaltiger Marketing-Erfolg, durch den Architekten und Baufirmen enorme Verkaufszahlen und Gewinne erzielt haben. Ferner geht es auch um den Effekt einer größeren Markenwiedererkennung. Das heißt aber nicht, daß Architekten und Baufirmen das Beste für die Gebäudenutzer und die Umwelt im Sinn hatten. Die Ursachen, die in der Regel für den Erfolg von Formensprachen verantwortlich sind, wie zum Beispiel im Fall der neuen Industriematerialien, die größere überspannte Flächen und höhere Gebäude ermöglichten, tauchen eigentlich bereits Ende des 19. Jahrhunderts auf, und haben nichts mit dem modernistischen „Look" zu tun.

Heute, angesichts des ökologischen Kollapses, der sich abzeichnet, ist unsere Einstellung dazu weniger vom Profitdenken, sondern zugunsten von einzelnen Individuen oder kleinen Gruppen geprägt. Wir sind eher um eine echte Nachhaltigkeit bemüht und sorgen uns weniger um ornamentale Elemente, die hinzugefügt werden. Auch die Vorstellung, daß die Gesellschaft ein Ganzes ist, wird immer wichtiger.

Die tiefen Bedürfnisse des Menschen und Vorraussetzungen der natürlichen Ordnung zwingen uns, Mustersprachen wieder aufzugreifen. Es geht darum, zwischen denjenigen Formensprachen zu unterscheiden, die uns mit der Natur verbinden, und denjenigen, die bloße modische Erfolgssymbole sind. Solche Symbole bauen auf Kriterien auf, die andere Architekturinteressierte ins Leben gerufen haben; ein Ausdruck von tiefen humanen Werten sind sie jedoch nicht.

8

Vorlesungsskript, dritte Woche
Komplexität von Formensprachen. Ökophobie

Lektüren in der dritten Woche:

- Salingaros, *A Theory of Architecture*, Kapitel 1, „The Laws of Architecture From a Physicist's Perspective" (auch auf Spanisch erhältlich).

- Salingaros, „Kolmogorov-Chaitin Complexity", *Meandering Through Mathematics*, 23. September 2012.

- Salingaros & Masden, „Against Ecophobia", *Philadelphia Society*, 8. Oktober 2011.

Wir möchten jetzt verschiedene Formensprachen, mit unterschiedlicher Herkunft und aus unterschiedlichen Epochen und Kulturkreisen, untersuchen. Manchmal ist eine Formensprache unverändert über Jahrhunderte hinweg angewandt worden, bevor sie sich zu einer weiterhin verwandten, jedoch ausreichend unterschiedlichen Sprache entwickelte. Manchmal existiert eine Formensprache ausschließlich durch das Beispiel eines einzigen Baus.

Wie wird eine Formensprache dokumentiert? Das Rahmenkonzept zu ihrer Dokumentation muß umfangreich genug sein, um *alle* Formensprachen behandeln und beschreiben zu können. Der Versuch, dies erreichen zu wollen, ist eine lehrreiche Erfahrung, weil sie zu einer Auseinandersetzung mit Grundfragen zu Formen in der Architektur führt.

Gesprochene und geschriebene Sprachen bestehen aus Buchstaben, Wörtern, Sätzen und Paragraphen, Essays, Büchern usw. Es gibt Grundelemente und Kombinationsregeln, die zur Bildung von höhergradigen Einheiten dienen. Die höhergradigen Bauten erzeugen Bedeutung, die kumulativ ist. Alles, d.h. alle Komponenten und ihre jeweiligen Beziehungen, auf jeder einzelnen Subskala, trägt somit zur Bedeutung des Ganzen bei. Auf diesem Wege wird eine Botschaft vermittelt.

Wenn Studenten Formensprachen sorgfältig und präzise dokumentieren, können diese genutzt werden, um völlig neue Bauten zu entwerfen. Der Erfolgsgrad hängt davon ab, wie hoch Betrachter die Ähnlichkeit zum Ursprungsbau bewerten, dessen Formensprache als Quelle gedient hat. Ich möchte der sowohl unintelligenten als auch unkreativen Praxis der Studenten, Gebäude eins zu eins zu kopieren, ein Ende setzen. Der richtige Weg, um in einer ausgesuchten Sprache richtig zu gestalten, führt über das Herauskristallisieren und das Dokumentieren der Formensprache (ein oder mehrere Beispiele), die dann anschließend in der Gestaltung eines neuen Gebäudes genutzt wird.

Formensprachen zu dokumentieren, ist eine lehrreiche Erfahrung. Zunächst einmal wird die Komplexität der jeweiligen Formensprache verdeutlicht: Wie viele Wörter (und Diagramme) sind notwendig, um sie so zu beschreiben, daß sie dazu genutzt werden kann, um einen Bau zu entwerfen? Es gibt eine sehr einfache Art und Weise, die Komplexitätsstufe zu ermitteln, die wir hier anwenden können. Die Kolmogorov-Chaitin-Komplexitätsstufe entspricht der Minimallänge der Beschreibung eines Systems. Es handelt sich um die „Codelänge" ohne Zeichenüberfluss. In Bezug auf eine Formensprache ist die Wörterzählung ihrer „Formensprache-Checkliste" gemeint [vgl. Kap. 38].

Diese erste Bewertung der Komplexitätsstufe einer Formensprache eröffnet neue Dimensionen, um Architektur zu verstehen. Zufriedenstellende Lösungen für die Bedürfnisse der Anwender, Anpassung an das Klima, an die Region und die Materialien sollten dazu führen, daß eine Formensprache komplexer wird — wobei die Wörterzählung ggf. länger ausfällt. Eigentlich sind sowohl das hochgeordnete System als auch das Zufallssystem komplex, jedoch auf unterschiedliche Art und Weise. Auf diesen Unterschied werden wir zu einem späteren Zeitpunkt zurückkommen (in der Woche 9). Wir stellen also fest, daß die Komplexität einer Formensprache nicht unbedingt Anpassung voraussetzt, und wir suchen nach einer Korrelation zwischen der Kolmogorov-Chaitin-Komplexität und der regionalen Anpassung.

Wir haben bislang die inhärente Komplexität von einigen Formensprachen besprochen. Das Modell erlaubt uns außerdem, Formensprachen zu vergleichen, die sich sehr voneinander unterscheiden. Diese können aufgrund der sehr verschiedenen Bilder, die sie bieten, nicht visuell miteinander verglichen werden; jedoch lassen sie sich sehr wohl miteinander in Bezug auf ihre jeweilige Gesamtkomplexität vergleichen.

Der traditionelle Regionalismus setzt die Anpassung an lokale Materialien, Klima, Kultur und soziale Praktiken voraus. (Wir werden später die Möglichkeiten besprechen, den Regionalismus mit dem Modernismus des 20. Jahrhunderts zu kombinieren.) Mit dem Modell zur Ermittlung der Komplexitätsstufen von Formensprachen, das auf der Grundlage der Wörterzählung der verbalen Beschreibung erfolgt, können wir untersuchen, wie die Anpassung an lokale Praktiken und Baukulturen längere bzw. kürzere Beschreibungen des Gestaltungsprozeßes voraussetzt. Unsere intuitive Erfahrung verleitet uns zur Behauptung, daß eine bessere Anpassung an die lokalen Vorgaben eine längere Beschreibung braucht.

Formensprachen dienen als Vorgabe in der Schaffung von struktureller Ordnung; das, was sie erzeugen, hat ihr charakteristisches Aussehen. Alle gesprochenen und geschriebenen Sprachen haben eine Reihe von gemeinsamen Regeln als Grundlage. Diese Regeln, die wir auch in anderen Bereichen der Wissenschaft finden, helfen uns, die Gemeinsamkeit von visuell unterschiedlichen architektonischen Stilen zu verstehen.

Um Alexanders Theorie des adaptiven Designs, die wir später untersuchen werden (siebte Woche), besser erklären zu können, habe ich ein paar Regeln zur strukturellen Ordnung eingeführt. Diese Regeln stammen aus der Physik und nicht aus der Architektur; sie erwiesen sich als hilfreich in der Analyse von Formensprachen und ermöglichen eine formale Kohärenz.

Wir schlagen drei Regeln für die Architektur vor: (1) In der kleinsten Skala besteht die Ordnung aus Paaren von kontrastierenden Elementen. (2) In der großen Skala entsteht Ordnung, wenn alle Elemente miteinander wirken, um den Zufall zu minimieren. (3) Das Kleine ist mit dem Großen durch eine Hierarchie von Zwischenstufen verbunden, deren Größenverhältnis bei ca. $e \approx 2{,}7$ liegt.

Beobachten wir nun, welche Folgen diese Regeln bei der Schaffung einer kohärenten Ordnung haben. Damit sie tatsächlich gekoppelt werden können, sollte die kleinste Skala aus genau definierten Komponenten bestehen. Insgesamt darf sie nicht ganz leer ausfallen. Die Koppelung efolgt durch die geometrische Verzahnung und den Kontrast. Daraus folgt, daß es sich bei Wiederholungen immer um gekoppelte Paare handelt.

Die Zufälligkeit wird durch den Gebrauch aller möglichen Symmetrien minimiert: Wiederholung, Ausrichtung, Translationsinvarianz, Achsensymmetrie, Rotationssymmetrie und Gleitspiegelung (die sowohl Translation als auch Spiegelung sind). Die Absicht dabei ist, die Struktur als Ganzes zu erfahren, anstatt alle Komponenten separat zu erfassen. Die Komponenten innerhalb eines Maßstabes sind durch gemeinsame Symmetrien miteinander verbunden, im Gegensatz zu den Komponenten in unterschiedlichen Maßstäben, die es durch gestaffelte Symmetrien sind.

Diese Regeln, die ursprünglich im Rahmen einer bestimmten Entwurfstheorie aufgestellt wurden, erweisen sich als hilfreich bei der schriftlichen Formulierung von Formensprachen. Suchen Sie zum Beispiel nach sich wiederholenden und gepaarten kontrastierenden Komponenten in den kleinen Maßstäben. Achten Sie darauf, was in vielen unterschiedlichen Maßstäben geschieht. Suchen Sie nach Symmetrien bzw. der Abwesenheit von Symmetrien dort, wo sie sie erwartet hätten.

Dieser Deutungsrahmen ermuntert uns ebenfalls dazu, Rahmen und

Grenzen bei Formensprachen zu erkennen. In traditionellen Bauten und Entwürfen tauchen selten zwei strukturelle Elemente zusammen auf, die nicht durch Ränder, Zwischenbereiche oder Begrenzungen miteinander verbunden sind. Dadurch, daß diese Abgrenzungen — die in allen traditionellen Formensprachen auftauchen — in der minimalistischen Formensprache, mit der wir alle bestens vertraut sind, beseitigt wurden, sollten wir sie jetzt nicht übersehen.

Es gibt einen Korpus von Texten von Architekten aus dem frühen 20. Jahrhundert, aus dem wir die Formensprachen des Modernismus herauslesen können. Leider erweist sich jedoch das nutzbare Material als spärlich, denn in den meisten Texten geht es eher um Marketing und Aussagen politischer Natur. Außerdem werden diese sehr persönlichen Formensprachen als normative Theorien dargestellt. Es wird vorgeschrieben, was man zu tun hat und was man sein lassen soll, unter dem Deckmantel einer universellen Ethik, selbst dann, wenn es nur um persönliche Meinungen geht, und nicht um empirische Beobachtungen bzw. systematische Untersuchungen.

Im Folgenden ein paar praktische Regelaufstellungen, die ich gefunden habe:

Bei den Brüdern Naum Gabo und Antoine Pevsner heißt es 1920: „Lehnt Masse(n) und Volumen ab und modelliert den Raum von Innen nach Außen. Lehnt Farben ab und nutzt nur die natürlichen Farben der Baumaterialien. Lehnt alle Ornamente ab."

Ludwig Mies van der Rohe, 1923: „Offener Plan für Inneneinrichtungen. Materialien beschränken sich auf Beton, Stahl und Glas. Nur Vorhangwände und Stahlbeton — nur nichttragende Konstruktionen."

Le Corbusier, 1927: „Erhebt das Gebäude aus seiner Verankerung in der Erde, und stellt es auf tragende Säulen. Nur Vorhangwände sind erlaubt. Dächer müssen flach sein. Fenster können nur horizontal sein und erstrecken sich von einer tragenden Säule bis zur nächsten, wodurch sie langgezogen wirken."

Diese drei Regelwerke für eine modernistische Formensprache kontrastieren mit traditionellen Formensprachen, sodaß das gebaute Ergebnis selbstverständlich deutlich anders aussieht als traditionelle Bauten, die vor dem 20. Jahrhundert errichtet wurden. Dieser „neue Look" war mitverantwortlich für den Reiz, den die modernistische Formensprache bei ihrer Einführung ausübte.

Ohne auf die Vorteile der modernistischen Formensprache und ihrer Varianten einzugehen, sollte an dieser Stelle dennoch erwähnt werden, daß sie eine Tendenz zum Universalismus beinhalten, die jede regionale Anpassung ausschließen. Auch das starke Bestreben, Elemente auszulassen, weil sie zu traditionellen Formensprachen gehören, macht sich bemerkbar; es geht darum, sich gegen die eigene kulturelle Tradition zu wenden, um der Innovation willen.

Unsere Gesellschaft hat die modernistische Formensprache in vielen Gebäuden eingearbeitet. Dadurch haben wir uns von den eigenen älteren und traditionellen Formensprachen entfernt. Für den Beruf des Architekten bedeutet dies einen großen Verlust. Keine rationale Gesellschaft sollte praktisches Wissen aus dem Fenster werfen, außer wenn es sich als falsch erwiesen hat oder nicht mehr von Nutzen ist.

Nichts hat sich je in den älteren Formensprachen als falsch erwiesen: In der Tat beinhalten sie eine Vielzahl von adaptiven Eigenschaften, die angenehme, funktionelle und gemütliche Lebens- und Arbeitsumfelder ermöglichen.

Wir sind der Meinung, daß ein Architekt von allen Formensprachen lernen kann. Dabei sind einige Sprachen für einen bestimmten Ort relevanter als andere — eine willkommene Rückbesinnung auf den Regionalismus, da dieser zu Nachhaltigkeit führt.

Wenn er sich dazu entscheidet, eine ältere Formensprache für ein Gebäude zu nutzen, hat ein Architekt heute die Wahl. Er kann, oder auch nicht, die Formensprache in ihrer ursprünglichen Form gebrauchen. Der Architekt kann sie aber auch aufwerten, indem er Besserungen einführt oder durch den Einsatz von neueren Materialien spart. Architekten können ebenfalls eigene, innovative Elemente hinzufügen, es sei denn sie wurden beauftragt, den Entwurf in einer bestimmten Formensprache vorzulegen.

Eine Formensprache entwickelt sich mit der Zeit, genau so wie auch geschriebene und gesprochene Sprachen es tun; also ist Änderung eine natürliche Sache. Drastische Umkehrungen in Formensprachen jedoch sind nicht natürlich. Es geht vielmehr darum, eine architektonische Formensprache so zu verändern, daß sie ihr adaptives Vermögen und ihre Ausdruckskraft nicht verliert. Damit dies erfolgen kann, muß der Architekt großen Respekt haben vor dem, was evoluierte Formensprachen überhaupt repräsentieren.

In Anlehnung an das Kolmogorov-Chaitin-Komplexitätsmaß weise ich darauf hin, wie eine sehr einfache Regel (die wir nicht kennen) einen sehr komplexen Informationsstrang generieren kann. Es könnte also eine „Abkürzung" geben, um eine sehr komplexe Formensprache mit einer langen Wörterzählung zu generieren. Läßt sich eine solche Abkürzung für eine bestimmte Formensprache erahnen? Eine sehr gute Fragestellung, die nicht einfach zu beantworten ist. Auf der einen Seite ist eine adaptive, oder regionale, Formensprache komplex, aber sie kann nicht durch den Gebrauch einer sehr einfachen Regel generiert werden, da sie durch viele Anpassungen enstanden ist. Hier kann nichts „komprimiert" werden: keine Abkürzung.

Auf der anderen Seite könnten nicht-adaptive Formensprachen tatsächlich durch eher einfache Regeln generiert werden. Ein Beispiel: „Eine skulpturale Form wird anhand eines Computerprogramms generiert, um anschließend als Gebäude errichtet zu werden"; oder: „Eine Kritzelei auf einem Papier dient als Grundlage für die Errichtung eines Gebäudes". Diese Beschreibungen sind gerade einmal ein paar Wörter lang. Dennoch beruhen sie, damit sie umgesetzt werden können, auf einer Art Industrie-Formensprache für, sagen wir, Lagergebäude oder Flugzeughangars — die skulpturale Form reicht nicht aus, um dem Bauunternehmer vernünftige Arbeitszeichnungen vorlegen zu können. Kurze Regeln wie diese funktionieren nur im Zusammenhang mit ausgereiften Formensprachen. Das Ergebnis ist dann ein Gebäude mit einer sehr komplexen Beschreibung.

Eine weitere kurze Regel, mit der sich komplexe Formensprachen generieren lassen, besteht aus der Umkehrung oder der Verneinung existierender Formensprachen. Wiederum geht das nur mit ausgereiften Formensprachen. Stellen wir uns folgende Vorschriften vor: „Die Hierarchie von Zwischenstufen wird umgekehrt", „gerade Linien werden beseitigt", „Formen werden zerschlagen, bis das Gebäude beinahe unbewohnbar ist", oder „Wände werden aufgeschlitzt und Streifenfenster eingesetzt". Diese einfachen Regeln verändern eine existierende Formensprache radikal und lassen komplexe Gebäude entstehen, die den Reiz des Neuen haben. Ferner können Architekten existierende Formensprachen auch drastisch vereinfachen und somit ihre Komplexität reduzieren, indem sie dieser Regel folgen: „Abgesehen von der Tragestruktur wird alles auseinandergenommen".

In der Regel schreiben Architekten ihre Formensprachen nicht nieder. Entweder geht es ihnen darum, ihren geheimen Entwurf vor der Nachahmung durch andere zu schützen, oder sie sind einfach nicht gewohnt, Entwürfe in dieser Art und Weise zu dokumentieren. Es könnte aber auch sein, daß sie ihre Formensprachen über eine „Abkürzung" generieren, wie oben beschrieben. Andere Architekten und Forscher haben die Gewohnheit, das Gebäude im Nachhinein zu studieren, und tauchen dann in die Formensprachen ein. Selbst sie dokumentieren Formensprachen in der Regel jedoch nicht. Eine Ausnahme bildet Henry Glassies „Folk Housing in Middle Virginia" (1975).

9

DIE KOLMOGOROV-CHAITIN-KOMPLEXITÄT

on Nikos A. Salingaros

Ein Spaziergang durch die Mathematiken, 23. September 2012. Abgedruckt mit freundlicher Genehmigung.

ES IST KEINE LEICHTE SACHE, die Komplexität eines Systems zu bewerten. Die einfachste Bewertung der Komplexität eines Systems reflektiert nicht so sehr dessen intrinsische Komplexität bzw. die Komplexität des Prozeßes, der sie generierte, sondern eher die Komplexität der Beschreibung des Systems. Als solcher hat dieser Ansatz aber seine Grenzen.

Die Komplexität eines eindimensionalen Systems kann mit Hilfe einer sehr einfachen Idee bewertet werden: an der Länge ihrer Beschreibung in einer beliebigen Programmiersprache. Dieses Maß ist als Kolmogorov-Chaitin-Komplexität bekannt. Die Analyse von Buchstaben- oder Zeichensträngen kann Muster offenbaren, die sich wiederholen, und deren Beschreibung ggf. kürzer werden. Im Folgenden benutze ich die binären Eingaben 0 und 1 in 70 Ziffern langen Strängen, aber es können beliebige Buchstaben oder Ziffern eingesetzt werden. Es ist zum Beispiel offensichtlich, daß dieser Informationsstrang überhaupt nicht komplex ist:

1111111111111111111111111111111111111111111111111111111111111111111111

Sein generativer Algorithmus lautet: Wiederholung der Ziffer 1, 70 mal, oder „1 x 70". Verglichen mit diesem Strang weist der folgende

1010101010101010101010101010101010101010101010101010101
0101010

lediglich eine etwas größere Komplexität auf, da sein Algorithmus kurz ist: „**10** x 35". Dennoch ist die Komplexität tatsächlich etwas größer als beim ersten einfachen Strang. Die nächste Sequenz ist sehr unterschiedlich, obwohl sie auch nur eine niedrige Komplexität aufweist:

1111111111111111111111111111111111110000000000000000000000000
0000000

Die Sequenz hat „**1** x 35, **0** x 35" als generativen Algorithmus. Etwas Nicht-Triviales geschieht bei Position 36. Bei wirklich komplexen Ziffernsträngen stellen wir zwei verschiedene Arten von Komplexität fest. Es gibt zunächst die geordnete und kohärente Komplexität, wie zum Beispiel in dieser binären Sequenz:

1000110101100011010110001101011000110101100011010110001101011000110101100
0110101

Bei der Analyse dieses Informationsstranges für Muster stoßen wir auf versteckte Symmetrien, die uns ermöglichen, seinen generativen Code als die siebenfache Alternanz von **10001** und **10101**, oder „**10001** alterniert mit **10101** x 7", zu definieren. Wir haben es also mit einem komplexen Strang zu tun, und dennoch reduzieren interne Muster die Codelänge seines generativen Algorithmus.

Die zweite Art Komplexität bezugt eine zufällige, ungeordnete Komplexität, wie sie zum Beispiel in der folgenden Sequenz vorkommt:

0010001111010101100001011100101111110101111111010011100011010
0100101

Die Sequenz hat eine maximale Komplexität, weil ihre kürzeste Beschreibung genau so lang ist wie der Strang selbst. Eine Kompression ist nicht möglich, es gibt keine versteckten Muster in ihrer Beschreibungsregel. Dies wissen wir mit Sicherheit, da dieser Strang von einem Zufallsgeneratoren stammt.

Wahrscheinlichkeitsargumente bringen jedoch ein Problem mit sich: Interne Muster in einem zufällig generierten Strang sind durchaus möglich, ja, aber sie sind unberechenbar, sodaß eine Unmenge Versuche notwendig sein kann, um reguläre Muster zu erkennen.

Der unterschwellige Schlüsselmechanismus, den diese Beispiele ans Licht bringen, ist das Vorhandensein bzw. die Abwesenheit von Mustern, die eine Kompression des Informationsstranges ermöglichen. Totale Kompression bedeutet Informationskollaps und kommt bei extrem niedriger Komplexität vor. In den Beispielen von Strängen mit nicht-einfacher Komplexität wird das Komplexitätsmaß durch ihre Kompressionsfähigkeit reduziert, erreicht aber niemals null.

Ich werde nun die Länge der Beschreibung für jeden Algorithmus für die als Beispiel genannten Informationsstränge berechnen. Es handelt sich um eine bloße Zeichenzählung der Beschreibung auf Englisch; ich komme dabei für alle Stränge zu folgenden Werten:

1 x 70 → 4 Zeichen

10 x 35 → 5 Zeichen

1 x 35, 0 x 35 → 9 Zeichen

10001 alterniert 10101 x 7 → 21 Zeichen

[Zufällig] → 70 Zeichen

Da unsere Beschreibungen zum Teil von der englischen Sprache abhängig sind, werden diese Algorithmen nicht optimal formuliert; daher ist ihre Länge auch nicht einzigartig.

Die kürzeste Beschreibungslänge variiert logischerweise aufgrund der jeweiligen Programmiersprache, die benutzt wurde. Das spielt hier aber keine Rolle, da das Modell bloß dazu dient, die eindimensionale Komplexität ganz einfach darzustellen. Zum Beispiel könnte der oben genannte komplexe Strang mit internen Mustern ebenso durch die Beschreibung „**1000110101** x 7" generiert werden, die nur 12 Zeichen zählt. Diese Zahl ist nicht identisch mit „21" und doch liegt sie zwischen 9 und 70, also zwischen einem einfachen und einem zufälligen Strang — das ist genau der Hauptpunkt.

Ein weiterer Punkt ist die wichtige Rolle der menschlichen Wahrnehmung in der Beschreibung der Komplexität, selbst wenn diese nicht in einem direkten Zusammenhang mit dem Algorithmus steht. Stränge, die nur minimal Informationen beinhalten, sehen tatsächlich sehr einfach aus. Sie sind nicht interessant, da sie keine Botschaft liefern. Extreme Einfachheit ist also nicht brauchbar und es bedarf eines Minimums an Komplexität, damit eine Botschaft vermittelt werden kann. Menschen achten sehr auf geordnete Informationen, aber zuviel Information überfordert unser kognitives System. Komplexe Stränge mit jeweils sehr unterschiedlicher Komplexität können in der Tat gleich komplex aussehen, denn wir können die relative Komplexität eines Informationsstranges erst erkennen nachdem wir ein Muster „gesehen" haben.

Die Kolmogorov-Chaitin-Komplexität hat ihre natürlichen Grenzen, weil sie das Maß an internen Symmetrien nicht berücksichtigt, wie zum Beispiel die Wiederholung und die Verschachtelung, die unsere Kognition dennoch direkt beeinflussen. Der oben genannte Strang wird zum Beispiel durch zwei „Wörter" generiert, **10001** und **10101**, wovon jedes Wort eine interne Symmetrie aufweist. Diese wichtige Eigenschaft wird jedoch nicht in der Ziffernzählung berücksichtigt. Tatsächlich ergibt der Algorithmus der symmetrischen Wörter eine höhere Zählung (21) als die einfache Wiederholung, die die Symmetrie nicht einbezieht (12) — was ja kontraintuitiv ist. Das, was uns am meisten interessiert und wir untersuchen möchten, sind Informationssysteme mit komplexen geordneten Mustern.

Ein sehr einfacher Algorithmus kann iterativ im gesamten System Komplexität generieren; es handelt sich um ein weiteres wichtiges Phänomen, das in diesem Modell nicht beschrieben wird. Hier berechnet eine einfache Regel — ein zellulärer Automat — Konfigurationen, in welchen sich jeder Eintrag permanent verändert. Abgesehen von wenigen Ausnahmen kennen zelluläre Automaten keinen Endzustand: Das generierte Muster wächst weiter und verändert sich. Jeder einzelne Zustand könnte nichtreduzierbar komplex, das heißt nicht kompressierbar sein. Wenn wir nach einer Beschreibung eines solchen Systems, basierend auf einem Algorithmus, der den Informationsstrang sequenziell generiert (nicht in der

Art und Weise wie er tatsächlich generiert wurde), suchen, kann diese nur hochkomplex aussehen.

Mein Interesse für das Thema stammt aus der Beschreibung von Design im allgemeinen und insbesondere der Architekturstile und Formensprachen. Jede Formensprache gleicht nicht nur der Beschreibung eines Gebäudes, sondern auch dessen Bauweise; mir geht es darum, die relative Komplexität von unterschiedlichen Formensprachen zu bewerten. Traditionelle Formensprachen passen sich den klimatischen Bedingungen, den hiesigen Materialien, menschlichen Bedürfnissen und Bräuchen und nicht zuletzt auch Kulturen an, sodaß sie zwangsläufig unvermeidbar komplex sind. Sie sind vielen Kräften und Zwängen ausgesetzt und haben sich nur Schritt für Schritt mit der Zeit entwickelt. Selbst wenn die Bauten, die unterschiedliche Formensprachen generiert haben, natürlich sehr verschieden aussehen, haben sie alle (Sprachen und die sich daraus ergebenden Designs) ein gleiches Maß an Komplexität.

Mit der Wörterzählung der mündlichen Beschreibung einer Formensprache kann ihr Maß an Kolmogorov-Chaitin -Komplexität nur ungefähr ermittelt werden. Meine Architektur-Studenten füllen eine eher standardisierte Checkliste für Mustersprachen aus und lassen anschließend die Anzahl der Wörter von ihrem Textverarbeitungsprogramm berechnen. Somit können die Studenten die Formensprachen, die sie untersuchen sollen, anhand der Zahlen vergleichen. In dieser Übung werden somit minimalistische von komplexeren Bauten getrennt. Trotzdem weiß ich nicht, wie man zwischen evolvierten Formensprachen mit hoher Komplexität und zufällig generierten, also nicht-adaptiven, Formensprachen unterscheiden soll.

Einige Architekten setzen Zufälligkeit ein, um dem bloßen Willen des innovativen Aussehens zu entsprechen. Nichts daran ist evolviert, da es sich um keinerlei Adaptation handelt. Die Entwurfsmethode wird als unmittelbarer, künstlerischer Akt durchgeführt. Diese Architekten benutzen oft eine „Abkürzung" beim Entwurf ihres Gebäudes, welches, obwohl es keine Adaptationen generiert, tatsächlich sehr komplex sein kann. Dieser Fall gleicht einer einfachen Regel (die wir nicht kennen), die einen zufälligen Strang generiert. Es wäre nützlich, zu verstehen, wann eine Formensprache einfach ist, und auch unterscheiden zu können, wann sie entweder wegen ihrer Adaptation oder ihrer zufälligen Generation komplex ist.

Diese Fragen könnten wir vielleicht in einem späteren Essay besprechen.

Literatur

- „Kolmogorov complexity", Eintrag bei Wikipedia: https://de.wikipedia.org/wiki/Kolmogorow-Komplexität

- A. Klinger & N. A. Salingaros (2000) „A Pattern Measure", *Environment and Planning B: Planning and Design*, band 27, S. 537–547. Wiederveröffentlicht vom Archiv der Cornell University Library, 28. August 2011, http://arxiv.org/html/1108.5508v1

10

Gegen Ökophobie und für einen humanen Lebensraum

von Nikos A. Salingaros & Kenneth G. Masden II

Archnet-IJAR: International Journal of Architectural Research, Band 2, Heft 1 (März 2008), Seiten 129–188. Nachdruck für das Philadelphia Society Regional Meeting, Cincinnati, 8. Oktober 2011. Abgedruckt mit freundlicher Genehmigung.

Planungen und Bauten folgen heute ungeschriebenen Regeln, die keinerlei empirische Fundamente besitzen, da sie bloß auf visuellen und ideologischen Bauten aus dem frühen 20. Jahrhundert beruhen. Im zeitgenössischen Design werden Qualitätskriterien ignoriert, die auf frühere, evolvierte Traditionen aus vergangenen Zeiten zurückgehen. Dabei präsentiert sich diese Absage als besonders tugendhaft. Somit gehorchen Architekten und Städteplaner bei ihren Entwürfen simplistischen Kriterien und verzichten auf jedes Verständnis für Schönheit, wodurch Menschen mit ihrer natürlichen Umgebung, ihren Traditionen und ihrer Kultur in Beziehung gebracht werden.

Einführung

Das Wort „Ökophobie" bezeichnet eine unbegründete, aber dennoch stark konditionierte Reaktion gegen natürliche Formen. Obwohl diese Bedeutung veraltet zu sein scheint, wurde das Wort auch in der klinischen Psychologie gebraucht, um eine Form von Angst vor der eigenen Behausung zu bezeichnen. Der Philosoph Roger Scruton erfand den Begriff „Oikophobia" als Bezeichnung für den unbegründeten Haß auf die eigene einheimische Kultur. Wir sind der Meinung, daß beide Begriffe „Ökophobie" und „Oikophobie" in vielen Fällen austauschbar sind. (Etymologisch betrachtet: Die gemeinsame griechische Wurzel für „Haus" schreibt sich entweder „ecos" oder „oikos".)

Im sozialen Bereich erfahren wir zur Zeit bedeutende philosophische und soziale Spannungen, die genau so ernst zu nehmen sind wie unsere Bedenken bezüglich unserer Abkehr von der Natur. Das 21. Jahrhundert hat als Fortführung bzw. sogar als Intensivierung der schlimmsten Zustände begonnen, die wir im 20. Jahrhundert erlebt haben — wie zum Beispiel die Verachtung der traditionellen Kulturen und von allem, was die Menschen mit ihrer örtlichen Geschichte verbindet.

Scruton erinnert daran, daß „der Ökophobe nationale Zugehörigkeiten ablehnt und seine Absichten und Ideale *gegen* die Nation richtet, transnationale Institutionen nationalen Regierungen vorzieht (...) seine politische Vision von universellen Werten abhängig macht, die von allen Bezügen zu bestimmten Beziehungen zu echten historischen Gemeinschaften bereinigt wurden". Wir haben es hier also mit dem „modernen Menschen" zu tun, der alle technologischen Spielzeuge gutheißt und gleichzeitig evolvierte Lösungen ablehnt, die eine Gesellschaft über Tausende von Jahren hinweg zusammengehalten hat.

Ideologie und Werbung

Scruton stellt zurecht fest, daß der Begriff „Ökophobie" eine ernste politische Komponente beinhaltet, denn viele politische Parteien versuchen, sich durch die Verheißung hervorzuheben, die gesellschaftlichen Probleme durch universelle, aber dennoch abstrakte Utopien lösen zu können. Regierungen unterschiedlichster politischer Farben sind somit Opfer einer Verblendung, die sie von fremden Gütern und Ideen abhängig macht; eine Manipulation, die vor allen Dingen internationalen Konzernen dient. Dabei ist es einfach für sie, auf die Hilfe der Werbeindustrie zu zählen, dringt diese doch bis in die entferntesten Gebiete des Planeten vor, um auf den lokalen Märkten lauthals fremde Produkte anzupreisen.

Gleichzeitig werden lokale Traditionen ausgemerzt, zusammen mit dem, was die jeweilige Gesellschaft zusammengehalten hat. Das unterschwellige Phänomen, das dahintersteckt, ist der Haß auf die eigene Kultur und deren Artefakte sowie auch Bräuche. Dieser Haß führt dazu, daß die eigenen Traditionen einfach verdrängt und neue, fremde Symbole des rasanten Fortschritts des Großkapitals als irgendwie „besser" vorgezogen werden.

Als Image-Stifterin arbeitet die Architektur nun überall im Dienst des globalen Kapitals. Wenn Identität der Globalisierung zum Opfer fällt, werden Werte und Überzeugungen korrumpiert, die Menschen in traditionellen Kulturen über Jahrtausende begleitet haben.

Die modische Architektur von heute hingegen dient einer Kultur des Kapitals und des Konsums. Die Werte und Überzeugungen dieser Kultur untermauern und strukturieren die architektonische Praxis in den Vereinigten Staaten sowie auch zunehmend in der ganzen Welt.

Unterstützt durch das Milliarden Dollar schwere Kapital zielt diese Vorgehensweise—die Einführung von neuen, fremden Symbolen—darauf ab, der ganzen Welt Produkte unterzujubeln, die der Westen verkauft. Während westliche Universitäten und kulturelle Einrichtungen versuchen, ihren Zugang zu ungenutzten Ressourcen in anderen Entwicklungsländern zu stärken, tun sie eigentlich nichts anderes, unter dem Deckmantel des westlichen Wohlstandes, als ein Gebilde von Umständen einzuführen, das bloß dazu dient, die Kultur zu zerstören. Diese Werte bringen traditionelle Zivilisationen tatsächlich ins Ungleichgewicht. Starke kommerzielle Interessen und ökonomische Ausbeutung sind die natürliche Konsequenz daraus, daß der ganzen Welt gehypte zeitgenössische Architekten aufgezwungen werden. Regierungen glauben fälschlicherweise, daß sie ihren Bürgern einen Gefallen tun, indem sie „Vorzeigebauten" errichten, wie zum Beispiel Museen, die international berühmte Architekten entworfen haben. Stattdessen öffnen sie die Türen für intolerante Kräfte und ebnen den Weg in den Untergang des hiesigen architektonischen Erbes.

Wir sind die Meister des Absurden

Junge Menschen werden mit Design-Werbebildern in Schulen und den Medien geblendet; von nun an sollen sie nur das schätzen. Sie werden indoktriniert, traditionelle architektonische Ausdrucksformen zu hassen und zu zerstören, und diese nicht als etwas zu betrachten, das es sich zu pflegen lohnt.

Viele Kritiker machen den Westen und gewisse mächtige lokale Interessengruppen für die Ablehnung der eigenen Kultur durch junge Menschen verantwortlich. Diese Art Nihilismus zu lehren, ist nichts anderes als eine weitere Dummheit der reichen westlichen Nationen, genau wie die Pseudo-Kunst, die sich in der zeitgenössischen Gesellschaft als Ziel gesetzt hat, Gott zu profanieren. Indem sie versuchen, den Westen nachzuahmen, laufen die Entwicklungsländer jedoch Gefahr, alles, was sie haben, also ihre traditionelle Kunst und Architektur, zu verlieren.

Wir streben eine wahrhaftige Bildungsreform an, die den Haß auf das eigene architektonische Erbe und die dazu passende Kultur sofort einzudämmen vermag. Es gibt kein größeres Verbrechen als den Mord an den eigenen Eltern, dem Patrizid. Was sollen wir also von einer Architekturschule halten, die ihre Schüler lehrt, das eigene Erbe zu verachten, und ihnen den Wunsch anerzieht, es zu zerstören?

Das Ziel dieser Bildungsreform ist die gesamte Gesellschaft selbst, die solche Menschen hervorgebracht hat — eine Verantwortung, die sie mit den biologischen Eltern teilt. Besorgt lesen wir, daß Bauhaus-Ästhetik und -Praxis in die architektonische Ausbildung in Entwicklungsländern eingeführt werden. Die Presse stellt dies als eine „progressive Entwicklung" dar, ohne sich anscheinend bewußt zu sein, welche Gefahren dies für die dortigen Traditionen bedeutet.

Für die Architekturlehre, um die es in unserer Reform geht, ist es von großem Vorteil, auf das wissenschaftlich-fundierte Wissen als neues Paradigma zurückzugreifen. Der einfachste Weg, um die Architektur wieder als wissensbasierte Disziplin zu etablieren, führt über die Wiederbelebung ihrer Wissensgrundlagen. Ohne ein Wissen, das in der Realität der menschlichen Wahrnehmung und der Wissenschaft verankert ist, bleibt die Architektur offen für Korruption und wird zum Opfer der Launen der Ideologie, der Mode und des Kultes des Individuums.

Ohne die fundamentalen Unterschiede zwischen Architektur und Wissenschaft als Disziplinen aus dem Auge zu verlieren, kann man viel aus der direkten Nebeneinanderstellung ihrer intellektuellen Strukturen lernen. Die Wissenschaft und die wissenschaftliche Fragestellung operieren durch die Anwendung kumulierter Wissensgrundlagen. Wissenschaftler forschen, weil sie den Wissenskorpus ihrer jeweiligen Disziplin zu erweitern versuchen. Akribisch dokumentieren sie die erfolgreichen Ergebnisse ihrer Untersuchungen, um sie in den gesamten Wissenskorpus zu integrieren. Damit sie dies umsetzen können, entwickeln die wissenschaftlichen Disziplinen mit der Zeit gezielt Sprachen, die ihnen ermöglichen, das neue Wissen zu transkribieren und für die Ewigkeit zu sichern. Das Wissen selbst beruht auf effizienten Informationsspeichersystemen.

DER REIZ DER WISSENSCHAFT

Durch diesen Dokumentationsprozeß können Wissenschaftler auf frühere Erkenntnisse bauen und brauchen nicht jedesmal das Rad neu zu erfinden, wenn sie eine Basisanwendung durchführen wollen. Die Wissenschaft kennt auch einen Mechanismus, dank welchem veraltete oder unnütze Informationen aus dem Wissenskorpus ausgemerzt werden. Eine Theorie, die als überholt gilt oder als falsch entlarvt wird, kann dadurch sofort beseitigt bzw. als bloß historisch relevant betrachtet werden. Dieser Austausch findet statt, weil eine bessere Methode als die vorherige gefunden wurde, UM DAS PHÄNOMEN ZU ERKLÄREN. Dadurch erweitert die Wissenschaft permanent ihre Wissensgrundlagen und verfestigt zugleich ihre Ordnung und Relevanz in einem kompakten Wissenskorpus. Dieser Prozeß kommt zustande durch das Ordnen und durch die Bündelung der wissenschaftlichen Informationen, ähnlich wie Bibliotheken kohärente Ordnungssysteme ausarbeiten, um enorme und ständig wachsende Mengen an Informationen zu verwalten. Wissen kann nur dann nutzvoll sein, wenn es einfach abrufbar ist, was wiederum eine effiziente Systematik voraussetzt.

Ihrerseits muß die Architektur jedoch noch ein entsprechend effizientes System zum Ordnen der überlieferten Informationen entwickeln. Was mit der Architektur geschehen ist, ist eigentlich undenkbar in den Wissenschaften: Irgendwann in den 1920er Jahren hat eine Gruppe von Ideologen in ihrem Bestreben nach einer neuen Grundlage fürs Design willkürlich die Informationsgrundlagen der Architektur über Bord geworfen. Die Ausrede für diese Vernichtung war lediglich, daß sie der Disziplin helfen sollte, neues Territorium zu erkunden. Unter dem Deckmantel der Innovation fühlten sich die Verantwortlichen nicht verpflichtet, das Wissen, das davor ausgearbeitet oder gewonnen worden war, zu bewahren. Da diese Leute nicht das Bedürfnis hatten, überlieferte Informationen zu dokumentieren, erachteten sie es natürlich auch nicht als wichtig, ein Ordnungssystem für das aktuelle Wissen auszuarbeiten. Seitdem wird der Erfolg der architektonischen Innovation lediglich daran gemessen, wie sehr er das vorherige Wissen mißachtet.

Der Ästhetische Geschmack

Paradoxerweise hat diese vernichtende Praxis zur Anhäufung sowohl von rigiden Dogmen als auch von einer Unmenge von Stilen geführt, die einander widersprechen. Architekten haben es einfach versäumt, ein Ordnungssystem auszuarbeiten oder zu implementieren, selbst für die architektonischen Stilrichtungen, derer sie sich bedienen und mit denen sie gewöhnlich arbeiten. Verfechter einer bestimmten Richtung streiten mit Verfechtern eines anderen Stils und verkünden laut, daß dieser Stil unnütz, überholt oder moralisch nicht vertretbar sei. Dieser unlösbare Streit wird somit nicht nur zur Quelle eines heftigen systemischen Konfliktes, sondern auch von Instabilität, die einer Ausarbeitung eher im Weg steht als diese zu fördern. Stile werden nur dann anerkannt und gutgeheißen, wenn sie von den selbsternannten „Geschmacksmachern" der Disziplin abgesegnet werden. Es handelt sich um einen defensiven Akt, bestimmt, um der Architektur einen mysteriösen Charakter zu verpassen, unzugänglich für diejenigen, die nicht in ihre facettenreichen „Theorien" eigeweiht sind.

Andererseits gibt es in der wissenschaftlichen Debatte strikte, wenn auch strittige Richtlinien zur Lösung solcher Fragen. Wissenschaftlichen Kriterien entsprechend, ist Wissen gültig, wenn es dazu beiträgt, Phänomene adäquat zu erklären, und dabei auch etwas wertvolles für die Menschheit an den Tag bringt. Wissenschaftler wenden sich von alten Ideen ab, selbst wenn diese sehr populär sind, aber verfehlen, bewährte Strukturen zu erklären. Konflikte können tatsächlich intensiv sein, sind dafür aber auch meistens von kurzer Dauer. Anschließend finden die Wissenschaftler einen Konsens auf experimenteller Basis.

Der Informationsverlust

Das wissenschaftliche Paradigma ist ein Garant dafür, daß keine Teile des Informationsfundus einer Disziplin willkürlich verloren gehen. Da sie sich nicht für ihre Grundlagen interessieren, gehen die meisten Architekten noch nicht wissenschaftlich mit der Architektur um. Der katastrophale Informationsverlust im Städtebau und in der Architektur nach dem Zweiten Weltkrieg, den die modernistisch ausgebildeten Dozenten, die die Architekturschulen quasi übernommen haben, zu verantworten haben, hätte niemals geschehen können, wenn wir wissenschaftlich mit der Architektur umgegangen wären.

Tradiertes Wissen ist viel zu wertvoll, um „schlampig" damit umzugehen. Älteres Wissen sollte lediglich von einem aktualisierten Erklärungsrahmen abgelöst werden, nicht aber von unbewiesenen Ideen oder Meinungen. Wenn es darum geht, das wertvolle in der Architektur zu definieren, führt einfach kein Weg an gewissen evidenzbasierten Kriterien vorbei.

In typischen Lehrveranstaltungen zur Architekturtheorie werden die Studenten gewöhnlich mit einer Ansammlung von widersprüchlichen und oftmals undurchsichtigen Lektüren konfrontiert, die sie schließlich durcheinanderbringen, sodaß sie nicht mehr wissen, was relevant bzw. irrelevant ist. Denn alle Theorien werden als gleichwertig dargestellt, erscheinen sie doch zusammen in einer autoritativen Anthologie.

Den Studenten werden keine beurteilenden Kriterien vor- oder nahegelegt, weil sowohl ihre Professoren als auch die Autoren der Anthologie es nicht wagen, Maßnahmen zu treffen, die eine solche Beurteilung ermöglichen würden. Es würde ja ggf. bedeuten, daß man einen Blickpunkt bevorzugt — was ja schließlich undemokratisch wäre.

Der Kult der unnötigen Hässlichkeit

Nichtsdestotrotz löst diese falsche Vorstellung von Pluralität genau das aus, was alle Disziplinen, die eine intellektuelle Entwicklung durchlaufen haben, für nötig empfunden haben auszuarbeiten. Veraltete oder in Ungnade gefallene Ideen, auf die man in Lektüren zur Architektur immer wieder trifft, sollten eigentlich irgendwann verschwinden. Ohne Tauglichkeitskriterien ist es den Architekten jedoch nicht möglich, Ideen fallen zu lassen, die mit einer dominanten Ideologie in Verbindung gebracht werden. Dies bedeutet, daß sie unaufhörlich den selben Firlefanz wiederholen.

Diverse Stile können tatsächlich durch die Allgemeinheit mitunter zu positiven Lösungen gebündelt werden, die jeder anzubieten hat. Die Einführung einer theoretischen Klassifizierung von Architekturtypologien soll ein wichtiger Bestandteil des neuen und dringend gebrauchten Lehrplans werden. Diese Art von Erklärung bündelt unterschiedliche Stile aus den architektonischen Bewegungen, die zur Zeit miteinander konkurrieren, zusammen, auch aus solchen, die in der Vergangenheit ausgearbeitet wurden. Einige dieser Stile werden als unpassend erachtet, da sie den Bedürfnissen der Menschen nicht entsprechen; die Dozenten, die für die Programme der Fakultäten für Architektur verantwortlich sind, müssen darauf vorbereitet sein. Wenn man genau hinsieht, fällt einem sofort auf, daß viele der ungeschriebenen Prinzipien, die heute gültig sind, keinerlei architektonische Grundlagen haben, sondern ausschließlich auf ideologischen Argumenten basieren. Die Architektur wird niemals vorankommen können, wenn sie weiterhin blind Design-Dogmen unterstützt.

(*Anmerkung: Dieser Essay ist ein Ausschnitt aus dem längeren Beitrag „Intelligence-Based Design: A Sustainable Foundation for Worldwide Architectural Education", in: Archnet-IJAR: International Journal of Architectural Research, Band 2, Heft 1 (März 2008), Seiten 129–188. Dieser Ausschnitt ist bereits in Greek Architects (20. September 2008) erschienen. Eine italienische Fassung des vorliegenden Ausschnitts wurde in Il Domenicale, Number 14 (5. April 2008), Seiten 6–8, veröffentlicht, und als Kapitel 6 in dem Buch NO ALLE ARCHISTAR: IL MANIFESTO CONTRO LE AVANGUARDIE, Libreria Editrice Fiorentina, 2009, verwendet. Das Original kann hier abgerufen werden <http://zeta.math.utsa.edu/~yxk833/Intelligence-Based-IJAR.pdf>.)

Kenneth G. Masden II, *AIA, ist ein NCARB-zertifizierter Architekt und hat ein B.Arch Diplom der University of Kentucky und ein M.Arch Diplom der Yale University — wo er bei Léon Krier, Vincent Scully, Fred Koetter und Andrés Duany studiert hat. Er hat umfangreiche Erfahrung in der Planung von Großprojekten und auch in der Verlagerung von militärischen Stützpunkten und Landrückgewinnung für die Regierung der Vereinigten Staaten von Amerika — in Höhe von über vier Milliarden Dollar, bei denen er als Projekt-Architekt, Umweltingenieur, Planer und Programm-Manager in Japan, Deutschland, Spanien, Italien und den U.S.A. tätig war. Von 2001 bis 2010 war er Assistant/Associate Professor of Architecture and Urban Design an der University of Texas at San Antonio. Bevor er seine akademische Laufbahn aufnahm, arbeitete er mit Peter Eisenman am Denkmal für die ermordeten Juden Europas (kurz: Holocaust-Mahnmal) in Berlin und der Kulturstadt Galizien in Santiago de Campostela, Spanien. Zur Zeit ist Kenneth G. Masden Planungs- und Entwicklungsdirektor für das Hawaii Department of Education, wo er eine wichtige Budgetaufwertung von 250 Millionen Dollar pro Jahr für das neuntgrößte öffentliche Schulsystem des Landes verwaltet. Seine Architektur und seine praktische Arbeit sind von seinen internationalen Reisen sowie von seiner Forschungsarbeit im Bereich der biologischen Formen, den Neurowissenschaften und dem intelligenzbasierten Design geprägt.*

11

Vorlesungsskript, vierte Woche
Komplexitätsstufe als Maß für die Anpassungsfähigkeit einer Formensprache

Lektüren in der vierten Woche:

- Alexander, *The Phenomenon of Life*, Kapitel 7, „The Personal Nature of Order".
- Léon Krier, „Building Civil Cities", *Traditional Building*, 2005.
- Salingaros & Masden, „Politics, Philosophy, Critical Theory", *Philadelphia Society*, 2011.

Gehen wir einmal davon aus, daß es uns gelungen ist, alle Formensprachen richtig zu dokumentieren und zu katalogisieren — einschließlich aller vernakulären Traditionen — aus vergangenen Zeiten und aus der heutigen Praxis. Der wissenschaftliche Ansatz setzt jedoch einen zweiten Schritt voraus, und zwar die Analyse und die Klassifizierung der Formensprachen. Ein Katalog stellt gewiß nutzvolle Informationen zur Verfügung, aber er ist bloß der Anfang einer systematischen Studie.

Zusätzlich brauchen wir noch: zuerst eine Methode, um bestimmte Merkmale zu evaluieren, die Formensprachen teilen bzw. sie voneinander unterscheiden. Ziel dabei ist, diese Masse an Informationen zu einem Wissenskorpus zu bündeln bzw. sie zu klassifizieren.

Was genau haben gewisse Formensprachen gemeinsam, und worin unterscheiden sich einige von ihnen? Ein relevantes Maß ist ihre Komplexitätsstufe, die anhand der Beschreibungslänge der jeweiligen Formensprache dokumentiert wird; ein weiteres Maß ist ihre Anpassung an lokale Begebenheiten. Inwiefern kann eine Formensprache als „regional" gelten? In diesem Kontext bedeutet „regional" das Gegenteil von „universell".

Es liegt also nahe, die Formensprachen nach ihrer jeweiligen lokalen Anpassungsfähigkeit zu klassifizieren. Wenn eine Formensprache sich anpasst, dann tut sie dies im Rahmen einer bestimmten Umgebung: Was bewertet wird, ist, wie gut diese Anpassung ist. Ob eine Anpassung als „gelungen" erachtet werden kann, hängt von der Energieeffizienz des Gebäudes ab, und zwar in einem „low-tech"-Sinn, damit für den Großteil der Bevölkerung ein Nutzen daraus möglich wird. „High-Tech"-Energieeffizienz kann ihrerseits auch sehr nutzvoll sein, aber sie beruht gewöhnlich auf importierten Technologien und Materialien und ist somit global und nicht regional ausgerichtet. Unsere Beschreibung der „quantitiativen Bewertungen von Regionalismus und Komplexität" im Rahmen des zweiten Projektes [Kap. 41] führt eine Liste mit hilfreichen Richtlinien auf, um die regionale Anpassung von Formensprachen zu evaluieren.

Versuchen wir einmal, ein theoretisches Ergebnis abzuleiten: *„Hat die Komplexität einer Formensprache mit ihrem Grad an Regionalismus zu tun?"*

Mit dem Regionalismus wird bewertet, bis zu welchem Grad lokale Materialien verwendet werden, inwieweit die lokale Kultur in der Geometrie des Gebäudes berücksichtigt wird, wie sehr die Anpassung an das Klima Bestandteil des Designs selbst geworden ist usw. Im Gegenzug bewerten wir, bis zu welchem Grad diese Faktoren mit Absicht nicht berücksichtigt werden, um stilistische Vorstellungen „von oben herab" (top-down) aufzuzwingen.

In der Vergangenheit war der Transport von Waren nicht so einfach, sodaß man gezwungen war, die lokal verfügbaren Materialien zu verwenden. Diese Praxis setzt eine Philosophie des Regionalismus voraus, die die Landschaft und die Natur respektiert. Werden Bäume, Flüsse, Hügel und Seen tatsächlich respektiert, oder werden sie bloß beseitigt, um Raum für ein Gebäude zu schaffen? Wenn mit guten lokalen Materialien gebaut, gut gepflegt und auch repariert wird, dann hat das Gebäude ein längeres Leben. Das Gebäude vermittelt das Gefühl, daß es am richtigen Ort ist, ein Teil der Kultur. Gebäude, die nicht auf die lokale Umgebung abgestimmt sind, verkommen oft relativ schnell; wenn nicht, können sie leicht zu „fehl am Platz"- Gebäuden werden.

Ein weiteres umfangreiches Untersuchungsthema ist die Art und Weise, wie eine Person emotional auf Gebäude reagiert. Dabei geht es hauptsächlich um die Formensprache, denn die Reaktion hat nur begrenzt mit dem Gebäude selbst zu tun.

Diese Fragestellung macht nur dann Sinn, wenn von Christopher Alexanders Feststellung ausgegangen wird, daß 90% unserer emotionalen Reaktionen auf die Wahrnehmung eines Gebäudes in unterschiedlichen Kulturen geteilt werden. Es handelt sich also nicht um Meinungen, wie zum Beispiel, ob wir etwas „mögen" oder nicht: Es geschieht im Zuge von Erziehung und Konditionierung, und ist nicht grundlegend.

Wir spüren etwas Tiefgründiges, das in unserer Person selbst verankert ist, und wir identifizieren uns damit. Wie Alexander schreibt, es wird „persönlich". Diese Beziehung wird durch geometrische Eigenschaften hervorgerufen, von denen ein paar bekannt sind, und die wir hier näher studieren.

Wenn sie optimal ist, verursacht die geometrische Kohärenz einer Struktur ein durchaus positives Gefühl in uns. Diese Empfindung könnte paradoxerweise durch eine Struktur verursacht werden, die man ansonsten nicht unbedingt schätzt, oder die man als wenig kunstvoll bzw. der man eine geringe architektonische Bedeutung zuspricht. Der Widerspruch zwischen dem, was unser Körper spürt und was unsere Ratio uns sagt, kann kognitive Dissonanzen verursachen.

Ein hohes Maß an Konnektivität mit Artefakten oder Strukturen führt zu einer persönlichen Beziehung mit dem Objekt bzw. dem Raum. Das löst in uns einen heilenden Vorgang aus, ein Gefühl von Freude, es sei denn, es entsteht eine kognitive Dissonanz, wodurch Streß in uns verursacht wird.

Diese Diskussion hat weitläufige philosophische Implikationen und legt eine post-cartesianische Weltsicht dar. Für Descartes waren natürliche Strukturen wie Maschinen, die nicht miteinander in Beziehung stehen. Wir hingegen sind der Meinung, daß eine Person und das Objekt, mit dem sie interagiert, als zwei Teile eines übergreifenden Systems zu betrachten sind. Der Akt der Erfahrung eines Artefaktes oder eines Baus verbindet den Betrachter mit dem betrachteten Objekt.

Die moderne Physik beruht genau auf diesem Konzept von enger Interaktion zwischen dem Betrachter und dem Betrachteten. Die Experimente, die dieses Phänomen demonstrieren, ereignen sich auf der Quantenebene. Was wir hier besprechen, ereignet sich allerdings auf makroskopischer Ebene, sodaß wir uns eher auf unsere Wahrnehmung als auf physikalische Messungen verlassen müssen.

Und doch hat sich der philosophische Cartesianismus in den letzten Jahrzehnten weiter durchgesetzt, ja, hat er doch sogar extrem zugelegt. Das Universum und seine hochkomplexen Mechanismen wurden immer als einfache Mechanismen betrachtet; das ist falsch. Unsere Wahrnehmung der Welt ist in vielen Dingen eine reduktionistische geworden, auch in Sachen Design. Im Verlauf dieses Prozeßes ist die Wissenschaft einfach nicht berücksichtigt worden. Heute legt der architektonische Diskurs keinen Wert auf die komplexen Beziehungen zwischen Beobachter und Beobachtetem.

Eigentlich geht diese Entwicklung auf eine alte politische Philosophie zurück. Eine Gruppe von Philosophen, als „Frankfurter Schule" bekannt, legte der Gesellschaft eine Reihe von radikal neuen Gesetzen vor, die diese befolgen sollte. Dies geschah in den 30er Jahren des 19. Jahrhunderts als Teil des marxistischen Bemühens um eine neue Gesellschaft. In ihren Schriften, die sie „Kritische Theorie" nennen, ignorieren sie schlicht und einfach die menschliche Natur und hoffen, mit viel Naivität, auf das Aufkommen eines neuen Typs von Menschen, der in einer utopischen Welt leben soll. Aber jede Philosophie, die von der Wissenschaft losgelöst ist, kann nur irreführend oder gar gefährlich sein, was für die „Frankfurter Schule" gewiß zutrifft.

Ein Grundgedanke der marxistischen Ideologie ist, daß die Vergangenheit und alle Traditionen den Fortschritt des Menschen hemmen. Diese Ideologie setzt also voraus, daß der einzige Weg nach vorne die Verwerfung der Vergangenheit ist, damit diese die neugegründete Utopie nicht länger gefährdet. Dieses Denken hat wichtige Folgen für die Gestaltung der Umwelt. Traditionelle Sichtweisen über den Bezug zur Architektur werden dadurch als politisch inkorrekt abgetan und deshalb streng verurteilt.

Dabei ist das Problem für Architekten, daß der als „Kritische Theorie" benannte Textkorpus fälschlicherweise als Architekturtheorie betrachtet wird. Diese Texte sind keineswegs eine Architekturtheorie; eigentlich bilden sie eine Theorie von gar nichts. Die „Kritische Theorie" ist bloß ein Fahrplan für eine Revolution, der auf marxistischen und technokratischen Prinzipien beruht. Traditionelle Gesellschaften sollen aufgelöst und die Menschen zu Rädchen in einer gigantischen Industrie-Maschinerie werden.

Dadurch entsteht auch eine tiefe Abneigung gegen traditionelle Formen von Schönheit, was natürlich auch die Architektur betrifft. Traditionelle Formensprachen werden als unerwünscht abgestempelt und sollen verschwinden; sie sollen durch eine einzige universelle Sprache ersetzt werden, die Technologie, Industrialisierung und Kollektivierung in den Vordergrund stellt.

Der „Kritische Regionalismus" ist eine Bewegung, die sich als Ziel vorgenommen hat, Gestaltung immer von den jeweiligen klimatischen Bedingungen, den vorgefundenen Begebenheiten und, bis zu einem gewissen Punkt, auch von den hiesigen zur Verfügung stehenden Materialien abhängig zu machen. Sie ist eine gesunde Reaktion auf den internationalen Stil des Modernismus. Leider führt die Inklusion des Wortes

„kritisch" jedoch zu einem Widerspruch, weil sie eine Bewegung bezeichnet, die anti-regional und anti-traditionell ist. Praktisch gesehen führt der Kritische Regionalismus die Formensprachen des Modernismus beliebig weiter. Wir aber sind der Meinung, daß der Regionalismus die traditionellen Formensprachen schützen und wiederverwerten soll. Der wahre Regionalismus muß sich sowohl von allen globalen Formensprachen, die von oben herab auferzwungen werden, als auch von allen Kräften der Uniformisierung und der Konformität befreien.

Dies bringt uns zum Problem der Formensprachen, wenn sie mit bestimmten Philosophien in Verbindung gebracht werden — was durchaus der Fall sein kann. Ich bin mit keinem anderen Autoren einverstanden und ich beharre darauf, daß Philosophie kein Ersatz für Architekturtheorie sein kann. Unabhängig von der Art und Weise, wie Formensprachen entstehen, können die theoretischen Werkzeuge, die die Architektur und die menschliche Biologie liefern, genutzt werden, um zu erklären, wie effizient sie in der Errichtung von nutzvollen Bauten sein können. Und genau das ist das wahre Ziel der Architekturtheorie.

Indem man das Pferd hinter den Karren spannt, d. h., wenn man philosophische oder politische Diskurse einer Formensprache anhängt und diese dann als „Theorie" bezeichnet, bringt es lediglich ein Durcheinander in das, was Theorie wirklich ist. Aber leider sind die meisten Bücher zur „Architekturtheorie" bloß einfache historische Darstellungen von Denkweisen, die bestimmte Formensprachen rechtfertigen, ohne jedoch Kriterien wie den Nutzen für den Menschen zu berücksichtigen.

Ähnliche Formensprachen haben sich in unterschiedlichen Kulturen entwickelt, die allerdings die gleichen hiesigen Materialien, Klima und Topographie teilen. Dies ist ein Beispiel für die parallel konvergierende Evolution, wie auch die Rückenflosse bei Haien und Delphinen in der Biologie. Indem man aber die kulturellen und geographischen Unterschiede ignoriert, zerstört man nur die Nachhaltigkeit und die Energieeffizienz, die traditionelle Formensprachen hervorgebracht haben.

Seit gut einem Jahrhundert gibt es nun die projektorientierte Theorie, die ebenfalls keine Theorie ist. Ein Architekt entwirft ein Gebäude intuitiv und gebraucht dabei eine unartikulierte Formensprache, die anschließend, im Nachhinein, gerechtfertigt wird. Das ist das reinste Marketing. Architektur-Kritiker spielen das Spiel mit und besprechen diese ad hoc Erklärungen als wären sie eine Theorie, was sie weder zur Wissenschaft macht noch zu einer ehrlichen Beschreibung des tatsächlichen Gestaltungsprozeßes.

Sehr oft erfindet der Architekt einen „Look", der überhaupt keine rationalen Grundlagen besitzt und lediglich eine Art Bauchgefühl-Ausdruck von gewissen bevorzugten Bildern darstellt. Manchmal wird der Architekt auch von bewußten oder unbewußten Zerstörungskräften geleitet, und diese Motivation spiegelt sich in der „Transgression", die der Bau schließlich an den Tag legt, wider. Die sogenannte wissenschaftliche Erläuterung einer solchen Form ist niemals ehrlich in Bezug auf ihre Inspirationsquelle.

Ich glaube nicht, daß Rechtfertigungen im Nachhinein von zeitgenössischen Gebäuden für Architekturstudenten nutzvoll sein können. Sie bringen sie nur durcheinander. Im Gegenteil, Studenten sollen lernen, zwischen echter Theorie und Marketing zu unterscheiden.

12

ANWOHNERFREUNDLICHE STÄDTE ERRICHTEN

Michael Carey im Gespräch mit Léon Krier

Traditional Building Magazine, 2005. Genehmigter Nachdruck von der Léon Krier Webseite.

Michael Carey: Was, in Ihren Augen, ist eine Stadt, und was macht eine gute Stadt aus?

Léon Krier: Eine Stadt ist ein Netzwerk von zusammenhängenden öffentlichen Räumen und Bauten, von einzelnen und Gruppen von Menschen. Eine Stadt ist gut, wenn sie als Netzwerk über ihre funktionellen, sozialen, sicherheitsrelevanten und ökonomischen Aspekte hinaus auch ästhetisch ist. Die sinnvolle und allgemein erkennbare Struktur in der Stadtplanung und deren Anordnung, die Qualität der Bauten, Raumflächen, Materialien, Farben und Aktivitäten sowie auch die wirkungsvolle Beziehung all dieser Aspekte mit den geographischen Gegebenheiten durch Klima und Ökologie, machen eine gute Stadt aus, die keine idealisierte Abstraktion bzw. Utopie bleibt, sondern zum Schmelztiegel einer konkreten Realität wird, woraus sich wünschenswerte Formen des menschlichen Zusammenlebens ergeben.

MC: *Ich habe das Gefühl, daß wir es hier mit zwei Arten von Charakterisierungen zu tun haben: Die Stadt als Verkörperung von sozialen und kulturellen Idealen einerseits, und die Stadt als funktionierender Organismus andererseits. Wir werden uns mit Sicherheit darüber einig, wie man dafür* *sorgt, daß ein Organismus am besten funktioniert, aber ich frage mich, ob wir uns auch darüber einig sein können, wie eine Stadt als Verkörperung von Idealen gelungen sein kann. Ich bin mit Tom Rajkovich einverstanden, wenn er die Wichtigkeit der Ästhetik und deren Intentionalität betont, aber ich bin mir nicht im Klaren, ob man die Verkörperung von Idealen tatsächlich als ästhetisch betrachten kann. Es gibt sehr schöne Dinge, die im Namen von nicht so schönen Idealen gebaut worden sind. Können Städte aus vergangenen Zeiten auch heute nutzvolle Modelle sein?*

LK: Jedes Objekt der Begierde, ob es nun natürlich ist oder nicht, alles, was uns gefällt bzw. sinnvoll ist, egal wie alt, egal welche Herkunft es hat, kann uns heute dienen. Und genau das tut es. Wie es grundsätzlich in der Natur üblich ist, beruhen alle menschlichen Aktivitäten auf Wiederholung und Nachahmung. Denjenigen, die dies nicht verstehen, rate ich, Architektur und Städtebau in dieselbe Kategorie zu stecken wie Technologie — eher als Kunstgeschichte. Wenn sie es immer noch nicht verstehen und weiterhin erwidern, daß „man das Rad nicht zurückdrehen kann", plädiere ich dafür, daß sie auf ihrer Stirn „Nicht man, sondern ich kann nicht" tätowieren lassen, und anschließend alle Aktivitäten aufgeben, die mit Kunst oder Architektur zu tun haben. Diejenigen, die nicht können, sollten diejenigen, die sehr wohl können, nicht behindern.

MC: *Eine Kritik, die an den Neuen Urbanismus (New Urbanism) gerichtet ist, prangert an, daß dieser das Dorf und nicht die Stadt als Modellgrundlage nimmt. Inwiefern unterscheidet sich eine Stadt grundsätzlich von einem Dorf, oder einer Reihe von Dörfern?*

LK: Die Praxis des Neuen Urbanismus hängt stark mit Kommissionen zusammen, die aus dem Sektor der freien Wirtschaft kommen. Standorte, Anweisungen und städtische Dichten sind meistens vorgegeben und nur teilweise durch die Ideen des Neuen Urbanismus geprägt. Als Theorie ist er keine „in-sich-verschlossene" und „abgedichtete" Doktrin, sondern er entwickelt sich wie wissenschaftliche Theorien, durch Versuch und Irrtum. Es handelt sich also nicht um ein theologisches oder transzendentales System, sondern zu 90% um eine Technologie, die uns helfen soll, den Planeten in einer intelligenten, ökologischen, ästhetischen und sozial angenehmen Art und Weise zu besiedeln.

MC: *Gibt es Grenzen für die Größe einer Stadt, damit sie zivil bleibt, und wie soll die Verwobenheit einer Stadt mit ihrer Umgebung aussehen?*

LK: Alles nützliche, angenehme und wünschenswerte hat eine begrenzte Größe, eine begrenzte Form bzw. ein begrenztes Gewicht. Reife ist das Endziel eines jeden gesunden Entwicklungsprozeßes. Städte können auch nur so wachsen, ansonsten laufen sie Gefahr, zu Parasiten, d. h. zu natürlichen und menschlichen Katastrophen zu werden. Irgendwann werden die Geographie, das Klima und die Ökologie wieder den Standort und die Größe von Städten und Dörfern bestimmen. Je früher, desto besser. Der Neue Urbanismus ist ja auch eine relativ neue Disziplin. Wir wissen nicht viel, weder über die Langzeitkapazität der Tragfähigkeit unseres gesamten Planeten noch über bestimmte geographische Gebiete. Wir gehen aber davon aus, dass der Gigantismus in der Form von utilitaristischen Wolkenkratzern (gigantische vertikale Sackgassen), „Einwegwolkenkratzer" oder „Einweggebiete" (gigantische horizontale Sackgassen), auf jeden Fall überdimensionierte funktionelle und soziale Isolatoren sind, Parasiten, Ausgrenzer. Sie verhalten sich auch regelrecht wie „Netzwerk-Hinderer" und „Netzwerk-Depressoren", wenn nicht sogar wie „Netzwerk-Killer". Somit sind sie schließlich anti-urban, anti-sozial und anti-ökologisch. Sie sind nicht Ausdruck von Vitalität und Gesundheit, sondern von pathologischer Hyperaktivität. Es müsste doch bereits möglich sein, zunächst die (höchst- und kleinstmögliche) Tragfähigkeit bereits bestehender Straßennetzwerke wissenschaftlich zu definieren, wie sie in dichten urbanen Zentren existieren, um anschließend die notwendigen Netzwerkveränderungen zu beschreiben, die unabdingbar sind, wenn Wolkenkratzer und weitere „Netzwerkzerstörer" in sie hinein implantiert werden. Einmal abgesehen von den radikalen Maßnahmen zu ihrer Beseitigung, können solche Giganten einfach als unerschwingliche Dinosaurier aus der vorökologischen Zeit gelten.

MC: *Wenn die Ausbreitung der Vorstädte eine „bodenfeste Tatsache" ist,* um die in Mode geratene Floskel zu gebrauchen, sollte man sich nicht fragen wie diese urbanisiert werden können?

LK: Wohnvorstädte und „Einwegzonen" können dadurch urbanisiert werden, daß man ihre einseitige Bestimmung aufhebt und somit für eine größere Ausnutzung sorgt, indem man Maßnahmen trifft, um das Straßen- und Alleennetzwerk aufzuwerten, und dabei zentrale urbane Plätze schafft, Einbahnstraßen verbietet, Sackgassen verbindet usw. Höhere Grundstückpreise sind der Motor einer solchen Urbanisierung.

MC: *Es gibt zahlreiche Beispiele für die Revitalisierung von urbanen Flächen, die sich gewissermassen spontan ergeben haben. Die Wiederbelebung von Williamsburg in New York City, zum Beispiel, war keine geplante Sache und hat, in manchen Fällen, sogar zur Nicht-Beachtung von Bauordnungsbestimmungen und Codes geführt. Da solche spontanen Veränderungen entscheidend für die Vitalität von Städten sind, ist die Frage, wie Planung und Regulierung mit Spontaneität zu vereinbaren sind.*

LK: Der sogenannte „NIMBY"-Effekt, also die „Nicht mit mir!"-Mentalität und die Angst vor dem Wertverlust von Eigentum unterstützen mittlerweile sehr die Einwegnutzung bei Bauordnungsbestimmungen. Nur die Multiplizierung von Modellen aus dem Neuen Urbanismus kann schlußendlich die Ausbreitungswelle eindämmen.

MC: *Zur Klarstellung: Wenn ich von „Spontaneität" spreche, meine ich die ungeplanten, unregulierten und von selbst enstandenen Veränderungen in der urbanen Struktur. Ich habe das Wort nicht als psychologische Kategorie verwendet und ihm auch keine bewußt „therapeutische" Bedeutung zugeschrieben. Tom Rajkovich ist der Meinung, daß eine Rückkehr zu traditionellen Bauprinzipien ästhetisch wünschenswert ist, und Jim Kunstler meint sogar, es sei eine wirtschaftliche Notwendigkeit. Dies beweist, wie ich denke, den grundsätzlichen Mangel an Nachhaltigkeit — ökologisch, ökonomisch und ästhetisch gesehen — in vielen zeitgenössischen Bautechnologien und den sich daraus ergebenden Designs. Man betrachtet oft die Organisationsprinzipien des Städtebaus als unabhängig von der architektonischen Sprache und man meint, daß sie nur auf dem Plan funktionieren. Wenn* *die Struktur von Städten das Ergebnis von Planung und Architektur ist, wie sollen diese dann interagieren?*

LK: Obwohl traditionelle Städte eine Unmenge Kompositions- und Artikulationsmöglichkeiten bei der Planung und der Gestaltung zulassen, gibt es doch gewisse Regeln bezüglich der Netzwerkgestaltung, der Bauhierarchie, Dichte, Platzierung von privaten und öffentlichen Bauten und vor allem der Anzahl an Etagen, die nicht übersehen werden dürfen. Ansonsten droht ein riesiger Qualitätsverlust in Sachen Umwelt, Raum, Licht, Bedeutung, Mobilität von Menschen und Fahrzeugen, und nicht zuletzt ein großer Verlust an architektonischer Sprache. Es waren die unsinnigen und hysterischen Übertreibungen des Historizismus im 19. Jahrhundert, die die vernichtenden Effekte des Modernismus als Gegenreaktion hervorgerufen haben. Diese Zyklen generationsbedingter Hysterien werden sich aber mit der Zeit von selbst erschöpfen und gegenseitig ausmerzen. Die historizistische/modernistische Bildung hat menschliche Bomben generiert, die nur dann verschwinden werden, wenn alle traditionellen Architektur-Kulturen durch zwei Jahrzehnte terroristischer Attacken vergewaltigt und gesprengt worden sind. Eine Stadt, die funktionell und sozial gemischt, sowohl auf dem Plan als auch in ihrem Aussehen typologisch und volumetrisch gut ausbalanciert und wie ein geograpisch sensibles Netzwerk angelegt ist, braucht erstaunlich wenig Architektur, damit sie als Stadt schön und interessant wird.

Die Mischung aus organischer Geometrie und traditioneller Architektur kann zwar nette ästhetische Effekte hervorrufen, aber der natürliche formelle Minimalismus der lokalen Bauten eignet sich einfach nicht für die besonders reguläre, euklydische Geometrie, parallele Straßenfronten und uniforme Dachrinnenhöhen! Ich lebe in einer Kleinstadt in den Hügeln. Sie besteht vor allem aus nackten Mauern, Öffnungen, Ziegeldächern und Stuckleisten. Lediglich ein paar Eingänge und das Innere der Kirche weisen ein gewisses Maß an architektonischer Gestaltung auf, und doch ist es ein begnadeter Ort. Ich bin der Meinung, daß die klassische (euklydische) urbane Planung eine ausgefeilte Zurschaustellung (klassischer) architektonischer Rhetorik braucht, damit sie ein akzeptables Niveau an Charakter, Bedeutung und Leben erreicht.

Bei größeren Städten oder Gruppen von Städten ist das gesamte Angebot an traditioneller und klassischer Geometrien, samt deren sorgfältiger architektonischer Mischung, notwendig. Dabei stellen überladene Gestaltung oder Ausdrucksmisere, ästhetische Übertriebenheit oder Langeweile die beiden Extreme dar. Wenn sie ihre Kontroll- und Verbindungsmechanismen nicht respektieren, können Städte leicht nicht nur dem Gigantismus verfallen, sondern auch Skalierungsbrüche und sogar Katastrophen verursachen. Die hysterische visuelle Gewalt der meisten Großstadtzentren und die tödliche Anämie, die mit der Ausbreitung ihrer Vororte einhergeht, scheinen noch nicht als das wahrgenommen zu werden, was sie auch sind: ein Erguß von gestörten menschlichen Energien — kräftezehrend, gewaltsam, selbstmörderisch, unvorhersehbar und unkontrollierbar. Die vulgäre Zurschaustellung solcher Aktivitätszentren ist nichts als eine Scheinflucht aus der erstickenden Umklammerung des vorstädtischen Matriarchats. Die tägliche globale Reizung zwischen unerträglichen Extremen schürt das Bedürfnis nach immer mehr virtuellen Formen von sozialem Leben, von Flucht und Trost, und zwar in der Form von Religion, Drogen usw.

MC: *Viele Städte beherbergen nun unterschiedliche Gemeinschaften, verschieden aufgrund ihrer Rassen, Religionen, Ökonomien und, vielleicht am wichtigsten, Erwartungen. Wie wichtig ist es, eine kulturelle Kontinuität in der Entwicklung von Städten zu bewahren, und wie kann dies geschehen ohne die Diversität zu gefährden?*

LK: Jared Diamond hat in *Arm und Reich: Die Schicksale menschlicher Gesellschaften* (orig.: *Guns, Germs and Steel: The Fates of Human Societies*) erklärt, weshalb gewisse Völker und Zivilisationen sich ausbreiten und die Herrschaft übernehmen, während andere es nicht schaffen. Die Entwicklung der Landwirtschaft, der Sprache, der Architektur und der Städte sind miteinander verbunden. Und doch sieht es so aus, als wären alleine die Christen und die Moslems die einzigen Herrscher oder Siedler, die ihre Architektur auf fremde Kontinente exportiert haben. Die Japaner haben ihre Architektur nicht nach China exportiert, und auch in den chinesischen und jüdischen Vierteln auf der ganzen Welt gibt es nur triviale Elemente der heimatlichen Architektur. Deutsche Städte in Rußland, portugiesische Städte in Brasilien oder englische Städte in Virginia, holländische Städte auf Java bzw. in Südafrika waren regelrechte Exportprodukte. Aus welchem Grund Chinesen, Inder oder Afrikaner nicht mit ihren architektonischen und siedlerischen Mustern migrieren, ist noch nicht ausreichend untersucht worden.

Mir fällt auf, daß Gebäude und Städte mehr durch Topographie, lokale Baustoffe und Klima als durch geographische Nähe charakterisiert sind. Gebäude in den Bergen Nepals, der Schweiz oder dem Baskenland haben mehr Gemeinsamkeiten miteinander als mit der Architektur im Flachland. Bergstädte im Atlas oder in Afghanistan sehen ähnlich aus, mehr aufgrund der geographischen und klimatologischen Bedingungen als der Religion. Die Entwicklung des modernen Betons, des Aufzugs und der Klimatisierung haben mehr als alle anderen Erfindungen zeitweilig eine Konfusion in den regionalen und traditionellen Merkmalen der Architektur und des Urbanismus hervorgebracht. Ich glaube nicht, daß diese Entwicklung ein historisch unumkehrbares Schicksal ist. Die Historisierung traditioneller Architekturen und Urbanismen war ideologisch motiviert. Es war falsch, weil der Urbanismus und auch traditionelle Bauten von Natur aus technologisch sind und deshalb auch universell. Die Verbreitung des ökologischen Bewußtseins und der ökologischen Imperative werden zu einer unausweichlichen Rückkehr zu den traditionellen Techniken und ökologischen Imperativen führen und schließlich auch zu ihrer Herrschaft über historizistische/modernistische Ideologien.

Es gibt absolut keinen Grund, weshalb gewisse modernistische Ideen nicht in den Korpus der traditionellen Architketur aufgenommen werden könnten. Das flache und das schräge Dach, die Vorhangsfassade und die Tragwand, die vertikalen und horizontalen Fenster, sind keine ideologischen Gegner oder Kontrahenten, wie die Modernisten gern meinen, sondern unterschiedliche Techniken der Dachdeckung, des Baus, der Abdichtung und der Belichtung von Gebäuden.

Die Alptraumszenarien für die Zukunft sind der ethnische Sektarismus einerseits und die Nivellierung von kulturellen und geographischen Unterschieden andererseits. Die einzige Sicherheit ist, daß es nicht bloß einen einzigen globalen architektonischen Stil geben wird. Das wäre unvernünftig und auch unökologisch. Traditionelle Architektur und Urbanismus anzunehmen, ist keine ideologische, sondern eine intellektuelle Entscheidung, hinter der keine emotionale, sondern eine rationale Absicht steckt. Mehrsprachigkeit in der Architektur sollte genau so geschätzt werden wie bei natürlichen Sprachen. Eher als die Städte zu markieren wie Tiere es mit ihren Revieren tun, lassen traditionelle Architekten das ökologische Bewußtsein wieder aufleben, zelebrieren den Geist des Ortes und lassen den Zeitgeist dort, wo er hingehört.

MC: *Sollte die konkreteste Form der kulturellen Kontinuität tatsächlich die Architektur sein, bis zu welchem Grad sollten Architekten eine traditionelle architektonische Sprache im Städtebau wählen?*

LK: Jede Form von nicht-hermetischer Sprache, ob geschrieben, gesprochen, skulptiert, getanzt oder in der Form von Handzeichen, ist natürlich traditionell. Im Gegensatz zu gesprochenen Sprachen sind traditionelle Architektur und Gebäude universell verständlich und bedürfen keiner Übersetzung, um verstanden zu werden. Selbst die Formen und Elemente der kunstvoll entwickelten traditionellen Architektur entsprechen einer tektonischen, technischen, gestellten und allgemeinverständlichen Natur. Der philosophische Irrtum des Modernismus lag darin, die Vorstellung des „Neuen" der Vorstellung des „Traditionellen" entgegenzusetzen, das Flachdach und das Schrägdach als inkompatible Gegensätze darzustellen, oder zu versuchen, Tragwände durch Vorhangsfassaden zu ersetzen, Säulen mit *Pilotis* und vertikale Fenster mit horizontalen zu bekämpfen, die Vielseitigkeit der regionalen und klimatisch unterschiedlichen Stile und Materialien durch einen einzigen internationalen Stil auszutauschen, der exklusiv aus Glas, Beton und Stahl besteht. Entideologisierte Bautechnologien, ob high-, mittel- oder low-tech, umfassen alle Baumaterialien, natürlich und künstlich, gemäß ihrer Bestimmung. Langfristig entscheidet ihr ökologischer Preis, ob ein Baumaterial, eine Technik, eine Sprache oder Typ traditionell ist, und ob es deshalb modern oder veraltet, deshalb „historisch" und überholt, ist.

MC: *In der Charta des Neuen Urbanismus kann man nachlesen: „Öffentliche Gebäude und öffentliche Begegnungsplätze setzen wichtige Standorte voraus, um die Identität der Gemeinschaft und die Kultur der Demokratie zu stärken. Sie verdienen bestimmte Formen, weil ihre Rolle sich von der Rolle anderer Gebäude und Plätze, die die Struktur einer Stadt ausmachen, unterscheidet." Da der Charakter von Städten also stark von öffentlichen Gebäuden geprägt ist, die eine gemeinsame Identität darstellen, wie soll die Architektur diese Identität zum Ausdruck bringen? Wie ist dann der heutige Trend, um die „Kunststück-Architektur" bei öffentlichen Gebäuden eines Gehrys, Hadids, oder wie sie alle heißen, zu deuten?*

LK: Traditionelle Architekturformen imitieren traditionelle Typologien im Bauwesen und in der Organisation. Sie sind von Menschen geschaffene Artefakte und Erfindungen. „Stunt"-Architekturen im Allgemeinen versuchen diese Muster zu umgehen, sind aber nichtsdestrotz ausnahmslos nachahmender Natur. Ihren Ursprung haben sie meistens außerhalb der Architektur, und zwar in Felsformationen, Wolken, Bäumen, Straßenkreuzungen, Zugzusammenstößen, Innereien, Hügeln, Fabriken, Raketenabschußrampen — was auch immer. Es gibt einfach keinen Grund, weshalb die Entwürfe eines Gehrys, Hadids, Le Corbusiers, Eisenmans nicht grammatikalisch, urban, traditionell, typologisch oder tektonisch sein können — aufgrund der Erfahrung und des Willens. Bislang sind ihre Absichten aber öfter als Verlangen nach Anerkennung denn als technisch, künstlerisch oder sozial glaubwürdige Visionen zu deuten. Denn bedeutungsvolle architektonische Werke sind nur dann wertvoll, wenn sie ein fester Bestandteil eines sozialen, urbanen und architektonischen Kontextes sind, und nicht bloß innerhalb einer kunstgeschichtlichen Verkettung von einzelnen künstlerischen Leistungen. Der Modernismus hat es bislang nur geschafft, zu einem enormen ökologischen Preis, die traditionellen und etablierten Sprachen durch inkomplette Auflistungen von bloßen Ersatzteilen, zu provisorischen geographischen Gebilden zusammengeschustert, zu ersetzen.

„Wow-Effekt-Bauten" und „Kunststück-Architekturen" machen nur

Sinn bei entsprechenden „Wow-Effekt"- und „Kunststück"-Gelegenheiten oder Bauvorhaben. Architektonische Akrobatik, die sinnvoll beim Bau von Konzerthallen oder Kathedralen sein kann, ist aber im Wohnbau, in der Industrie- und Business-Architektur bedeutungslos; eigentlich müßte dies genau so selbstverständlich sein wie die Tempi (*lentissimo* bis *prestissimo*) oder die Dynamik (*pianissimo* bis *fortissimo*) in der Musik. Als Vermittlerin eines gemeinverständlichen Sinnes kann die Architektur Strukturen und Raum nicht völlig durcheinanderbringen, ohne ihren eigenen Sinn zu zerstören.

Jede organisierte Gesellschaft braucht sowohl große Flächen für große Gruppen von Menschen als auch Flächen für einzelne Personen; Gebäude, in denen einzelne Personen, Familien oder Gruppen zusammenkommen oder sich isolieren können. Das sind die Grundlagen für eine sinnvolle Architektursprache, für das allgemeine und das individuelle, das monumentale und das häusliche, das seriöse und das triviale, das lustige und das tragische. Traditionelle Architekturen verfügen in allen Kulturen und allen Klimazonen über eine komplette Grammatik und Syntax. Wenn wir sie nicht beachten, sind wir selber schuld. Wir torkeln dann wie Besoffene von Architektur-Minimalismus zu Architektur-Maximalismus. Wir sind permanent hin- und hergerissen zwischen Anorexie und Bulimie und beuten dadurch die Umwelt in immer schnelleren Zyklen selbstmörderisch aus.

(*Bemerkung: Dieses Gespräch stammt ursprünglich aus einer Diskussion am runden Tisch, die vom Traditional Building Magazine *organisiert wurde. Herausgeber Michael Carey moderierte eine Podiumsdiskussion mit Andrés Duany, William H. Hudnut III, James Howard Kunstler und Thomas Norman Rajkovich. Die hier vorgelegte Kurzfassung vermittelt den Eindruck, daß es sich um ein Interview handelt — was aber nicht der Fall war — Hrsg.)*

Léon Krier *ist einer der heute bekanntesten und hervorragendsten traditionellen Architekten und Urbanisten. Als Architekt ist er für die neue Stadt Poundbury in Dorset, England, die der Prince of Wales bauen ließ, verantwortlich, und gilt als der intellektuelle Pate der Bewegung „Neuer Urbanismus" („New Urbanism"). Krier hat zahlreiche Preise gewonnen: 1977 den Berliner Preis für Architektur, 1985 die Jefferson Memorial Goldmedaille, 1987 die Chicago Ame-*

rican Institute of Architects Auszeichnung, 1995 den Europäischen Kulturpreis, 1997 die Medaille der Académie Française, 2003 den Driehaus-Preis für Klassische und Traditionelle Architektur sowie auch 2006 die Athena-Medaille des Kongresses für den Neuen Urbanismus.

Michael Carey *ist Chefredakteur von* Traditional Building Magazine

13

Politik, Philosophie, Kritische Theorie und menschliche Wahrnehmung

von Nikos A. Salingaros & Kenneth G. Masden II

ArchNet-IJAR: International Journal of Architectural Research, Band 2, Heft 1 (März 2008), S. 129–188. Abgedruckt für das Philadelphia Society Regional Meeting, Cincinnati, 8. Oktober 2011. Abgedruckt mit freundlicher Genehmigung.

DIE STUDENTEN VON HEUTE SIND die Architekten von morgen; sie sollten also bemüht sein, die Rolle und die Verantwortung, die ihr Beruf mit sich bringt, als etwas zu verstehen, das grundsätzlich vom menschlichen Dasein und der gelebten Erfahrung untrennbar ist. Ein neues Ausbildungssystem stellt eine direkte Möglichkeit dar, adaptive Umfelder zu gestalten, als Antwort auf die wachsenden Anforderungen des Marktes (Kundennachfrage). Nichtsdestotrotz propagieren die meisten Architekturschulen weiterhin ein curriculares Modell, das eine auf das Image basierte Methode ist und deren merkwürdige Ideologie über Jahrzehnte bestätigt hat. Dieser „Rückhalt" geht auf die anti-traditionelle Bewegung vom Anfang des 20. Jahrhunderts zurück. Reformen sind unmöglich, wenn nicht auf die in Vergessenheit geratenen ideologischen Wurzeln des Systems eingegangen wird.

Einführung

Der Evolutionsdrang zwingt die Menschen dazu, ein System von Beziehungen zwischen dem physischen Körper und den mentalen Wahrnehmungen des menschlichen Geistes zu entwickeln, welches uns ermöglicht, die Welt und unsere eigene Existenz bewußt zu erfahren. Diese Beziehungen verhelfen uns zu unserem Gefühl des Wohlbefindens, der Zugehörigkeit und der eigenen Identität. Es war der Körper, der für die Interaktionen zwischen den ersten Menschen und der Außenwelt verantwortlich war, und zwar durch die physischen und visuellen Aspekte der menschlichen Wahrnehmung.

Die Evolution hat beim Menschen eine neurologische Struktur entwickelt, die ihm ermöglicht, mit seinen direkten Lebensbedingungen klarzukommen. Durch die sie umgebenden Informationsfelder — physische und visuelle Informationen, die die natürliche Struktur der Welt hervorbringen — haben es Menschen geschafft, Artefakte für das Leben zu entwickeln. Darunter finden sich Schmuck, Möbel, Bauten und schließlich auch Städte.

Da sich der menschliche Geist durch emotionale Impulse weiter entwickelte, vermochten die Menschen irgendwann, abstrakte Ideen und Gedanken zu formulieren, die sich außerhalb der physischen Realität befanden, mit der sie täglich in Berührung kamen. Die Subjekt/Objekt-Spaltung in der Wahrnehmung ebnet auch den Weg für eine abweichende mentale Realität. Diese mentale Fähigkeit kennzeichnet seit Tausenden von Jahren das Denken des Menschen und sein Hinterfragen der Dinge — was zu den wunderbarsten menschlichen Errungenschaften einerseits, aber auch zu den schrecklichsten Greueltaten andererseits, geführt hat. Im letzten Jahrhundert ist die Architektur — als Erschaffung einer Welt außerhalb unseres Körpers — von der zeitgenössischen Doktrin zu bloß intellektuellen Kreationen eines rein subjektiven Geistes relegiert worden.

Da die Studenten vor allem durch bildbasiertes Lernen ausgebildet werden, sind die Informationsfelder, die uns umgeben, heute wichtiger denn je. Das Ersetzen von natürlichen Informationen durch intellektuelle Abstraktion höhlt tatsächlich die grundlegenden Informationen aus, die der Mensch zur Interaktion mit der Außenwelt braucht, und ersetzt diese durch nackte Wände. Während des gesamten 20. Jahrhunderts haben Architekten das Reale durch Bildkonstrukte zu ersetzen vermocht, indem sie in wichtigen baulichen Situationen auf das geschriebene Wort zurückgegriffen haben, um ihre informationsarmen Strukturen zu stärken. Dies hat eine lange Reihe von politischen und polemischen Texten hervorgebracht, die als philosophischer Ersatz für das eingebettete Wissen fungiert haben, das im Nachhinein für die Bauwelt verlorengegangen ist.

„Kritische Theorie" und bildbasiertes Lernen

Bei der Ausbildung der Studenten greifen heute Architekturschulen häufig, wenn nicht ausschließlich, auf zusammengebastelte und weit hergeholte philosophische Postulate zurück. Schulen verbreiten philosophische Doktrinen (wir können sie nicht als Theorien bezeichnen) anstelle auf Intelligenz basiertem Design und direkter menschlicher Erfahrung. Die Art und Weise, wie Philosophie heute Architekturstudenten gelehrt wird, tendiert dazu, politische Ideologie mit idiosynkratischen und subjektiven Erkenntnissen über die Gesellschaft zu vermischen; dieser zusammengewürfelte Firlefanz wird als theoretische Grundlage für Architektur und Urbanismus dargestellt. Diese Praxis ist eine extrem gefährliche Mischung, denn sie vermittelt den Studenten pervertierte und falsche, wenn nicht gänzlich gefälschte berufliche Grundlagen. Studenten sind in der Regel nicht in der Lage, eine sinnvolle Analyse und politische Rhetorik auseinanderzuhalten; dadurch lernen sie wenig oder gar überhaupt nichts über Bauten und Städte.

Einige Autoren aus der politischen Linken liefern ein Bild von dem, was in der heutigen Gesellschaft nicht stimmt, und kritisieren somit das kapitalistische Wirtschaftssystem sinnvoll von außen. Trotzdem gleichen die Lösungen, die sie bieten, den unumsetzbaren Utopien, die in der Vergangenheit zu totalitären Regimes geführt haben. Ein ganzer Strang der zeitgenössischen Philosophie, der heute zur Ausbildung von Architekten genutzt wird, geht auf die Frankfurter Schule zurück, die die „Kritische Theorie" in die Philosophie eingeführt hat. In dieser Bewegung aus den 1930er Jahren ging es grundsätzlich darum, auf die neue industrielle Gesellschaft der Nachkriegszeit mit extremen anti-traditionellen Vorurteilen einzuwirken. Die ersten marxistischen Autoren legten es darauf an, die Gesellschaft durch Revolution, Technologie und die Unterwerfung des Individuums unter die kollektive Klassenstruktur sozial radikal zu verändern. Sie behaupteten, Tradition wäre unfortschrittlich — eine Position, die natürlich alle architektonischen Traditionen einbezog. Tradierte Vorstellungen von Schönheit wurden somit verurteilt; Kunst sollte nur noch als Verneinung von universellen Wahrheiten produziert werden, auf der Grundlage von Widerspruch, Verzweiflung und als bloße Antwort auf das Leid des Menschen. Architekturschulen haben dann diesen voreingenommenen Ansatz zur Analyse von Bauformen, der in vielen Schriften als „kritisch" gekennzeichnet wurde, übernommen. Solche Texte sind beim Entwerfen von Gebäuden keineswegs hilfreich; sie stellen bloß Dogmen auf.

Unabhängig vom Einfluß der Schriften der Kritischen Theorie und der Frankfurter Schule hat die Nachkriegstradition in der Architektur und den Künsten die fehlgeleitete Wut und Verzweiflung der europäischen Intellektuellen der 1930er Jahre geerbt. Ihre Reaktion war eigentlich gegen die Klassenunterdrückung der Vergangenheit gerichtet; es ging ihnen auch um die Gefahren, die vom aufkommenden Nazismus kamen. Nach dem Zweiten Weltkrieg reagierten dieselben Intellektuellen auf die Schandtaten, die gerade verübt worden waren, indem sie die traditionelle Gesellschaft und deren humanistische Architektur für schuldig erklärten. Diese extrem starken Emotionen überleben bis heute im grundsätzlichen Haß auf die traditionellen Formen in der Architektur; dieser „Aufruhr" wird an die Architekturstudenten durch eine Pawlowsche Konditionierung weitergegeben.

Auch wenn die Mehrheit der Architekturprofessoren nicht sonderlich politisch engagiert, geschweige denn aus bekennenden Marxisten besteht, dominiert an Architekturschulen eine Philosophie, die von der radikalen

Linken stammt. Die Kritische Theorie und ihre architektonischen Derivate (die eigentlich mehr einer Ideologie als einer Theorie entsprechen) prägen weiterhin die architektonischen Texte. Die Studenten verfügen nicht über das ausreichende Wissen, um Derivate auszumachen, die Autoren aus der vierten Generation benutzen, wenn sie über Architektur reden. Sie zelebrieren die Macht der Technologie, den Klassenkampf, und wollen die traditionelle Gesellschaft abschaffen — in Wahrheit aber gehen sie ihren eigenen versteckten Interessen nach. Während dieses ideologische Ziel niemals ausgesprochen wird, hat es den Anschein einer theoretischen Darlegung, und wird somit wertvoll für die Studenten. Nach all diesen Jahren haben nur wenige den eigentlichen Trick durchschaut: Angeblich ging es darum, die Aristokratie zu zensieren, in Wahrheit aber wurde die gesamte traditionelle Volksarchitektur verunglimpft, um den Bauhaus-Mitgliedern zu einer erfolgreichen Karriere zu verhelfen. Heute dient das System dazu, die Elite in der Architektur zu stützen.

„Kritischer Regionalismus" und intellektuelle Unterwerfung

Mit der Propagierung der Doktrin des „Kritischen Regionalismus" hat die kritische Theorie ihren heimtückischsten Effekt in der Architektur gehabt. Die Befürworter dieser sich selbst widersprechenden Ideologie behaupten, daß die lokalen Traditionen und Kulturen tot sind, und daß aus diesem Grund die regionale Architektur sich der modernistischen Uniformisierung anzupassen hat. Ferner verkünden sie auch, daß die Muster und die Gewohnheiten, aus denen sich die Identität einer Region ableiten läßt, nur aus „Nostalgie" bestehen, und empfehlen die abstrakte Ästhetik des internationalen Modernismus als Ersatz. Jede Form von architektonischem Ausdruck, die nicht in den Rahmen der engeren modernistischen Ästhetik paßt, wird abgewiesen.

Das erklärte Ziel dieser Autoren ist die Erfindung von Formen, die nicht von traditonellen Formensprachen stammen. Was sich aus dieser schizophrenen Haltung ergibt, hat überhaupt nichts mit regionaler Architektur zu tun; es geht bloß um selbstreferenzielle Objekte, die von ihren kulturellen

Wurzeln getrennt sind, und die nur erfunden und manipuliert werden, unabhängig von ihrem regionalen Kontext. (Ab und zu gibt es den einen oder anderen Versuch, standortspezifisch und klimatisch zu bauen, mehr aber nicht.)

Dozenten greifen also auf rein ideologische Argumente zurück, um den Studenten einige wenige Baustile „unterzujubeln". Es ist nicht nur falsch, sondern auch völlig unbegründet. Es handelt sich dabei nur um den Versuch, eine Kult-Ideologie, die die Ausbildung zum Architekten in den letzten Jahrzehnten dominiert hat, weiterhin zu propagieren. Eigentlich haben gute Architektur und Urbanismus nichts mit politischen Vorstellungen zu tun. Am schlimmsten ist es, daß die Dozenten Techniken anwenden, die sie von politischen Ideologen gelernt haben, um die Studenten und andere Akademiker zur intellektuellen Unterwürfigkeit zu zwingen. Solche Formen von Zensur sind typisch für ein System, welches sich selbst als erhabener als die anderen betrachtet. In seiner Selbstherrlichkeit maßt sich dieses System an, das Weltbild anderer „zurechtzubiegen". Dogmen entstehen immer dann, wenn Fakten ignoriert und durch irrationales ersetzt werden. Dieser falsche Lehrstil ist inzwischen zum festen Bestandteil des heutigen Systems geworden.

Eine Art und Weise, die Legende der „Architektur als Kunst" weiter zu propagieren, bestand darin, immer abstrusere und unverständlichere Texte zu übernehmen, um den wackeligen intellektuellen Inhalt dieses akademischen Feldes vor jeglicher Prüfung von außen abzuschirmen. Diese Besessenheit (oder Verteidigungstaktik) hat in der Architektur dazu geführt, nihilistische und dekonstruktivistische Philosophen als Referenzen zu nehmen. Wenn Architekturstudenten philosophische Texte von Deleuze und Derrida lesen, bringt sie das durcheinander und entschärft ihre kritische Meinung. Hinter einer solch verdrehten Haltung kann aber auch tatsächlich eine Absicht stecken: die erforderliche psychologische Vorbereitung auf das Einprägen von stilistischen Präferenzen in ihrem Intellekt (dieses Thema haben wir ausführlich in unserem Buch *Anti-Architecture and Deconstruction*, 2008, behandelt). Indem sie die Bürde der Lehre auf obskure philosophische Texte übertragen, können Architekturschulen einige wenige Designstile gutheißen, die zur Zeit gerade in Mode sind.

Architektur im Zeichen der Philosophie

Architektur und Urbanismus sind aufs engste mit sozialen Phänomenen verbunden; so lautet zumindest die allgemeine Rechtfertigung, weshalb Studenten Philosophie studieren sollten — damit sie bei der Lösung von Problemen in der Architektur gewappnet sind. Jedoch ist diese Erklärung bloß ein Vorwand, ein Täuschungsmanöver, um zu verhindern, daß die Studenten direkt in Architektur unterrichtet werden. Die modernistische Unterrichtsmethode, die das gesamte angehäufte Wissen über Bord wirft, darf einfach nicht offen zugeben, daß es jemals ein architektonisches und urbanistisches Wissen gegeben hat. Wenn sie es täte, müßte sie nämlich erklären, wie es dazu gekommen ist, daß 2000 Jahre Wissen verlorengegangen sind, oder besser gesagt, weshalb es in den 70 Jahren modernistischer Herrschaft einfach ignoriert oder verworfen worden ist. Indem sie die Studenten der Architektur auf ganz bestimmte, ausgewählte philosophische Autoren aufmerksam macht, hat diese Haltung praktisch die absichtliche Vermeidung von jeder originalen, neuen oder historisch bedeutsamen Architekturtheorie vertuscht.

Vieles, was heute als „Architekturtheorie" gilt, ist wenig mehr als reine Doktrin. Die Studenten werden indoktriniert, einigen wenigen Dogmen, die außerhalb von echten Kriterien enstanden sind, absolut zu vertrauen. In einer Art von Sektarismus formen diese Überzeugungen die Weltsicht der Studenten: ein kognitiver Filter, der Informationen, die in dieses Denkmuster passen, zurechtbiegt, und solche Informationen, die nicht passen, einfach ausschließt.

In der Zukunft sollten architektonische Ausbildungen nicht nur eine klare Trennung zwischen Architektur und Politik vornehmen, sondern auch Architektur und selbstreferenzielle Philosophie trennen. Nur die Lehrer können ihre Studenten dazu bringen. Sowohl die Lehrer als auch die Studenten können diese Klarheit im Denken jedoch nur dann haben, wenn sie die echten theoretischen Grundlagen der Architektur, in rein architektonischen Begriffen, verstehen. Schulen tragen die Verantwortung für eine Design-Lehre, die auf echten architektonischen Grundlagen basiert.

Die Studenten der Architektur sollten erst dann Philosophie studieren, wenn sie sich ein tiefgründiges Wissen angeeignet haben über das, was in der Architektur wirklich geschieht. Und die Philosophie, die sie studieren, muß positiver und humanistischer Natur sein. Viele Philosophen haben in der Geschichte auf die Notwendigkeit für den Menschen hingewiesen, sich mit dem Ganzen auseinanderzusetzen, jedoch studieren Architekten nur selten diese Philosophen.

Unser intelligenzbasiertes Design hat tiefe philosophische Grundlagen. Architektur und Urbanismus, die sich den Bedürfnissen des Menschen anpassen, entwickeln sich aus Respekt vor einem höheren Verständnis der Menschheit in einem unbegrenzten Universum. Es gibt eine Vielzahl von philosophischen Werken, die die Verbundenheit von Mensch und Natur, und auch von Mensch und Sublimem behandeln. In seiner Abhandlung *The Nature of Order* (2001–2005) hat Christopher Alexander echte philosophische Grundlagen für eine adaptive Architektur geschaffen.

Humanistische Grundlagen

Philosophen, deren Schriften für die Zukunftsfähigkeit der Menschheit von wirklicher Bedeutung sind, versuchen, menschliche Handlungen, die ansonsten wenig Sinn ergeben, außerhalb eines rein wissenschaftlichen Rahmens zu verstehen. Sie helfen uns, das gute vom bösen im menschlichen Tun zu trennen. Diese historische Vorstellung von „Moralität" kommt in traditionellen philosophischen Abhandlungen in der ganzen Welt immer wieder vor. Viele zeitgenössische Philosophen zelebrieren das Leben und die Heiligkeit der Menschheit. Traditionelle religiöse Texte haben moralische Geschichten als Basis, die der Menschheit helfen, über die Existenz der Menschen als Tiere, oder als rein subjektive Wesen, hinaus zu blicken. Nichts davon wird heute in der Lehre der Architektur berücksichtigt und integriert — es sind immer noch dieselbe Handvoll (westlicher) Philosophen, die ihre Gunst haben, und dank derer sie die „Architektur um der Architektur willen" rechtfertigen. Gemessen an ihrer Unmenschlichkeit kann die dominante Ideologie nur als nihilistisch bezeichnet werden, auch wenn sie dem globalen Kapitalismus dient.

Die Spaltung zwischen Nihilismus und Humanismus ist total und toleriert keinen Widerspruch. Wir müssen sehr vorsichtig in der Wahl von Philosophen sein, und auch sorgfältig die Texte aussuchen, die zur Pflichtlektüre gemacht werden. Eine Schule darf ihre Verantwortung nicht ablegen und Architektur als bloßes System von selbstdienenden Überzeugungen lehren.

Im 20. Jahrhundert wurde die Architektur zur Massenbewegung unter dem Einfluß von Star-Architekten, die gewisse philosophische Texte ausnutzten, um ihre eigenen Ideale und Karrieren zu fördern. Dadurch hat sich die Architektur von jeder höheren Bestimmung in der menschlichen Existenz entfernt; sie hat sich sowohl von der Natur als auch vom Heiligen abgewendet. Zum ersten Mal in der Geschichte der Menschheit haben Menschen absichtlich Strukturen hervorgebracht, die sich nur ungemütlich erleben lassen und in denen sich nur ungemütlich leben läßt.

QUELLE

- Nikos A. Salingaros (2008) *Anti-Architecture and Deconstruction*, 3. Auflage (Umbau-Verlag, Solingen).

(*Anmerkung: Dieses Essay ist ein Auszug aus dem längeren Beitrag „Intelligence-Based Design: A Sustainable Foundation for Worldwide Architectural Education", ArchNet-IJAR: International Journal of Architectural Research, Band 2, Heft 1 (März 2008), S. 129–188. Derselbe Ausschnitt wurde in zwei Teilen, mit Anmerkungen, abgedruckt in Archiwatch (February 2009). Das Originaldokument ist erhältlich unter <http://zeta.math.utsa.edu/~yxk833/Intelligence-Based-IJAR.pdf>.)

14

Vorlesungsskript, fünfte Woche.
Menschliche Physiologie und evidenzbasiertes Design

Lektüren in der fünften Woche:

- Alexander, *The Phenomenon of Life*, Kapitel 8, „The Mirror of the Self" & Kapitel 9, „Beyond Descartes: A New Form of Scientific Observation".
- Mehaffy & Salingaros, „Evidence-Based Design", *Metropolis*, 14, November 2011.

Durch die völlig neue Perspektive, die die „organisierte Kohärenz" öffnet — die Christopher Alexander „Gesamtheit" nennt —, ist es möglich, viele architektonische Phänomene zu vereinen. Die traditionellen Abgrenzungen zwischen Ornament und Funktion, Bauten und Ökologie, Ästhetik und utilitaristischen Strukturen sind verschwommen. Unsere Erfahrung von Artefakten und Strukturen ist dadurch gekennzeichnet, daß wir in ihnen nach „Lebendigkeit" suchen können.

Zu einem späteren Zeitpunkt unserer Vorlesungsreihe werden wir die Merkmale aufzählen und die Parameter messen, die zu unserem

Verständnis von „Lebendigkeit" in Objekten beitragen. Diese Bewertungen werden zeigen, daß die „Lebendigkeit" kein idiosynkratisches Phänomen ist, sondern daß sie zu einem sehr hohen Grad von allen Menschen geteilt wird.

Dennoch gibt es da ein Problem, wenn wir behaupten, wir „lieben" oder „mögen" etwas; denn es geht dabei nicht um dasselbe wie bei der „Lebendigkeit". Schließlich hat ja selbst das monströseste, unmenschlichste Gebäude in der Person seines Bauherrn und des Architekten, der es gebaut hat, Menschen, die es ausreichend „mögen". Auch wissen wir, daß das milliardenschwere Geschäft der Werbeindustrie hauptsächlich existiert, um unsere Meinung zu dem, was wir lieben oder mögen, zu manipulieren.

Eigentlich ensteht die Wahrnehmung der „Lebendigkeit" von Objekten aus der tiefen Beziehung zwischen dem Betrachter, oder User, und dem Objekt. Sie rührt aus der physiologischen und intuitiven gegenseitigen Abhängigkeit her, die wir zwar übersehen aber nicht ändern können.

Alexander listet einige solche Charakteristiken dieser emotionalen Beziehung zu Artefakten und Strukturen auf:

(1) Wir haben das Gefühl, daß sie uns „Kraft" geben.

(2) Wenn wir an ihrer Enstehung teilhaben, können wir diese „Kraft" auch spüren.

(3) Wenn wir diese Beziehung, die nicht von den Medien forciert wird, erkennen, fällt uns auf, daß wir dieses Gefühl mit vielen anderen Personen teilen.

(4) Es geht dabei nicht um ein bloßes ästhetisches Urteil, sondern um etwas, das tiefere Aspekte der Kultur und des Lebens anspricht.

(5) Die Beziehung kann empirisch verifiziert werden und ist nicht einfach Meinungssache. Es ist einfach, das relative Maß an positiver Beziehung zwischen uns und zwei verschiedenen Objekten, das wir persönlich empfinden, zu bewerten. Dazu brauchen wir nur auf einen kleinen psychologischen Trick zurückzugreifen. Dieser besteht darin, unser Gehirn dazu zu bringen, die organisierte Komplexität der beiden Objekte komparativ, jedoch nicht absolut, zu ermitteln.

Durch Alexanders „Selbstbespiegelungstest" wird ermittelt, welches Objekt eine Person am besten reflektiert. Wir müssen uns vorstellen, daß unsere gesamte Persönlichkeit, unsere Stärken, unsere Schwächen, unsere Menschlichkeit, unsere Emotionen, unser Potenzial sowie auch unsere Lebenserfahrung irgendwie in der Struktur dieser beiden Objekte beinhaltet sind. Anschließend läßt sich dann ermitteln, welches Objekt uns am deutlichsten widerspiegelt.

Alexander hat herausgefunden, daß 80% der Personen sich für dasjenige Objekt entscheiden, welches das höhere Maß an „Lebendigkeit" aufweist, wie durch andere objektive Methoden ermittelt. Aus diesem Grund könnten wir uns eine Menge Kalkulationen sparen und bloß diese eine Frage der Selbstbespiegelung stellen. Obwohl nicht frei von möglichen Fehlern, ist diese Korrelation stark genug, um nutzvoll zu sein.

Dieser Test ermöglicht uns, uns von den Präferenzen und Meinungen zu distanzieren, die uns von außen auferzwungen werden, und nicht unbedingt aus unserem tiefsten inneren kommen. Ideen über die Schönheit, die idiosynkratisch und womöglich auch von außen beeinflußt sind, werden somit verabschiedet, und das, was wir wirklich empfinden, kann ans Tageslicht treten.

Leider ist es tatsächlich wahr, daß unser Geschmack manipuliert wird, damit wir zu perfekten Konsumenten modischer und industrieller Güter werden. Den „Selbstbespiegelungstest" immer wieder durchzuführen, bedeutet nicht nur, daß wir uns immer besser „selbstbespiegeln", sondern auch, daß wir freier von Meinung, Klischees und Ideologie werden. Kurzum, es verschärft unser Verständnis für lebendige Strukturen.

Drehen wir einmal den Spieß um und untersuchen, wie Menschen in einer Welt, die sie bereits durch Kultur und Erziehung mit lebendigen Strukturen in Kontakt bringt, von ihren eigenen Gefühlen abgekoppelt werden können. Wie schafft man es, daß Menschen ihr intuitives Gefühl für die Wiedererkennung von „Lebendigkeit" zunächst ignorieren und es später sogar völlig ausblenden?

Die Methode besteht darin, die Aufmerksamkeit des Menschen zu behindern und falsche Gründe anzuführen, um zu verhindern, daß er vitale

Beziehungen und kognitive Karten wiederherstellt.

Es gibt zwei sich völlig ausschließende Vorstellungen über die geteilte Lebenserfahrung. In der ersten Vorstellung geht es um eine direkte und ehrliche Weltsicht, die dank unserer Wahrnehmungssysteme entstehen kann. Da wir unsere Biologie mit anderen Menschen teilen, ist auch die Lebenserfahrung in weiten Teilen eine geteilte Erfahrung. Das zweite Szenario ergibt sich, wenn eine ganze Gruppe von Menschen sich von einer falschen Weltsicht leiten läßt. In diesem Fall existiert das Geteilte nicht wirklich, sondern nur als Bild.

Wenn wir tatsächlich innerhalb einer unwirklichen Welt gefangengehalten werden, die dadurch gestärkt ist, daß wir sie mit anderen teilen, kann uns diese Technik helfen, uns zu befreien. Eine weitere Art und Weise, den „Selbstbespiegelungstest" zu beschreiben, besteht darin, die Wirkung eines Objektes oder einer bestimmten Umgebung auf die Menschheit zu untersuchen. Man sollte sich also folgende Frage stellen: „Wird mein eigenes Gefühl für Menschlichkeit durch diese bestimmte Struktur gesteigert oder wird es gemindert?" So läßt sich unsere mechanische Zivilisation vergessen, und wir können voll und ganz unserer Intuition von inneren emotionalen Zuständen folgen.

Der „Selbstbespiegelungstest" deckt auf, was uns an die Natur erinnert, zum Beispiel Bewertungshierarchien, die organisierte Komplexität von natürlichen Materialien sowie weitere geometrische Merkmale, die einem Objekt mehr „Lebendigkeit" einflößen. Wenn wir zu einer bestimmten Umgebung eine Beziehung aufbauen, weil wir fühlen, daß wir davon ein Teil sind, und es dabei gut haben, dann läßt sich unser Leben mit mehr Freude und weniger Streß bewältigen. Dieses Wohlgefühl ergibt sich nicht aus unserem Bewußtsein.

Oft spüren wir ein hohes Maß an „Lebendigkeit" bei Objekten und Bauten, die Makel aufweisen — halb heruntergekommene Gebäude, antike Gegenstände, die teilweise beschädigt sind usw. Dennoch finden wir Gefallen an ihnen. Touristen reisen, um Ruinen zu erleben und Sammler kaufen alte Teppiche mit Löchern.

Der „Selbstbespiegelungstest" ist ein wichtiges Instrument, mit dem evidenzbasiertes Design implementiert werden kann. Diese Methodologie beruht auf zweierlei: Der erste Aspekt besteht darin, daß sie aus einem medizinischen Rahmen entwickelt wurde und die Effekte von Baustrukturen und Umgebungen auf die menschliche Gesundheit mißt. Es ist eine leichte Sache, die alternativen Designmöglichkeiten gemäß ihres therapeutischen Potenzials zu vergleichen — harte Daten über Patienten, die schneller in bestimmten Umgebungen heilen. Anfangs wurde das evidenzbasierte Design bei Krankenhäusern angewandt; heute wird es in vielen, allgemeineren Umgebungen eingesetzt. Das evidenzbasierte Design ist inzwischen zu einem festen Instrument in der Gestaltung von Schulen geworden. Vgl. dazu: „Evidence-Based Design of Elementary and Secondary Schools" (2010). Zwar ist diese Form von Design in ihrer aktuellen Anwendung begrüßenswert, jedoch fehlen darin die anderen notwendigen Komponenten für das adaptive Design. Diese sind: Biophilie, Umweltintelligenz (zwei Themen, die in diesem Buch besprochen werden) sowie Mustersprache. Damit optimale Designergebnisse erzielt werden können, müssen alle diese Komponenten zusammenwirken.

Evidenzbasiertes Design ermöglicht Architekten, die Gestaltung, samt Variationen, zu bewerten und auch festzustellen, ob es das menschliche Wohlbefinden steigern kann. Daraus ergeben sich mögliche überlegte Entscheidungen, die schließlich zu einem Design mit einer adaptiveren Form führen. Man weiß, daß das Ergebnis adaptiver sein wird, weil jede Zwischenstufe in der Entwicklung eines Designs überprüft wird.

Der zweite Aspekt, den das evidenzbasierte Design mit sich bringt, besteht im Gebrauch des Feedbacks. Praktisch gesehen geht das evidenzbasierte Design durch Iterationen vor; somit kann bei jedem Schritt geprüft werden, wie das Wohlbefinden gesteigert oder gemindert wird. Dieser Prozeß benötigt keine Formel, und es hängt auch nicht von irgendwelchen abstrakten Regeln oder Bildern ab. Ein Design paßt sich durch Rekursionen an, wobei jeder Schritt dieses Prozeßes durch physiologische Indikatoren überprüft wird.

Es ist klar, daß diese Methode am besten funktioniert, wenn der Designprozeß evolutionär verstanden wird, d. h., wenn er aus einer Vielzahl von adaptiven Schritten besteht. Es funktioniert gar nicht, wenn der Architekt oder der Designer sich für eine Lösung in einem einzigen Schritt entscheidet. Wo bleibt denn dann die Adaptation? Es gibt einfach keine.

Evidenzbasiertes Design kann auch dann nicht funktionieren, wenn in der architektonischen Praxis nicht-getestete Prototypen als Grundlage für Design gelten. Weshalb werden gewisse Gebäude-Typen, die sich inzwischen als Standard etabliert haben, heute immer wieder kopiert, obwohl sie niemals auf ihre Adaptation getestet wurden? Diese Architekten kämen nie auf die Idee, medizinische Reaktionsversuche durchzuführen, um sicherzugehen, daß ihre Bauten nicht schädlich für Menschen sind. Diese nicht-getesteten Umgebungen können tatsächlich Streß auslösen bzw. schädlich für ihre Nutzer sein. Das Problem liegt darin, daß die Architekten nicht geschult sind, Messungen der physiologischen Indikatoren durchzuführen.

Gesundheitsschädliche Designs haben alle etwas gemeinsam: Sie sind einem apriorischen Image oder einer abstrakten Konzeption von dem, was ein Gebäude sein sollte, unterworfen. Irgend jemand hat ursprünglich dieses Image erfunden, und alle kopieren es, ohne darüber nachzudenken. Das visuelle, ikonische Modell verfügt über eine solche Autorität, daß es gar keiner anderen Rechtfertigung bedarf. Sollte es sich herausstellen, daß die Evidenz negativ ausfällt, wird das Original geradezu mit religiösem Eifer verteidigt, und die Evidenz selbst abgetan. Architekten mögen keine Ablehung, da sie zu stolz sind, um zuzugeben, daß sie einen Fehler gemacht haben.

Der „Selbstbespiegelungstest" kann uns helfen, diese unglückliche Vorgehensweise zu ändern. Jeder Studierende der Architektur sowie auch jeder Laie kann darin ausgebildet werden. Es bedarf also nicht einmal Elektroden und Kabel, damit der Streß im Körper gemessen werden kann. Mit dem Test kann jeder für sich den Unterschied zwischen zwei Umgebungen, von denen die eine mehr und die andere weniger heilend ist, herausfinden.

Wäre der „Selbstbespiegelungstest" konsequenter angewandt worden, wären uns mit Sicherheit einige unmenschlich gebaute Umgebungen in den letzten Jahrzehnten erspart geblieben. Die extrem langen Wohnblöcke, die Tausenden von Menschen wie in einer Box auf acht Stockwerken Unterkunft bieten, stellen zum Beispiel einen solchen Typ von gebauten Umgebungen dar. Angefangen bei dem von den Nazis gebauten Prototyp auf der Insel Rügen in Deutschland, über den Corviale-Komplex in Rom, bis zum Pruitt-Igoe-Wohnkomplex in St. Louis: Sie haben alle versagt.

Solche Bautypen mit geringer Design-Komplexität können weder für eine menschliche Nutzung noch für die Empfindlichkeit des Menschen adaptiert werden. Die verantwortlichen Architekten haben bei der Planung entweder die Menschen vergessen oder sie wußten einfach nicht, was sie taten. Gebäudedesign wurde somit zur intellektuellen Spielerei in reiner Form — leider wurde dieser Bautyp ausgewählt, weil er preiswert zu realisieren ist. Daraus kann man schließen, daß Typologien dem finanziellen Druck unterworfen sind.

Obwohl zeitgenössische Architekten sie aufgrund von reinen ästhetischen Werten lieben, wird bei simplistischen Formen gern die Menschlichkeit übersehen. Formelle Reinheit und Simplizität haben jedoch keinen Wert für den Nutzer. Otto Normalverbraucher hat nicht teil an den intellektuellen Spielereien der Architekten. Im Gegenteil, es läßt sich ein unglaublich hohes Maß an organisierter Komplexität feststellen, wenn Menschen für sich selbst bauen, wie es zum Beispiel der Fall bei informellen Siedlungen ist, die alles andere als optimal organisiert sind. Sie verkörpern das Gegenteil vom formellen Design.

Das Problem rührt daher, daß Kritiker Bauten nach ihrem Aussehen bewerten und nicht aufgrund direkter persönlicher Erfahrung mit ihnen. Den Kritikern ist es in der Regel egal, ob sie auch wirklich funktionieren oder ob sie in die Umgebung passen. Kritiker sind ebenfalls von berühmten Architekten und den großen Baufirmen abhängig, mit welchen diese arbeiten, und trauen sich somit nicht, deren Arbeiten negativ zu bewerten. Architekten, die Bauten entwerfen, um bloß anderen Architekten zu imponieren, und Kritiker, die nicht ehrlich ihre Arbeit machen; diese Situation führt dazu, daß die Architektur in einem Teufelskreis von unverantwortlicher Selbstverherrlichung gefangen bleibt.

Bislang hat die Reizkraft ikonischen Aussehens im 20. bzw. 21. Jahrhundert alle anderen Aspekte dominiert. Rigide geometrische Bautypen werden einfach ohne Überlegung übernommen. Schlimmer noch, schlechte Bautypen dienen als Ausgangspunkt für architektonische Innovationen; leider übernehmen die neuen Formen meistens die schlechtesten Eigenschaften ihres jeweiligen Modells. Evidenzbasiertes Design und der „Selbstbespiegelungstest" können helfen, uns von dieser unproduktiven Gewohnheit zu lösen.

15

GRENZEN DER DESIGN-WISSENSCHAFT: „EVIDENZBASIERTES DESIGN"

Michael W. Mehaffy und Nikos A. Salingaros

Metropolis, 14. November 2011. Abgedruckt mit freundlicher Genehmigung.

SEIT KURZEM KANN MAN EINE unauffällige, jedoch sehr wichtige, Revolution im Umweltdesign beobachten. Erstaunlicherweise begann sie in... Krankenhäusern!

Bereits seit längerer Zeit arbeitet die Medizin mit einer „evidenzbasierten" Methodologie. Es handelt sich um einen sogenannten „Versuch-und-Irrtum"-Prozeß, der einen Evolutionszyklus durchläuft: Der Arzt versucht etwas, begutachtet das Ergebnis, um schließlich die Variante zu gebrauchen, mit der ein Erfolg erzielt wurde. Nach diesem Prinzip hat die Medizin über Tausende von Jahren hinweg mit Heilmethoden, Eingriffen und Phytotherapien experimentiert; bis heute bleibt diese Applikation heuristisch. Zum Beispiel verschreibt der Arzt eine kleine Dosis eines bestimmten Medikamentes; wenn dieses wirkt, verschreibt er mehr davon. Und wenn es nicht wirkt, oder der Patient fühlt sich schlechter, wird es abgesetzt. Ärzte sehen viele Patienten; sie behandeln sie und beobachten ihre Reaktionen auf Behandlungen. Die Ärzte orientieren sich an der kollektiven Evidenz, um die Medikamente und die Eingriffe zu ändern und zu verbessern. Dank diesem angesammelten Wissen werden heute Krankheiten behandelt, die früher einmal als unheilbar galten.

Über die Jahre hat sich in der Medizin ein zunehmendes Interesse für die Gestaltung von Krankenhäusern entwickelt, weil klar wurde, daß die Gesundheit der Patienten stark mit der Gestaltung der Räumlichkeiten zusammenhängt. Haben sich Seuchen etwa schneller verbreiten können weil Patienten sich ein und dasselbe Zimmer teilten? Ja, haben sie. Sind gewisse Oberflächen eher „seuchenfördernd"? Ja. Haben Patienten eine schnellere Genesung erfahren, wenn sie in Zimmern untergebracht wurden, die nach einem bestimmten, „stressmindernden" Design gestaltet wurden? Auch hier, ja. Diese Beobachtungen sowie auch viele weitere Erkenntnisse haben zum „evidenzbasierten Design" geführt—eine Gestaltungsform, die die auf Beweisen beruhende Methoden der Medizin übernommen hat.

Abb. 1 Forscher beschäftigen sich mit den Konsequenzen für die menschliche Gesundheit von Entscheidungen im urbanen Umweltdesign sowie auch vom Resourcenabbau und weiteren besorgniserregenden Faktoren — eine besonders akute Not, da diese Modelle überall auf der Welt proliferieren. *Photo: David Evers*

Immer häufiger haben Ärzte und Umweltdesigner angefangen, sich mit denselben Fragestellungen zum erweiterten urbanen Umfeld zu beschäftigen. Schließlich machte es keinen Sinn, einen Patienten in einem Krankenhaus zu heilen, wenn dieser, einmal zu Hause, wieder krank würde.

Epidemiologen wie Dr. Howard Frumkin und Dr. Richard Jackson haben nach Beweisen gesucht, die den positiven Einfluß der Natur auf Gesundheit und Wohlbefinden belegten, zum Beispiel indem das urbane Umfeld gesunde körperliche Tätigkeiten, wie zum Beispiel das Gehen, fördert.

Andere, wie Dr. Roger Ulrich, haben untersucht, wie Umfelder jeglicher Art sich auf die Gesundheit in anderer Weise auswirken, inklusive der ansonsten verpönten gesundheitlichen Folgen von ästhetischen Qualitäten. Sie haben etwas außergewöhnliches herausgefunden: Natürliche Komponenten wie zum Beispiel Pflanzen, Bäume und Wasser sowie auch angenehme Ausblicke hatten deutliche, meßbare Effekte auf die Genesung, das Belastungsniveau sowie auch das allgemeine physiologische Wohlbefinden der Patienten. (Wir werden auf das außergewöhnliche Thema „Biophilie" später zurückkommen.)

Diese Entdeckungen haben den „evidenzbasierten" Ansatz im Design bekanntgemacht, der die menschlichen Bedürfnisse als fest im gebauten Umfeld verankert versteht. Jedoch wird er nicht von allen gemocht. Ein Kernpunkt, den es hier zu verstehen gilt: Evidenzbasiertes Design ist nicht bloß ein rein formelhafter Prozeß — mit Fakt X kann ich Design Y entstehen lassen. Nein, es ist überhaupt nicht so einfach, und Medizin entsteht ja auch nicht auf solch simplistischen Wegen. Es ist eher so, daß ein Design das Produkt von *adaptiven Berechnungen* ist.

Design-Berechnungen basieren auf einer Sequenz von Etappen, d. h. Versuch-und-Irrtum-Beobachtungen über die Art und Weise, wie ein Mensch in und mit einer bestimmten Umgebung interagiert. In diesem Prozeß wird die Interaktion immer wieder optimiert und kommt nicht nur der zu bewältigenden Aufgabe zugute, sondern auch der Situation des Menschen in der gebauten Umgebung — zum Beispiel an öffentlichen Plätzen, im Eingangsbereich von Gebäuden, an Computer-Bildschirmen oder auch an etwas so kleinem wie einem Schubladengriff.

Aus technischer Sicht bedeutet dies, daß die Art Umgebungsberechnungen, die wir zu Design-Zwecken gebrauchen, überhaupt nicht wie eine Berechnungsformel aussieht, sondern eher wie eine rekursive Approximation: Es wird so lange berechnet und geprüft, bis das erwünschte Ergebnis erzielt wird. (Dieser Prozeß von rekursiver Approximation ist als

Algorythmus bekannt — eine Sequenz von mathematischen Etappen, die zu einer bestimmten Lösung führen.) Eine Formel könnte dazu führen, daß es in nur einer Etappe zu einer Lösung kommt; dies ist aber nicht wünschenswert, da das Design, das auf solchem Weg erreicht würde, nicht wirklich adaptiv wäre.

Ein Design muß zunächst unter bestimmten Bedingungen angegangen und dann an den Grenzbedingungen adaptiert werden — die Grenzbedingungen sind die Bedingungen, auf die das Design während seiner Adaptation stößt. Dies kann lediglich durch Rekursion geschehen, weil diese der einzige Weg ist, auf dem sich ein Design zur bestmöglichen Lösung adaptiv entwickeln kann. Jeder kann eine genaue Intuition davon haben, wie ein Design auszusehen hat; Steve Jobs, zum Beispiel, war dafür bekannt, daß er oft die richtige Intuition hatte, wie ein Design am Ende aussehen sollte.

Abb. 2 Steve Jobs präsentiert das MacBook Air, ein Produkt von unaufhörlichen evolutiven Iterationen. *Photo: Matthew Yohe*

Dennoch mußten sich zunächst große Teams daran machen, diese ursprüngliche Intuition zu verfeinern, die sie dann in der Form von Iterationen Jobs vorlegten. Er war für die Ursprungsbedingungen verantwortlich; er entschied somit, wozu das Objekt in der Lage sein sollte. Seine Mitarbeiter waren für die Entwicklung im Rahmen der Grenzbedingungen verantwortlich.

Dank der belegten Evidenz erhöhen Design-Berechnungen die Adaptation des Systems an das menschliche Wohlbefinden. Das Ziel ist nicht, etwas völlig spezifisches zu entwerfen (wie zum Beispiel bei einem Blueprint, das jemand in seiner Ecke entworfen hat); Projektanweisung und technische Daten sind bloß Einschränkungen. Aus diesem Grund ist am Anfang der Berechnungen das genaue Endprodukt noch nicht bekannt; lediglich einige seiner wichtigsten Eigenschaften werden vorher festgelegt. Diese Eigenschaften anzustreben, bedeutet, das Objekt zur Vollendung zu bringen. Wenn das Produkt von Anfang an voll und ganz bekannt ist, kann es nicht zu Adaptationen kommen, und es wird mit Sicherheit menschlich versagen.

Im Kern ist dies das Wesen des evidenzbasierten Designs. Grundsätzlich fordern wir Evidenz für alles — Informationen darüber, ob wir die Sache korrekt angehen oder ob wir unseren Kurs revidieren sollen. Wir wollen herausfinden, welche Ansätze mit größter Wahrscheinlichkeit die richtigen sind. Und wir wollen auch Evidenz zu Design-Konfigurationen, die es in der Vergangenheit gegeben und die sich womöglich aus der Zusammenarbeit von Menschen ergeben haben, die nach ähnlichen Lösungen wie wir gesucht haben. Somit lassen sich mehr nutzbare Kenntnisse über Lösungen ermitteln, die sich immer wieder behaupten — das ist die sogenannte „kollektive Intelligenz".

Leider ist unsere Welt mit Designs überhäuft, mit denen versucht wird, eine solche Entwicklung auf eine bloße Formel oder Vorlage zu reduzieren — diese Designs sind, ganz einfach gesagt, schlechte Designs. Egal, wieviel Glitzer oder Kunst sie schmücken, sie haben geradezu in ihrer Grundaufgabe versagt: Sie dienen dem Menschen nicht. Bezüglich der „Anpassung" an die Probleme, die diese Designs zu lösen haben, kann behauptet werden, daß sie nicht angepaßt sind. Diese simplistischen Designs versuchen oft, Mängel durch auffallende Motive, oder sie durch eine Art „Camouflage" mit brillanten (aber oberflächlichen) Ideen zu verbergen — versagen tun sie jedoch immer, und oftmals auf katastrophale Weise.

Eigentlich haben schlechte Designs alle etwas gemeinsam: Sie gründen in einer „großen" Theorie bzw. Ideologie, die für sich beansprucht, den Sinn des Designs nahezulegen. Wenn bloß die textuelle Idee als Arbeitsgrundlage dient, kann immer noch Text hinzugefügt werden, wenn sich die Realisation einmal nicht wie erwartet entwickeln sollte. Wenn also die Pruitt-Igoe-Gebäudeanlage (ein bekanntes „Siedlungsprojekt" in St.

Louis) als Verwirklichung von Le Corbusiers „Towers in the Park" versagt hat, muß es daran gelegen haben, daß sie nicht ausreichend der „Vision des Meisters" entsprach. Beim nächsten Mal wird es aber klappen! Alles, was wir zu tun brauchen, ist, uns tiefer vor dem Meister zu verbeugen!

Abb. 3 Der Pruitt-Igoe-Siedlungskomplex, St. Louis, Missouri wurde 1953–1956 vom Architekten Minoru Yamasaki gebaut und 1972–1976 abgerissen. *Photo mit Geneh. Finnbar5000*

Wenn man eine Idee definieren will, ist es oft sinnvoll, diese mit ihrem Gegenteil zu konfrontieren. Im vorliegenden Fall steht das evidenzbasierte Design im deutlichen Kontrast zur Anwendung einer Vorlage, die nicht auf adaptive Weise ermittelt wurde. Weshalb werden solche Vorlagen von der Gesellschaft überhaupt validiert und gegen jede Form von Evidenz stur verteidigt? Ein Blick in die historische Medizin zeigt, daß Therapien, die für Patienten erwiesenermaßen tödliche Folgen hatten, oft sehr lang angewendet wurden, bevor man sie einstellte. Schlußendlich aber siegte die Evidenz. In der Architektur dauert es länger, bis eine solche Erkenntnis siegt.

Ein Beispiel: Gerade einmal fünf Tage nachdem das Pruitt-Igoe-Gebäude gesprengt wurde, gab die Regierung in Rom den Bau des sehr ähnlichen „Corviale"-Siedlungskomplexes bekannt. Weshalb wurden keine Lektionen aus dem Desaster von St. Louis gezogen? Es muß wohl an der ikonischen Anziehungskraft des Prototyps „Colossus of Prora" liegen, den die Nazis auf der deutschen Insel Rügen bauten. Selbst heute, wo Pläne für den Abriß des Corviale vorliegen, mitsamt menschenfreundlichen Baualternativen als Ersatz, versuchen römische Architektur-Akademiker mit aller Kraft, das Corviale als geschütztes architektonisches „Denkmal" zu bewahren. Die Macht der ikonischen Bilder war sogar stärker als die Gewißheit, daß manch ein Bau nicht gut für die Menschen war.

Abb. 4 Das Prora-Gebäude auf der Insel Rügen, Deutschland, das 1936–1939 von Clemens Klotz, einem von Adolf Hitlers Architekten, gebaut wurde. Heute ist es fast völlig unbenutzt. *Mit Genehmigung von Giorgio Muratore, Archiwatch*

Damit sie diese oberflächliche Nötigung durch das Image-basierte Design zu überwinden vermag, muß unsere „Versuch-und-Irrtum"-Designmethode immer einen wesentlichen Aspekt beinhalten: eine überprüfbare Hypothese, die als falsch entlarvt werden kann. Es ist das Wesen selbst von „wissenschaftlichen Methoden" und unterscheidet diese völlig vom *ex-cathedra*-Dogmatismus, der im architektonischen Design so dominant ist. Steve Jobs zum Beispiel setzte die überprüfbare Hypothese gleich mit so etwas wie „Es wird eine Freude sein, dieses Design zu nutzen, und außerdem ist es sehr schön". Er war dafür bekannt, daß er oft zu seinen Designern sagte: „Es geht nicht nur um das Aussehen und das Gefühl. Es geht darum, wie es funktioniert." In einem Gespräch mit der Zeitschrift *Fortune* sagte er: „In der Sprache der meisten bedeutet Design nur Lack, aber für mich ist es genau das Gegenteil. Design ist in meinen Augen die Seele selbst einer von Menschenhand gemachten Kreation, die in den sukzessiven Schichten des Produktes oder der Dienstleistung zum

Ausdruck kommt." Alle diese Schichten müssen übergangslos in einer geschickt adaptiven Ausdrucksform integriert sein — das Ergebnis von ständigen evolutionären Verbesserungen.

Abb. 5 Ein trauriges Beispiel für ideologisches, nicht-evidenzbasiertes Design: Der Corviale soziale Siedlungskomplex in Rom, erbaut 1975–1982 vom Architekten Mario Fiorentino und anderen. Als evident wurde, daß der Bau Menschen Schaden zufügte, behaupteten seine Verfechter, das Projekt an sich sei „gesund", bloß die Realisierung sei mangelhaft. Photo: G. Parise, mit Genehmigung von Ateneo Federato Spazio e Società

Eine hilfreiche Lektion, die wir vom evidenzbasierten Design lernen können, die die meisten Computerfreunde noch nicht begriffen haben: Es bedeutet nicht, weil ein „Produkt" verschickt wird, daß wir mit unseren Kalkulationen fertig sind! Denn die Umwelt wird weiterhin transformiert, auf Wegen, die wir nicht unbedingt vorhersehen konnten. Die Randbedingungen verändern sich weiter. Zum Beispiel können ein paar PKWs eine gute Idee sein, aber eine Stadt, die völlig vom PKW abhängig ist, erweist sich als wirklich schlechte Idee. Genau das ist es, was uns die Evidenz zeigt — wenn wir dafür empfänglich sind: Wir brauchen neue Anpassungen, um das ganze adaptiver zu gestalten.

Sollte es nicht dazu kommen, wird eine Lawine von schlecht angepaßten und „versagenden" Designs, die sich hinter Firlefanz-Dekorationen verstecken und unsere nicht nachhaltige Zivilisation vertuschen, auf uns zurollen.

Michael Mehaffy *ist Urbanist und kritischer Denker im Bereich der Komplexität von gebauten Umgebungen. Er arbeitet als praktizierender Planer und Baumeister, und hat sich durch seine vielen Projekte und Schriften einen Namen gemacht. Er hat als enger Mitarbeiter des Architekten und Software-Pioniers Christopher Alexander gewirkt. Zur Zeit ist er Sir David Anderson Fellow an der Universität Strathclyde in Glasgow und Visiting Faculty Associate an der Arizona State University; Research Associate am Center for Environmental Structure, Chris Alexanders 1967 gegründetem Forschungszentrum, und strategischer Konsultant für internationale Projekten in Europa, Nord- und Südamerika. Er war Studiendirektor der Princes Foundation, London, 2003–2005.*

16

Vorlesungsskript, sechste Woche
Biophilie: Unsere evolutionäre Verwandtschaft mit biologischen Formen

Lektüren in der sechsten Woche:

- Alexander, *The Phenomenon of Life*, Kapitel 10, „The Impact of Living Structure on Human Life".

- Mehaffy & Salingaros, „Biophilia", *Metropolis*, 29. November 2011.

- Salingaros & Masden, Ausschnitt aus „Neuroscience, the Natural Environment, and Building Design", dem Kapitel 5 von *Biophilic Design: The Theory, Science and Practice of Bringing Buildings to Life*, herausgegeben von Stephen R. Kellert, Judith Heerwagen & Martin Mador (John Wiley, New York, 2008).

Wenn „Leben" in diversen Strukturen und Orten innerhalb der gebauten Umgebung von Nutzern wahrgenommen wird, reagieren diese positiv auf die organisierte Komplexität in Artefakten und Bauten — wie wir sie beschrieben haben. Die physische Struktur der Welt prägt die Menschen stark. Eine fundamentale Aufgabe der Architekturtheorie besteht darin, diesen Einfluß von lebendigen Strukturen auf den Menschen zu erklären und vorauszusagen.

Es ist alles eine Sache der Geometrie. Während bestimmte Konfigurationen Streß bei Nutzern verursachen, ist es genau umgekehrt mit denjenigen Konfigurationen, die wir als lebendig empfinden; diese lassen in uns positive Gefühle aufkommen. Ferner haben lebendige Konfigurationen die unterschiedlichsten Heileffekte, gerade weil sie für weniger Umweltstreß sorgen.

Unser Ziel ist es also, genau diejenigen Qualitäten herauszufinden, die eine gesunde Umgebung ausmachen, und die auch ein Gefühl von Freiheit vermitteln. Es sind Umgebungen, die keine Energie zur Bewältigung von Konflikten abverlangen, die durch streßproduzierende Konfigurationen verursacht werden. Alexanders „Mustersprache" ist ein solches System: Jedes Muster entspricht der Lösung eines bestimmten Konflikts in einer bestimmten Umgebung.

So lange eine Konfiguration fehlerhaft ist, wird sie weiter Streß produzieren, egal wieviel „Lack" man darüber streicht: Die Grundprobleme bleiben. Aus diesem Grund sind wir, meine Freunde in Italien und ich, der Meinung, daß das Geld, welches zur „Sanierung" des Siedlungskomplexes Corviale investiert wird, weggeworfenes Geld ist. Die Wände neu anstreichen, im Garten „zeitgenössische Skulpturen" aufstellen, das hilft nicht weiter. Nur durch eine Änderung seiner monolithischen Geometrie könnten die Probleme der Bewohner gelöst werden, aber genau sie ist es, die das italienische Establishment zu schützen versucht.

Was sind eigentlich die genauen geometrischen Qualitäten einer Umgebung, der heilende Wirkungen zugeschrieben werden, und die es den Menschen ermöglichen, ihr volles Potenzial zu entfalten? Wir haben bereits den „Selbstbespiegelungstest" erläutert und in seiner Funktion untersucht; der Test ist wichtig, wenn es um den Vergleich von Alternativen geht. Dennoch reicht er als Antwort auf die oben gestellte Frage nicht.

Der erste Schritt, um die von uns gesuchten geometrischen Qualitäten herauszufinden, besteht darin, die natürliche Umgebung zu analysieren. Das führt uns zur Biophilie, der Verwandtschaft, die wir Menschen mit anderen Lebewesen empfinden. Dieser „biophile" Effekt fördert nicht nur ein gesundes mentales Wohlbefinden, sondern hilft auch bei der physiologischen Genesung und Erholung. Die positiven Effekte der Biophilie sind klinisch dokumentiert.

Man hat herausgefunden, daß der Ausblick von einem Krankenhausbett auf eine natürliche Landschaft sowohl die Genesungszeit als auch die Menge eingenommener Schmerzmittel reduziert. Dieses einfache Beispiel für angewandte Biophilie erhöht die traditionelle Wertschätzung natürlicher Umgebungen, und zwar werden die „angenehmen Aufenthaltsorte" zu bedeutsameren „Genesungsorten". In den traditionellen Kulturen werden natürliche Orte viel mehr als Genesungsorte verstanden als heute bei uns, hier im Westen. Und doch verbessert die Biophilie im Gesundheitswesen die wirtschaftlichen Aspekte der Patientengenesung — was unser System angeblich anstrebt.

Es macht Sinn, daß wir uns tatsächlich in solchen ursprünglichen Umgebungen am besten fühlen, und daß wir andererseits eher Streß in befremdenden Umgebungen empfinden. Die menschliche Neurophysiologie hat sich durch die Anpassung an die ursprünglichen Elemente entwickelt: natürliches Licht, frische Luft, die Savanne, offene Ebenen, Sträucher und Bäume, Sicht auf Wasser usw. Der menschliche Körper ist besonders dafür ausgelegt, herauszufinden, welche Umgebungen gut für ihn sind.

Alexander, ich selber und unsere Studenten gehen weiter und behaupten, daß Biophilie nicht bloß irgendeine geheimnisvolle vitalistische Eigenschaft von lebendigen Organismen ist, sondern ein Effekt, der sich aus ihrer Geometrie ergibt. Deshalb ist es auch möglich, den biophilen Effekt aus unbelebten Strukturen zu bewerten. Generell werden den traditionellen Künsten und der Architektur biophile Eigenschaften zugeschrieben, die von ihren Herstellern intuitiv begehrt sind.

Die Biophilie-Theorie stellt also die traditionelle Architektur auf den Kopf: Wir bauen nicht nur zu utilitaristischen Zwecken, sondern auch, um aus dem Ergebnis eine Form von konstanter Versorgung zu gewinnen. Wir haben Strukturen gebaut, die uns gefielen und die uns auch gutgetan haben. Diese Tradition wurde irgendwann im 20. Jahrhundert aufgegeben. Wir haben uns gegen das stärkende „Umgebungsfeedback" von Bauten entschieden, also auch gegen die Lebensweise unserer Ahnen.

Die direkte biophile Versorgung entsteht durch den unmittelbaren Kontakt zu Pflanzen, Tieren, Naturlicht und der Textur von natürlichen Materialien. In künstlichen Umgebungen greifen die Menschen auf eine Vielfalt von Design-Werkzeugen zurück, um zum gleichen Effekt zu gelangen. Dazu gestalten wir unsere Lebensräume nach ganz bestimmten Geometrien und benutzen dabei Farben, Ornamentierungen und Muster, damit wir eine ähnliche Versorgung durch die Umgebung erhalten. Dieser Prozeß entspricht nicht einer oberflächlichen Nachahmung der Natur, sondern eher der Schaffung einer natürlichen Geometrie.

Zunehmend dokumentieren Wissenschaftler, wie Umweltfaktoren und auch Informationen, die die Umwelt vermittelt, unser physiologisches Wohlbefinden beeinflussen. Dabei scheint es, daß geometrische Merkmale, die in den traditionellen Formen der Architektur existieren, wie zum Beispiel Ornamentierungen, Farben und fraktale Strukturen, positive neurophysiologische Reaktionen in Gang setzen. Diese Reaktionen werden im gesamten Organismus aufgenommen.

Mein ehemaliger Student Yannick Joye hat herausgefunden, daß die biophilen Effekte, die sich in unser kognitives System einbetten, auf Fraktale und komplex organisierte Muster zurückgehen. Unsere Reaktion ist eher emotionaler und viszeraler als intellektueller Natur. Architekten können noch so viele Argumente anführen um ihre Vorliebe für minimalistisches oder High-Tech-Design zu rechtfertigen, es ändert nichts an der Art und Weise, wie wir physiologisch auf Formen und Umgebungen reagieren.

Wenn die Biophilie im Design berücksichtigt wird, bedeutet es, natürliche und künstliche Strukturen intim miteinander zu verschmelzen. Beim Bauen geht es also praktisch darum, daß die Strukturen mit der natürlichen Umwelt durch komplexe Übergänge in- und miteinander verknüpft werden. Pflanzen, die in Umgebungen integriert werden, werden Teil von komplexen und nicht bloß grünen monofunktionellen Ökosystemen. Es geht auch darum, die eher intimere menschliche Dimension in den Vordergrund treten zu lassen, anstatt dem Gigantismus zu verfallen.

Die Biophilie setzt auch teilweise den Austausch von Industriewerkstoffen durch Naturwerkstoffe voraus sowie die Wiedereinführung von Ornamenten, die Industriewerkstoffe beinhalten. Diese Praxis war um die Jahrhundertwende (20. Jahrhundert) sehr verbreitet, wurde aber schnell aufgegeben. Ab einem gewissen Punkt wurden Industriewerkstoffe nur noch fetischistisch eingesetzt, um einen strengen „Industrie-Look" zu suggerieren.

Seit den Anfängen des frühen Modernismus, im frühen 20. Jahrhundert, hat sich die Architektur auf abstrakte, formale Ideen über Raum, Form und Material konzentriert. Physiologische und psychologische Reaktionen des Menschen finden in dieser Denkweise keine Berücksichtigung—bis heute nicht. Obwohl einige Architekten in jüngster Zeit das menschliche Bedürfnis, sich mit Pflanzen und Natur zu umgeben, wiederentdeckt haben, ist der biophile Ansatz in der Architektur, der Strukturen mit dem Menschen und der Natur vereint, immer noch nicht selbstverständlich.

Eine Welt aus unpersönlichen Bildern hat die reale Welt der Gefühle ersetzt; somit prägen nun zwei unterschiedliche, jedoch verwandte, Visionen unsere gebaute Umwelt. Zunächst wurde die mentale Assoziation zwischen antiseptischer Umgebung und Flächen aus poliertem Industrie-Metall, Porzellan, Spiegelglas und Kunststoff hervorgerufen. Sie erfolgte, obwohl der „Krankenhaus-Look" nicht unbedingt sauberer oder „freier" von Keimen ist als die „schäbige" alte gebaute Umgebung, in der Naturwerkstoffe zum Einsatz kamen.

Obwohl es nichts anderes war als Industriewerkstoff-Fetischismus, haben sich anschließend Architekten aus ungeklärten Gründen an dem

Motto „ehrlicher tektonischer Ausdruck" hochgezogen, vermutlich, um eine moralisch höhere Haltung vorzutäuschen — Moral ist einfach keine Qualität von physischen Strukturen. Daraus hat sich ergeben, daß wir jetzt von sogenannten „ehrlichen" Bauwerken umgeben sind, in denen nicht nur keine Spur von Biophilie zu finden ist, sondern bei denen alles mögliche getan wurde, um jeden biophilen Effekt auszumerzen. Brutalistische Betonflächen sind unnatürlich und menschenfeindlich. Wenn es also eine Moral gibt, dann ist es diese: Es wurde gegen die Natur des Menschen gehandelt. Wäre es nicht eher so, daß Architekten, denen es nicht darum geht, sich zu profilieren, und auf das körperliche und geistige Wohl des Nutzers achten, aufhören, sich für befremdende Formen einzusetzen, und dabei auch noch bessere Menschen werden?

Die empirische Evidenz, die es inzwischen zur Biophilie gibt, erleichtert den Zugang zum „Selbstbespiegelungstest", bei dem der menschliche Körper als Sensor zur Aufspürung von Streß durch die Umwelt fungiert. Wir verstehen jetzt den Ursprung solcher Formen von Streß; sie werden dadurch verursacht, daß eine ganz spezifische Geometrie, die der komplexen Geometrie von Naturstrukturen ähnelt, keine Beachtung mehr findet. Die Architekten des 20. und 21. Jahrhunderts haben sich wohlwollend für bestimmte Formen und Flächen entschieden, gerade weil diese mit den natürlichen Formen kontrastieren. Hier liegt der wahre Ursprung des Stresses, den gebaute Umgebungen verursachen.

Beim näheren Hinsehen stellen wir sogar fest, daß die minimalistischen Umgebungen, die der Industrie-Look so oft bevorzugt, Alarmsignale im menschlichen Körper auslösen. Farblose, deprimierende und glatte Flächen und Räume entsprechen klinischen Symptomen von Krankheiten und Pathologien des Auge-Hirn-Systems (mehr dazu in der Woche 12). Selbstredend glaubt der menschliche Körper, wenn er solche Signale empfängt, daß er im Begriff ist, zusammenzubrechen, worauf er dann mit Streß antwortet.

In ihrer interessanten Forschungsarbeit erklärt Judith Heerwagen, daß Tiere im Zoo, die in minimalistischen Umgebungen gehalten werden, neurotische, abnormale und asoziale Verhaltensweisen an den Tag legten.

Als sie wieder in einer stimulierenden und naturalistischeren Umgebung lebten, war ihr Verhalten jedoch wieder normal. Einige der ausgezeichneten Zoos, die im 20. Jahrhundert im modernistischen Stil gebaut wurden, haben sich als katastrophal für ihre Bewohner erwiesen. Daraufhin haben verschiedene Zoo-Verantwortliche artgerechtere, komplexere Umgebungen für die Tiere geschaffen.

Ähnlich wie Tiere in einem Zoo, werden auch Kinder durch die Umgebung, in der sie leben, geprägt, ohne daß sie sich dazu äußern können. Die Absage an die biophile Versorgung während der Entwicklung von Kindern hat dramatische Effekte mit sich gebracht. Die Notwendigkeit der Stimulierung durch Informationen im Laufe der kindlichen Entwicklung ist ein Fakt. Laborstudien an Versuchstieren belegen dies. Bei jungen Tieren wurde ein Gehirn- und Intelligenzwachstum von 20% gemessen, wenn sie in einer informationsreichen Umgebung groß wurden (Näheres dazu in Kapitel 12). Wenn wir die Menschheit als Art weiter fördern und die Intelligenz von Kindern optimieren wollen, müssen wir sehr vorsichtig mit diesen Effekten umgehen.

Ein letzter Punkt stellt die Auswertung von Tests (zu minimalistisch ausgerichteten oder komplex organisierten Umgebungen), die die Präferenzen von Testpersonen untersuchten, infrage. Viele solcher Umfragen haben ergeben, daß nur eine Minderheit sich für letztere (komplex organisierte Umgebungen) entschieden, bzw. es stellte sich heraus, daß die Ergebnisse so sehr auseinandergingen, daß sie keine validen Schlußfolgerungen erlaubten. Nichtsdestotrotz haben die jüngsten Laborversuche, bei denen die Technik des sogenannten „Körper-Monitorings" zum Einsatz kam, gezeigt, daß die große Mehrheit der Probanden eine Vorliebe für organisierte Komplexität hatte. Obwohl sie selbst ihre Präferenzen nicht artikulierten, sprachen die Messungen an ihrem Körper eine eindeutige Sprache. Physiologische Reaktionen auf die Umgebung sind also angeboren und nur wenig von persönlichen Vorlieben abhängig. Was wir „mögen" hat nichts mit dem zu tun, was für uns gut ist.

Wie wir bereits erklärt haben, sind unsere Vorlieben durch das Lernen, den Einfluß der Medien, Vorurteile sowie auch Massenpsychologie geprägt — in diesem Bereich ist man gezwungen, mit der Mehrheit eine Sicht zu teilen, um kognitive Dissonanzen zu verhindern. Was wir denken, ist nicht, was wir fühlen. Ein Gebäude kann zwar interessant aussehen, es muß aber nicht unbedingt positive Gefühle auslösen, wenn man es betritt. Dennoch werden die Menschen nicht auf ihr Gefühl hören, wenn es bedeutet, sich von der Masse zu entfernen.

Ein weiterer komplizierter Faktor stellt die menschliche Natur selbst dar, wenn Menschen sich bewußt in Situationen begeben, die gefährlich sind. Wir Menschen sind immer von Dingen fasziniert gewesen, die uns auch erschreckt haben — weil sie uns „erschüttern", wird in uns Adrenalin freigesetzt und dadurch ein euphorisches Gefühl bewirkt. Jedoch muß die Erfahrung vorsichtig ausbalanciert sein, damit wir uns gleichzeitig sowohl beängstigt als auch behütet fühlen. Das ist der Grund, weshalb wir uns Horrorfilme ansehen, Achterbahn fahren oder „Gespensterhäuser" in Freizeitparks besuchen, Extremsport praktizieren, Rennwagen fahren oder skydiven. Japanische Geschäftsleute essen den Kugelfisch, obwohl er sie auch tödlich vergiften könnte usw. Architektur, die unseren Körper stresst, wird für uns aus genau demselben Grund attraktiv. Klar sollte aber sein, daß das alles keine heilende Funktion haben kann.

17

BIOPHILIE

Von Michael W. Mehaffy und Nikos A. Salingaros

Metropolis, 29. November 2011. Abgedruckt mit freundlicher Genehmigung.

1984 MACHTE DER UMWELTPSYCHOLOGE ROGER Ulrich eine erstaunliche Entdeckung. Er hatte Forschungen zur Genesung von Patienten, die gerade einen chirurgischen Eingriff hinter sich hatten, durchgeführt. Ein Forschungsaspekt erschien ihm dabei sowohl bei post-operativen Komplikationen als auch während der Genesungsperiode und der Einnahme von Schmerzmitteln als besonders wichtig: der Ausblick aus dem Krankenzimmer! Tatsächlich blickte die Hälfte der Patienten aus ihrem Krankenzimmer auf schöne, natürliche Landschaften, während die andere Hälfte auf eine einfache Wand blickte. Diese Tatsache — die ästhetische Erfahrung, die Gesundheit und Wohlbefinden der Patienten beeinflußt — konnte dadurch quantifiziert werden. Ein erstaunliches Ergebnis! Zudem, was jeder Ökonom mit Sicherheit sofort verstand, war die Tatsache, daß die Patienten, die schneller genasen, weniger Schmerzmittel

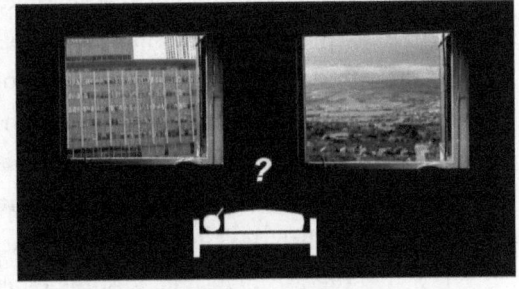

Abb. 1 Experimente von Roger Ulrich zeigen, daß der Ausblick auf eine einfache Naturlandschaft viele meßbare Gesundheitsvorteile für Patienten in der Genesungsphase hat.

einnahmen und mit weniger Komplikationen zu tun hatten — ihr Krankenhausaufenthalt kostete also weniger Geld.

Ulrichs Studie löste eine Welle von Untersuchungen im Bereich der sogenannten Biophilie aus — die instinktive Vorliebe, die wir anscheinend für gewisse natürliche Geometrien, Formen und Charakteristiken unserer Umwelt haben. Mit der Zeit wurde eine große Zahl an Untersuchungen durchgeführt; sie zeigten, daß, wenn die Charakteristiken einer natürlichen Umwelt vorhanden sind, der Mensch sich in der Regel wohler, ruhiger und weniger gestreßt fühlt. Vor allem aber, überraschenderweise, zeigten sie, daß es der Gesundheit im allgemeinen besser geht.

Die meisten Menschen kennen dieses bedrückende Gefühl, wenn man auf blanke, fensterlose Wände blickt. Umgekehrt kennen wir auch alle dieses angenehme Gefühl, einen Raum zu betreten, der voller Sonne ist, und hier und da auch die eine oder andere grüne Pflanze steht. Mit Sicherheit haben wir alle schon die Erfahrung gemacht, daß bestimmte Orte uns revitalisieren und wir uns durch unsere bloße Anwesenheit dort einfach „geheilt" fühlen. Diese Untersuchungen haben jedoch auch gezeigt, daß solche Erfahrungen nicht nur angenehm sind, sondern daß sie eine noch grundlegendere und tiefere Rolle in unserem Wohlbefinden spielen — selbst wenn es uns nicht ganz bewußt ist. Diese Erfahrungen können tatsächlich unsere Gesundheit fördern; im Gegenzug können negative Erfahrungen unserer Gesundheit schaden.

Die Implikationen aus diesen Feststellungen können durchaus destabilisieren: Ästhetik und Design sind nicht bloß künstlerische Ausdrucksformen, die von den Nutzern als angenehm oder unangenehm empfunden werden. Zusammen mit weiteren Faktoren können sie die Gesundheit der Nutzer fördern oder ihr schaden. Sollte diese Feststellung tatsächlich wahr sein, ergibt sich dadurch für Designer ein viel höheres Maß an Verantwortung bezüglich der Gesundheit der Nutzer als bislang gedacht.

Wie sehen die Mechanismen aus, die einen solchen Effekt erklären? Einer der Hauptverfechter des Begriffs „Biophilie", der bekannte Biologe Edward O. Wilson, argumentiert, daß Menschen während beinahe ihrer gesamten Evolution in natürlichen Umgebungen gelebt und sich auch so entwickelt haben, daß sie gute (d. h. gesunde) Umgebungen als angenehm empfinden. Für die Wissenschaftler, die zunehmend diese Sicht teilen, bedeutet es, daß Ästhetik nicht nur eine willkürliche Erfahrung ist, sondern daß Menschen über die biologische Fähigkeit verfügen, herauszufinden, was gut für sie ist. Es gibt also eine einfache Erklärung, weshalb eine reife Tomate, die im Morgentau glänzt, uns wunderschön, verdorbenes Fleisch aber fies und eklig vorkommt.

Unsere Vorliebe für bestimmte Umgebungen ist biologisch motiviert: Die ästhetischen Eigenschaften dieser Orte stärken unsere Gesundheit, indem sie Streß abbauen. Und was Freiräume angeht: Sie fordern von uns eine größere körperliche Betätigung. Eine Reihe von Untersuchungen haben gezeigt, daß die biophilen Eigenschaften von Umgebungen das Gehen, sowie auch andere Aktivitäten fördern. Da beinahe alle Kulturen der Welt die gesundheitlichen Vorteile einer kleinen Wanderung in der Natur kennen, muß schließlich etwas Wahres daran sein.

Biophile Eigenschaften bringen weitere Vorteile mit sich. Die Forscher Koen Steemers und seine Kollegen an der Cambridge University haben zum Beispiel herausgefunden, daß Vegetation auch bei der Regulierung von Temperatur helfen kann. Tatsächlich können Pflanzen eingesetzt werden, damit der Nutzer den Thermostat höher oder niedriger (bei Klimaanlagen, in warmen Gegenden) stellen kann, um die richtige Temperierung zu erreichen. Dies führt zu erheblichen Energieeinsparungen, was nicht zuletzt auch den Bau von nachhaltigen Gebäuden fördert.

Ein weiterer Aspekt, um die Wichtigkeit der Biophilie zu verstehen, ist, diese als umfassenden Austausch von Umweltinformationen durch einen neurologischen Vorgang zu begreifen. Unser Nervensystem hat sich als Reaktion auf externe Reize, wie zum Beispiel die Informationsfelder, die in natürlichen Umgebungen präsent sind, entwickelt. Instinktiv sehnen wir uns nach einer physischen und biologischen Beziehung zur Außenwelt; dies geschieht durch die mentalen Vorgänge, die sich durch das Leben in der Natur über Jahrtausende entwickelt haben.

Menschen sind Organismen, die ihre Umwelt und ihre versorgenden Eigenschaften in sich aufnehmen. Wir sind mit neurologischen Systemen ausgestattet, die zu diesem Zweck extrem effizient sind. Diese Systeme sind in der Lage, besonders subtile Symmetrien sowie Farbvariationen und Ordnungs- bzw. Zerfallzustände aufzuspüren. Wenn sie wahrgenommen werden, werden solche komplexen Anordnungen meistens als sehr befriedigend empfunden; Unordnung, Eintönigkeit und Konfusion hingegen können leicht ein unwohles und pathologisches Gefühl hervorrufen. Wenn wir zum Beispiel nicht in der Lage sind, den Horizont so auszumachen, wie es das Mittelohr — unser „Gleichgewichtsorgan" — für passend hält, kann die kleinste Bewegung bereits Übelkeit und Schwindel auslösen — uns geht es dann körperlich schlecht.

Abb. 2 Christopher Alexanders Markt in Fresno, Kalifornien — ein Ort für Menschen, Nahrungsmittel, Vegetation und natürliche Kachel- und Holzstrukturen.

Die bekanntesten Forscher auf dem Gebiet der Biophilie haben angefangen, breitgefächert die diversen biophilen Faktoren zu identifizieren und zu klassifizieren. Stephen Kellert hat zusammen mit Wilson gearbeitet, um das detaillierte Spektrum der verschiedenen biophilen Einflüsse im Design auszumachen. Das Buch *Biophilic Design*, 2008 von Kellert, Heerwagen und Mador herausgegeben, bringt diverse Forschungsergebnisse aus den unterschiedlichsten Bereichen zusammen. Diese Erkenntnisse, die auf diesem Weg gemacht wurden, untermauern alle die Biophilie-Theorie im Rahmen der Gestaltung von Bauten und Umgebungen. In unserem eigenen Beitrag (verfaßt mit Kenneth Masden) argumentieren wir für eine biophile Basis in der traditionellen Kunst, in der Architektur und im Urbanismus. Wir postulieren, daß die Menschheit im Laufe der Zeit immer schon mehr daran interessiert gewesen ist, in der Baugeometrie Versorgung für die Nutzer, also für uns Menschen selbst, zu finden als an anderen praktischen Dingen (wie Unterkünfte oder Plätze, die zu bestimmten Zwecken dienen).

Die Biophilie-Theorie stellt also die Architektur und den Urbanismus auf den Kopf: Bauen hängt nicht grundsätzlich mit Utilitarismus zusammen, es ist vielmehr ein kontinuierlicher Faktor in der menschlichen Gesundheit. Gerade jetzt, in einer Zeit, in der wir mit künstlichen Materialien Umgebungen erschaffen, brauchen wir die positive Versorgung durch

Abb. 3 Das British Museum, mit seinen fraktalen Hierarchien und seinem skulptierten Giebel weist genau so viele biophile Merkmale auf wie die Grünfläche, die davor liegt. Beide Elemente — gebaute Struktur und natürliche Struktur — stärken sich gegenseitig und erschaffen dadurch eine kohärente, komplexe und heilende Umgebung.

die natürliche Umwelt, so wie sie unsere Vorfahren erleben konnten. Dies ist aber nur möglich, wenn die Strukturen selbst eine komplexe Grundgeometrie haben, die die positive biophile Versorgung gewährleisten kann.

Wir möchten darauf hinweisen, daß diese „Versorgung" keine bloße „grüne Verpackung" ist — wie zum Beispiel eine Photographie, die ein Fenster in der Wand suggeriert. Untersuchungen haben gezeigt, daß solche Attrappen ihren „biophilen" Effekt sehr schnell verlieren. Es scheint doch eher so zu sein, daß wir uns nach echten ästhetischen/biologischen Verbindungen zur natürlichen Umwelt sehnen. Um wirksam zu sein, müssen die Strukturen unserer Bauten genau solche echten Strukturen in den Vordergrund stellen — und nicht irgendwelchen ästhetischen Firlefanz.

Die natürliche Sehnsucht des Menschen nach informativer Versorgung durch die Umwelt bringt ihn dazu, seinen Lebensraum zu gestalten, seine Wände in lebhaften Farben anzustreichen und diese mit visuellen Mustern und Darstellungsszenen und auch Gegenständen mit Ornamenten zu versehen. Diese künstlichen Strukturen ergänzen, ersetzen aber nicht, die biophile Versorgung im direkten Kontakt mit Pflanzen, Tieren, dem Sonnenlicht und der Textur von Naturmaterialien.

Abb. 4 Viele beliebte und häufig genutzte öffentliche Räume und Flächen, wie diese in Oslo, sind durch prachtvolle Biophilie-Beispiele gekennzeichnet — d. h. Vegetation, Wasser sowie natürliche Formen und Materialien.

Wenn wir die biophilen Eigenschaften in unserer Umwelt untersuchen, fällt etwas markantes auf: Design nach dem Zweiten Weltkrieg ist entweder 1) explizit anti-biophil (z. B. brutalistische Betonflächen, finster wie der Tod und ohne jegliche fraktale Struktur, Vorhangwände aus Glas, glänzende Metallflächen usw.); oder 2) mit einer dünnen biophilen Oberfläche versehen, die die mechanische Produktion von Gebäuden verschleiert (man denke dabei an die Imitation von Holzmaserungen, „rustikale" Steine usw.). Wenn die Ästhetik sich auf ihr echtes Wesen beschränkt und ihre wahren mechanischen Wurzeln zum Ausdruck bringt, dann ist sie regelrecht anti-biophil. Beunruhigende Beweise dafür, daß viele Designs die Lebensqualität der Nutzer auf subtile Weise verschlechtern, und diese sogar krank machen, häufen sich jetzt. Also, was geht da vor?

Diese Art von Design ist in der Regel konzipiert, um die bewußte Erfahrung von dramatischen Eigenschaften hervorzurufen, die leicht die Aufmerksamkeit auf sich ziehen — auf Kosten der intensiven und geometrisch komplexen „Hintergrundeigenschaften", die für den Alltag der Bewohner und Nutzer so wichtig sind. Diese auffallenden Eigenschaften sind typisch für die industrielle Technologie und Tektonik, die bis vor kurzem geometrisch eher primitiv waren: einfache Linien, Flächen, Würfel und zylinderförmige Strukturen, die zusammen dramatische und auffallende Kompositionen ergeben. Eine solche Geometrie unterscheidet sich meistens von den komplexen organischen Naturformen und auch von den biophilen Formen.

Viele Bauten mit ausgeprägtem Wiedererkennungswert mißbrauchen tatsächlich biophile Flächen, wie zum Beispiel Marmor und Travertin-Kalkstein, um den Mangel an Raumkohärenz, Skalierungshierarchie und Umhausung auszugleichen. Aber der wahren Biophilie geht es nicht um solche Attrappen. Während das ganze auf Photos gut aussehen mag, bleibt die emotionale Erfahrung meistens auf der Strecke. Bei einem echt biophilen Bau hingegen kann man auf einfache und preiswerte Materialien zurückgreifen, um eine positive Komplexität zu erzeugen — wie es überall auf der Welt bei traditionellen Bauten der Fall ist.

Biophile Umgebungen können nur dann positiv wirken, wenn sie ein gewisses Maß an Intimität und Verbundenheit suggerieren. Wie alle Liebenden wissen: „Gucken ist gut, anfassen besser". Aus diesem Grund können auch die weiten, eintönigen Rasenflächen der „Suburbia", der amerikanischen urbanen Vororte, nur eine minimale Wirkung haben: Sie sind zwar besser als Beton, ja, sie bleiben aber trotzdem bloße grüne Flächen, die man nur aus der Ferne betrachten kann. Sie sind nicht mehr wert als grüne Außenteppiche.

Die radikalen und dennoch meist unbemerkten Veränderungen in unserer Gesellschaft sollten nicht unterschätzt werden — ob in der intimen und gleichzeitig unterbewußten Erfahrung der Umgebungen, in denen wir uns bewegen, oder in der steten und bewußten Orientierung darin, trotz intellektueller und physischer Distanz. Wir wissen jetzt, daß unsere Lebensqualität sehr von diesen Tatsachen abhängt. Fast alles, was der Mensch in traditionellen Gesellschaften baute und nutzte, also in unserer eigenen Vergangenheit, „fühlte sich gut an" — sozusagen. Dieses positive Gefühl erweckte in uns die Lust, die Dinge anzufassen.

In der Natur werden identische Module, die eine mechanische Geometrie haben, so gut wie nie wiederholt. Somit ist die eintönige Wiederholung, die zur Grundtypologie der Gestaltung nach dem Zweiten Weltkrieg gehört (Salingaros, 2011), anti-biophil. Dieses Merkmal wird von uns sofort als charakteristisch für unnatürliche, also anti-biophile, Umgebungen ausgemacht. Ist das der Grund, weshalb es so oft vorkommt?

In neuerer Zeit haben Architekten versucht, biophile Merkmale im Städtebau zu übernehmen. Mit Sicherheit ist dieser Ansatz willkommen. Aber entsprechen diese neuen Gestaltungsformen wirklich einer echten, übergangslosen Integration von „instinktivsten" („urmenschlich", sozusagen) und auch von natürlichen Geometrien? Oder stellen sie vielmehr einen weiteren Versuch dar, die urbanen Entwürfe der modernistischen Zeit mit einem „grünen Schleier" zu versehen — oder ist es bloß „Branding" durch Künstler, mit einer dubiosen Vorstellung einer „nachhaltigen Zukunft"? Die Debatte reißt nicht ab; in unseren Augen eine gute Sache, denn wir Menschen können einfach nicht so weiter auf dem jetzigen un-

Abb. 5 Eintönige Wiederholung ist anti-biophil. Die Natur produziert niemals leere, sich wiederholende Module auf makroskopischer Ebene. Boston City Hall. *Photo: Kjetil Ree*

nachhaltigen industriellen Pfad bleiben.

Eine Sache ist klar: Die Biophilie erinnert uns daran, daß, egal wie wir uns kulturell als Menschen verhalten, wir Lebewesen bleiben, die Teil der Evolution der Biosphäre sind—wir sollten endlich damit anfangen, uns entsprechend zu verhalten.

LITERATUR

- Stephen R. Kellert, Judith Heerwagen, & Martin Mador, Herausgeber (2008) *Biophilic Design: The Theory, Science and Practice of Bringing Buildings to Life* (John Wiley, New York), Kap. 5: S. 59–83.

- Nikos A. Salingaros (2011) „Why Monotonous Repetition is Unsatisfying", *Meandering Through Mathematics*, 2. September 2011 <http://meandering-through-mathematics.blogspot.com/2011/09/why-monotonous-repetition-is.html>.

18

NEUROWISSENSCHAFTEN, NATÜRLICHE UMWELT UND BAUDESIGN

Von Nikos A. Salingaros und Kenneth G. Masden II

Der nachfolgende Ausschnitt (in deutscher Übersetzung) entspricht den Seiten 61–70, also knapp einem Drittel von Kapitel 5 (Seiten 59–83) des Buches Biophilic Design: The Theory, Science and Practice of Bringing Buildings to Life, *herausgegeben von Stephen R. Kellert, Judith Heerwagen und Martin Mador, John Wiley, New York, 2008. Dieses Material wird mit freundlicher Genehmigung von John Wiley & Sons, Inc. abgedruckt.*

ALLES MUSS DARAN GESETZT WERDEN, die Menschen, ihre Bauten und Lebensräume in einer gesunden Beziehung wieder miteinander in Verbindung zu bringen. In seiner Eigenschaft als eine der neuesten und seriösesten Theorien der „Wiedervereinigung" integriert das biophile Design das organische Leben in die gebaute Umwelt, und zwar auf grundlegende Weise. Eine konsequente Umsetzung dieser Logik würde ermöglichen, Bauformen, Artikulationen und Texturen nach derselben Geometrie zu gestalten, die in allen Lebensformen auftaucht. Empirische Beweise bestätigen, daß Designs, die Menschen und ihre gelebte Erfahrung verbinden, das gesamte Wohlbefinden steigern — mit positiven und therapeutischen Folgen für die Physiologie. Unsere Theorie hilft, diese Effekte zu verstehen und zu erklären.

Biologisch basiertes Design

Die positiven Aspekte des biophilen Designs müssen im architektonischen Sinn betrachtet werden: als Formen und formgebende Prinzipien und als strukturelles System. Biologisch basiertes Design setzt sich mit den Effekten, die es beobachtet, auseinander, und versucht diese im Rahmen eines empirischen und erprobten Wissenskorpus zu dokumentieren. Gleichzeitig hat ein großes Forschungsprogramm damit begonnen, die tieferen Gründe für diese Effekte an den Tag zu legen — mögliche angeborene Reaktionen auf eine bestimmte Geometrie aus natürlichen Formen, Details, hierarchischen Unterteilungen, Farben usw. Da das Projekt nicht nur die traditionelle Erforschung von Architektur einbezieht, müssen sich Designer aktiv um die Unterstützung durch andere Disziplinen bemühen, die durch ihr angehäuftes Wissen zu erklären helfen können, wie der Mensch auf bestimmte Designs reagiert. Dabei ist es außerordentlich wichtig, unparteiisch zu bleiben; man hat es nämlich nicht nur mit bekannten Faktoren zu tun, sondern auch mit einer Vielzahl von unbekannten Elementen, die es noch zu entdecken gilt.

Neuere Untersuchungen deuten ausnahmslos darauf hin, daß wir emotional auf die architektonischen Formen und Flächen der gebauten Umgebung reagieren; diese menschliche Wahrnehmung ist dieselbe wie die der natürlichen Umwelt, der anderen Lebewesen und auch der Mitmenschen. Es wird eine ähnliche Beziehung zu Details, Flächen und architektonischen Räumen aufgebaut wie zu Haustieren. Der Mechanismus, der uns ermöglicht, eine Beziehung zu anderen Subjekten aufzubauen, ist eng mit dem Austausch von Informationen verknüpft. Unser neurologischer Apparat reagiert auf Informationsfelder (Übertragungskomponente) und verursacht dadurch eine Reaktion im Körper (physiologische Komponente). Einige der höchsten Stufen von sensorischen Verbindungen, die der Mensch mit der gebauten Umgebung hat, sind tatsächlich in seiner Beziehung zu herausragenden Bauten und urbanen Flächen der Vergangenheit gemessen worden (Alexander, 2002–2005;

Salingaros, 2005; 2006). Sowohl die natürliche als auch die gebaute Umgebung haben intrinsische Eigenschaften, die eine derart starke Beziehung ermöglichen — die heilend wirken kann. Diese Beziehung kommt durch das Gefühl von Wohlbefinden zustande, die solche Strukturen bei Nutzern hervorrufen. Große Architekten waren in der Vergangenheit eher in der Lage, solche Eigenschaften aufzuspüren, und konnten sie besser in ihren Bauten nutzen, weil sie direkter mit ihrer Umgebung in Kontakt waren.

Der Mensch ist das Produkt der natürlichen Umwelt, die seinen Körper und seine Sinne prägt (Kellert, 2005; Kellert & Wilson, 1993; Orians & Heerwagen, 1992). Wir sind weit davon entfernt, unsere moderne Identität von der historischen Entwicklung, die wir erlebt haben, loszulösen; wir Menschen erben sozusagen unseren biologischen Ursprung in Form von Geist- und Körpersrukturen. Mit wachsender Ausgereiftheit hat uns die Natur also über Jahrtausende gestaltet. Die Evolution vollzieht sich immer auf der Grundlage von dem, was vorhanden ist; sie entwickelt und reorganisiert ständig, um neues hervorzubringen. Somit hängen nicht nur unser Leben, sondern auch in gleichem Maße unser Wohlbefinden und unser Zugehörigkeitsgefühl von der Präsenz einiger bestimmter Eigenschaften in der Umwelt ab. Diese genetische Abhängigkeit zu leugnen käme einem Verleugnen unserer Bedürfnisse nach Nahrung und Luft gleich. Traditionelle und lokale Architekturen gründen typologisch auf der biologischen Notwendigkeit. Sie sind keineswegs romantische Ausdrucksformen, wie manch einer zu glauben scheint, wohl aber eine primäre Quelle unserer neurologischen Versorgung.

In einem neuen Kapitel wissenschaftlicher Forschungen hat man nun damit begonnen, die Umweltfaktoren, die unser physiologisches Wohlbefinden beeinflussen, zu dokumentieren. Jenseits der jahrhundertalten Debatten zur Ästhetik wird nun eine neurologische Grundlage für das ästhetische Empfinden geschaffen (Ramachandran & Rogers-Ramachandran, 2006). Der Mechanismus, der für die neurologische Versorgung verantwortlich ist, wurde vor Kurzem entdeckt, und zwar im Rahmen von Forschungen, in denen Messungen mit der funktionellen Magnetresonanztomographie vorgenommen wurden. Die Menschen sehnen sich buchstäblich nach gewissen Formen von Information. Dafür verantwortlich sind die Stromkreise des Lustzentrums im Gehirn, die auch die Schmerzlinderung kontrollieren (Biederman & Vessel, 2006). Die Annahme, dieser neurophysiologische Mechanismus sei die Folge einer vorteilhaften evolutionären Adaptation, liegt nahe.

Viele Forschungsergebnisse deuten darauf hin, daß fraktale Eigenschaften in der Umgebung (zum Beispiel, die geordneten Details in verschachtelten und gestuften Hierarchien) einen positiven Einfluß auf das Wohlbefinden des Menschen haben (Hagerhall, Purcell & Taylor, 2004; Taylor, 2006; Taylor et al., 2005). Die gothische Architektur ist durch und durch fraktal strukturiert und wird als Externalisierung der fraktalen Muster in der neuronalen Organisation des menschlichen Gehirns vermutet (Goldberger, 1996). Die Parallele zwischen den fraktalen Baumustern und einer möglichen zerebralen Organisation ist zu offensichtlich, um eine bloßer Zufall zu sein (Salingaros, 2006); dies wird, unabhängig voneinander, sowohl durch die Art und Weise, wie wir wahrnehmen, als auch durch unsere Deutung von Mustern in der Umwelt, belegt (Kellert, 2005; Salingaros, 2006). Es ist also keine Überraschung, daß Menschen mit diesen Mustern an ihren Kreationen arbeiten. Untersuchungen zu allen traditionellen architektonischen und urbanen Formen von Ornamentierung bestätigen ihre essentiellen fraktalen Eigenschaften (Crompton, 2002; Salingaros, 2005; 2006).

In einem anderen Forschungsbereich konnten die klinischen Vorteile (die schnellere Genesung von Patienten im Krankenhaus) von natürlichen Umgebungen belegt werden; selbst künstlich angelegte Umgebungen, die die geometrischen Eigenschaften von natürlichen Umgebungen nachahmen, wurden „positiv" erforscht (Frumkin, 2001; Ulrich, 1984; 2000). In Krankenhäusern hilft der Blick auf die Natur (selbst Videofilme) sehr bei der Schmerzlinderung (Tse et al., 2002), was den Zusammenhang zwischen spezifischen Informationen und der Reduzierung von Schmerz bestätigt. Diese Entwicklungen haben das Interesse von Fachleuten geweckt, die sich für Umgebungen mit positiven und menschenfreundlichen Eigenschaften einsetzen. Der Großteil der Forschungsegebnisse ist zunächst im Bereich des Wohndesigns, und nicht in der Architektur, umgesetzt worden (Augustin & Wise, 2000; Wise & Leigh-Hazzard, 2002). Es gibt dafür zwei Hauptgründe: Erstens ist Wohndesign eine einfacherere Angelegenheit als die Gestaltung von ganzen Gebäuden; und zweitens, können Umgebungen, die für den Sport, die Freizeit oder das Gesundheitswesen bestimmt sind, einen direkteren und intensiveren Unterschied im menschlichen Wohlbefinden und der Erbringung von Leistungen bewirken.

Indem er von den positiven Aspekten, die Fraktale und die natürliche Komplexität auf Menschen haben, berichtet, untermauert Yannick Joye (2006; 2007a; 2007b) unsere eigenen Schlußfolgerungen zur „Natürlichkeit" des Problems. Unsere Reaktionen sind nicht die Folgen einer bewußten Antwort auf die Erkennung von fraktalen bzw. von komplexen Mustern in der Umgebung; sie sind vielmehr in unserem Nervensystem verankert. Wir reagieren physiologisch, und nicht intellektuell, auf unsere neurologische Versorgung durch unsere Umgebung. Die Beweise für dieses angeborene Informationsverarbeitungssystem, welches sich parallel zu unserer Physiologie entwickelt hat, häufen sich (Joye, 2006; 2007a; 2007b). Dieses System ist perfekt auf die visuelle Komplexität der natürlichen Umgebung eingestellt, insbesondere, um positiv auf die höchsten Stufen von Komplexität zu reagieren (Salingaros, 2006). Einige Forscher konzentrieren ihre Arbeit auf die Frage nach der menschlichen Antwort auf fraktale Qualitäten; andere sind bemüht, die Vorteile der in Naturformen vorhandenen geometrischen Komplexität zu quantifizieren. Auch wenn Fraktale tatsächlich eine wichtige Komponente dieser Komplexität sind, so stellen sie jedoch keineswegs die ganze Bandbreite der konnektiven Eigenschaften von Naturformen dar. Die zusätzlichen geometrischen Eigenschaften von natürlichen und biologischen Formen tragen erwiesenermaßen zur positiven Antwort von Menschen bei (Alexander, 2002–2005; Enquist & Arak, 1994; Kellert, 2005; Klinger & Salingaros, 2000; Salingaros, 2005; 2006). Dabei spielt Symmetrie — oder besser die Hierarchie von Subsymmetrien auf vielen verschiedenen Ebenen — eine entscheidende Rolle. Es ist einfacher, sich die allgemeine Komplexität mit Hilfe eines multidimensionalen Modells vorzustellen, als sie durch den simplistischen und eindimensionalen Kontrast Klarheit-Kompliziertheit deuten zu wollen. Nicht nur die vorhandenen Informationen, sondern vor allem die Art und Weise, wie diese organisiert sind, haben einen positiven oder negativen Effekt auf unser Wahrnehmungssystem (Klinger & Salingaros, 2000; Salingaros, 2006).

Wir gehen davon aus, daß der Grund, weshalb die geordnete Geometrie von biologischen Formen Menschen anspricht und auch zu Heilungsprozessen führen kann, in unseren Genen liegt. Viele Forscher sind heute fest davon überzeugt, daß die Evolution eine Richtung kennt, und sie nicht willkürlich ist: und zwar die zunehmende Komplexität, von einfachen Lebensformen in der anfänglichen „Suppe" bis hin zur Komplexität, die den Menschen kennzeichnet (Conway-Morris, 2003). Obwohl man natürlich nicht von „Zweck" reden kann, ist es dennoch möglich, in dieser Organisation eine Bewegung in Richtung einer ganz bestimmten organisierten Komplexität auszumachen (Carroll, 2001; Valentine, Collins & Meyer, 1994). Somit wird die Evolution als solche im Kontext von Informationsaustausch, bei dem die adaptiven Kräfte in eine recht eingeschränkte Richtung drängen (obwohl ohne Endresultat in Sicht), erkennbar. Einige Spezies erreichen eine höhere Komplexitätsebene, während individuelle organismische Komponenten sich als Folge der Adaptation vereinfachen; im großen und ganzen bewegt sich die Evolution des Menschen doch in Richtung einer zunehmenden Komplexität. Dieser Feststellung entsprechend, müssen wir auch die informationelle Verwandtschaft aller Lebensformen unterstreichen, die eine eigenartige geometrische Komplexität als Grundlage hat, und auf einem kumulativen Prozeß aufbaut. Wenn man sie als die Externalisierung der intrinsischen menschlichen Komplexität betrachtet, paßt die gebaute Umgebung besser in das große Ganze der Dinge, wenn sie derselben Informationsvorlage folgt. Also sollten die Menschen auf eine Art und Weise bauen und Städte entwickeln, die der evolutionären Richtung des biologischen Lebens im Universum folgt.

Biophile Architektur und neurologische Versorgung

Menschen lassen sich physiologisch und psychologisch am liebsten auf Strukturen ein, die eine organisierte Komplexität vorweisen — im Vergleich zu Umgebungen, die entweder zu „glatt" oder von unorganisierter Komplexität geprägt sind (Salingaros, 2006). Daraus ergibt sich, daß der gebauten Umgebung eine Schlüsselrolle zukommt, die in einigen Fällen genau so wichtig ist wie die Rolle der natürlichen Umwelt. Der Verbindungsprozeß (der in den nächsten Abschnitten dargestellt wird) spielt eine Schlüsselrolle in unserem Leben, weil er unser Wohlbefinden beeinflußt, sowohl körperlich als auch mental. Beim Erforschen der geometrischen Eigenschaften der visuellen Komplexität, die für positive Effekte verantwortlich ist, wird ihre Verwandtschaft mit biologischen Strukturen deutlich. Wenn diese Konzepte in der Architektur Anwendung finden, lassen sich daraus zwei unterschiedliche Schlußfolgerungen ziehen. Erstens, daß wir die Natur so gründlich wie möglich in unsere alltäglichen Umgebungen einbeziehen sollen, damit wir sie so gründlich wie möglich aus erster Hand erleben können. Zweitens, daß wir die gebaute Umgebung nach denselben geometrischen Eigenschaften, wie wir sie in der Natur vorfinden, gestalten.

Der Mensch hat die biologische Veranlagung, sich mit Naturformen zu umgeben. Edward Wilson (1984) zum Beispiel ist der Meinung, daß Menschen nicht in der Lage sind, ein ausgereiftes und gesundes Leben ganz ohne Natur zu führen. Damit meint Wilson, daß wir durch den direkten Kontakt mit biologischen Formen profitieren, nicht aber durch den Kontakt zu deren billigen Abklatsch-Formen, wie es heute so oft der Fall ist, mit sehr vielen urbanen Anlagen und architektonischen Bauten. In seiner *Biophilia Hypothesis* erklärt Wilson, daß wir genau so sehr den Kontakt mit der Natur und mit der komplexen Geometrie natürlicher Formen brauchen, wie unser Metabolismus Nährstoffe und Luft braucht (Kellert, 2005; Kellert & Wilson, 1993). Aus diesem Grund ist die Verschmelzung von künstlichen und natürlichen Strukturen ein wichtiger Aspekt der biophilen Architektur.

Deshalb erscheint uns ein Aspekt der biophilen Architektur besonders wichtig, und zwar die enge Verschmelzung von künstlichen mit natürlichen Strukturen. Dies kann zum Beispiel geschehen, indem die Natur in einen Bau integriert wird — durch natürliche Materialien und Flächen, oder wenn natürliches Licht in ein Gebäude einströmt, oder wenn Pflanzen in die Struktur aufgenommen werden. Anstatt das natürliche Umfeld zunächst zu beseitigen, um anschließend auf dieser „Tabula rasa" ein Gebäude zu errichten, kann das Gebäude gleich im natürlichen Umfeld errichtet werden (Kellert, 2005). Obwohl viele Architekten behaupten, sie würden nach solchen Prinzipien bauen, substituieren sie bloß die Natur durch einen billigen und künstlichen Ersatz, der die notwendige Komplexität nicht aufweist. Somit bleiben sie eher der abstrakten Vorstellung von Architektur treu, die sich nicht nur durch das ganze 20. Jahrhundert hindurch, sondern bis heute profiliert hat. Ein bißchen Gras und ein paar Pflanzen in Töpfen sind im besten Fall eine abstrahierte Form von Natur, aber sie sind auf keinen Fall mit der Natur selbst zu vergleichen. Sie stellen bloß ein minimalistisches Bild dar, das weder Komplexität noch Hierarchie aufweist. Die Biophilie setzt eine viel intensivere Verbindung voraus, sowohl zum tierischen als auch zum pflanzlichen Leben, was dazu führt, daß Ökosysteme und heimische Pflanzen optimal geschützt und integriert werden.

Gute Ansätze integrieren zum Beispiel kleine Ökosysteme, die aus einer reichhaltigen Kombination von Pflanzen im Gebäude, in dessen Garten oder Innenhof bestehen. Eine einfache (ebene) Rasenfläche ist im Vergleich zwar immer noch besser als eine rechteckige Betonplatte, dennoch stellt sie dieselbe visuelle Leere dar wie die Platte. Unsere Sinne nehmen sie nur in einer einzigen Größe wahr und schaffen es nicht, mit ihr eine fraktale Verbindung aufzubauen. Zudem ist Rasen ökologisch gesehen eine reine Monokultur, die keinen wirklichen Bezug zu lokalen Ökosystemen haben kann, da sie nur aus einer einzigen Größe besteht. Die Natur weist eine ökologische Komplexität vor: Pflanzen interagieren und „liefern" somit eine visuelle Komplexität, die dem Menschen als neurologische Versorgungsquelle dient. Eine entsprechende Denkweise führt zum Bau von Gebäuden, die nachhaltiger sind und Naturprozesse integrieren, die zu einer größeren Energieeffizienz verhelfen. Nachhaltigkeit geht mit einem neuen Respekt vor der Natur einher, den uns die Biophilie lehrt (Kellert, 2005).

Selbst wenn dieser erste Ansatz sehr positiv für den Alltag der Nutzer ist, und sie dadurch in ihrem Arbeitsumfeld mit der Natur in Kontakt sind, ist er nur eine Teillösung. Das vorhandene biophile Element ist das Pflanzenleben, das im bzw. am Gebäude gedeiht; und dennoch kann die Form des Gebäudes fremd oder unnatürlich wirken und aus künstlichen Materialien bestehen. Menschen können also nur die Formen der Pflanzen wahrnehmen, nicht jedoch eine Verbindung zum gesamten Gebäude aufbauen. Dieses Problem wird besonders in einer Zeit deutlich, in der die Mehrheit der Architekten Industriematerialien und modernistische Typologien gebrauchen, ohne diese oder deren Wirkungen kritisch zu hinterfragen. Eine solche Praxis dient lediglich dazu, die für den Menschen notwendige Verbindung zur Natur hervorzuheben. Industrieanlagen samt der dazugehörigen Grünanlagen sind nichts weiteres als der Versuch, eine Armatur, die grundsätzlich menschenfeindlich ist, mit ein wenig Natur (als biologische Komponente) zu schmücken. Der starke Kontrast zwischen dem Bau und den natürlichen Elementen bleibt bestehen und verursacht immer grundsätzlich unterschwellige neurologische Störungen.

Ein zweiter Aspekt der biophilen Architektur, der noch grundsätzlicher ist, setzt voraus, daß wir die essentiellen geometrischen Eigenschaften der Natur in Gebäude und urbane Strukturen integrieren. Das setzt eine komplexere Baugeometrie voraus, die derselben Komplexität wie der Komplexität von Naturformen entspricht. Aber auch im vorliegenden Kontext besteht die Gefahr, daß diese Geometrie falsch verstanden wird und dadurch bloß zur oberflächlichen Nachahmung von Formen führt, die für bestimmte Bauten und Städte bedeutungslos wird. Architektur-Zeitschriften sind voll mit Bildern von organisch aussehenden Gebäuden, die nicht einmal gebaut werden können; uns geht es eigentlich mehr um normal aussehende Gebäude, die den menschlichen Bedürfnissen besser angepaßt sind.

Zum Beispiel wird die Nachahmung eines Organismus aus Industriematerialien zur ikonischen Aussage; sie vermag jedoch nicht, den Menschen mit der gebauten Umgebung in Verbindung zu bringen. Die Form eines großen Weichtiers, einer Krabbe, einer Amöbe oder eines Tausendfüßlers, bleibt ein abstraktes Konzept, das einem Bau „aufgedrückt" wird, und ist nicht viel mehr wert als die Abstraktion einer großen Dose oder einer rechteckigen Platte. Hier liegt eine grundsätzliche Fehlkonzeption von lebenden Strukturen, die auf der menschlichen Größenstufe verbindend durch organisierte Details und hierarchische Verbindungen wirkt (Alexander, 2002–2005; Salingaros, 2005; 2006).

Die neurologische Versorgung setzt die Auseinandersetzung mit und die Organisation von Information voraus. Dieser konnektive Mechanismus ist auf allen geometrischen Ebenen wirksam, von der mikroskopischen Ebene bis zur Ebene von Städten, über immer größere physische Größen. Traditionelle Gesellschaften machten immer wieder die gleiche Erfahrung mit den korrekten konnektiven Regeln und wendeten diese in ihrer historischen und lokalen Architektur an. Traditionelle Ornamentierung, Farbe, artikulierte Flächen und die Form von Innenräumen machten die informationelle Konnektivität möglich. Obwohl sie lange Zeit als bloße Kopie von Naturformen fehlinterpretiert wurde, ist die Ornamentierung in ihren grundlegendsten Ausführungen viel mehr als das, ist sie doch eine Art Destillat von geometrischen Konnektivitätsregeln, die unsere Neurophysiologie direkt „anfeuern". Diese Eigenschaften sind auf dramatische Weise von der dominanten Ideologie in der Architektur im 20. Jahrhundert abwesend.

Einige Architekten, die den biophilen Ansatz in ihre Arbeit aufgenommen haben, vertreten sogar die Meinung, daß der Mensch neurologisch ausschließlich über lebende biologische Formen versorgt werden kann. Sie sind überzeugt, daß ornamentierte Formen und Flächen bloß Derivate von Naturformen sind und somit lediglich für Erlebnisse aus zweiter Hand sorgen können. Wir hingegen sind überzeugt, daß es die grundlegende geometrische Komplexität von lebenden Strukturen ist, die die Menschen mit Informationen versorgt. Diese Geometrie könnte genauso gut in biologischen Organismen wie auch in Artefakten und Bauten zum Ausdruck kommen: Der Unterschied liegt nur im Grad (Alexander, 2002–2005). Wenn sie korrekt implementiert ist, ist die Geometrie neurologisch nicht zu unterscheiden; sie ist bloß mehr oder weniger intensiv. Jedes Lebewesen verinnerlicht diese grundlegende Geometrie, um sie dann anschließend bis zu einem erstaunlichen Grad zu „verkörpern" — was nur die herausragendsten von Menschenhand gemachten Kreationen bewirken können. In unserem Ansatz hingegen halten wir die Unterscheidung zwischen Lebendem und Künstlichem bewußt vage, wodurch das Leben selbst näher an die Geometrie herangeführt wird. Gleichzeitig hilft er dabei, die intensive Verbindung zu erklären, die Menschen zu unbelebten Objekten haben — wie zum Beispiel zu den Artefakten und Kreationen der Vergangenheit.

Traditionelle Techniken, die sich bei der Kreation von Strukturen als neurologische „Versorgerinnen" behauptet haben, sind spirituell geprägt. Obwohl der spirituelle Aspekt heute von vielen Architekten (und ihren Geschäftspartnern) einfach abgelehnt wird, ist es dennoch kein Wunder, daß der intensivste Austausch im Umgang mit historischen, sakralen Stätten, Bauten und Artefakten zustande kommt. Erst in neuester Zeit hat die Wissenschaft eine Erklärung für die ursprünglich religiösen und mystischen Praktiken in Architektur und Design geliefert (Alexander, 2002–2005; Salingaros, 2006). Endlich können heute Bauten errichtet werden, die einen intensiven und gleichzeitig wissenschaftlich belegbaren Verbindungsgrad nachweisen — durch die Anwendung der geometrischen Logik der natürlichen in der gebauten Welt.

Zusammenfassend stellen wir also fest, daß heute zwei zeitgenössische Formen der biophilen Architektur Anwendung finden (Kellert, 2005). Die eine Form bedient sich weiterhin industrieller Typologien, integriert aber gleichzeitig auch Pflanzen und Naturelemente auf nicht-triviale Art; die zweite Form hingegen ändert die Baumaterialien, die Flächen sowie auch die Geometrie selbst, damit die Nutzer eine neurologische Verbindung aufbauen können. Diese zweite Art von Biophilie ist tiefer verankert in älteren, traditionellen, sakralen und lokalen Architekturvarianten. Im Vergleich zur anderen (mathematischen/sakralen) Methode ist die erste (high-tech) Methode noch im Vorteil, aufgrund ihrer Anpassung an die Prinzipien der industriellen Dynamik der globalen Gesellschaft im Baugewerbe und in der Wirtschaft im allgemeinen. Da sie sich visuell und auch philosophisch sehr unterscheiden, tragen diese beiden Bewegungen zur Wiederentdeckung unserer direkten Verbindung mit der Umwelt bei.

Vielleicht liegt der Verdienst der biophilen Bewegung in ihrem Bestreben, ein Wertesystem für eine bestimmte Gruppe von essentiellen geometrischen Eigenschaften aufzustellen. Lebende Formen samt ihren geometrischen Merkmalen müssen vor der Zerstörung bewahrt werden, weil sie die Menschen neurologisch versorgen (Wilson, 1984). Dies ist die Grundlage für Konservation, sowohl für biologische Spezies als auch für historische und traditionelle Architekturen.

EINE ARCHITEKTUR, DIE VON DER MENSCHLICHEN NATUR HERVORGEBRACHT WIRD

Der Wunsch des Menschen, die Natur zu überwinden, sein Bestreben, sich vom Universum zu trennen, indem er sich von den natürlichen Zwängen „befreit", ist zur entscheidenden architektonischen Kampfansage im 20. Jahrhundert geworden; auch setzt diese eine völlige Autonomie voraus. Die adaptiven Prozesse wurden durch formalisierte, selbstreferenzielle und autonome Ordnungen in der Architektur ersetzt. Die Trennungslinie, die die Architektur zwischen sich und der Natur errichtet hat, wurde als große Leistung gefeiert. Diese architektonische Bewegung fand ihren Höhepunkt in den 1970er Jahren, in einer Aussage zu einer Ausstellung über zeitgenössisches Design: *„Diese außergewöhnlich schöne Arbeit, elegant, formell, völlig von ihrer äußeren Welt losgelöst, ist eine wahrhaftige Gegenrevolution in der heutigen Erziehung"* (Huxtable, 1999). Tatsächlich wurde der Wert der Architektur des 20. Jahrhunderts nur noch daran gemessen, wie sehr sie sich von der äußeren Welt gelöst hatte — eine Welt, in der die Menschen eigentlich Geborgenheit und Schutz suchen (Masden, 2006).

Es ist widersprüchlich, die Architektur unabhängig von der menschlichen Dimension betrachten zu wollen, hat die menschliche Natur sie doch formell hervorgebracht. Wenn vom Nutzen der Architektur die Rede ist, und wenn eine gesunde Beziehung zwischen den architektonischen Bauten und der Menschheit wiederhergestellt werden soll, muß die Essenz der menschlichen Natur wieder in den Mittelpunkt rücken; auch die Frage, weshalb Menschen auf bestimmte Arten und Weisen bauen, prägt die Beziehung zwischen Architektur und Menschheit. Es gilt, die neurologischen Prozesse, die uns als Schnittstelle mit der physischen Welt dienen, nachzuweisen, und zu hinterfragen, weshalb wir sie dermaßen vernachlässigt haben, wenn sie doch so sehr zu unserem Wesen gehören.

In seinem bahnbrechenden Buch *On Human Nature* (1978) hat Edward Wilson die Fundamente für ein besseres Verständnis der biologischen Natur des Menschen gelegt. Darin erklärt er, wie sehr unser Handeln von genetischen Strukturen und der Evolution geprägt ist. Also geht Wilson, was menschliches Handeln anbelangt, von einer nüchternen biologischen Grundlage aus; dennoch ist es so, daß wir unserer biologischen Natur durch unser Tun oft widersprechen, zum Beispiel, wenn wir an Massenbewegungen teilnehmen (Hoffer, 1951). Manchmal werden Menschen auch zu ideologischen Zwecken manipuliert: Sie sind dann in ihrem Handeln einer Kontrollmacht ausgesetzt, die eigentlich mit ihrer biologischen Natur kontrastiert (Salingaros, 2004).

Für die Architektur sind diese Ideen auf positive Weise bedeutsam. Ein kreativer Prozeß entsteht zunächst als Bündel von unbewußten Kräften und Impulsen. Um diese anfängliche Kreativität in die Richtung einer gesünderen Architektur zu lenken, gilt es herauszufinden, welche taktilen, wahrnehmerischen und mentalen Prozesse ein Gefühl des Wohlbefindens im Menschen auslösen. Wir möchten an dieser Stelle nicht auf die Integrierung von biologischen Elementen in die gebaute Umwelt — die Hauptkomponente im biophilen Design — zurückkommen, da andere Autoren sich bereits ausführlich mit der Thematik auseinandergesetzt haben (Kellert, 2005). Wir haben unsere eigenen Gestaltungs- und Bautechniken entworfen, bei denen Materialien eingesetzt werden, die eine Quelle neurologischer Versorgung darstellen; dabei haben wir uns von den jüngsten umfangreichen architektonischen Gestaltungsmethoden inspirieren lassen (Alexander, 2002-2005; Salingaros, 2005; 2006; Salingaros & Masden, 2007).

Unterschiedliche Ansätze können behilflich sein, um dieses Programm zu implementieren. Anhang I dieses Kapitels [nicht beigefügt] faßt einige grundlegende Prinzipien zusammen, die wir sowie auch andere Autoren anwenden, um neue bereichernde und einladende Umgebungen zu entwerfen und zu bauen. Obwohl sie mit den neuesten technologischen Materialien gebaut werden, geben diese Umgebungen perfekt das beste wieder, das ältere gebaute Umgebungen zu geben vermochten.

Wenn es um neurologische Versorgung durch gebaute Umgebungen geht, verfolgen wir, die heute tätig sind, das gleiche Ziel wie historische Architekten, die in den vorigen Jahrhunderten gearbeitet haben. In der Vergangenheit wurden die Techniken, die eine Versorgung möglich machten, intuitiv gelernt. Die moderne Wissenschaft hat die Mechanismen, die eine neurologische Versorgung möglich machen, offenbart; somit können wir diese Mechanismen nun zielgerichteter und besser einsetzen. Heute haben wir zu den physischen Eigenschaften und den Naturgeometrien, die Architekten aus vorigen Jahrhunderten genutzt haben, zurückgefunden, um menschenfreundliche Bauten zu erschaffen, von denen wir uns nun inspirieren lassen.

Die wichtigste Komponente im biophilen Design ist die Integration in die gebaute Umgebung von Pflanzen und von möglichst komplexen Naturanlagen (Kellert, 2005). Obwohl unsere Vorstellung von Gestaltung nicht primär auf biophilen Komponenten beruht, unterstützt sie die Biophilie dennoch grundsätzlich. Indem wir Design umorientieren, weg von formalen und ideologischen Standpunkten, hin zur Optimierung der neurologischen Versorgung, legen wir die Weichen für eine breitere Akzeptanz der Biophilie. Denn die konzeptuelle Distanz zwischen der nichtresponsiven Architektur und der natürlichen Umwelt ist so groß, daß es den meisten Menschen nicht gelingt, eine Brücke zwischen diesen beiden Ansätzen zu schlagen. Heute leben wir in einer alternativen Mentalwelt, in der die von Menschenhand geschaffenen Kreationen für immer von den Naturformen abgetrennt sind. Diese Kluft wird mit jedem Tag größer, nicht zuletzt, weil die unaufhörliche Entwicklung von neuen Technologien uns mit neuen, „unnatürlichen" Geräten und Maschinen überhäuft.

Damit biophiles Design implementiert werden kann, bedarf es eines konzeptuellen Rahmens, der auf Informationsverbindung basiert. Aufgrund der Vielfalt an unterschiedlichen Disziplinen, auf die er sich stützt, ist dieser Ansatz der aktuellen Mode der akademischen Spezialisierung entgegengesetzt. Die heutige Sicht auf die Architektur ist falsch: Die Darstellung von architektonischen Problemen muß von ihrer abstrakten Ebene auf eine natürliche, von der menschlichen Physiologie und von positiven Emotionen geprägte Ebene verlagert werden. Die Kräfte, die eine Neuorientierung notwendig machen, kommen von außerhalb der Architektur und werden womöglich auf den Widerstand der Architektur-Akademiker stoßen. Sollten wir mit unserem Ansatz erfolgreich sein, werden die Architekten der Zukunft die Architektur völlig neu definieren.

Drei unterschiedliche Vorstellungen vom Menschsein

Biophile Gestaltungstechniken hängen mit mentalen Prozessen und physischen Mechanismen zusammen, die die Menschen im „Umgang" mit der natürlichen Umwelt entwickelt haben (Kellert, 2005). Es ist also unabdingbar, die menschliche Natur, auf die sich biophiles Design stützt, zu berücksichtigen; dies ist eine Notwendigkeit und keine bloße Option.

Die Gefahr besteht, daß einige Leser den Fokus der Biophilie auf die Natur als ein Manöver zur Ablenkung vom Menschen selbst deuten könnte, selbst wenn das erklärte Ziel der Biophilie eigentlich die Besserung des menschlichen Lebens auf der Erde ist. Deshalb ist es notwendig, über diese Tatsache zu reden, damit unsere Arbeit (und die Arbeit unserer Kollegen) nicht bloß als ein weiterer „architektonischer Stil" abgestempelt wird, den man je nach aktuellem Trend berücksichtigen bzw. nicht berücksichtigen kann.

In der folgenden Klassifizierung werden drei völlig unterschiedliche Konzeptionen der menschlichen Natur dargestellt und eine nach der anderen erläutert. Auf der ersten Ebene gilt der Mensch als eine Komponente, die sich in einer abstrakten, mechanischen Welt befindet. Als Folge ihrer „Abkopplung" interagieren dabei die Menschen nur minimal (oberflächlich) mit der natürlichen Welt. Diese abstrakte Konzeption der Menschheit ist im heutigen Denken stark verbreitet und entspricht im großen und ganzen der heutigen Welt der Architekten: Menschen sind nichts anderes als Skizzen, nicht ganz identifizierbare Figuren auf einem Photo oder einem Bildschirm. Es geht in allererster Linie um die Bildhaftigkeit des Designs, während der Nutzer entweder nur symbolisch dargestellt wird oder sogar ganz abwesend ist. In diesem Kontext ist der Mensch nicht einmal biologisch: Er/Sie existiert lediglich als regungslose Requisite in einer sterilen und nicht-interaktiven Welt.

Auf der zweiten Ebene ist der Mensch ein mit Sensoren ausgstatteter Organismus, der mit seiner Umwelt interagiert. Die Menschen sind biologische Wesen: Tiere, die über eine sensorielle Ausstattung verfügen, die ihnen ermöglicht, Informationen zu empfangen und zu nutzen — eine Voraussetzung für die biologische Verbundenheit mit der Außenwelt, die auch „Situiertheit" genannt wird (Salingaros & Masden, 2006a). In dieser stark biologisch geprägten Sicht wird der Mensch als biologisches System betrachtet, das eine Entwicklung durchgemacht hat, um mit der toten Materie und vor allen Dingen mit anderen Organismen zu interagieren. Menschen sind also Tiere (was nicht negativ gemeint ist), die mit dem notwendigen Nervenapparat ausgestattet sind, um in der natürlichen Umwelt klarzukommen. Menschliche Interaktionen mit der Natur erfolgen nur über Nerven und Sensoren.

Auf der dritten Ebene ist der Mensch viel mehr als ein bloßes biologisches Nervensystem. Diese dritte Vorstellung entspricht dem uralten metaphysischen Verständnis des Menschen als spirituelles Wesen, das auf besondere Art und Weise, anders als andere Tiere, mit dem Universum verbunden ist. Demnach setzt das Menschsein eine transzendente Beziehung zur Welt voraus. Hier ist die Definition der menschlichen Essenz eher eine Sache der humanistischen Philosophie und der Religion. Viele Aspekte des Menschseins sind nur durch philosophische und religiöse Deutungsversuche zu erklären; die sich daraus ergebenden „Qualitäten" unterscheiden den Menschen von den anderen Tierarten. Diese Tatsachen als „unwissenschaftlich" abzutun, würde bedeuten, daß gerade das besondere am Menschen vernachläßigt würde. Zu vorwissenschaftlichen Zeiten — zum Beispiel dem Mittelalter in Europa — war unsere Vorstellung vom Menschen fast ausschließlich von Erkenntnissen geprägt, die durch eine interne Entwicklung gewonnen wurden. Die transzendentale Teilhabe an der Welt hat unser Gefühl von *Selbst* verankert — was auch heute noch für die meisten Menschen in den Schwellenländern gilt. Mystisch und religiös wirkt dieses intuitive Verständnis für die Menschen als Verankerung in der Welt, und zwar auf eine Art und Weise, die von der Wissenschaft abweicht. Außerdem wird die innere Bindung allgemein als viel stärker ausgeprägt erachtet als die spätere wissenschaftliche Einstellung, in der Menschen rationell mit dem Universum in Beziehung treten.

Erstaunlicherweise entsprechen die drei Ebenen des Menschseins — der Abgrenzungszustand (der Mensch ist von der Welt abgekoppelt), die biologische Verbundenheit (der Mensch ist in der Welt situiert) und die etwas tiefgründigere transzendentale Teilhabe — einer Reise zurück in historische Momente der Menschheitsgeschichte. Diese Bewegungsrichtung mutet im besten Falle gegen-intuitiv an. Um diese Feststellung einfach zu umschreiben, könnte man die Behauptung aufstellen, die Menschheit habe sich in den letzten Jahrzehnten und gar Jahrhunderten „zurückentwickelt", was ihre Beziehung zur Umwelt bzw. zum Universum anbelangt. Nur weil unser wissenschaftliches Wissen der Welt sich drastisch entwickelt hat, garantiert es nicht, daß wir unsere Verbindung zu ihr, als Menschen, aufrechterhalten. Die cartesianische Methode hat uns gelehrt, uns im Namen der wissenschaftlichen Erkenntnis von der Welt abzukoppeln, damit wir „unverfälschte" Experimente durchführen können. Sie mag eine gewisse Qualität bei wissenschaftlichen Experimenten gewährleisten, dennoch ist es mit Sicherheit keine gute Methode, um unsere menschliche Natur zu bewahren und unser Dasein als Lebewesen in der Welt richtig zu gestalten.

Erste Ebene: Der abstrakte Mensch

Der „moderne" Mensch lebt in einer industrialisierten und technologischen Welt. Seitdem diese Welt eine immer größere und umfangreichere Maschinerie geworden ist, hat sich ihr menschlicher Gast zu einem immer kleineren und, logischerweise, weniger bedeutsamen Teil dieser Maschinerie entwickelt. Die Biologie des zeitgenössischen Menschen hat in der Tat nur wenig Bedeutung für seine Situiertheit im Universum: Das menschliche Wesen könnte genauso gut aus Metall, Drähten sowie einer Mindestzahl an elektronischen Sensoren bestehen — ein Roboter eben. Die biologische (geschweige denn die transzendentale) Natur des Menschen wird hier völlig ausgeschaltet. Ein Mensch ist nichts anderes als ein neutrales Rad in der Maschinerie des Universums. Leider zeichnet die Physik heute genau ein solch desolates Bild der menschlichen Natur und des menschlichen Geistes — was nicht gerade hilft, wenn es darum geht, die Stellung des Menschen im Kosmos zu definieren.

In der zeitgenössischen Architektur wird zwar von Zeit zu Zeit von der genetischen Struktur des Menschen gesprochen — mehr schlecht als recht — aber es ist keine wirkliche Auseinandersetzung mit der Biologie. Oftmals wird selbst die rudimentärste neuronale Kapazität des Menschen beim Entwurf von Bauten und urbanen Umgebungen nicht einmal berücksichtigt. Die Physiologie und die Psychologie des Menschen haben heute nur selten ihren Platz in den Diskussionen über Gestaltung. Architekten behaupten gern, sie hätten die menschliche Natur „überwunden". Jetzt stehen bestimmte formelle und abstrakte Konzepte von Raum, Materialien und Formen im Mittelpunkt. Diese Konzepte gründen jedoch nicht im genauen Verständnis der Prozesse, die dem Menschen seine existentielle Berechtigung auf Erden geben.

Seit vielen Jahrzehnten werden die Menschen zu manipulierbaren Konsumenten von industriellen Produkten formatiert. Obwohl dieser „Trend" in seiner Dimension sowohl die Architektur als auch den Urbanismus bei weitem übertrifft, haben sich beide Disziplinen als besonders wichtige Aspekte im Zeitalter des massiven „Social Engineering" erwiesen. Die Bemühungen, den Menschen als kontrollierbares Objekt zu gestalten, hat zur Suppression der Beziehung zur Natur geführt. Das moderne Individuum, zumindest in den entwickelten Ländern, lebt inmitten einer physischen Welt von Maschinen und industriellen Materialien, in denen die Informationsfelder aus medialen Bildern und Botschaften bestehen. Entweder wird die Natur völlig aus der Umgebung geschafft oder ihr wird nur noch die Funktion eines Dekors zugewiesen. Sensibilitäten, die sich evolutionär entwickelt haben, werden einfach nicht wahrgenommen. Dabei geht es dem Rest der Weltbevölkerung nicht einmal besser, denn auch diese Menschen werden süchtig nach diesem unnatürlichen Zustand gemacht, und zwar im Namen des „Fortschritts". Eine automatisierte und abgekoppelte Bevölkerung ist nun einmal nicht empfänglich für den wohltuenden Effekt von natürlichen Umgebungen.

Eine etwas „sanftere", dennoch genauso effektive, Transformation hat zur Abstraktion und zur Mechanisierung menschlicher Lebensumgebungen geführt. Fortschritte in der Mikrobiologie und den Hygienepraktiken gingen am Anfang des 20. Jahrhunderts mit der Einführung von Industriematerialien einher. Der visuell sterile „Industrie-Look" — wie beim polierten Metall oder Porzellan — diente als Vorlage für „gesunde" Umgebungen. Küchen, zum Beispiel, die bis dahin in der Regel eine „chaotische" Geometrie aufwiesen, wurden zunehmend im Look von sterilen Fabrikumgebungen gestaltet; dabei wurden sanfte Naturmaterialien durch „harte" Industriematerialien ersetzt (Salingaros, 2006). Pflanzen (geschweige denn Haustiere) haben keinen Platz darin. Die Sorge der Menschen um eine bessere Gesundheit hat alles lebendige suspekt gemacht — nicht bloß gefährliche Mikroben und Keime, die zu Pathologien führen können. Das ist ein folgenreiches Mißverständnis, denn Mikroben können auf jeder Art Fläche gedeihen, selbst wenn diese auf den ersten Blick steril aussehen. Somit wurde der reine „Industrie-Look" Teil unserer Weltsicht; durch diese Weltsicht entsteht beim Menschen der Eindruck, daß alles Natürliche eine Bedrohung ist.

Dieser heutige Zustand zeigt, daß Menschen psychologisch so weit konditioniert werden können, daß sie ihre eigene biologische Natur bekämpfen (Hoffer, 1951; Salingaros, 2004). Wir haben es nämlich jetzt mit einer Bevölkerung zu tun, deren Sensibilitäten von den meisten anderen Lebensformen abgekoppelt und in Richtung einer künstlichen Welt von Bildern und Maschinen gelenkt werden. Diesen Menschen biophiles Design beizubringen, ist mit Sicherheit eine große Aufgabe — denn sie begreifen die Wichtigkeit von echten Bäumen, Tieren und Ökosystemen nicht mehr.

Zweite Ebene: Der biologische Mensch

Der Mensch ist ein biologisches Wesen, das dank Sensoren mit seiner Umwelt interagieren kann. Intelligenz und Bewußtsein sind Produkte der Evolution unserer sensorischen Systeme. Bis zu einem gewissen Punkt (mehr als uns lieb ist) teilen wir diese neurologische Grundlage mit anderen Wesen auf der Erde (Wilson, 1978; 1984). In der Vergangenheit griffen die Menschen auf ihr angeborenes Verständnis von der Wirkung von Formen, Räumen und Flächen auf ihre Bauweisen zurück — mit dem Ziel, die positiven Effekte auf Menschen zu maximieren. Das änderte sich jedoch, als neue formelle Kriterien und Abstraktionen die der älteren, humanistischen Architektur ersetzten. Zufälligerweise haben Diskontinuitäten in der Gesellschaft, die den Weg ins 20. Jahrhundert gesäumt haben, diesen Austausch möglich gemacht — ein Austausch, der früher undenkbar gewesen wäre (Salingaros, 2006).

Diese Entwicklung bedeutet jedoch nicht, daß sich der sensorische Apparat beim Menschen in irgendeiner Form verändert hätte. Wir haben immer noch dieselbe genetische Struktur und unsere physischen und psychologischen Bedürfnisse sind seit Jahrtausenden auch gleich geblieben (Wilson, 1978; 1984). Unsere Bedürfnisse werden zwar bis zu einem gewissen Punkt durch Modeerscheinungen, Bilder und Ideologien beeinflußt, aber unsere Reaktionsmechanismen bleiben weiterhin automatisch und werden nicht wirklich direkt von uns selbst gesteuert. Deshalb reagieren wir negativ auf eine gebaute Umgebung, die uns neurologisch nicht korrekt versorgt oder die sogar ein beklemmendes Gefühl oder gar

Elend verursacht. Eigentlich ist es nicht schwer, durch unseren Wahrnehmungsapparat Umgebungen auszumachen, die gesund bzw. ungesund für uns sind. Wir brauchen nur auf die Signale zu hören, die unser Körper uns sendet — der psychologischen Konditionierung zum Trotze.

Empirische Erkenntnisse, die zum besseren Verständnis der physiologischen Reaktion des Menschen auf gebaute Umgebungen führen, häufen sich (Frumkin, 2001). Die Geometrie der Umgebung spielt eine wichtige Rolle bei der Gestaltung von Krankenhäusern, denn sie übt einen großen Einfluß auf die Dauer der Genesung der Patienten aus. In diesem Bereich hat Roger Ulrich Pionierarbeit geleistet (Ulrich, 1984; 2000). Obwohl wir inzwischen auf jahrzehntelange Erkenntnisse zurückgreifen können, zeigen Architekturschulen erstaunlicherweise nur wenig Interesse für die menschliche Physiologie und die psychologischen Reaktionen des Menschen auf gebaute Umgebungen. Im Gegenteil, Architekten distanzieren sich von diesen Erkenntnissen und greifen eher auf obskure, aus den Wolken gegriffene zeitgenössische Philosophien zurück (Salingaros, 2004). An den meisten Fakultäten für Architektur in der ganzen Welt wird den Studenten die Gestaltung von Krankenhäusern immer noch auf der Grundlage von formellen und stilistischen Ideen (Raumgestaltung und Materialien) beigebracht — Ulrichs Arbeit findet dabei überhaupt keine Beachtung.

Damit der Mensch feine Details, Symmetrien, Farben und Verbindungen erkennen kann, hat das System Auge/Gehirn eine Entwicklung durchlaufen. Symmetrie, visuelle Verbindungen, Ornamente sind wichtige Elemente von Gebäuden; nicht etwa aus stilistischen Gründen, sondern weil die menschliche Wahrnehmung so veranlagt ist, daß sie diese Elemente „bearbeitet" (Enquist & Arak, 1994; Salingaros, 2003; 2006). Die physiologischen Grundlagen der sensorischen Erfahrung sind die wichtigsten Quellen der menschlichen Existenz. Diese hängt also sehr von geometrischen Elementen ab, über die der Mensch mit der Außenwelt eine Verbindung herstellt. Umgebungen, die diese Elemente (visuelle Elemente, die in der Natur und in allen traditionellen Formen der Architektur vorkommen) bewußt meiden, üben einen negativen Effekt auf unsere Physiologie und nicht zuletzt auch auf unsere geistige Gesundheit und unser Wohlbefinden aus (Joye, 2006; 2007a; 2007b; Kellert, 2005).

Umgebungen, die nur wenig Information liefern bzw. Menschen neurologisch nicht ausreichend versorgen, weisen Ähnlichkeiten mit menschlichen Pathologien auf: Farblose, trostlose, minimalistische Flächen und Räume ähneln den klinischen Symptomen von makularer Degeneration, Schlaganfall, zerebraler Achromatopsie und visueller Agnosie (Salingaros, 2003; 2006). In solchen Umgebungen fühlen wir uns grundsätzlich unwohl, weil sie in uns ein ähnliches Gefühl von sensorischem Mangel und neurophysiologischem Zusammenbruch hervorrufen. Es ist eigentlich beunruhigend, daß die architektonische Gestaltung in den letzten Jahrzehnten immer häufiger auf solche befremdenden Elemente und Apparaturen als stilistische Ausdrucksmittel zurückgegriffen hat. Sie werden von einigen Architektur-Kritikern in einem positiven Licht dargestellt, mit verführerischen Bildern; das ganze wird außerdem von trügerischen Referenzen zum technologischen Fortschritt untermauert (Salingaros, 2004).

Die Umweltpsychologie hat ihre Anfänge an Fakultäten für Architektur; es ging ihr zunächst um die Frage, wie gebaute Umgebungen das Leben der Menschen beeinflussen. Kurz nachdem die ersten Studienergebnisse vor einigen Jahrzehnten veröffentlicht wurden, erfuhr man, daß einige der bekanntesten zeitgenössischen architektonischen und städtebaulichen Typologien, Raumauffassungen und Flächen womöglich dafür verantwortlich seien, bei ihren Nutzern physiologisches Unbehagen und psychologische Unruhe hervorzurufen — was als Folge hatte, daß viele Architekten das Interesse an der Umweltpsychologie verloren. Daraufhin wurden Umweltpsychologen quasi aus der „akademischen" Architektur vertrieben — in die Psychologischen Insitute, wo man sie heute noch finden kann.

Ironischerweise werden Untersuchungen an höheren Säugetieren durchgeführt, um die Wichtigkeit der Umweltkomponente beim Menschen besser zu verstehen. Judith Heerwagen hat das Verhalten von Zootieren in naturalistischen und künstlichen Umgebungen untersucht

(Heerwagen, 2005). Ausgehend von aussagekräftigen Beobachtungen an Zootieren erläutert sie die Ergebnisse der Transformation, bei der das Habitat der Tiere „naturalistischer" gestaltet wurde. Die Maßnahme führte zu einer eindeutigen und drastischen Verbesserung des psychologischen und sozialen Wohlbefindens der Tiere. Die Zootiere, die in einer trostlosen, monotonen und minimalistischen Umgebung gehalten wurden (mit anderen Worten, Umgebungen, die wir Menschen ebenso langweilig und deprimierend finden) legten ein neurotisches, abnormales und asoziales Verhalten an den Tag, das niemals in der Wildnis beobachtet wurde. Als sie jedoch wieder in naturalistischere und stimulierendere Habitate zurückkehrten, wurde auch ihr Verhalten normaler.

Diese Forschungsergebnisse liefern wichtige Erkenntnisse für die Gestaltung der Zukunft unserer Kinder. Seit den 1960er Jahren häufen sich die Beweise, die belegen, daß Komplexität und visuelle Stimulation zur höheren Entwicklung von Intelligenz bei Jungtieren beitragen. Unbestreitbare Ergebnisse wurden bei jungen Ratten ermittelt, die in informationsreichen Umgebungen aufwuchsen; ihr Gehirn konnte nicht nur größer werden, es wies auch eine höhere neuronale Konnektivität von bis zu 20% auf (Squire & Kandel, 1999: Seite 200). Dabei geht es um viel mehr als um eine bloße anatomische Veränderung im Gehirn, denn die kortikale Physiologie, die für Intelligenz verantwortlich ist, wurde dadurch optimiert. Diejenigen Ratten, die in informationsreicheren Umgebungen aufwuchsen, schnitten viel besser bei Intelligenztests (z. B. bei der Lösung von Aufgaben in Labyrinthen) und auch bei Übungen ab. Wir interpretieren dieses Ergebnis als die Erfüllung einer notwendigen äußeren Komponente in der Entwicklung des Gehirns. Auch wirft das Ergebnis Fragen zur kollektiven Verantwortung bezüglich der Vernachlässigung von neurologischen konnektiven Strukturen auf.

Die Wichtigkeit von klinischen Studien — im Vergleich zu Umfragen — muß deutlich hervorgehoben werden. Über Jahrzehnte hinweg sind viele Studien durchgeführt worden, bei denen die Präferenzen von Nutzern dokumentiert wurden; einige davon haben die Vorteile von natürlichen Umgebungen und von Umgebungen, die die geometrischen

Qualitäten in der Natur nachahmen, belegt (Joye, 2006; 2007a; 2007b; Kellert, 2005; Kellert & Wilson, 1993). Nichtsdestotrotz legte eine Vielzahl dieser Studien eine nur geringe Präferenz an den Tag bzw. war überhaupt nicht aufschlußreich. Die neuesten Experimente werfen die Frage auf, ob diese früheren Ergebnisse nicht sogar ein Ausdruck von Konditionierung waren. Bei einem klinischen Vergleich zwischen unterschiedlichen Umgebungen — ein nackter Raum und ein Raum, der nachträglich mit Holzträgern versehen wurde, um eine hierarchische Skalierung zu kreieren — zeigten die Nutzer keine Präferenz. Und doch zeichneten die physiologischen Monitore eine deutliche positive Reaktion auf den Raum mit den hierarchischen Unterteilungen und den natürlichen Details (Tsunetsugu, Miyazaki & Sato, 2005). Daraus schlußfolgern wir (mit dem Urheber der Studie), daß physiologische Effekte, die die Umgebung hervorrufen, nicht immer bewußt erkannt werden können.

LITERATUR

- Alexander, C. (2002–2005) *The Nature of Order, Books 1 to 4* (Berkeley, Kalifornien: Center for Environmental Structure).

- Alexander, C., Ishikawa, S., Silverstein, M., Jacobson, M., Fiksdahl-King, I. & Angel, S. (1977) *A Pattern Language* (New York: Oxford University Press).

- Augustin, S. & Wise, J. A. (2000) „From Savannah to Silicon Valley", *IIDA Perspective*, Winter/Spring: 67–72. Erhältlich über <http://www.haworth.com/haworth/assets/From%20Savannah%20to%20Silicon%20Valley.pdf>

- Barker, S. B. (1999) „Therapeutic Aspects of the Human-Companion Animal Interaction", *Psychiatric Times*, 16, Heft 2. Erhältlich über <http://www.psychiatrictimes.com/p990243.html>

- Biederman, I. & Vessel, E. A. (2006) „Perceptual Pleasure and the Brain", *American Scientist*, 94, Mai-Juni: 247–253.

- Brooks, R. A. (2002) *Flesh and Machines* (New York, NY: Pantheon Books).

- Carroll, S. B. (2001) „Chance and Necessity: The Evolution of Morphological Complexity and Diversity", *Nature*, 409: 1102–1109.

- Conway-Morris, S. (2003) *Life's Solution: Inevitable Humans in a Lonely Universe* (Cambridge: Cambridge University Press).

- Crompton, A. (2002) „Fractals and Picturesque Composition", *Environment and Planning B*, 29: 451–459.

- Enquist, M. & Arak, A. (1994) „Symmetry, Beauty and Evolution", *Nature*, 372: 169–172.

- Fathy, H. (1973) *Architecture for the Poor* (Chicago: Chicago University Press).

- Frumkin, H. (2001) „Beyond Toxicity: Human Health and the Natural Environment", *American Journal of Preventive Medicine*, 20: 234–240.

- Goldberger, A. L. (1996) „Fractals and the Birth of Gothic: Reflections on the Biologic Basis of Creativity", *Molecular Psychiatry*, 1: 99–104.

- Hagerhall, C. M., Purcell, T. & Taylor, R. (2004) „Fractal Dimension of Landscape Silhouette Outlines as a Predictor of Landscape Preference", *Journal of Environmental Psychology*, 24: 247–255.

- Heerwagen, J. H. (2005) „Psychosocial Value of Space", *Whole Building Design Guide* <www.wbdg.org/design/psychspace_value.php>, online.

- Hoffer, E. (1951) *The True Believer: Thoughts on the Nature of Mass Movements* (New York, NY: Harper/Collins).

- Huxtable, A. L. (1999) „New York Times review of the Museum of Modern Art exhibition and foreword to *Education of an Architect: a Point of View — The Cooper Union School of Art & Architecture 1964–1971*" (New York, NY: Monacelli Press).

- Joye, J. (2006) „An Interdisciplinary Argument for Natural Morphologies in Architectural Design", *Environment and Planning B*, 33: 239–252.

- Joye, J. (2007a) „Architectural Lessons from Environmental Psychology: The Case of Biophilic Architecture", *Review of General Psychology*, 11: 305–328.

- Joye, J. (2007b) „Fractal Architecture Could Be Good for You", *Nexus Network Journal*, 9, Nr. 2: 311–320.

- Kellert, S. R. (2005) *Building for Life: Designing and Understanding the Human-Nature Connection* (Washington, DC: Island Press).

- Kellert, S. R. & Wilson, E. O., Editors (1993) *The Biophilia Hypothesis* (Washington, DC: Island Press).

- Klein, G. (1998) *Sources of Power: How People Make Decisions* (Cambridge, Massachusetts: MIT Press).

- Klinger, A. & Salingaros, N. A. (2000) „A Pattern Measure", *Environment and Planning B: Planning and Design*, 27: 537–547.

- Kulikauskas, A. (2006) „How Might We Create a Really Human Environment?", *Global Villages* (March 10, 2006), http://groups.yahoo.com/group/globalvillages/message/1015.

- Masden, K. G. II (2005) „Being There", in Allison O'Neill, Herausgeber, *The Catholic University of America Summer Institute for Architecture Journal*, 2: 51–56.

- Masden, K. G. II (2006) „The Education of an Urbanist: a Real Point of View", in José Baganha, Herausgeber, *The Teaching of Architecture and Urbanism in the Age of Globalization* (Casal de Cambra, Portugal: Caleidoscopio Ediçao e Artes Graficas): 173–179.

- McGrath, A. (2005) *Dawkins' God: Genes, Memes, and the Meaning of Life* (Oxford: Blackwell Publishing).

- Orians, G. H. & Heerwagen, J. H. (1992) „Evolved Responses to Landscapes", in J. H. Barkow, L. Cosmides & J. Tooby, *The Adapted Mind* (New York: Oxford University Press): 555–579.

- Pyla, P. I. (2007) „Hassan Fathy Revisited", *Journal of Architectural Education*, 60: 28–39.

- Ramachandran, V. S. & Rogers-Ramachandran, D. (2006) „The Neurology of Aesthetics", *Scientific American Mind*, 17, Heft 5: 16–18.

- Roth, J. (2000) „Pet Therapy Uses with Geriatric Adults", *International Journal of Psychosocial Rehabilitation*, 4: 27–39

- Salingaros, N. A. (2003) „The Sensory Value of Ornament", *Communication & Cognition*, 36, Nr. 3-4: 331–351. Die überarbeitete Fassung ist Kapitel 4 von *A Theory of Architecture* (2006).

- Salingaros, N. A. (2004) *Anti-Architecture and Deconstruction* (Solingen, Deutschland: Umbau-Verlag). Zweite, erweiterte Auflage, 2007.

- Salingaros, N. A. (2005) *Principles of Urban Structure* (Amsterdam, Holland: Techne Press).

- Salingaros, N. A. (2006) *A Theory of Architecture* (Solingen, Deutschland: Umbau-Verlag).

- Salingaros, N. A. & Masden, K. G. II (2006a) „Architecture: Biological Form and Artificial Intelligence", *The Structurist*, Nr. 45/46: 54–61.

- Salingaros, N. A. & Masden, K. G. II (2006b) „Review of Christopher Alexander's 'The Nature of Order, Book Four: The Luminous Ground'", *The Structurist*, Nr. 45/46: 39–42.

- Salingaros, N. A. & Masden, K. G. II (2007) „Restructuring 21st-Century Architecture through Human Intelligence", *ArchNet International Journal of Architectural Research*, 1, Heft 1: 36–52. http://archnet.org/library/documents/one-document.tcl?document_id=10066.

- Squire, L. R. & Kandel, E. R. (1999) *Memory: From Mind to Molecules* (New York, NY: Scientific American Library).

- Taylor, R. P. (2006) „Reduction of Physiological Stress Using Fractal Art and Architecture", *Leonardo*, 39, Nr. 3: 245–251.

- Taylor, R. P., Newell, B., Spehar, B. & Clifford, C. (2005) „Fractals: A Resonance Between Art and Nature?", in: Michele Emmer, Herausgeber, *Mathematics and Culture II: Visual Perfection* (Berlin: Springer-Verlag): 53–63.

- Tse, M. M. Y., Ng, J. K. F., Chung, J. W. Y. & Wong, T. K. S. (2002) „The Effect of Visual Stimuli on Pain Threshold and Tolerance", *Journal of Clinical Nursing*, 11: 462–469.

- Tsunetsugu, Y., Miyazaki, Y. & Sato, H. (2005) „Visual Effects of Interior Design in Actual-size Living Rooms on Physiological Responses", *Building and Environment*, 40: 1341–1346.

- Turing, A. A. (1950) „Computing Machinery and Intelligence", *Mind*, 59: 433–460.

- Ulrich, R. S. (1984) „View Through Window May Influence Recovery from Surgery", *Science*, 224: 420–421.

- Ulrich, R. S. (2000) „Evidence-based Environmental Design for Improving Medical Outcomes", in: *Healing By Design: Building for Health Care in the 21st Century* (Montreal, Kanada: McGill University Health Center).

- Valentine, J. W., Collins, A. G. & Meyer, C. P. (1994) „Morphological Complexity Increase in Metazoans", *Paleobiology*, 20: 131–142.

- Weizenbaum, H. (1976) *Computer Power and Human Reason* (San Francisco: W. H. Freeman).

- Wilson, E. O. (1978) *On Human Nature* (Cambridge, Massachusetts: Harvard University Press).

- Wilson, E. O. (1984) *Biophilia* (Cambridge, Massachusetts: Harvard University Press).

- Wilson, E. O. (2006) *The Creation* (New York, New York: W. W. Norton).

- Wise, J. A. & Leigh-Hazzard, T. (2002) „Fractals: What Nature Can Teach Design", *American Society of Interior Designers ICON*, März: 14–21.

19

Vorlesungsskript, siebte Woche
Die fünfzehn Lebenseigenschaften nach Alexander

Lektüre in der siebten Woche:

- Alexander, *The Phenomenon of Life*, Kapitel 5, „Fifteen Fundamental Properties".

WIR SIND NUN AN DER Stelle in unserer Vorlesung angelangt, an der wir die geometrischen Eigenschaften erläutern möchten, die für die grundlegende Konnektivität, auf die wir uns beziehen, verantwortlich sind. Christopher Alexander hat einen Katalog von Fünfzehn Eigenschaften herausgearbeitet, die Strukturen besitzen, die wir als „lebendig" bezeichnen.

Es gilt zunächst einmal, die Objekte, die „Lebensqualitäten" besitzen, von den Objekten, die diese nicht haben, zu trennen. Aus dieser Abgrenzung heraus ermitteln wir anschließend die angestrebten geometrischen Regeln. Alexander hat gezeigt, wie diese Regeln durch die Beobachtung der Objekte gewonnen werden. Wenn diese Regeln einmal niedergeschrieben sind, kann anschließend überprüft werden, in welchem Maße die Objekte ausreichend mit Leben behaftet sind, um ihnen zu enstprechen.

Die Fünfzehn Lebenseigenschaften, die Alexander ausgemacht hat, machen erst die umfassende Untersuchung der Eigenschaften von Materie möglich. Obwohl diese Fünfzehn Eigenschaften phänomenologischer Natur sind, wissen wir aufgrund von Experimenten, daß das Phänomen Leben an sich in unserer Biologie und den physischen Eigenschaften von Materie selbst gründet.

Die Fünfzehn Eigenschaften dienen somit als Ansatzpunkt, um ein Forschungsprogramm zu definieren, bei dem die Wichtigkeit der geometrischen Regeln zum Tragen kommt. Es führt uns auch dazu, nach weiteren zusätzlichen Faktoren zu suchen, die unser Verständnis vom Phänomen Leben schärfen und vertiefen. Genau diesem Ansatz ist Alexander selber in den weiteren Bänden über die „Natur der Ordnung" gefolgt, und auch ich konnte Erkenntnisse auf dem Gebiet zusammentragen.

Ich beziehe mich nun auf die Vorlesung 6 in meinem Buch *Twelve Lectures on Architecture: Algorithmic Sustainable Design* aus dem Jahr 2010, und liste die Fünfzehn Eigenschaften[1] wie folgt auf:

1. Größenstufen

2. Starke Zentren

3. Grenzen

4. Rhythmische Wiederholung

5. Positiver Zwischenraum

6. Besondere Form

7. Lokale Symmetrie

8. Zweideutige Durchdringung

9. Kontrast (Differenz)

---

1 Wir übernehmen hier die Übersetzung der Begriffe für die Fünfzehn Eigenschaften von Leitner, Helmut: *Mustertheorie. Einführung und Perspektiven auf den Spuren von Christopher Alexander*, 2016[2], Graz: Verlag Helmut Leitner. Lediglich betrachten wir die "Fünfzehn Eigenschaften" als ein Gesamtkonzept, ähnlich den "Zehn Geboten" — daher die Majuskel bei "Fünfzehn" (Anmerkung des Übersetzers).

10. Gradienten

11. Rauhigkeit (Individualität)

12. Echos (Ähnlichkeit)

13. Leere (Offener Raum)

14. Einfachheit und innere Ruhe

15. Ganzheitliche Verbundenheit

1. Es gibt Größenstufen und auch eine Stufenhierarchie. Eine Größe wird durch sich wiederholende Komponenten derselben Größe und mit einer ähnlichen Form ausgemacht. Größenstufen müssen aus Kohärenzgründen in ihrer Größe eng genug beieinander liegen (Vergrößerung, auch Magnifikation genannt), aber nicht zu sehr, damit die Unterschiede zwischen den Größenstufen nicht verwischen. [Zum Beispiel ist eine fünfzehnfache Größenstufenänderung, nach dem Faktor 15, zu verwirrend, und eine Größenstufenänderung nach dem Faktor 1,5 nicht ausgeprägt genug, damit ein Unterschied bemerkbar wäre]. Eine mathematische Regel generiert eine Distribution von Größenstufen durch die logarithmische Konstante $e \approx 2{,}7$ und die Fibonacci-Folge. Der Sinn vom adaptiven Design besteht darin, Bedürfnisse im menschlichen Maßstab (2 m bis < 1 mm) zu befriedigen. Die einzige Regel besagt, daß die Größenstufen miteinander abgestimmt werden müssen.

2. Ein starkes Zentrum entsteht, wenn ein maßgeblicher Teil des Raumes kohärent zusammenhängt. Dabei ist es nützlich, zwischen zwei Arten von Zentren zu unterscheiden — „definiert" und „impliziert" —, die ineinander übergreifen und interagieren. Ein „definiertes" Zentrum hat etwas in seiner Mitte, das auf sich aufmerksam macht. Ein „impliziertes" Zentrum hingegen hat einen Rand, der auf die innere Leere aufmerksam macht. Visuelles Fokussieren ist eine Voraussetzung bei der Gestaltung des Raumes. Jedes Zentrum verbindet die umliegenden Zentren und Grenzen, damit auf ein bestimmtes Gebiet fokussiert werden kann. Zentren unterstützen einander in jeder Größe — eine rekurrierende hierarchische Eigenschaft.

3. Rauhe Grenzen (Alexander hat mit Absicht den Namen geändert, um die Rauheit zu unterstreichen). Ein rauher Rand ist ein „impliziertes" Zentrum. Der Größenstufenhierarchie entsprechend entsteht ein grobes Zentrum als nächste und kleinere Größenstufe von dem, was vereint wird. Aus diesem Grunde sind dünne Grenzen ineffizient, weil sie ein oder mehrere Elemente überspringen, sodaß Grenzen hierarchisch nicht mit dem, was sie verbinden, verknüpft sind. Ein „impliziertes" Zentrum wird nur durch seinen eigenen Rand definiert. Darum haben grobe Grenzen nicht nur eine fokussierende, sondern auch eine verbindende Rolle.

4. Alternierende Wiederholungen helfen bei der Informationsdefinition von den Komponenten, die sich wiederholen. Vereinfachte Wiederholungen entsprechen einem Informationskollaps, weil das, was sich wiederholt, vereinfacht kodiert ist (man nehme zum Beispiel ein volles oder leeres Modul X und wiederhole es 100 mal). Das Zusammenspiel von Kontrast und Wiederholung stärkt die jeweiligen Komponenten durch Alternierung. Solche Alternierungen machen es leichter, grundlegende Übergangssymmetrien zu definieren.

5. Der „positive Raum" wurde in der Gestaltpsychologie konzeptualisiert; das Konzept schlägt eine Brücke zwischen der Geometrie und den Grundlagen der menschlichen Wahrnehmung. Konvexität spielt bei der Definition von Objekten und vom Raum (Fläche oder Volumen) eine große Rolle. In den Räumen, die wir bewohnen, sind es mathematische und psychologische Gründe, die dazu führen, dass wir uns wohl bzw. unwohl fühlen. Wir spüren eine eindeutige Bedrohung durch Objekte, die herausstechen. Das Konzept des positiven Raumes muß sowohl bei Gestalten als auch beim Hintergrund Anwendung finden. Nicht nur der innere Raum eines Gebäudes muß positiv sein, sondern auch der Stadtraum.

6. Gute Formen entstehen immer dann, wenn die Informationsflut durch Symmetrien eingedämmt wird. Wahrnehmbare Objekte enstehen als Formen, die vom Gehirn aus vielen verschiedenen 2D-Bildern in 3D rekonstruiert werden. „Gut" bedeutet hier „einfach erkennbar", weil Information grundsätzlich vom Gehirn kompaktiert wird. Formen, die

nicht leicht erfaßt werden können, hemmen die mentale Kalkulation und verursachen somit eine geistige Unruhe.

7. Lokale Symmetrien sind Symmetrien innerhalb der Größenhierarchie. Symmetrien müssen in allen unterschiedlichen Größen vorhanden sein. „Symmetrie" bedeutet nicht gleich allgemeine Symmetrie in der höchsten Größe, wie man so oft denkt. In organisierten komplexen Strukturen gibt es verschiedene Subsymmetrien, die mit höheren Symmetrien interagieren. Alle Symmetrien sollten hierarchisch eingebettet sein.

8. Tiefe Durchdringung und Ambiguität stellen weitere Verbindungsmöglichkeiten dar. Formen verweben sich ineinander und verknüpfen sich dadurch. Eine Analogie hierzu läßt sich bei Fraktalen feststellen, wenn gefaltete Linien dazu tendieren, Teile des Raumes zu füllen, und Flächen durch Zuwachs zunehmen. Zwei Bereiche können sich an semipermeablen Schnittstellen, die den Übergang von einem Bereich zum anderen ermöglichen, miteinander verknüpfen. Die Frage nach der Zugehörigkeit innerhalb des Übergangsbereiches führt zu Ambiguität — was positiv ist. Scharfe Übergänge, wie klar gezogene Linien zum Beispiel, verbinden jedoch nicht aufeinandertreffende Objekte.

9. Kontrast ist notwendig, um klare Untereinheiten ausmachen und zwischen nebeneinander bestehenden Strukturen unterscheiden zu können. Auch damit die Symmetrie von Gegensätzen zwischen Gestalt und Grund erkennbar wird, ist Kontrast eine Notwendigkeit. Bereiche, die in einem starken Kontrast zueinander stehen, können dennoch ebenfalls fest miteinander verbunden werden. Zum Beispiel kontrastiert der Raum unter einem Bogen mit dem offenen Freiraum einer Straße. Falsche Transparenz reduziert den Kontrast; verminderter Kontrast schwächt das Design. Ein Beispiel für schwachen (ineffizienten) Kontrast: Innenraum und Außenraum sind durch eine Vorhangwand aus Glas getrennt.

10. „Gradienten" entsprechen kontrollierten Transitionen. Sie sind eine Methode, um die Uniformität zu verabschieden, weil diese ein nichtadaptiver Zustand ist. Unterteilungen haben zwar denselben Effekt, aber manchmal sollten Formen eher graduell verändert anstatt einfach unter-

teilt zu werden. Beispiele finden sich im urbanen Transekt: Übergang von Städten zu ländlichen Gebieten; bei Innenräumen: Übergang von öffentlichen zu privaten Bereichen.

11. Rauhigkeit. Fraktale Strukturen gibt es in allen Größen — nichts ist glatt. Ornamente können als kontrollierte „Rauhigkeiten" in einer glatten Geometrie gedeutet werden. Durch die Auflockerung der strikten Geometrie werden Unvollkommenheiten zugelassen. Sogenannte „Unvollkommenheiten" lassen Einheiten, die sich wiederholen, zwar gleich, jedoch nicht identisch aussehen — handbemalte Fliesen zum Beispiel. Wiederholungen, die Monotonie vermeiden, sind bewußt rauh. Ungefähre Brüche in der Symmetrie wirken gegen den Informationskollaps. Anpasung an lokale Bedingungen führt zu Rauhigkeit, weil sie die Regularität und die perfekte Symmetrie bricht.

12. Echos. Es gibt zwei Arten von Echos im Design. Erstens, die translationale Symmetrie — ähnliche Formen in derselben Größe, aber aus der Distanz betrachtet. Zweitens, die Größensymmetrie — ähnliche existierende Formen in verschiedenen Größen. Mathematische Fraktale sind zutiefst selbstähnlich; alle natürlichen Fraktale sind jedoch nur annähernd oder statistisch selbstähnlich — nicht exakt ähnlich, wenn vergrößert, sondern nur „Echos".

13. Die Leere kann als „offener Raum" in der höchsten Größe eines Fraktals identifiziert werden. Die größte offene Komponente eines Fraktals kommt als Leere heraus. Es ist nicht möglich, ein ganzes Fraktal mit Details zu füllen. In „implizierten" Zentren fokussieren komplexe Grenzen auf die offene Mitte — die Leere. Deshalb ist eine leere Fläche notwendig, um die stark verzierten Bereiche auszugleichen.

14. Einfachheit und innere Ruhe. Hier geht es um eine subtilere Eigenschaft. Ausgewogenheit kann nur durch allgemeine Kohärenz und ohne Unordnung erzielt werden. Alle Symmetrien wirken positiv aufeinander ein, nichts ist irrelevant und nichts lenkt ab. Ein kohärentes Design vermittelt den Eindruck, es sei natürlich einfach — eigentlich ist es aber keine leichte Sache. Wir sehen diese Einfachheit zwar in der Natur, aber sie ist

niemals „einfach" in minimalistischer Hinsicht. „Einfach" bedeutet in der Natur: sehr komplex aber extrem kohärent. Ein System erscheint uns als „einfach", wenn es perfekt ist.

15. Die ganzheitliche Verbundenheit entwickelt sich aus der Kohärenz heraus, denn sie ist als Eigenschaft nicht in den Einzelkomponenten präsent. Kein Teil sollte einem größeren kohärenten Ganzen entnommen werden. Zerlegung ist weder selbstverständlich noch ist sie möglich. Wenn alle Komponenten darauf zielen, zusammen ein kohärentes Ganzes zu produzieren, erscheint darin nichts getrennt, und nichts zieht die Aufmerksamkeit auf sich. Das ist das Ziel des adaptiven Designs: die übergangslose Zusammensetzung von einer Vielzahl von komplexen Komponenten. Es ist auch das Gegenteil von einer gewollten Getrenntheit. Die ganzheitliche Verbundenheit geht über die interne Kohärenz hinaus, weil das Ganze mit seiner Umgebung so eng wie nur möglich verbunden ist.

Die Fünfzehn Eigenschaften führen zu kohärenten Formen, die so natürlich aussehen, daß sie nicht einmal als Zusammensetzungen auffallen — wie in der Natur! Nichtsdestotrotz nehmen wir die Kohärenz in unserem Unterbewußtsein wahr, wodurch sie uns zutiefst beeinflußt. Kohärenz hat eine heilende Wirkung. Auch fällt uns Inkohärenz sofort auf, weil diese bedeutet, daß die Fünfzehn Eigenschaften (oder zumindest einige davon) fehlen. Gleichzeitig bringt sie uns durcheinander, sie beängstigt uns, sie wühlt uns auf. Langfristig ist diese Art Aufregung gesundheitsschädlich. Architekten und Studenten wollen aber meistens auf ihre Entwürfe aufmerksam machen — dabei werden die Fünfzehn Eigenschaften oftmals nicht beachtet, was zu physiologischem Unwohlsein bei den Nutzern führt.

Ob bewußt oder unbewußt hat das Architekturdesign seit dem Anfang des 20. Jahrhunderts die Nicht-Berücksichtigung der Fünfzehn Eigenschaften regelrecht gefördert. Das Ergebnis: Architekten und Studenten haben zu den Eigenschaften eine (sehr negative) emotionale Beziehung, die stark durch die Image-basierte Konditionierung geprägt ist. Die Ausrede, wonach das, worüber ich hier schreibe, neue Erkenntnisse seien, taugt nicht, denn Architekten haben immer von den Fünfzehn Eigenschaften gewußt. Die meisten Formensprachen, die wir heute gebrauchen, wurden als Gegenbewegung zu traditionellen Formensprachen entwickelt, um somit die Fünfzehn Eigenschaften bewußt nicht zu berücksichtigen.

Warum sollten die Fünfzehn Eigenschaften, die Architekten über ein Jahrhundert lang gemieden haben, nun wieder bei der Gestaltung der gebauten Umgebung berücksichtigt werden? Der Grund ist, daß wir weiterhin ein Teil der Natur sind: Die Biologie des Menschen hat sich in einem Jahrhundert nicht geändert. In dieser Zeitspanne sind jedoch die Hemmungen, gegen die Natur zu handeln, abgebaut worden, und die Menschen haben gelernt, nicht mehr auf ihre Reaktionen auf natürliche und unnatürliche Formen zu achten — eine klare Absage an unsere eigene biologische Veranlagung. Alle sind sich einig, daß Streß in unserer Gesellschaft ein Problem ist, und daß es unserer Gesundheit zugute käme, wenn wir wieder Strukturen und Umgebungen bauten, die unser Wohlbefinden steigern. Diese Art von Architektur kann deutlich zur Besserung der Lebensqualität beitragen.

Es stimmt, daß die Motivation, die Fünfzehn Eigenschaften in der Gestaltung nicht mehr zu beachten, zum Teil praktische Gründe hatte: schnellere Designabläufe, Standardisierung, Effizienz bei der Herstellung, unspezifische Räume, die eine maximale Nutzungsflexibilität ermöglichen, ein „glatter, moderner Look" usw. Aber jetzt ist es an der Zeit, das, was verlorengegangen ist, zurückzugewinnen. Es ist an der Zeit, wieder direkt mit der Natur verbunden zu sein, sowie auch mit den geometrischen Eigenschaften unserer Bauten. Durch die heutige technologische Ausgereiftheit ist es genau so einfach, architektonische Lösungen auszuarbeiten, die die Fünfzehn Eigenschaften beinhalten, wie so weiterzumachen wie bisher, um sich nicht mit dem Problem auseinandersetzen zu müssen.

Auch die Stilfrage muß geklärt werden. Man wird eines Stils überdrüssig und sucht einen anderen. Was wir aber seit der Einführung der modernistischen Architektur erleben, ist die zyklische Wiederkehr innerhalb einer Gruppe von verwandten Stilen, die allesamt die Fünfzehn Eigenschaften verletzen. Formensprachen haben sich tatsächlich in den letzten Jahrzehnten gewandelt; was sie teilen, ist ihre Ablehnung der Fünfzehn Eigenschaften. Innovative Formensprachen sind dennoch nicht zu den Fünfzehn Eigenschaften zurückgekehrt und verletzen sie, geometrisch gesehen, weiterhin. Das kann kein Zufall sein. Es gibt wohl so etwas wie eine metaselektive Regel, die Architekten davon abhält, die Fünfzehn Eigenschaften im Design wegen ihrer „Unreinheit" zu berücksichtigen. An der Stelle von diesem stilistisch voreingenommenen Diktat möchten wir uns aber auf das beste für den Menschen konzentrieren und es implementieren.

20

Vorlesungsskript, achte Woche
Fraktale und Hierarchische Grössenordnungen

Lektüre in der achten Woche:

- Alexander, *The Phenomenon of Life*, Kapitel 6, „The Fifteen Properties in Nature".
- Salingaros, *A Theory of Architecture*, Kapitel 2, „A Scientific Basis for Creating Architectural Forms" & Kapitel 3, „Hierarchical Cooperation in Architecture: The Mathematical Necessity for Ornament".

WIR HABEN NUN SOWOHL DIE Wichtigkeit als auch den Nutzen der Fünfzehn Eigenschaften dokumentiert. Dennoch gilt es, ein weiteres Verständnishindernis aus dem Weg zu räumen, damit unser Standpunkt klarer definiert ist. Architekten greifen gern auf die schönen Künste zurück, in denen die wahrgenommenen Effekte ästhetischer Natur sind—aber ausschließlich die Psychologie betreffen. Als solche sind diese Effekte gewiss von Bedeutung; wichtig sind sie jedoch nur in Bezug auf menschliche Emotionen.

Bei den Fünfzehn Eigenschaften geht es um etwas ganz anderes. Ihre Bedeutung liegt in der Physik und geht somit weit über die menschliche Interpretation hinaus. Sie würden bestehen, auch wenn wir Menschen uns niemals weiterentwickelt hätten. Sie wurden nicht von Menschenhand geschaffen.

Ich werde jetzt eine der Fünfzehn Eigenschaften ausführlich erläutern und ihre Wichtigkeit theoretisch untermauern. Es wird immer von „Größenordnungen" gesprochen, wenn Größenbeziehungen zwischen Designkomponenten festzulegen sind. An sich sagt der Begriff aber wenig über Formen aus. Die Kohärenz der Größenordnungen ist vorhanden, wenn, erstens, die Ordnungen innerhalb der korrekten Hierarchie nebeneinander bestehen und, zweitens, wenn alle unterschiedlichen Ordnungen miteinander verbunden sind. Das gesamte System wird in diesem Prozeß zu einem Ganzen.

Beginnen wir mit einem einfachen Größenfaktor $e \approx 2{,}7$, die logarithmische Konstante in der Mathematik. Anschließend postulieren wir, daß viele natürliche Strukturen (jedoch nicht alle) sich nach einem approximativen Größengesetz verhalten: „Beginnend bei der größten Dimension X gibt es eine wahrnehmbare Struktur sowohl in der Größe X/e als auch in der Größe X/e^2, bis hinunter zur Mikrostruktur der Materialien." Es handelt sich hier um eine Manifestation des Größenfaktors, vom großen hin zum kleinen.

Formen können jedoch auch umgekehrt analysiert werden, also beginnend bei den kleineren bis hin zu den größeren Dimensionen. Angenommen, es gibt Komponenten mit ganz bestimmten kleinen Dimensionen, die die Größe Y definieren. Demnach erwarten wir Definitionen von den größeren Dimensionen als Ye, Ye^2 usw., bis hin zur höchsten Größe.

Es ist wichtig zu betonen, daß der Größenfaktor e bloß eine einfache Zahl ist, die wir gebrauchen, um die Theorie zu erläutern, aber nicht exakt ist. Empirische Messungen zeigen unterschiedliche Größenfaktoren auf, die wir in der Natur beobachten können, und die zwischen ungefähr 2 und 5 liegen. Somit ist $e \approx 2{,}7$ eine Art Gesamtdurchschnitt auf der Grundlage allgemeiner Erfahrung.

Ein Größenfaktor, sagen wir die Goldene Mitte $\Phi \approx 1{,}6$, ist zu klein, und ein Größenfaktor 10 ist zu groß. Wenigstens aber ist die Wahl von e nutzvoll, um die Existenz einer Hierarchie der Größen zu dokumentieren. Das ist der wichtige Punkt.

Eine Hierarchie der Größe besteht aus unterschiedlichen Größenebenen. Jede Größenebene wird durch eine Reihe von Objekten definiert, die ungefähr dieselbe Dimension haben. Wenn es klare „Sprünge" von einer Ebene zur anderen gibt, kann es sich um eine Hierarchie der Größen handeln. Modernistische Gebäude tendieren auch dazu, eine Hierarchie der Größen zu besitzen, da die Dimensionen von, sagen wir, dem Detail von einem Zentimeter bis einer Wand von vier Metern „springen" können, und dies ohne weitere Zwischengrößen. Somit ist der Größenfaktor 400 gemäß unserer Theorie also viel zu groß. Es gibt einfach nichts dazwischen.

Die Größeneigenschaft, die wir hier besprechen, ist ein fester Bestandteil von Fraktalen. Bei jeder Vergrößerung läßt sich bei Fraktalen eine ganz bestimmte Struktur erkennen. Das beachtenswerte dabei ist, daß mathematische Fraktale selbstähnlich sind: Sie gleichen einander, wenn sie im entsprechenden Größenfaktor vergrößert werden. Bezogen auf ganz allgemeine Fraktale: Sie haben einen Wert von 2 oder 3 bzw. einen Wert dazwischen.

Die „Kohärenz der Größen" befaßt sich mit den Abständen zwischen den Größen innerhalb der Hierarchie. Gemeint ist die kognitive Distanz zwischen einer bestimmten Größe und der nächsten. Wenn die kognitive Distanz zu klein ist (wenn das Größenverhältnis klein ist), können wir nicht zwischen den beiden Größen unterscheiden. Wenn die kognitive Distanz zu groß ist (wenn das Größenverhältnis groß ist), sehen wir tatsächlich zwei unterschiedliche Größen, die aber ohne Beziehung zueinander sind, weil zu weit voneinander entfernt.

Pychologische Tests wurden durchgeführt, bei denen gezeigt wurde, wie stark mathematische Fraktale Naturelementen wie Küstenlinien, Bergketten, Schneeflocken usw. ähneln, indem ihr Größenverhältnis angepaßt wurde. Ähnliche visuelle Elemente werden am Computerbildschirm generiert; jedes Element entsteht durch den gleichen Algorithmus, jedoch in unterschiedlichen Größenverhältnissen. Es stellt sich heraus, daß diese künstlich erzeugten Naturelemente am natürlichsten aussehen, wenn das Größenverhältnis dem Wert, den wir vorschlagen, nahekommt: Im Bereich von $\sqrt{7} \approx 2{,}65$ bis 3, was $e \approx 2{,}7$ entspricht.

Durch die Verwitterung zwingt selbst die Natur allen Materialien fraktale Muster auf, die „reine Formen" zu Formen mit einer Hierarchie der Größen machen. Dies ist der Beweis, daß fraktale Formen natürlicher als reine, mechanistische Formen sind, da alle nicht-fraktalen Objekte schlußendlich doch fraktal werden. (Vielleicht ist das der Grund, weshalb Architekten gern Titan einsetzen: um die fraktale Transformation um Jahrhunderte zu verzögern—was sehr teuer und energieverschwendend ist.) Modernistische Architekten empfinden nur Abscheu für die Verwitterung, da diese ihre ursprünglichen Kreationen ruiniert; traditionelle Architekten jedoch beginnen ihre Arbeiten grundsätzlich immer mit einer Hierarchie der Größen. Auch verwittern ihre Bauten viel besser.

Es entsteht tatsächlich eine emotionale Bindung zu Flächen, aber nur wenn sie eine schön geordnete Mikrostruktur haben—damit meine ich gemusterte Größen von 1 mm bis 1 cm. Bei größeren Größen greifen traditionelle Architekten auf Friesen und Ornamente zurück, um zusätzliche Größen von 1 cm bis 30 cm, oder gar 1 m, zu definieren. Selbst Größen von 30 cm bis hin zur Größe des Gebäudes selbst, sind durch räumliche, tektonische und strukturelle Dimensionen bestimmt.

Also sehen wir, wie durch das Konzept der Hierarchie der Größen alle wahrnehmbaren architektonischen Merkmale, in allen Größen, zusammen eine mathematische Hierarchie bilden. Die kognitive Distanz zwischen den Größen bestimmt die Wirksamkeit der Hierarchie, die entweder leer oder durcheinander oder unausgeglichen oder schön kohärent ausfallen kann. Es bleibt dem Architekten überlassen, mit den passenden Materialien zu arbeiten.

Gebäude mit der richtigen Größenkohärenz sind für ihre Nutzer mit einem herausragenden Merkmal gekennzeichnet: Sie machen aus jeder Entfernung Sinn. Dies geschieht, weil nur ein Teil der Größen in der Hierarchie aus einer bestimmten Entfernung wahrnehmbar ist, und andere erst dann gesehen werden, wenn der Nutzer nähertritt bzw. sich entfernt. Von jeder Entfernung aus gibt es eine ausgeglichene Hierarchie, selbst wenn der Nutzer so nah am Gebäude ist, daß er dessen Oberfläche berühren kann.

Ich werde nun zusammenfassen, wie Größen innerhalb eines Gebäudes Kohärenz erlangen.

(1) Objekte in derselben Größe verbinden sich durch Ähnlichkeit und Kontrast.

(2) Objekte in kleineren Größen bilden zusammen ein Ganzes, das im größeren Maßstab zu einer höheren Symmetrie führt. Das komplexere Objekt ist somit von seinen kleineren Komponenten abhängig.

(3) Größenähnlichkeit verbindet Objekte unterschiedlicher Größen.

In meinen Augen ist die Kohärenz der Größen eines Gebäudes stark beeinträchtigt, wenn eine oder mehrere Größen fehlen (bestimmt durch Lücken in der Hierarchie der Maßstäbe). Ähnliche Destabilisierungen geschehen in natürlichen Systemen. Das deutlichste Beispiel liefert z. B. ein Ökosystem, in dem Tiere unterschiedlicher Körpermassen leben. Es ist erwiesen, daß die „Verteilung" von Körpermassen auf verschiedene Tierarten einer ganz klaren Hierarchie der Größen unterliegt. Außerdem wird das gesamte Ökosystem gefährdet, wenn eine Tierart entfernt wird. Um das Problem zu lösen, wird in der Natur die Hierarchie der Größen so schnell wie möglich wieder hergestellt. Entweder entwickelt sich eine andere Tierart so, daß sie die leere Stelle in der Hierarchie einnimmt, oder die größeren Arten sterben aus.

Lassen wir jetzt die „Größenebenen" beiseite, und suchen nach den Fünfzehn Eigenschaften in der Natur. Alexander führt unzählige Beispiele an und demonstriert, daß sie zur Wissenschaft gehören und keine ästhetischen oder psychologischen Reaktionen oder Präferenzen des Menschen sind.

Alle Situationen, in denen die Fünfzehn Eigenschaften in der Natur vorkommen, sollten uns davon überzeugen, daß es dabei um etwas wichtiges geht. Egal wie man es sieht: Architekten machen einen Fehler, wenn sie natürliche Prozesse ignorieren. Ich bin bereits darauf eingegangen, wie die Verwitterung zu fraktalen Mustern führt. Ob wir es nun zugeben wollen oder nicht: Gebäude werden mit der Zeit Teil der Natur.

Architekturstudenten können sich informieren über die vielen sehr interessanten Beispiele, die dokumentieren, wie die Fünfzehn Eigenschaften im gesamten Universum vorkommen, in Systemen aller Größen und Zeiten, und auch in allen Unterbereichen der Wissenschaften. Sie sind einfach universell. Eigentlich hat jedes Beispiel seine eigene Erklärung, weshalb es überhaupt existiert. Eine Erklärung für die Entwicklung eines Kristalls ist nicht die gleiche wie bei der Form einer Blume. Und doch sind die geometrischen Gesetze dieselben!

All diese verschiedenen wissenschaftlichen Erklärungen betreffen die Architektur nicht — sie sind bloß von allgemeinem Interesse. Maßgebend ist aber, daß die Fünfzehn Eigenschaften Gesetze von höherem Rang für die Kohärenz in der Natur sind. Sie überschreiten tatsächlich mehrere wissenschaftliche Disziplinen und beruhen nicht jedes Mal, wenn sie vorkommen, auf einzelnen Erklärungen. Diese untermauern nur ein Phänomen, das vorkommt, und das sich im Raum, im Maßstab und in der Zeit wiederholt.

Wir können die Fünfzehn Eigenschaften überall in der Natur sehen. Aber, wie Alexander bemerkt, stellen die existierenden Konfigurationen nur eine winzige Menge aller möglichen Konfigurationen dar. Weshalb also sehen wir im Universum nicht die vielen physischen Konfigurationen, die die Fünfzehn Eigenschaften möglicherweise verletzen würden? Weil die natürlichen Mechanismen solche Strukturen, die die Eigenschaften besitzen, solchen, die sie nicht besitzen, eindeutig vorziehen. Der Grund für diese Selektion ist aber unbekannt.

Wir vermuten, daß Universen, die die Fünfzehn Eigenschaften verletzen, unstabil sind und grundsätzlich nicht bestehen können. Dies ist natürlich eine reine Spekulation. Es gibt aber keine andere Erklärung dafür, weshalb die Fünfzehn Eigenschaften in unserem Universum so allgegenwärtig sind.

Das gilt aber nicht für menschliche Kreationen, obwohl ein Konsens herrscht, daß die Fünfzehn Eigenschaften in den größten Meisterwerken aus Menschenhand der Vergangenheit zu finden sind, sowie auch in unbefangenen Artefakten und Gebäuden. Übrigens war es genau darin, daß Alexander die Fünfzehn Eigenschaften entdeckt hat. Und doch gibt es eine Vielzahl von Objekten und Gebäuden, die die Fünfzehn Eigenschaften verletzen. Artefakte, Gebäude und urbane Strukturen, die den Eigenschaften nicht entsprechen, verfallen jedoch nicht automatisch: Physisch sind sie sogar stabil. Sie existieren heute überall in unserer Umgebung.

Wenn wir also davon ausgehen, daß die Fünfzehn Eigenschaften das Wesen von natürlichen Strukturen ausmachen, müssen wir schlußfolgern, daß der Mensch die Freiheit besitzt, unnatürlich zu sein. Es gibt keinen automatischen Selektionsprozeß, der unnatürliche, künstliche Produkte ausmerzt. Nichtsdestotrotz bauen wir gerade zu jenen menschlichen Kreationen eine Beziehung auf, die natürlicher sind, weil sie den Fünfzehn Eigenschaften entsprechen.

21

Vorlesungsskript, neunte Woche
Organisierte Komplexität und ein Modell zur Berechnung von Lebendigkeit in der Architektur

Lektüre in der neunten Woche:

- Alexander, *The Phenomenon of Life*, Anhang 6, „Calculating Degree of Life in Different Famous Buildings".
- Salingaros, *A Theory of Architecture*, Kapitel 5, „Life and Complexity in Architecture from a Thermodynamic Analogy".

LEBENDIGKEIT

Es ist an der Zeit, die Qualitäten zu bewerten, die ein theoretisches Maß für die „Lebendigkeit"liefern, die Bauten ausstrahlen. Wenn die Theorie richtig ist, sollte das ermittelte theoretische Ergebnis für „Lebendigkeit" ziemlich genau mit dem Ergebnis korrelieren, das durch den „Selbstbespiegelungstest" erzielt wurde.

Definieren wir zunächst einmal einen theoretischen Wert L für den vom Nutzer wahrgenommenen „Lebendigkeitsgrad" in Bauten. In meinem Modell wird L als Prozentwert berechnet. Statistische Werte werden im folgenden auf der Grundlage von einigen der Fünfzehn Grundeigenschaften, auf einer Skala von 0 bis 2, ermittelt: 0 wenn keine Eigenschaft vorhanden ist, 1 wenn die Eigenschaft teilweise vorhanden ist, und 2 wenn sie stark vorhanden ist.

Ich habe die architektonische Temperatur T als Eigenschaft einer Struktur eingeführt, die einfach zu ermitteln ist. Durch sie lassen sich mehrere der Fünfzehn Grundeigenschaften berechnen, wie zum Beispiel Größenstufen, ausgeprägte Grenzen, rhythmische Wiederholungen, jedoch in einer sehr vereinfachten Weise. Mit der Temperatur T wird gemessen, inwieweit sich eine Form oder eine Struktur, die sich von der totalen Uniformität, die leer, nichtssagend, flach, grau, weiß oder durchsichtig ist, abgrenzt. In der Regel werden solche minimalistischen Formen als „kalt" empfunden. Ich kann mir gut vorstellen, daß eine Form umso „wärmer" wird, je interessanter sie gestaltet ist. Farben sind hier inbegriffen wegen der Analogie mit physischen Objekten, die, wenn sie erwärmt werden, anfangen zu glühen. T kann somit statistische Werte über die Informationsstärke einer Struktur liefern.

Fünf verschiedene Werte — T_1 bis T_5 — machen die architektonische Temperatur T aus. Jeder Wert wird auf einer Skala von 0 bis 2, nach einer groben Berechnung, eingestuft: sehr wenig oder gar nicht = 0, ein wenig = 1, viel = 2. Die drei ersten Werte stammen aus der geometrischen Substruktur und die beiden letzten Werte aus der Farbe.

T_1 = Intensität eines wahrnehmbaren Details (nur in einer kleinen Größe)

T_2 = Unterscheidungsdichte, in jeder Größe

T_3 = Krümmung der Linien und Formen in jeder Größe, mit einem höheren Wert bei kleineren Krümmungsradien sowie bei mehreren vorhandenen Kurven

T_4 = Intensität der Farbensättigung, hoch bei leuchtenden Farben mit hoher chromatischer Tiefe

T_5 = Kontrast zwischen Farbensättigungen, komplementären Farben und Schwarz-weiß-Kontrast

Die architektonische Temperatur T ist die Summe aller Schätzungen (die oben genannten Mengen). Jede Komponente erhält einen Wert zwischen 0 und 2, wodurch die Gesamtmenge T zwischen 0 und 10 liegt.

Jetzt müssen wir weitere Grundeigenschaften integrieren, zum Beispiel starke Zentren, lokale Symmetrien, tiefe Verbundenheit sowie Echos. Ich definiere jetzt erneut fünf verschiedene Komponenten, diesmal der architektonischen Harmonie H, um die offensichtlichen Merkmale zu messen, die für Kohärenz und Vereinheitlichung verantwortlich sind. Ich beziehe mich auf die Fassade von Bauten, weil sie das ist, was Nutzer wahrnehmen, und nicht auf die Pläne, die nur in seltenen Fällen wahrnehmbar sind (außer auf Luftaufnahmen, die jedoch für den Nutzer im Gebäude irrelevant sind).

H_1 = Spiegelsymmetrien in allen Größen, mit einer Vorliebe für eine vertikale Symmetrieaxe

H_2 = Translationsinvarianz und Rotationssymmetrien in allen Größen bzw. der Ähnlichkeitsgrad von verschiedenen Formen an verschiedenen Stellen

H_3 = Größensymmetrien bzw. der Ähnlichkeitsgrad von verschiedenen Formen in verschiedenen Vergrößerungen

H_4 = geometrische Verbindungen bzw. der Verbindungsgrad von Formen untereinander

H_5 = Harmoniegrad von verschiedenen Farben, niedriger bei grellen Kombinationen

Die architektonische Harmonie H ist somit die Summe dieser fünf Schätzwerte und ergibt einen Gesamtwert zwischen 0 und 10.

Jetzt kombiniere ich die Temperatur und die Harmonie zu einem Produkt $L = TH$, das einen Wert aus 100 ergibt. Somit können einige der Fünfzehn Eigenschaften eines Objektes auf einfache Weise berechnet und ein einfacher Prozentsatz für jeden Fall ermittelt werden. Trotz der extremen Vereinfachung in diesem Modell erweist es sich als sehr präzise, um die Ergebnisse des Selbstbespiegelungstests vorauszusagen. Darum ist es sehr nutzvoll. Diese ausgeprägte Korrelation macht es möglich, den Wert L „Architektonisches Leben" zu nennen.

Man bemerke jedoch die Unterschiede: Der „Selbstbespiegelungstest" erlaubt uns, zwei Bauten oder Artefakte und deren „Lebensgrad" zu vergleichen. Er ergibt aber keinen Wert auf einer bestimmten Skala, was L jedoch tut. Wir könnten zum Beispiel für zwei Objekte jeweils die L-Werte 50% und 80% ermitteln. Dieses Ergebnis würde mit unserer Vorliebe für das zweite Objekt, wie sie der „Selbstbespiegelungstest" hervorgehoben hat, unabhängig korrelieren.

Um zu zeigen, wie dieses Modell funktioniert, habe ich die architektonische Temperatur T und Harmonie H von 25 bekannten Bauten berechnet, die eine Bandbreite von Architekturstilen und -traditionen aus der ganzen Welt über mehrere Jahrhunderte umfassen.

Es handelt sich um bloße Annäherungswerte. Diesen Berechnungen liegt die Auswertung einer Vielzahl von veröffentlichten Photographien zugrunde, die ich in einigen Fällen durch meine eigenen Beobachtungen der Bauten ergänzt habe. Die Tabelle enthält Berechnungswerte für die architektonische „Lebendigkeit" L.

25 bekannte Bauten und ihre Werte (bez. ihre architektonische Lebendigkeit). Die Bauten sind chronologisch aufgelistet. Die Zahlen in der dritten Spalte ergeben sich aus der Multiplizierung der Zahlen der beiden ersten Spalten ($L = TH$).

	Bau	Ort	Epoche	T	H	L
1.	Parthenon	Athen	–5C	7	8	56
2.	Hagia Sophia	Istanbul	6C	10	8	80
3.	Felsendom	Jerusalem	7C	9	9	81
4.	Pfalzkapelle	Aachen	9C	7	9	63
5.	Phoenix Hall	Kyoto	11C	7	9	63
6.	Konarak-Tempel	Orissa	13C	8	8	64

	Bau	Ort	Epoche	T	H	L
7.	Kathedrale	Salisbury	13C	7	9	63
8.	Baptisterium	Pisa	11/14C	7	8	56
9.	Alhambra	Granada	14C	10	9	90
10.	Petersdom	Rom	16/17C	9	6	54
11.	Taj Mahal	Delhi	17C	10	9	90
12.	Grand-Place	Brüssel	1700	9	7	63
13.	Maison Horta	Brüssel	1898	8	7	56
14.	Carson, Pirie, Scott	Chicago	1899	7	8	56
15.	Casa Batlló	Barcelona	1906	8	5	40
16.	Fallingwater	bei Pittsburgh	1936	4	5	20
17.	Watts Towers	Los Angeles	1954	10	4	40
18.	Corbusier Kapelle	Ronchamp	1955	3	2	6
19.	Seagram Gebäude	New York	1958	1	8	8
20.	TWA Terminal	New York	1961	3	4	12
21.	Salk Institute	San Diego	1965	1	6	6
22.	Opera House	Sydney	1973	4	5	20
23.	Medizinische Fakultät	Brüssel	1974	7	4	28
24.	Centre Pompidou	Paris	1977	6	4	24
25.	Foster Bank	Hong Kong	1986	3	7	21

In der präzisen Formulierung dieses Modells versuchen wir, zwei komplementäre Prozesse zu berücksichtigen, die im Entwurf treibende Kräfte sind. Obwohl jeder Prozeß von einigen der Fünfzehn Eigenschaften abhängt, sind sie gewissermaßen gegensätzlich. Es ist jedoch genau dieser Gegensatz, der das Phänomen Leben möglich macht, wenn er kontrolliert vonstatten geht.

Mit der architektonischen Temperatur werden Informationen und manchmal auch Unordnung in ein Design eingeführt. Für den Architekten bedeutet dies Freiheit und Lebendikeit in seiner Formulierung von Ideen und, offen gesagt, die Einführung von Elementen, die ein positives emotionales Feedback verursachen. T zu erhöhen, kann ein höheres Interesse wecken, aber auch zu Unordnung führen. Es ist also notwendig, komplementär die architektonische Harmonie zu erhöhen.

Alle Elemente, die eingeführt wurden, um T zu erhöhen, müssen weiter geordnet und zu einem Ganzen zusammengefügt werden. Und dennoch kann die Spannung zwischen T und H niemals einseitig vermindert werden, ohne daß dabei der gesamte Prozeß zunichte gemacht würde. Deshalb muß der Gestalter ein Gefühl für dieses delikate Gleichgewicht entwickeln und vorsichtig vorgehen.

Entweder werden T und H schrittweise erhöht, indem iterativ T und dann H, dann T, dann H usw. erhöht werden. Oder T und H werden gleichzeitig erhöht, in einem Prozeß, der zu jeder Zeit strenger kontrolliert verläuft. In beiden Fällen hat sich das Produkt $L = TH$ erhöht.

Der Versuch, Bauten mit „Lebendigkeit" zu entwerfen, hat immer erforderliche Kompromisse zwischen T und H als Folge; auch müssen einige Grundfolgen des Modells akzeptiert werden. Erstens hängt ein hohes L von einem hohen T ab, was dazu führt, daß es ein gewisses Maß an Willkür und sogar Grellheit geben wird — obwohl dieses relativ gering bleiben sollte. Zweitens können Bauten mit „Lebendigkeit" unmöglich völlig symmetrisch sein — in einem simplistischen Sinn. Es kann aber ebenso wenig ohne eine feste Basis bestehend aus durchdringenden, eingebetteten Symmetrien realisiert werden. Üblicherweise findet sich eine Fülle von Symmetrien, die zu L beitragen, obwohl sie leicht gebrochen sind. (Es handelt sich um das faszinierende Thema der „Symmetriebrechung".)

In der Vergangenheit waren Skulpturen, Reliefs, Wanddarstellungen und Mosaike sowie Kalligraphie Bestandteile der Architektur. Diese Elemente im kleinsten Maßstab helfen, T zu erhöhen. Der Schlüssel zu traditionellen Designformen besteht darin, daß die bekannten Harmonisierungstechniken, die eingesetzt wurden, um H zu erhöhen, im Gleichgewicht blieben, damit keinem Faktor geschadet wird. Und doch wird heute kein bißchen Wert auf die Koordination von diesem visuellen Durcheinander gelegt, das durch die vielen Zeichen und die Werbetafeln verursacht wird. Das ist die Folge davon, daß die Beziehung zwischen Information und der architektonischen Gestaltung nicht beachtet wurde. Indem sie die falsche ideologische Behauptung, der Mensch brauche weder Farben noch Ornamente, einfach hingenommen hat, hat unsere Gesellschaft keine Techniken entwickelt, um diese in der gebauten Umgebung so oft wie möglich einzusetzen. Deshalb fällt es uns besonders schwer, Ordnung im Durcheinander der aus Tafeln und Zeichen bestehenden schrillen Werbelandschaft zu schaffen.

Damit Bauten besser mit der Natur in Verbindung gebracht werden können, hilft es zu verstehen, welche Entwurffaktoren zu einer Umwelt mit höherem L führen. Dieses Modell hilft uns, die enge Beziehung zwischen der gebauten und der natürlichen Umwelt besser zu bewerten. Dadurch lernen wir letztere mehr schätzen und sie vor der Zerstörung zu bewahren. Unser Designsystem kann von natürlichen Analogien profitieren, wenn diese tiefgründiger verstanden und nicht nur oberflächlich kopiert werden. Es führt dann zu einer höheren Komfortebene, weil das architektonische Leben ein Indikator der positiven Erfahrung mit Bauten ist.

Bekannte Bauten mit niedrigen L-Werten werfen somit eine Reihe von Fragen auf. Sollen sie in gewisser Weise als mangelhaft betrachtet werden? Zwei Aspekte sollen hier berücksichtigt werden: Erstens ist das Modell für architektonisches Leben, das auf die Berechnung von L- und T-Werten basiert, eine Vereinfachung der Fünfzehn Grundeigenschaften. Um den Wert eines Gebäudes besser bewerten zu können, ist es deshalb notwendig zu untersuchen, wie stark alle anderen Eigenschaften vertreten sind.

Zweitens ist es für den Leser legitim, zu schlußfolgern, daß die ideale gebaute Umwelt völlig anders aussieht als das, was gefragte Architekten heute bauen. Neue Bauten mit hohem L werden uns an eine Vielfalt von traditionellen Architekturstilen erinnern, wie zum Beispiel Jugendstil (Art Nouveau), Art Deco usw., die genau das Gegenteil von den minimalistischen Beton- und Glaskübeln sind. Könnten wir uns eine solche Welt vorstellen? Ja, und es würde mit Sicherheit eine positive und sehr befriedigende Erfahrung sein!

Diejenigen, die die Formsprachen des Bauhaus-Modernismus des frühen 20. Jahrhunderts vorziehen, könnten unser Modell in Frage stellen, weil es ihre Lieblingsstile ausschließt. Wie ist denn unsere heutige gebaute

Umwelt enstanden? Es wurde einfach beschlossen, daß keine Bauten mit hohem L mehr entstehen sollten, und daß die einzigen akzeptablen Konstruktionen einer minimalistischen Ästhetik zu entsprechen haben. Dieser Beschluß wurde universell angenommen — ohne jegliche Legitimierung, wie ich finde.

22

Vorlesungsskript, zehnte Woche
Ganzheit und Geometrische Kohärenz

Lektüre in der zehnten Woche:

- Alexander, *The Phenomenon of Life*, Kapitel 3, „Wholeness and the Theory of Centers", Kapitel 4, „How Life Comes from Wholeness" & Anhang 3, „Cognitive Difficulty of Seeing Wholeness".
- Mehaffy & Salingaros, „The Transformation of Wholes", *Metropolis*, 13. April 2012.

Das Gefühl von „Lebendigkeit", das uns die Umwelt, in der wir leben, vermittelt, hängt stark mit ihrer wahrgenommenen Kohärenz zusammen — was Alexander „Ganzes" nennt. In der Praxis wird die Kohärenz durch einen iterativen Designprozeeß erreicht, das heißt, nach einer Sequenz von Anpassungen. Die Erfahrung dieses Ganzen geschieht jedoch in einem Male. Kohärenz oder Ganzes entsteht durch eine dichte Durchdringung von Designkomponenten, die Alexander „Zentren" nennt.

Ein „Zentrum" ist ein visueller Bereich, der durch seine Struktur auf sich aufmerksam macht, seine Peripherie zusammenhält, und dadurch die Gesamtkohärenz steigert. Zunächst erscheint dieser Effekt als bloße psychologische Antwort unserer Vision, aber da das Phänomen eigentlich mit der Wellenfunktion in der Quantenmechanik zusammenhängt, geht es in den Bereich der Physik über. Alexander geht davon aus, daß, damit eine Konfiguration als „Zentrum" wahrgenommen wird, diese ganz bestimmte Eigenschaften haben muß. Außerdem kann ein Zentrum nicht willkürlich — durch Zufall — erzeugt werden, da die Anzahl der Konfigurationen ohne Kohärenz bei weitem größer ist als die Anzahl der Konfigurationen mit Kohärenz. Deshalb ist ein Zentrum eine seltene Erscheinung, und muß ganz bestimmte Kriterien erfüllen. Es bedeutet auch, daß die Erschaffung von Zentren bewußt geschehen muß, und gewissen spezifischen Regeln folgen muß.

Damit ein Bereich im Raum als starkes Zentrum wahrgenommen wird, muß es der elementarsten Version der Fünfzehn Grundeigenschaften gerecht sein. Es ist hilfreich, zwischen zwei komplementären Grundeigenschaften von Zentren zu unterscheiden: (1) Ein definiertes oder explizites Zentrum hat in seiner Mitte etwas, das als Fokussierungspunkt der Struktur dient; (2) ein impliziertes oder latentes Zentrum, das eine leere Mitte besitzt, dessen Grenze nach innen ausgerichtet ist und auf seinen Zentralpunkt aufmerksam macht.

Kombinationen von Zentren werden in der Regel überall als „lebendige" Strukturen wahrgenommen. Bei Artefakten und in gebauten Umgebungen sind isolierte Zentren schwer auffindbar, weil kohärente Strukturen und Bereiche aus vielen verschachtelten Zentren bestehen. Inkohärente oder leere Strukturen besitzen keine bzw. wenige Zentren.

Die Bedeutung des Wortes „Zentrum" — als Bezeichnung für einen kohärenten Bereich im Raum — setzt mitunter voraus, daß es keine isolierten Außengrenzen besitzt. In einem System von verschachtelten Zentren ist jedes Zentrum ein Teil eines größeren Zentrums, das es umfaßt. Es ist deshalb notwendig, Kohärenz in ihrer Funktion als lokalen Fokussierungspunkt zu beschreiben, anstatt sie auf bestimmte Bereiche zu beziehen. Wir möchten die Kohärenz soweit wie möglich jenseits von lokalen

Bereichen ausdehnen: Grenzen innerhalb von Grenzen.

Ein System mit einem „Ganzen" ist eine Kombination von vielen ineinander greifenden, interagierenden Zentren, die nicht wie einfache Komponenten voneinander getrennt werden können: Das System kann nicht auseinandergenommen werden. Einfache Maschinen können aus Komponenten zusammengebaut werden, lebende Organismen jedoch nicht. Architekturformen, die das Lebensphänomen darstellen, gleichen biologischen Systemen bei weitem mehr als einfache mechanische Systeme.

Wenn man mit gesamten Systemen arbeitet, macht es Sinn, an sie durch Transformationen, anstatt Dekomposition und Wiederaufbau, heranzutreten. Somit kann man davon ausgehen, daß man etwas, was bereits existiert, durch etwas, was mehr Ganzes hat, ersetzt. Jeder einzelne Schritt, den wir unternehmen, geht in diese Richtung. Eine Grundregel muß dabei beachtet werden: Alle Komponenten müssen als miteinander verbunden und verknüpft gelten. Also entwickeln wir das System weiter, indem wir es so verändern, daß seine nötigen Verbindungen (ausgebaut, wieder verbunden, aber nicht bloß gekappt) erhalten bleiben, und sein Ganzes an jedem Punkt erhöht ist.

Lebende Systeme greifen regelmäßig auf Transformationen zurück, um komplexe „Ganze" aus einfacheren „Ganzen" zu bilden. Das Leben selbst muß sich auf ein Organisationsmuster stützen können, aber nicht auf die tatsächliche Materie, aus der ein Organismus besteht, da der Metabolismus ununterbrochen Zellmaterial erneuert. Was überlebt, ist das strukturelle und metabolische Muster, und nicht die Atome, die es ausmachen. Ein durchaus erfolgreiches Design, ob bei einem Bau oder einer Maschine, teilt diesen Prozeß von Musterproduktion durch Transformation. Drei Schlüsselkomponenten für ein optimales Design:

(1) Das Endergebnis erfolgt durch die Transformation von Beziehungen.

(2) Eine große Anzahl von Mustern, die das Produkt kennzeichnen, existieren bereits vor der Transformation.

(3) Die Transformationen erhöhen idealerweise die Kohärenz der Muster. In sämtlichen Fällen, in denen es nicht so ist, haben wir es mit nicht-optimalen Produkten zu tun.

Die Transformation des Embryos ist ein sehr gutes Beispiel für die Transformationen von Ganzen, die als Ziel die Erhöhung der Komplexität haben. Es ist bekannt, daß diese Transformation eine Zusammenfassung der Evolution der Spezies darstellt. Embryos von Lebewesen sehen alle ziemlich gleich aus, bis spät in ihrer jeweiligen Entwicklung. Der Grund dafür ist die Wiederholung des Selektionsprozeßes und die sich daraus ergebende Morphogenese. Knochen und Organe zum Beispiel, die wir von unseren fischartigen Vorfahren geerbt haben, haben sich so verändert, daß sie dem modernen menschlichen Körper dienen konnten (wie die Knochen im Innenohr, zum Beispiel).

Der Versuch, Ganzheit wahrzunehmen und sie zu bauen, zwingt uns dazu, auf die Dualität zwischen den Zentren, die ein Ganzes ausmachen, und das Ganze selbst zu fokussieren. Das ist keine einfache Sache, da Menschen in der Regel Design als die Zusammenfügung von Teilen betrachten. Weit entfernt vom typischen Bild von isolierten Stücken, die zu einem Ganzen zusammengefügt werden, gibt es jedoch eine wechselseitige Abhängigkeit zwischen dem Ganzen und seinen einzelnen Zentren. Visuell stellt Alexander dieses Phänomen als Skizzen auf Papier dar, aber der gleiche Prozeß läuft auch in konkreter Form ab, wie zum Beispiel bei Raumsequenzen oder offenen urbanen Infrastrukturen.

Diese Ganzheit ensteht durch die Zentren und, umgekehrt, die Zentren werden durch die Ganzheit erzeugt. Einfache Papierskizzen machen deutlich, wie empfindlich diese Zentren und diese Ganzheit auf kleinste Variationen reagieren. Das gleiche gilt auch für größere Strukturen, aber in der gegenwärtigen Zeit ignorieren Architekten diesen Effekt. Wir können noch etwas aus dieser Abhängigkeitsbeziehung der höheren Größe von Variationen in kleineren Größen lernen: die Wichtigkeit von Ornamenten. Da sie unsere Wahrnehmung der großräumigen Struktur eindeutig beeinflussen, können wir sie nicht ignorieren.

Um uns bessere „Erfahrungsbilder" von Volumen, Flächen und Räumen machen zu können, sollte direkt im 1:1 Maßstab gebaut werden, wie Alexander es macht. Er baut zunächst Modelle aus nicht-permanenten Materialien, die angepaßt werden, bis die Architekten das Gefühl haben, daß die Flächen und Dimensionen stimmen; erst dann werden sie vermessen, und die Zeichnungen anschließend gefertigt, UND NICHT ANDERS HERUM. Dadurch kann die gesamte Konfiguration die für das Aufrechterhalten der Ganzheit notwendigen Teile hervorbringen. In der Natur zum Beispiel werden die Blüten einer Blume gemäß ihrer Rolle und Position in der Blume erzeugt — es sind nicht die Blüten, die die Blume hervorbringen!

Diese direkte Interpretation der Raumerfahrung bedeutet eine Umkehrung einiger Aspekte in der gewohnten Designpraxis. Erstens ist das, was heute im Design wichtig erscheint (formelle Geometrien; ein „inspiriertes" Verständnis von Form), eigentlich nur nebensächlich; und es sind die Aspekte, die normalerweise ignoriert werden (die Art und Weise wie Räume, Flächen und Volumen Menschen beeinflussen), die für die lebensbejahende Ganzheit verantwortlich sind. Wenn wir letzteres ignorieren, werden wir nie Ganzheit erzeugen. Zweitens, selbst die gewohnte Art und Weise, auf die wir die gebaute Umgebung in Bezug auf ihre architektonischen Elemente beschreiben, erschwert unsere Wahrnehmung der Ganzheit. Selbstverständlich kann Ganzheit nicht erzeugt werden, wenn sie weder wahrgenommen noch beschrieben wird.

Die Zentren und die Ganzheit eines physischen Bereiches kontrollieren unser Verhalten in dieser Struktur. Sie beeinflussen das Leben, das sich dort entwickeln kann, sowie auch die Gefühle, die der Ort in uns aufkommen läßt. Somit kontrollieren sie auch letztendlich die menschlichen Geschehnisse, die dort vorkommen. Dieser Einfluß mag nicht immer gleich auffallen, aber er wird die Langzeitsituation bestimmen.

Alexander analysiert verschiedene Beispiele von Ganzheit, in denen diese aufgebaut wird, indem Zentren sequenziell erzeugt werden. Die wichtigen Lehren, die er daraus zieht: (1) Es handelt sich um einen graduellen Prozeß, der nicht auf einmal geschehen kann; (2) der Prozeß ist nicht additiv, sondern transformativ. Es werden nicht bei jedem Schritt völlig neue unterschiedliche Komponenten hinzugefügt, sondern das, was „da ist", wird zu einer größeren Kohärenz weiterentwickelt. Transformationen, die die Ganzheit fördern, fügen letztendlich neue Zentren hinzu; doch diese werden intern erzeugt und stärken die bereits bestehenden Zentren. Je höher die Dichte von überlappenden Zentren, desto mehr wird die Struktur als „lebendig" empfunden.

Alexander zeigt, daß es extrem schwer ist, Ganzheit wahrzunehmen, insbesondere für Erwachsene in der heutigen Kultur. Es war nicht so in traditionellen Gesellschaften, oder selbst in unserer eigenen vorindustriellen Vergangenheit; eine Gabe, die alle Kinder besitzen. Ein Experiment, das zeigt, wie Erwachsene die Fähigkeit verloren haben, Ganzheit zu sehen, besteht darin, Studenten zu bitten, ein komplexes Design mit überlappenden Zentren zu entwerfen. Wenn sie bloß die Teile des Designs kopieren, wird das Ergebnis unbefriedigend ausfallen. Der einzige richtige Weg ist, zu versuchen, die Ganzheit der Konfiguration zu zeichnen, indem die Beziehungen zwischen den Teilen genauso berücksichtigt werden wie die Form der Teile selbst.

Diese Technik erweist sich auch als das „Geheimnis", das hinter jedem gelungenen Porträt einer Person steckt. Die Ganzheit des Gesichts der Person vermittelt die Persönlichkeit des Modells. Es geht dabei um viel mehr als nur um die getreue (fast photographische) Wiedergabe der Gesichtszüge. Selbst bei großer Genauigkeit sieht das Porträt einer Person nur leblos und künstlich aus, wenn es nicht auf Ganzheit beruht.

Alexander hat ein Experiment mit 35 verschiedenen Streifen von je sieben schwarz-weißen Vierecken gemacht. Jedes Muster hat eine intrinsische Ganzheit, die mathematisch der Dichte der Zentren in diesem Streifen entspricht. Da die internen Symmetrien kalkuliert werden konnten, kommen wir im vorliegenden Fall zu einem „Wert", der der Anzahl der überlappenden Zentren entspricht. In der Regel sahen ungeübte Erwachsene die Muster, aber nicht deren Ganzheit, weil sie gewöhnlich die Informationen sequenziell interpretieren, und nicht gleichzeitig: 80 Prozent der Personen interpretierten die Muster sequenziell, wie zum Beispiel beim Lesen von Texten, und nur 20 Prozent sahen deren Ganzheit. Die meisten Kinder sahen jedoch die Ganzheit.

Alexander entwickelte eine Schulungsmethode, um die Ganzheit dieser Streifen zu sehen. Auf einem Bildschirm projizierte er alle Streifen zusammen, willkürlich verteilt. Die Aufgabe des Beobachters lag darin, auf Anhieb einen spezifischen Streifen zu identifizieren. Sequenzielles Suchen funktioniert hier nicht, weil es nicht genügend Zeit gibt, um einzelne Streifen zu vergleichen. Der Beobachter muß herausfinden, wie er die gesamte Konfiguration sehen kann. Zweifelsohne handelt es sich hier um diese Fähigkeit: Das Zählen einer bestimmten Anzahl von Münzstücken, die auf einem Tisch liegen, bei nicht ausreichender Zeit. Ungeschulte Erwachsene schaffen es nicht, obwohl Kinder und einige Autisten dazu in der Lage sind. Kinder können lernen, eine willkürliche Verteilung sofort zu zählen, aber nur wenige werden tatsächlich dazu geschult. Stattdessen werden Kinder geschult, sequenziell zu zählen. Zwar ist diese Fähigkeit wichtig, aber dadurch geht die andere quantitative Fähigkeit verloren.

Nach einer Weile erlauben globale Schulungsmethoden den Beobachtern, überall Ganzheit zu sehen. Mehr und mehr wird die Welt somit zur Vermittlerin von ganzheitlichen Konfigurationen. Diese Ganzheit kann nicht in einer sequenziellen und analytischen Informationssuche gesehen werden.

Wie kann die Architektur vom ganzheitlichen Design profitieren? Anstatt Teile und Komponenten individuell zu sehen, könnte das ganze Gebäude als Ganzes entworfen werden. Durch Ganzheit können bessere geometrische Transitionen zwischen verschiedenen Formen erzeugt werden. Wenn die geometrische Organisation richtig angewendet wird (wenn die menschliche Sensibilität berücksichtigt wird), kann der Nutzer von ihr profitieren. Die Kohärenz macht es möglich, ein komplexes Gebäude besser zu verstehen. Es bedarf also keiner reduktiven Einfachheit, um dieses Ziel zu erreichen.

Durch Ganzheit kann ein Gebäude mit seiner direkten Umwelt verbunden werden, wenn die Entwurfs-Designtechnik in einem größeren Maßstab als die Grundfläche des Gebäudes selbst ist. So kann die Natur besser mit Gebäuden, die in ihrer Nähe sind, verbunden werden. Auch bessere Erfahrungen mit den Außenbereichen können dadurch gemacht werden. Komplex gebaute Umgebungen mit Ganzheit sind lebendiger.

23

DIE TRANSFORMATION VON GANZEN

Von Michael W. Mehaffy und Nikos A. Salingaros

Metropolis, 13. April 2012. Nachgedruckt mit freundlicher Genehmigung.

DIE ÜBLICHE UND FOLGENSCHWERSTE DEFINITION von Design lautet: Design ist die Kunst, grundsätzlich unzusammenhängende Teile zu einer „Komposition" oder „Assemblage" zusammenzufügen. Das witzige ist, daß diese Vorstellung aus wissenschaftlicher Sicht völlig falsch ist. Eine viel korrektere Vorstellung von Design lautet deshalb: die Transformation von einem Ganzen zu einem anderen Ganzen. Diese Definition ist nicht nur präziser, sie ist auch grundlegend für adaptives Design.

Gehen wir auf die wichtigen Implikationen, die dieser Unterschied zwischen Assemblage und *Transformation* mit sich bringt, näher ein.

Wieso ist es wissenschaftlich falsch, Design als „Komposition" von grundsätzlich unzusammenhängenden Teilen zu betrachten? Weil nichts, was innerhalb eines gesamten Systems funktioniert, wirklich „grundsätzlich unzusammenhängend" sein kann — obwohl die Wissenschaften so auf dieser abstrakten Grundlage mit mehr oder weniger Erfolg lange gearbeitet haben, und auch in der Technologie weiterhin so vorgegangen wird. Im letzten Jahrhundert lehrten uns die Wissenschaften immer mehr über die fundamentalen Zusammenhänge des Universums, vom Makrokosmos (Raum-Zeit-Kontinuum) bis zum Mikrokosmos (die „Push-Pull"-Welt der

Quanten). In den Biowissenschaften hat diese Erkenntnis dazu geführt, daß wir die mehrschichtige, historische Interdependenz von Systemen, die in den netzwerkähnlichen Beziehungen von ökologischen Systemen besonders auffällig ist, nun besser verstehen. Überall in der Natur erkennen wir umfangreiche und komplexe Netzwerke von Verbindungen.

Diese „wesentliche Vernetzung" spielt eine große Rolle, weil sie wichtige Folgen für komplexe Systeme, wie zum Beispiel den menschlichen Körper, für Ökosysteme oder für Städte hat. Die Bestandteile dieser komplexen Systeme können nicht als unabhängig und austauschbar betrachtet werden, ohne daß dabei ungewollte Konsequenzen folgen würden (Stellen wir uns einen Arzt vor, der eine Herztransplantation vornimmt, ohne sich vorher Gedanken über die Gewebeübereinstimmung gemacht zu haben!).

Bei einfachen Sachverhalten können Teile in der Regel als unabhängig betrachtet werden, ohne daß dabei ernste Konsequenzen entstehen. Wir profitieren vom prozessualen Vorteil, den die (Über-)Vereinfachung der Probleme mit sich bringt, und auch davon, daß wir sie als aus separaten und austauschbaren Komponenten bestehend betrachten. Ab einer bestimmten Komplexitätsschwelle beginnt jedoch diese nutzvolle kleine Fiktion ein hohes Risiko in sich zu bergen. Auf der Ebene der Zivilisation ist dieses Risiko schlicht und einfach inakzeptabel. Wir müssen andere Wege finden, um mit der Natur umzugehen, und auch Designtechnologie muß neu gedacht werden. Kurz gesagt: Heute stehen wir genau an diesem Punkt.

Es ist die „Technologie" selbst — die Fähigkeit, Dinge herzustellen —, um die es eigentlich geht. Wir stellen uns oft Technologie in Form von gewaltigen Maschinen und großen Abstraktionen vor, aber in Wahrheit ist sie nichts weiteres als die menschliche Strategie, natürliche Prozesse zu unseren Gunsten zu beeinflussen; es geht immer nur darum, egal ob beim Schärfen der Spitze eines Pfeils oder wenn Raketen auf den Mond geschossen werden.

Von Anfang an haben unsere Vorfahren mit der Natur interagiert, um Werkzeuge zu produzieren, die den Bedürfnissen des Menschen entsprechen. Es scheint, daß wir eben so lange versuchen, dieses Bestreben konzeptuell zu erfassen. Zu Beginn der westlichen wissenschaftlichen Tradition haben Platon und sein Schüler Aristoteles nach der Mereologie gefragt — das Verhältnis zwischen Teil und Ganzem —, und auch inwiefern der Mensch Ganze aus Teilen bzw. Ganze durch die Transformation von anderen Ganzen produziert.

Es hat sich herausgestellt, daß lebende Systeme regelmäßig durch Transformation neue Ganze generieren. Demnach läßt sich das Leben einfach wie folgt definieren: „Das Leben ist die Transformation von Energie in Information". Die Sonnenenergie, die von der Erdoberfläche aufgenommen wird, wird in genetische Information umgewandelt. Wegen der unbeständigen Natur der organischen Materie muß diese Information durch reproduktive Strategien an die nächsten Generationen weitergegeben werden. Jede lebende Einheit setzt sich aus Chemikalien zusammen und ersetzt ihr Leben lang ihre „abgenutzten" Komponenten durch neue.

Nichtsdestotrotz sind Wachstum und Erhaltung die wesentlichen Aspekte der genetischen Information und der komplexen organischen Struktur. Man bemerke aber, daß die Struktur, die erhalten wird, im Muster enthalten ist und nicht in der Materie, die sich permanent wieder erneuert. Außerdem leben die weiter entwickelten Lebensformen wie Vielzeller-Organismen nicht von nur einfachen chemischen Elementen, sondern sie müssen komplexe Verbindungen eingehen, damit ihr Metabolismus richtig funktioniert. Pflanzen brauchen organische Nährstoffe und Tiere Proteine, die ausschließlich aus anderen Organismen „gewonnen" werden können.

Das bedeutet, daß Transformationen der Schlüssel zur reichen Komplexität lebender Strukturen sind — eine wichtige Erkenntnis für Designer. Uns geht es eindeutig um das Verständnis von Design als ein Weg, die Realität darzustellen, und nicht um Wunschvorstellung. Da es hier um nichts geringeres als eine völlig neue theoretische Disziplin geht, die angesichts der Herausforderungen sehr vielversprechend ist, dürfen wir nicht unüberlegt vorgehen.

Wenn wir uns die riesige Produktion im 20. und im 21. Jahrhundert vor Augen führen, stellen wir fest, daß die überwältigende Anzahl von

„Design-Objekten" bloß einen oberfächlichen Effekt bieten. Ihr Fokus liegt auf Komponenten und „Stilen", und nicht auf einem wesentlichen Ganzen, auf Adaptivität oder auf Funktion. Und doch kamen diese Eigenschaften, die im wesentlichen als „lebendig" bezeichnet werden können, während Tausenden von Jahren menschlicher Erfindungen vor der mo-

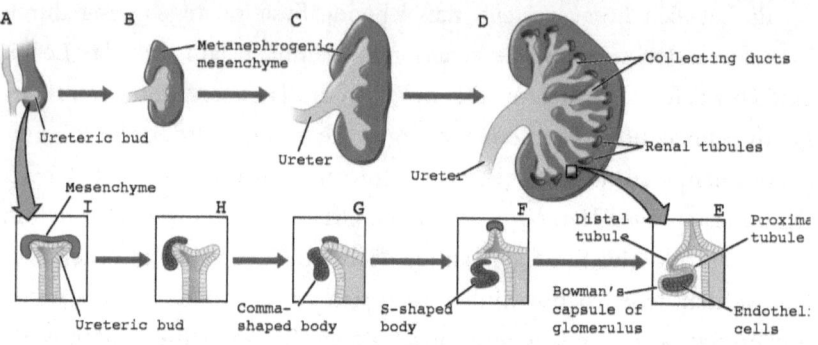

Abb. 1 Die Transformation von ganzen Strukturen während der komplexen Morphogenese einer Niere. *Bild: R. V. Sampogna und S. K. Nigam, American Physiological Society*

dernen Industrialisierung zum Ausdruck. Die Frage ist deshalb, wie diese „ausdauernden" Qualitäten in unseren qualitativ mangelhaften modernen Technologien berücksichtigt werden können.

Die Antwort ist eng verbunden mit unserer Vorstellung vom „klassischen Design". Wie wir an anderer Stelle (vgl. unseren Essay: „Science for

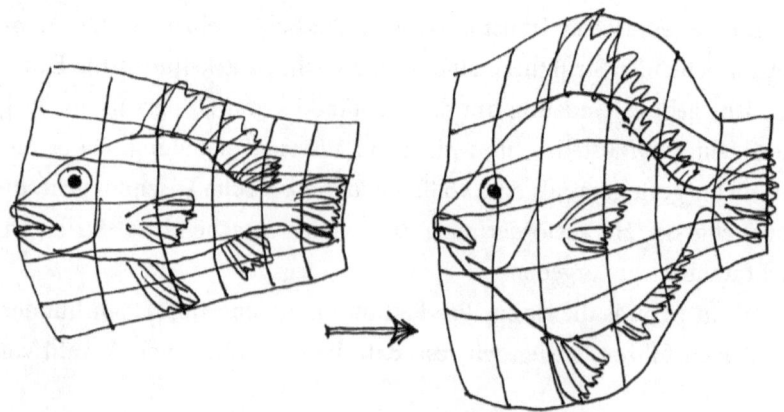

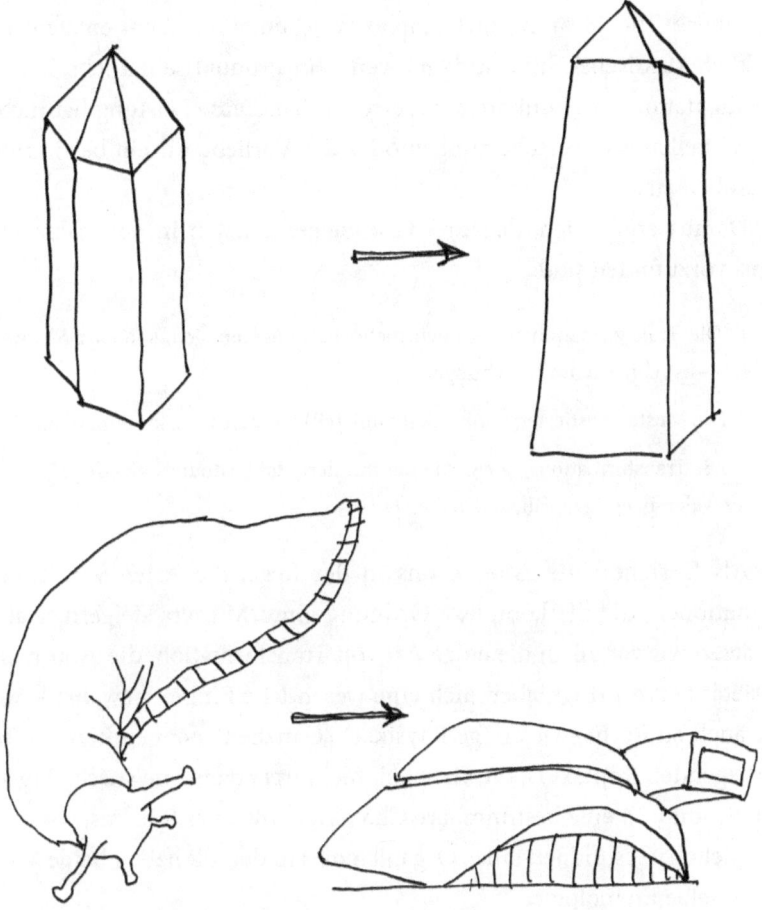

Abb. 2 Drei Beispiele von Transformationen. Oben, die geometrische Transformation der Außenform von zwei unterschiedlichen Fischen, die die gleiche innere Ganzheit haben — neu gezeichnet nach D'Arcy Wentworth Thompsons Buch *Über Wachstum und Form*. Mitte: Ein Kristall, zum Hochhaus transformiert, verliert seine strukturelle Ganzheit, während der hohle Stahltragrahmen des Gebäudes nicht auf sein Volumen, bzw. auf die durchsichtige Vorhangfassade ausgedehnt wird. Der Bau ist als Monument in Ordnung, aber nur aus der Distanz beobachtet. Unten, eine Bananenschnecke (Ariolimax), die in ein Museum für moderne Kunst transformiert wird — ein Beispiel für einen Informationskollaps. Die komplexe Innenstruktur des Tieres wird nicht transformiert. Das Gebäude erweist sich lediglich als leere Hülle, ohne jegliche Transformation der Innenstruktur. Zeichnungen von Nikos Salingaros.

Designers: The Meaning of Complexity") bemerkt haben, entsteht ein wirklich klassischer Stil erst dann, wenn ein Produkt sein höchstes Maß an Adaptation und Funktionalität erreicht hat. Diese Leistung hat nichts mit visuellen Modeerscheinungen oder der Vorliebe für ein bestimmtes Aussehen zu tun.

Daraus ergibt sich, daß drei Grundeigenschaften in optimalen Designs vorzufinden sind:

> 1. Die Transformationen betreffen nicht die Dinge an sich, sondern Muster — es geht also um Beziehungen.
>
> 2. Die Muster existierten (zumindest zum Teil) vor den Transformationen.
>
> 3. Die Transformationen steigern oder mindern das Ordnungsmaß der Muster (oder, in einigen Fällen, behalten es bei).

Als Designer interessieren uns in der Regel die Arten von Transformationen, die die komplexe Ordnung eines Musters steigern. Dabei schätzen wir vor allem diejenige Art von Transformation, die zwar mehr Varietät hervorbringt, aber auch eine wesentiche Einheit bewahrt — was wir auch zu Recht (wie einige Physiker) „Ganzheit" nennen können. Im vorliegenden Kontext ist die Ganzheit nicht irgend eine mystische Eigenschaft, sondern eine bestimmbare Charakteristik eines Systems, wie zum Beispiel die Gesundheit eines Organismus. (In der Tat haben beide Wörter dieselbe Etymologie.)

Wir sehen hier die Entwicklung der Komplexität im Prozeß der „Embryogenese", während der jeder Vielzeller-Organismus (Pflanze oder Tier) durch die embryonale Entwicklung aus einem befruchteten Samen oder Ei wächst. Bei diesem Prozeß handelt es sich wirklich nicht um eine Assemblage aus unzusammenhängendem Material, sondern um die Transformation des ursprünglichen Samens oder Eis durch Zellteilung oder Morphogenese. Bei jeder Entwicklungsetappe des Embryos wird die Form oder das Muster transformiert und weiterentwickelt, während es seine Komplexität hinsichtlich eines Endziels steigert: ein unabhängiger Organismus (der in seiner besonderen DNA kodiert ist).

Die Natur verwendet immer wieder aufs neue funktionierende Ganze und kombiniert diese in neuen Verwendungsweisen. Es ist die effizienteste Methode, um neuartige Applikationen zu generieren. Die Gehörknöchelchen im Mittelohr zum Beispiel sind eine Adaptation einer älteren Verwendung der Kiemenknochen bei frühen Formen von Fischen.

In einem anderen Maßstab können Organismen, die evolutionär verwandt sind, als Varianten eines organismischen Grundmusters betrachtet werden. Die Mitglieder einer solchen Familie sind einfach morphologische Transformationen von einem Muster zum nächsten. Genau das hat die Mathematik-Biologin D'Arcy Wentworth Thompson in ihren bahnbrechenden Arbeiten wunderbar erklärt. Weiterentwicklungen im strukturellen Raum setzen mehr Transformationsetappen voraus, bis die Formen sich kaum noch ähneln. Und doch hat sich der stark diversifizierte Baum der Evolution aus einem Fundus von wenigen gemeinsamen Vorfahren heraus entwickelt; seine Komplexität hat er durch Transformationen erreicht.

Die beiden ersten Typen von Beziehungen, die wir hier besprechen, sind miteinander verbunden, weil das Tier während der embryonalen Entwicklung die Morphologie von früheren Vorfahren verwandter Organismen durchlebt, bevor es seine bestimmte Form erreicht. In seinen ersten Tagen kann ein menschliches Embryo nicht vom Embryo eines Fisches oder eines Huhns unterschieden werden. Das ist die Bedeutung der Aussage von Biologen: „Ontogenese wiederholt Phylogenese" — die Transformation des Embryos gleicht der Transformation der Spezies im kleinen Maßstab.

Selbst bei evolutionär entfernten Organismen existieren zusätzliche spontane Koinzidenzen, die „konvergierende evolutionäre Merkmale" genannt werden. Diese Design-Konvergenzen legen Transformationen von invarianten Mustern an den Tag, die sich parallel in nicht-verwandten Organismen entwickelt haben, mit dem Ziel, das gleiche invariante Problem zu lösen. (In unserem Essay „Frontiers of Design Science: Computational Irreducibility" gehen wir auf das Beispiel der parallelen und doch asynchronen Entwicklung der Rückenflossen beim Hai und beim Delphin ein.)

Interessanterweise wird gemutmaßt, daß die genetische Information die physische Plattform ersetzt. Der Evolutionswissenschaftler Graham Cairns-Smith hat nahegelegt, daß es durchaus denkbar ist, daß sich ein Replizierungscode zunächst auf freiliegenden Tonflächen entwickelt hat, anstatt durch organische Moleküle. Wenn man dieser Hypothese folgt, haben Nukleinsäuren die Informationsmuster einfach vom Ton übernommen und dem Leben als Starthilfe gedient. Obwohl diese Annahme nicht die Regel in der heutigen Evolutionsbiologie ist, stellt sie eine interessante Hypothese über die Kraft von Transformationen, selbst in der „toten" Materie, dar.

Die Idee, nach der sich ein Organismus aus „wesentlich unzusammenhängenden" Elementen zusammensetzt, wird unserer Meinung nach durch die Tatsache zunichte gemacht, daß das strukturelle Muster immer schon vorhanden war, und daß der Zweck des Lebens in gewisser Weise darin besteht, den organischen Prozeß, bei dem Energie in biologische Information umgewandelt wird, fortzuführen. Der Baum der Evolution, der Einzeller mit fortgeschrittenen Organismen verbindet, beweist, daß es nicht viele Grundmuster von Organismen gibt, und daß diese eine schier unbegrenzte Zahl von Transformationen hervorgebracht haben.

Die gleichen Transformationsmerkmale finden sich heute in den fortgeschrittensten Design-Bereichen. Sie haben bestimmt gehört, wie das Schnittstellenmuster von Douglas Engelbart im Stanford Online System in Xerox PARC und anschließend in Apple Macintosh transformiert wurde. Demnach hat der Mac *nicht* Elemente zusammengefügt, die wesentlich unzusammenhängend waren. In einem breiteren Rahmen betrachtet, stellen heute die meisten Computer auch eine Transformation — zugegeben, eine sehr komplexe Transformation — der ersten Maschinen dar, in denen die Computerarchitektur von Alan Turing und John von Neumann angewendet wurde. Dieser gemeinsame evolutionäre Ursprung verkörpert aber auch die grundsätzliche Restriktion, die mit Transformationen einhergehen. In einem Artikel, der den Titel „The Information Architecture of Cities" trägt, und in Zusammenarbeit mit L. Andrew Coward enstanden ist (nachgedruckt als Kapitel 7 unseres Buches *Principles of Urban Structure*), erklären wir, daß Computer deshalb nicht denken können, weil ihre Architektur sich vom menschlichen Gehirn unterscheidet. Um das Denken zu ermöglichen, d. h. um Computer mit Bewußtsein zu erschaffen, bedürfe es einer grundsätzlich neuen Computerarchitektur.

Im Produkt-Design, so Design-Theoretiker Jan Michl in seinem brillanten Essay „On Seeing Design as Redesign", geht jedes gelungene Design immer aus bereits existierenden Mustern hervor, was als Konsequenz hat, daß es sich weniger als angenommen um Innovationen und Zusammenstellungen handelt. So verkörpert eine mechanische Uhr die Transformation von komplexen schematischen Mechanismen und Teillösungen, die

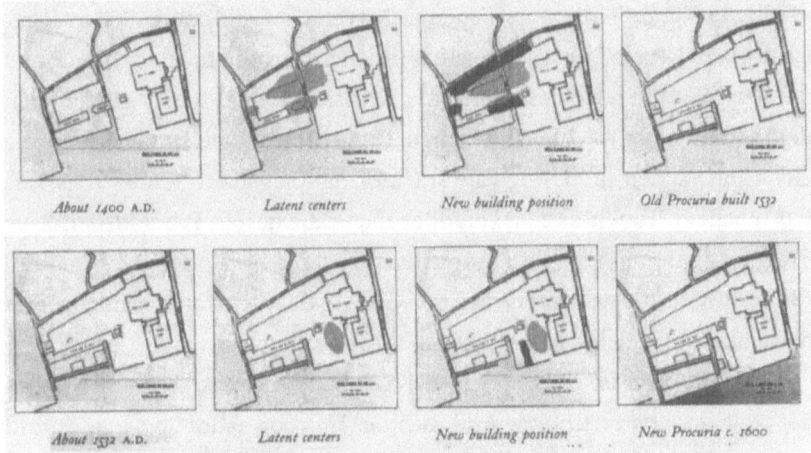

Abb. 3 Transformationen des Markusplatzes in Venedig, bei denen die strukturelle Ganzheit über knapp 200 Jahren beibehalten wurde—Teil einer Serie, die sich über 1.000 Jahre erstreckt, dokumentiert in Christopher Alexanders Buch *The Nature of Order* (Band 2, Seite 254). In jedem Schritt ihrer Geschichte war die Stadt ein Ganzes und nie ein unvollständiges Gebilde von Teilen, die darauf warteten, zusammengefügt zu werden.

auf die griechische Antike zurückgehen (zum Beispiel auf den Mechanismus von Antikythera—um die 130 v. Chr.—der, trotz einer Lücke von tausend Jahren, als dieses Wissen und diese Technologie verloren gingen, von Grund auf wiederentdeckt werden mußte). Es ist keine *ex nihilo* Kreation. Diese Interpretation von Design wurde unter anderem von George Basalla vertreten.

Wir stoßen hier auf ein Grundprinzip, das für Design im allgemeinen gilt: Es geht nicht nur um die Komponenten, die zu einem Endprodukt zusammengesetzt werden. Es geht vor allem um das Muster, das für das gute Funktionieren der gesamten Struktur verantwortlich ist. Dank dieser Erkenntnis rückt die prinzipielle konnektive Ganzheit eines Produktes in den Fokus des Designers und nimmt die Stelle des visuellen „Designs", das durch seine Komponenten definiert wird, ein. Es geht also um die Beziehungen zwischen den Teilen, und wie diese die Funktion und die Adaptivität ausmachen. Diese Beziehungen gleichen der Transformation von etwas, das möglicherweise genauso komplex ist.

Bauten und Städte unterliegen selbstverständlich den gleichen schematischen Regeln. Trotz der menschlichen Arroganz (und Ignoranz), die den Wunsch nach gestalterischer Kreation — oder besser gesagt nach dem Aufzwingen — von künstlichen Umgebungen speist, herrschen die Grundprinzipien von Design als Transformation weiterhin über alles, was wir machen. Ob wir es zugeben oder nicht, die besten Produkte sind aus Transformationen von Gesamtmustern entstanden. Andererseits tendieren Produkte, die willkürlich kreiert wurden, dazu, bestenfalls mangelhaft bzw., im schlimmsten Fall, praktisch dysfunktional zu sein.

Zum Beispiel ist ein Großteil der Gebäudesubstanz, die während des 20. Jahrhunderts errichtet wurde, aus der Transformation der Beton- und Glaskübel, der Flächen und der Zylinder des frühen Modernismus hervorgegangen. Bei weiteren Typen von Produktdesign ist man diesem Beispiel gefolgt und hat Werkzeugen eine vorwiegend visuelle Industrie-Ästhetik gegeben, anstatt sie den grundsätzlichen Bedürfnissen des Menschen oder selbst einem einfachen „Funktionalismus" anzupassen. Da nur eine begrenzte Anzahl von Transformationen für die primitiven Geometrien von Kübeln und ähnlichen Strukturen möglich ist, führt es immer wieder zu einer begrenzten architektonischen Sprache mit repetitiven Variationen des gleichen Resultats. Neuerdings werden die Kübel transformiert, indem sie seitlich gepresst und verbogen werden; selbst ihre Kanten werden durch Spline-Kurven ersetzt. Die früheren Glaswände verschwinden fast ausnahmslos und werden in „modische" Drahtmaschen transformiert. Trotz der oberflächlichen Neuerung, die sie darstellen, sind sie bloß das Ergebnis der Transformation eines relativ primitiven frühen Industriemusters.

Aus diesem Grunde müssen Designer, die eine innovative, adaptive Architektur anstreben, die alten „geometrisch fundamentalistischen" Muster aufgeben. Aber, wie auch bei anderen Formen von Fundamentalismus, ist diese Denkweise extrem irreführend. Fachleute und Studenten, die im engen Korsett der modernistischen Typologie ausgebildet wurden, haben es nicht einfach, auf dem ideologischen Hintergrund der „Neophilie", Transformationen aus älteren Aktualisierungen zu erkennen bzw. deren Wert zu akzeptieren. (In unserem Essay „Architectural Myopia" sind wir auf interessante Forschungsansätze eingegangen, die hilfreich sind, um dieses Phänomen zu erklären.)

Dieser Aspekt muß hervorgehoben werden, denn er hat wichtige Folgen für nachhaltiges Design. Ironischerweise denken heute viele Designer (besonders Architekten), daß es zwangsläufig „reaktionär" und „unkreativ" ist, auf Transformationen aus dem Pool der vielen Aktualisierungen von vor ca. 1920 zurückzugreifen. Dadurch wird deutlich, daß dieses „Verbot" Kreativität mit „Neuartigkeit" verwechselt — ein Verbot, das auf eine fast hundertjährige Design-Theorie (die, wie wir nun feststellen, unvertretbar ist) zurückgreift. Tatsächlich erreichen natürliche Systeme ihr hohes Maß an Diversität, Adaptation und Resilienz bei Umwelt-Veränderungen gerade durch Rekapitulation. Wir sind der Meinung, daß der radikalste Fortschritt heute, im Zeitalter der biologischen Komplexität, der freie Rückgriff auf die besten Aktualisierungen ist, aus welcher Quelle auch immer, die anschließend in einem kreativen Transformationsprozeß angewendet werden. Es gibt in der Tat Grund zur Annahme, daß die großen Design-Renaissancen der Geschichte in dieser Form zustandegekommen sind.

Dennoch haben wir den Eindruck, daß es im zeitgenössischen Design eher darum geht, Transformationen, die das Ordnungsmaß drastisch reduzieren, zu favorisieren — eine Kontradiktion bzw. ein *Kollaps* in der Sprache der Mathematik. Die Welt ist voll von solchen Beispielen: Dichte städtische Gefüge von Gebäuden mit vier Etagen aus dem 19. Jahrhundert werden durch „Türme im Park" ersetzt; historische Stadträume werden "renoviert", indem sie durch "zeitgenössische" Pavillions, Sitzbänke aus Beton oder gigantische abstrakte Skulpturen ergänzt werden; jahrhundertealte Bäume werden gefällt, um Straßen zu erweitern oder Parkplätze zu schaffen; dynamische integrierte Städte werden durch ausufernde Landschaften von mechanischen, "zusammengestellten" Objekten ersetzt.

Wenn wir Umgebungen wollen, die mit Leben gefüllt sind, das an uns weitergegeben wird, lernen wir aus diesen Erkenntnissen, daß ein neues "Können" und ein neuer Umgang im Design notwendig sind, um Ganze zu transformieren und, wenn möglich, um ihr Maß an komplexer Ordnung zu steigern. So gehen natürliche Systeme im Design vor, und so sollten auch Menschen vorgehen, wenn sie künftig eine gesunde Spezies bleiben möchten.

Literatur

- L. Andrew Coward & Nikos A. Salingaros, "The Information Architecture of Cities" *Journal of Information Science*, Band 30 Nr. 2 (2004), S. 107–118. Nachgedruckt als Kapitel 7 in Nikos A. Salingaros, *Principles of Urban Structure* (Techne Press, Amsterdam-NL, 2005).

- M. Mehaffy & N. A. Salingaros, "Architectural Myopia: Designing for Industry, Not People", *Shareable*, 5. Oktober 2011.

- M. Mehaffy & N. A. Salingaros, "Frontiers of Design Science: Computational Irreducibility", *Metropolis*, 12. Januar 2012.

- M. Mehaffy & N. A. Salingaros, "Science for Designers: The Meaning of Complexity", *Metropolis*, 30. März 2012.

- Jan Michl, "On Seeing Design as Redesign", *Scandinavian Journal of Design History*, Band 12 (2002), S. 7–23, erhältlich unter <http://www.designaddict.com/essais/michl.html>.

24

Vorlesungsskript, Elfte Woche
Rekursion und Stressreduktion durch Fraktale

Lektüre in der elften Woche:

- Mehaffy & Salingaros, „Scaling and Fractals", *Metropolis*, 28. Mai 2012.

- Salingaros, *A Theory of Architecture*, Kapitel 6, „Architecture, Patterns, and Mathematics" & Kapitel 7, „Pavements as Embodiments of Meaning for a Fractal Mind".

- Salingaros, „Fractal Art and Architecture Reduce Physiological Stress", JBU — *Journal of Biourbanism*, Nr. 3, März 2013.

FRAKTALE SIND MUSTER ODER STRUKTUREN, die sich teilweise oder ganz in verschiedenen Skalen selbstähnlich sind. In einem Fraktal wiederholen sich ähnliche geometrische Muster in unterschiedlichen Größen. Es bedeutet, daß Fraktale wahrnehmbare Strukturen in allen Magnifikationen aufweisen. Einige natürliche Fraktale, wie zum Beispiel Farne, Lungen,

Blumenkohl oder Nervensysteme, sind geordnet, während andere, zum Beispiel Küstenlinien und Wolken, eine willkürlichere Form haben.

Die wichtige Erkenntnis, die wir aus dieser Feststellung gewinnen können, ist, daß Fraktale überall in der Natur zu finden sind. Computergraphiken können natürliche Objekte oder Landschaften anhand von künstlichen Fraktalen simulieren. Der Mensch baut schnell eine emotionale Bindung zu solchen Strukturen auf, weil sein neurophysiologisches System auf eine besondere Beziehung zu Fraktalen ausgelegt ist. Weil die natürliche Umgebung, die für die menschliche Evolution verantwortlich ist, fraktal geprägt ist, fühlen wir uns ihr verbunden, genau wie wir uns auch zu anderen biologischen Formen, die fraktale Eigenschaften besitzen, hingezogen fühlen.

Da Fraktale in jedem Maßstab Struktur besitzen, sind die unterschiedlichen Skalen sichtbar; dadurch sind Distanzen in einer fraktalen Umgebung besser erkennbar. Somit haben wir das Gefühl, besser „situiert" zu sein, und fühlen uns auch einfach besser in solchen Umgebungen. Dieses Phänomen geht weit über die Ästhetik hinaus; es ist ein wesentlicher Überlebensvorteil.

Um uns in der gebauten Umgebung zurechtzufinden, nutzen wir unseren angeborenen Wahrnehmungsapparat — dieser Mechanismus kennt keine physiologischen Unterschiede; er ist der gleiche, ob wir einen Wald oder eine Stadt wahrnehmen. Wir suchen nach fraktalen Strukturen, um die Informationen über die Umgebung zu systematisieren. Die Art und Weise, wie wir diese Beziehungen deuten, bestimmt, ob wir gut in unserer Umgebung zurechtkommen. Dieses Bewertungsschema zur Interpretation von komplexen Beziehungen zwischen den Bestandteilen der Umwelt besitzt eine fraktale Natur.

Mit der „Fraktalität der Wege" ist auf urbaner Ebene die Verästelung und Vielschichtigkeit von Straßen und Wegen gemeint, die in einer zusammenhängenden Hierarchie von Skalen in ihrer jeweiligen Kapazität abnehmen. Das Netzwerk beginnt mit Autobahnen und verteilt den Verkehr auf Straßen, Gehwege und Bürgersteige. Eine „fraktale Gewichtung" findet statt, wenn ein Informationsaustausch auf unterschiedlichen Skalen gleichzeitig erfolgen kann: zum Beispiel, wenn es möglich ist, sich auf dem Weg zu einer Verabredung oder einem Termin, physisch informell mit Menschen zu treffen. Solche kleinen unerwarteten Glücksmomente machen den Alltag einfach angenehmer.

Die fraktale Gewichtung macht auch den Informationsaustausch effizienter, da mehrere Prozesse gleichzeitig ablaufen. Aus der Perspektive der Mechanisierung ist dies allerdings nicht einfach zu erkennen, da diese voraussetzt, daß jeder einzelne Aspekt isoliert werden muß. Die menschliche Natur arbeitet jedoch nicht auf diese mechanistische Art und Weise, selbst wenn versucht wird, Menschen an den Fließbändern dazu zu zwingen.

Der fraktalen Gewichtung steht eine besonders wichtige Rolle im Hinblick auf das Spektrum der Skalen des menschlichen Körpers und dessen physische Dimension (1 mm bis 10 m) zu. Wenn wir mit strukturellen Möglichkeiten auf diesen verschiedenen Skalen konfrontiert sind, können wir sowohl zwischen gleichen wie auch zwischen unterschiedlichen Skalen Synergien bilden. Auch in unserem Umgang mit Ereignissen, die auf unterschiedlichen Zeitskalen vorkommen, sind die gleichen Mechanismen am Werk: Wir interpretieren Ereignisse und können uns an ihnen auf vielen unterschiedlichen Zeitskalen gleichzeitig „erfreuen".

Wohlstrukturierte Netzwerke für Fußgänger, die mit übergeordneten Mobilitätsnetzwerken verbunden sind, sind für den Erhalt der fraktalen Natur der gebauten Umgebung wichtig, indem sie die niedrigeren Skalen füllen helfen. Die physischen urbanen Infrastrukturen, die vorhanden sind, können Multiskalen-Informationsaustausche entweder fördern oder behindern. Am wichtigsten ist, daß sie schwächere bzw. untergeordnete Vorgänge davor schützen, von den stärkeren übergeordneten Vorgängen verdrängt zu werden. Modernistische Städte der Nachkriegszeit haben dies jedoch nicht geschafft.

Fraktale werden durch algorithmische Prozesse generiert, die auf allen Skalen eine ähnliche Struktur hervorbringen. Geometrische Fraktale veranschaulichen diesen Prozeß, der auf zwei Weisen erfolgen kann: (1) Linien sind gewellt oder gefalten und füllen in der Regel dadurch einen Teil des Raumes neben ihnen, oder (2) Linien sind perforiert, auf ihrer gesamten Länge gebrochen wie ein Sieb. In beiden Fällen erfährt die glatte Linie Kontinuitätsbrüche.

Obwohl sie keinen bestimmten Fraktal nachahmen, wird in traditionellen urbanen Umgebungen und Architekturformen auf fraktale Ideen zurückgegriffen. (Eine Ausnahme: die Kosmaten-Steinböden des 12. und 13. Jahrhunderts in italienischen Kirchen, die das Sierpinski-Fraktal repräsentieren, das erst im 20. Jahrhundert von Mathematikern entdeckt wurde.) Sowohl architektonische als auch urbane Bereichsgrenzen sind notwendigerweise breit und komplex angelegt; nichts endet abrupt, und überall sind die Übergänge von großen zu kleinen Skalen gestuft. Dank diesen gestalterischen Kräften, die sich aus der Aktualisierung von Fraktalen auf urbaner Dimension ergeben, entstehen Portiken und Säulengänge, Eingangsterrassen und geteilte öffentliche Räume usw.

Ich nehme meine spätere Besprechung von Ornamenten vorweg und behaupte, daß es genau darum geht. Wenn sie wegen ideologischer Aversion gegen Ornamentierung keine Berücksichtigung finden, wird die fraktale Skalierung zerstört, und dadurch auch das Fraktal selbst. Darunter leidet dann die natürliche Erfahrung, die der Nutzer im Umgang mit komplexen Umgebungen sucht; sie wird zu einer befremdenden Erfahrung. Die Umgebung wird weniger verständlich und schön.

Wenn Bauten und urbane Umgebungen zu minimalistischen Kompositionen degradiert werden, handelt es sich tatsächlich um eine anti-fraktale Praxis. Außerdem sind die Ergebnisse in mathematischer Hinsicht „roh", da sie nur aus elementaren Feststoffen und Flächen bestehen. Es bedarf zwar ein enormes Maß an Rhetorik, damit zugunsten einer solchen Reduzierung argumentiert werden kann, architektonische Gründe hingegen werden nicht genannt. Daraus ensteht eine engstirnige ästhetische Präferenz für den glatten mechanistischen „Look".

Die Anwesenheit von komplex geordneten Mustern in unserer direkten Umgebung erinnert wesentlich an die natürlichen fraktalen Muster der natürlichen Umgebung, in der wir Menschen uns entwickelt haben. Diese Muster sind ein unerläßlicher Aspekt unserer Erfahrung der Welt sowie auch unserer Verankerung durch unsere Sinne in der Welt.

Wir sind der Meinung, daß der kognitive Schock zu groß ist, wenn wir uns in solchen minimalistischen Umgebungen, die diesen besonderen Stil nachahmen, bewegen. Da unsere Fähigkeit, Informationen zu bearbeiten, mit unserer Fähigkeit zu überlegen und mathematisch zu kalkulieren, zusammenhängt, besteht die Gefahr, daß die jeweiligen Umgebungen sich negativ auf diese Fähigkeiten auswirken könnten.

Die Architektur hat sich ursprünglich zusammen mit der Mathematik entwickelt. Jahrhundertelang waren Architekten auch praktizierende Mathematiker. Das führte zu einer expliziten Visualisierung der Mathematik, nicht nur in Form von Bauten, sondern vor allem in der Komplexität aller kleineren Skalen. Für Ungeschulte war diese visuelle Darstellung von mathematischen Mustern auf Bauten ein wichtiger Teil ihrer Bildung.

Postmodernistische und dekonstruktivistische Mustersprachen sind eine Reaktion auf einen tristen Minimalismus. Können diese Stile als fraktal bezeichnet werden? Nein, in der Regel nicht. Fraktale besitzen eine interne Musterorganisation, die in diesen beiden Stilen nicht vorhanden ist. In postmodernistischen Bauten werden kleinere kohärente Teile willkürlich eingefügt, um ein inkohärentes Ganzes hervorzubringen. Die unterschiedlichen Skalen haben keine Beziehung zueinander und führen auch nicht zur Gesamtkohärenz eines Fraktals.

Wenn wir unsere Umwelt mittels einer fraktalen Deutungsvorlage interpretieren, nehmen die Strukturen, die Fraktalität am deutlichsten an den Tag legen, den höchsten Wert ein. Es sind Bäume, Felsbrocken, Flüsse und natürliche Formationen. Traditionelle Bauten und urbane Räume besitzen ebenfalls fraktale Qualitäten und lassen sich deshalb sehr schön mit der Natur verbinden. Diese Verbindung ist mathematisch geprägt, unser kognitives System kann sie bequem wahrnehmen. Außerdem verfügen wir somit über ein Wertesystem, mit dem wir Strukturen, die uns emotionell zusagen, beurteilen können.

In einer Welt, in der nach einer minimalistischen, rechteckigen und maschinellen visuellen Deutungsvorlage gebaut wird, erscheinen natürliche fraktale Elemente wie fehl am Platz. Auch Bauten und urbane Elemente, die vor dem 20. Jahrhundert entstanden sind, sehen fremd aus, weil auch sie evidente fraktale Qualitäten besitzen. Jedoch schätzt die Menschheit heute die Natur und historische Gebäude aus anderen Gründen, sodaß es nicht die biophilen und heilenden Kriterien sind, die berücksichtigt werden. Die Natur und die Architektur vergangener Zeiten können nicht geschätzt werden, weil sie der mechanistischen visuellen Vorlage entsprechen; sie stehen sogar im Widerspruch zu ihr. Deshalb befürchte ich, daß es in einer solch restriktiven Ästhetik keinen Platz, weder für die Natur noch für ausgereifte architektonische Lösungen, gibt.

Die fraktale Bildkompression ist das Gegenstück zur fraktalen Gewichtung. Es handelt sich um eine informatische Technik zur Reduktion von Dateigrößen. Große Datenmengen können als Fraktal gespeichert werden, wobei Teile unterschiedlicher Skalen als Komponenten angehängt werden. Beim Entpacken der Fraktale werden alle Komponenten in ihrer ursprünglichen Größe wiederhergestellt.

Vieles spricht dafür, daß unser Gehirn tatsächlich eine Art fraktale Kompression benutzt. Die Beweise zeigen, daß ein bloßes Stichwort oder ein kleiner Hinweis eine hierarchische Kette von Erinnerungen auslösen kann. Zum Beispiel kann ein bestimmter Geruch einen Ort ins Gedächtnis rufen und eine Unmenge Details aufkommen lassen, die mit der Erfahrung dieser vergangenen Situation zusammenhängen. Die Information ist auf mehreren unterschiedlichen Skalen vorhanden. Man nennt diesen Prozeß das „assoziative Gedächtnis", das sehr starke Emotionen auslösen kann. Wenn wir die Welt direkt erfahren, tun wir dies emotionell, und nicht analytisch.

Der Mensch hat das Grundbedürfnis, sein Bewußtsein außerhalb seines Körpers in seine jeweilige unmittelbare Umgebung hinaus zu projezieren. Die fraktale Organisation der inneren Gedanken und Erinnerungen ist bestrebt, mit der fraktalen Information „draußen" eine Verbindung herzustellen. Wir glauben, daß dies durch eine fraktale Symmetrie geschieht, indem es zu einer Verknüpfung mit einem einzelnen Detail kommt. Anschließend kommt es zur Verbindung über alle unterschiedlichen Skalen des Fraktals mit dem gesamten Außenbereich, in den sich das Bewußtsein ausdehnt.

Nehmen wir das Beispiel gemusterte Pflastersteine. Wenn wir ein Detail eines Fraktals zu unseren Füßen wahrnehmen, werden wir geistig mit der gesamten Hierarchie verbunden. Wenn das Design sorgfältig entworfen wurde, kommt es sofort zu einer Verknüpfung mit dem gesamten inneren Raum — wenn wir zum Beispiel in einer Kirche sind — bzw. mit der Umgebung des öffentlichen Platzes — wenn es sich um Straßenpflaster draußen handelt. Die Verbindung zur komplexen Umwelt, die mühelos dank der fraktalen Hierarchie geschieht, ist außerdem auch sinnstiftend.

Richard Taylor und James Wise haben Experimente durchgeführt, die den Schluß nahelegen, daß unser neurophysioloscher Apparat auf Fraktale, die in der Natur vorkommen, eingestellt ist. Die Festellung, daß fraktale Szenen den Stress beim Betrachter positiv (minimierend) bzw. negativ (steigernd) beeinflussen, ist eine wichtige Erkenntnis. Dieser Effekt wurde direkt durch Sensoren am Körper gemessen und nicht verbal geäußert.

Weitere zusätzliche Experimente, die zum biophilen Effekt durchgeführt wurden, ergaben, daß sowohl künstliche als auch natürliche Fraktale Stress reduzieren. Unser Körper reagiert also, allem Anschein nach, auf die fraktale Geometrie selbst und nicht bloß auf biologische Formen. Es ist durchaus plausibel, daß die Menschen schon immer Ornamentierungen, Fassaden und Dachformen zur fraktalen „Stressreduktion" genutzt haben. Das hat nichts mit Ästhetik zu tun; sondern es handelt sich um eine Adaptation, die darauf abzielt, die Gesundheit durch die Gestaltung der Umwelt auf besondere mathematische Weise zu fördern.

Abschließend möchte ich auf die unterschiedlichen Experimente von Taylor und Wise hinweisen, die ermittelt haben, daß gewisse Fraktale besser als andere in der Reduktion von Stress wirken. Die effektiveren Fraktale haben die Größe D — innerhalb eines schmalen Differenzbereiches. Mathematisch gesehen bedeutet das, daß der hierarchische Skalierungsfaktor weder zu niedrig noch zu hoch ist und im Zwischenbereich liegt, wie von Alexander und mir vorgeschlagen.

25

GRÖSSENSTUFEN UND FRAKTALE

Von Michael W. Mehaffy und Nikos A. Salingaros

Metropolis, 28. Mai 2012. Abgedruckt mit freundlicher Genehmigung.

ES WIRD IMMOBILIENMAKLERN SICHER NICHT gefallen, aber wir sind der Meinung, daß die drei wichtigsten Faktoren im Design Größen, Größen und noch einmal Größen sind. Ein Grund dafür ist, daß viele der schlimmsten ökologischen Fehldesigns im 20. Jahrhundert auf falsche Größen zurückgehen — insbesondere, weil die Verknüpfung von Größen (von klein zu groß) nicht respektiert wurde. Die starke Fragmentierung von Größen in der gebauten Umgebung ist die kumulative Folge aus diesen Versäumnissen, und keine gute Sache — wie wir im Folgenden erklären werden. Können diese Fehler behoben werden?

Die meisten Designer haben von „Fraktalen" gehört und kennen ein wenig die wunderschönen Muster, die von Mathematikern wie Benoît Mandelbrot strukturell im Detail beschrieben worden sind. Vereinfacht kann man sagen, daß Fraktale Muster von Elementen sind, die in verschiedenen Größen „selbstähnlich" sind; in vielen unterschiedlichen Größen wird ein geometrisches Muster wiederholt. Fast überall in der Natur sind fraktale Muster zu sehen: in der eleganten Wiederholung, in verschiedenen Größen, bei Farnwedeln, den verzweigten Mustern von Venen oder den scheinbar willkürlichen (jedoch in verschiedenen Größen repetitiven) Mustern bei Wolken und Küstenlinien.

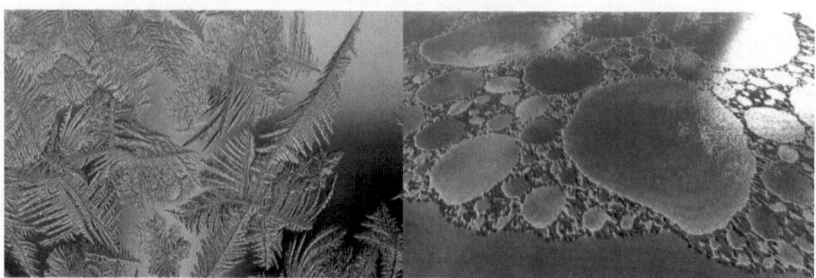

Abb. 1. Die wunderschöne Struktur von Fraktalen: Muster, die sich wiederholen, manchmal rotiert oder auf andere Weise in verschiedenen Größen transformiert. Links, ein natürliches Beispiel von Eiskristallen (*Photo: Schnobby@ wikimediacommons*). Rechts, das per Computer generierte Fraktal eines Korallenriffs, das dank Farben- und Schattierungseffekten leicht als natürliches Photomotiv gelten kann. *Photo: Prokofiev@wikimediacommons*

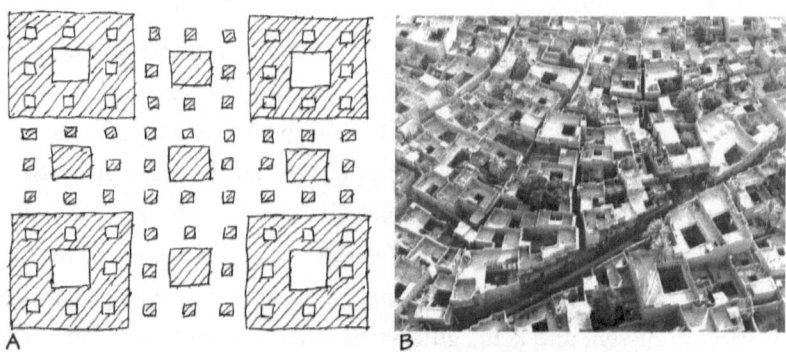

Abb. 2. Fraktales Muster bei selbstorganisierender Urbanität. Links, das einfache fraktale Muster „Cantor Gasket" (Zeichnung von Nikos Salingaros). Rechts, ein viel komplexeres und irreguläreres Muster, das ähnliche fraktale Eigenschaften besitzt — traditionelles Stadtviertel in Baghdad, Irak. Man bemerke die ähnliche Musterung der angrenzenden Räume in unterschiedlichen Größen und die abwechselnden Muster der Innen- und Außenräume. *Photo: G. Eric und Edith Matson — photographische Sammlung, Library of Congress*

Fraktale Muster lassen sich auch am Computer reproduzieren, oft mit überraschend schönen Ergebnissen. Es gibt Graphikdesigner, die mit fraktalen Methoden sehr realistische Landschaften und andere natürliche Phänomene reproduzieren. All diese „Reproduktionen" sprechen unsere

Wahrnehmung ebenfalls an. Irgendwie erkennen wir sie als „natürlich" und sind in der Lage, eine emotionale Beziehung zu ihnen aufzubauen.

Es scheint, daß Menschen „gepolt" sind, um Fraktale in ihrer Umwelt auszumachen, und das wahrscheinlich aus zwei Gründen. Erstens sind biologische Strukturen stark fraktal in ihrem Muster geprägt; Menschen sind sehr an anderen biologischen Strukturen interessiert, weil diese Nahrung, Raubtiere, andere Menschen oder weitere einfache Schlüsselkomponenten in der biologischen Umwelt, aus der sie sich „bedienen", sein können.

Der andere Grund ist tiefer in der Geometrie verankert. Wenn wir etwas aus der Ferne betrachten, wiederholen sich rekursive Strukturen (Bäume zum Beispiel) in anscheinend kleineren Größen in der Distanz. Diese fraktale Information hilft uns, Entfernungen und Tiefe in der Umwelt zu lesen — was zu einem mühelosen Verständnis der geometrischen Ordnung unserer Umwelt führt. Sie wirkt „angenehm" und gleichzeitig, und nicht zufälligerweise, als eine wichtige Überlebenshilfe in einer evolutionären Perspektive.

Fraktale Strukturen geben uns auch andere, weitere Informationen, die nutzvoll sind — wie z. B. die komplexen Beziehungsgeflechte unter Elementen in der Umwelt. Die Anordung einer wesentlichen, jedoch nicht erfassbaren Struktur wie die eines Ökosystems, ist für uns zugänglicher, weil wir die darin enthaltenen symmetrischen fraktalen Muster der Pflanzen und Tiere erkennen — ein weiteres wichtiges evolutionäres Bedürfnis. In modernen Zeiten braucht der Mensch mehr urbane Umgebungen, die für ihn „lesbar" sind; vieles deutet darauf hin, daß der Mensch seine Umgebung über die fraktalen Beziehungen in Bauten und deren Details „liest" (schließlich ist dieser Sinn Teil unserer Evolution).

Evolutionär gesehen ist es selbstverständlich, daß wir diese Beziehungen wahrnehmen, da sie extrem nutzvoll für uns sind. Sie helfen uns, die Strukturen der Möglichkeiten, die unsere Umgebungen bieten, zu verstehen, und ebenso, wie andere Alternativen für uns nutzvoller wären. Es handelt sich um eine angeborene Fähigkeit.

Wichtig ist, daß fraktale urbane Strukturen in der Regel eine Reihe von nutzvollen Kombinationen bieten, die synergetisch zusammen wirken. Die Wahrnehmung von Fraktalen, die wir als angenehm empfinden, hängt wahrscheinlich auch damit zusammen. Nehmen wir zum Beispiel die Fraktal-ähnlichen verzweigten und mehrschichtigen Wege, die uns in einer Stadt zur Verfügung stehen, und die uns ermöglichen, gleichzeitig viele Aufgaben auszuführen. Wer solche Wege zum Austausch von Informationen auf hoher Ebene (Geschäftstermine zum Beispiel) nutzt, kann auch gleichzeitig einen Informationsaustausch auf niedrigerer Ebene betreiben (informelle „überflüssige" Austausche mit anderen Personen oder der einfache Genuß von Alltagssituationen). Die Zeit, die der Informationsaustausch auf hoher Ebene verlangt, wird somit effektiver genutzt, woraus sich eine Synergie von Aktivitäten, die oftmals zu ökonomischen, sozialen und anderen Vorteilen führen, als Konsequenz ergibt.

Abb. 3. Das Netzwerk von Fußgängerbereichen im mittelalterlichen Rom hat eine fraktale Struktur, wie auch die Gebäude selbst, und sogar die reich ornamentalisierten Details der Bauten. Dieses Netzwerk von Plätzen bietet Fußgängern ein dichtes und ineinandergreifendes Ensemble von Bewegung, Ausblicken und anderen bereichernden Erfahrungen (*Zeichnung nach dem Plan von Giambattista Nolli/Photos: Michael Mehaffy*).

Diese „fraktale Gewichtung" bedeutet, daß jeder Austausch auf hoher Ebene in sich gleichzeitige Austausche auf vielen kleineren Ebenen trägt. Ein Ensemble von Austauschen in verschiedenen Größen wird durch eine physische Infrastruktur getragen, die gemischte Informationsaustausche zuläßt, jedoch keine anderen konkurrierenden Austausche, die schwächere auf niedrigeren Ebenen verdrängen würden.

Die fraktale Gewichtung spielt in allen Größen eine wichtige Rolle. Sie wird aber besonders wichtig, wenn es um menschliche Größen geht. In der Größe einer Region zum Beispiel gibt es nicht viele strukturelle Entscheidungen, die für den Alltag eines Individuums eine große Rolle spielen. Je näher man sich aber „menschlicheren" Größen annähert (bzw. einer Gruppe von Größen von 1 mm bis 10 m), wenn es zum Beispiel um eine Straße oder ein Viertel geht, umso mehr strukturelle Entscheidungen kommen ins Bild. Einmal in menschlichen Größen angekommen, weist die Umgebung oft ein reichhaltiges Spektrum an strukturellen Entscheidungen auf, die eine Person jeden Tag, jede Stunde oder gar jeden Moment zu treffen hat.

Abb. 4. Links, die hoch-fraktale urbanistische Struktur in Brügge, Belgien. Rechts, eine viel kargere, fraktallose Umgebung in einem modernen Vorort von Brügge—in der das zu Fuß gehen nicht einfach ist, und es weitere negative Aspekte gibt. *Photos: Michael Mehaffy*

In dieser Größe erweitert die fraktale Gewichtung unserer Umgebung die Anzahl der strukturellen Optionen, und bildet Synergien zwischen ihnen. Wenn ich mich in einer gut verknüpften, fraktal-gewichteten (in einem menschlichen Maßstab) Umgebung aufhalte, kann ich die Zeitung lesen, mich mit einem Freund unterhalten, einen Passanten grüßen, oder etwas erledigen bzw. eine Besorgung machen. Alles kann in einem Netz von Entscheidungen miteinander verbunden werden.

In dieser Verbundenheit liegt sehr wahrscheinlich die Ursache, weshalb wohlstrukturierte Netzwerke von Fußgängerbereichen so wichtig sind. Wie wir in anderen Arbeiten gezeigt haben, gehen wir davon aus, daß ausschließlich Netzwerke von Fußgängerbereichen, die diese fraktale Gewichtung als Grundeigenschaft besitzen, wichtige Synergien von Wirt-

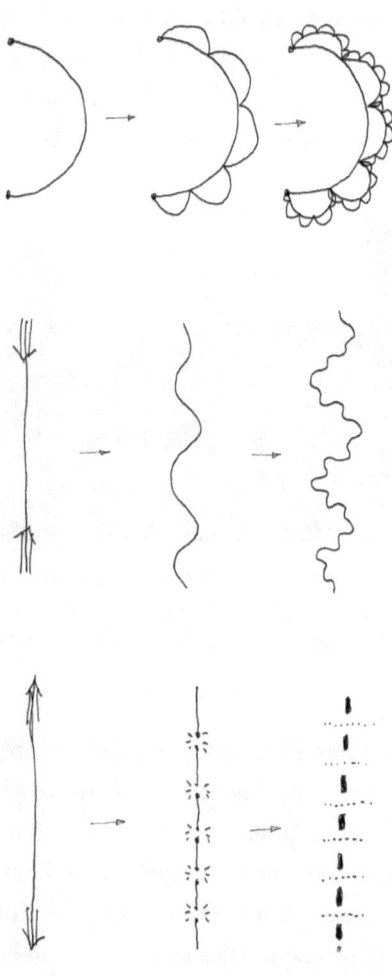

Abb. 5. Einige Grundeigenschaften von Fraktalen. (a) Die fraktale Gewichtung nutzt eine Grundskala als Trägerin für weitere Mechanismen und Strukturen, die sukzessiv kleiner ausfallen. Jede Struktur wird reicher an Komplexität und beinhaltet Informationen in verschiedenen distinktiven Größen und ist weit davon entfernt, monofunktionell und simplistisch zu sein. (b) Eine Longitudinalwelle formt ein „gefaltetes" Fraktal und bildet eine zerknitterte Linie, die Falten in ihren Falten bildet. Diese Schnittstelle kann urbane Interaktionen katalysieren und dabei die unebene Oberfläche eines chemischen Katalysators nachahmen. (c) Wir zeigen hier das erste Stadium eines „perforierten" Fraktals, das duch die Längsspannung und das Brechen entlang der gesamten Linie entsteht. Es handelt sich um einen natürlichen Mechanismus zur Bestimmung einer urbanen Kollonade und halb-durchläßige urbane Abgrenzungen wie zum Beispiel die Anreihung von Pollern, die Fußgänger vor dem Straßenverkehr schützt. *Zeichnungen von Nikos Salingaros.*

schaft, Ressourcenschutz, psychologischer Gesundheit sowie anderen Vorteilen vermitteln.

Die fraktale Gewichtung ist ein Beispiel für das „Größenphänomen" in komplexen Neztwerkstrukturen (wie Städten) und ein aktiver Bereich in der Städtebau-Forschung. Ein anderes Phänomen, das ebenfalls damit zuhammenhängt, ist die Tatsache, daß Phänomene, die in kleineren Größen vorkommen, oft nicht entsprechend linear (proportional) zunehmen, wenn die Größe einer Struktur, wie die eines Netzwerkes, zunimmt. Sie sind meistens „super-linear" (sie nehmen mehr zu als sie es propotional sollten) bzw. „sub-linear" (sie nehmen weniger zu als sie es propotional sollten).

Diese Art Phänomene (zum Beispiel Wirtschaftswachstum und Pro-Kopf-Ressourcenverbrauch) sind sehr wichtig für uns. Wenn wir ein größeres Pro-Kopf-Wirtschaftswachstum in einer höheren Größe haben, oder weniger Pro-Kopf-Ressourcenverbrauch, kann unsere Lebensqualität gesteigert werden. Es könnte ein wichtiger Grund dafür sein, weshalb Großstädte Menschen anziehen. Dicht besiedelte Gebiete bieten wirklich mehr Lebensqualität zu niedrigeren Kosten als es bei Zersiedelung der Fall ist. Außerdem hilft uns ein gutes Verständnis von Größenstufen, besser mit den Herausforderungen umzugehen, die der Ressourcenabbau und der Klimawandel darstellen.

Man sollte aber bemerken, daß dieses Phänomen das Ergebnis der besonderen Netzwerkstruktur von Städten und deren „metabolischen" Interaktionen und Synergien (wie zum Beispiel die fraktale Gewichtung) ist. Die Ansammlung von völlig unabhängigen Individuen, die alle „ihr eigenes Ding" täten, würde wahrscheinlich nicht von solchen Größenstufenphänomenen profitieren. Diese Phänomene und die synergetischen Vorteile, die sie bringen, manifestieren sich in den Multi-Größen-Interaktionen.

Als Eigenschaft tendiert die fraktale Gewichtung interessanterweise dazu, sich innerhalb von urbanen Systemen, die sich im Rahmen von natürlichen Prozessen in einer menschlichen Kultur — d. h., innerhalb von traditionellen urbanen Umgebungen — selbst organisieren können, spontan zu entfalten. Intuitiv kann dies jeder in den fraktal-reichen Umgebungen, die populäre Touristenziele wie Brügge und Edinburgh bieten, feststellen. (In künstlich-technisierten Umgebungen wie Londons Docklands oder La Défense in Paris hingegen, die tatsächlich keine Touristenziele sind, fällt das Fehlen von fraktaler Gewichtung auf.)

Was können wir daraus lernen? Sind urbane fraktale Strukturen lediglich nostalgische Überreste einer veralteten, vormodernen Ära? Oder bieten sie heutigen Designern einmalige Chancen?

Obwohl gewisse ideologische und dogmatische Stil-und Geschichtstheorien behaupten, es handle sich bei den genannten Strukturen um nostalgische Überreste, hat diese Kritik keine echten wissenschaftlichen Grundlagen. Entscheidend ist, daß es wichtige Beweise für die Behauptung gibt, moderne Designer könnten viel von urbanen fraktalen Strukturen lernen. Um ein besseres Verständnis dafür zu bekommen, was diese Lehren sein könnten, werden wir uns jetzt vor Augen führen, wie fraktale Strukturen in der Natur entstehen — auch beim Menschen —, und weshalb sie möglicherweise so wichtig für gut funktionierende Umgebungen sind.

Fraktale besitzen zwei Eigenschaften, die miteinander verknüpft sind: Fraktale sind in jeder Vergrößerung komplex, und ihre Kanten und Schnittstellen sind nicht glatt und weder „geschlängelt" noch perforiert.

Gewöhnlich entstehen fraktale Muster auf natürliche Weise aus einem einfachen Grund: Es gibt einen „generativen Prozeß", der geometrische Muster hervorbringt, und zwar in mehreren Größen. In einer blühenden Pflanze zum Beispiel bringt der genetische Code das Muster in einer Zeitsequenz, während die bereits generierten Muster sich ausweiten.

Bei computergenerierten Fraktalen heißt der generative Prozeß „Algorithmus", ein Quellentext, der das Muster aus der komplexen Interaktion mit dem, was davor generiert wurde, generiert. In der Stadt werden die generativen Prozesse von Menschen ausgeführt, die genau das tun, was Menschen tun, wenn sie Städte entwerfen. Sie verbinden Räume und Grenzbereiche, die in unterschiedlichem Maße geteilt werden. Sie bringen Räume hervor, die ein bestimmtes Maß an Öffentlichkeit besitzen, von öffentlich bis privat, von den geschäftigsten Straßen und Plätzen bis zu den privatesten Schlaf- und Badezimmern.

Grenzbereiche von Wohnräumen sind auch keine einfachen, sondern komplexe membranartige Strukturen, die ihre eigenen strukturellen Möglichkeiten bieten, um entweder die Privatsphäre (durch Gardinen) oder Öffentlichkeit (durch eine offene Tür) zu maximieren. Diese Grenzbereiche sind in sich erstaunlich komplex und organisieren sich selbst zu größeren Mustern (Türen oder Fenster, die mit der Zeit geteilt werden, und Umgebungen, die charakteristische Schnittstellenmuster von Veranden und Kolonnaden entwickeln).

Wie sind die verschiedenen Größen miteinander verbunden? Menschen, wie auch andere biologische Strukturen und Computer-Algorithmen, wiederholen spontan geometrische Muster in unterschiedlichen Größen, es sei denn, sie sind gesetzlich oder ideologisch anderweitig verpflichtet. Während einzelne Menschen sich für kleine Wiederholungen eines Musters (die Form eines rechteckigen Raumes) entscheiden, tendieren Gruppen von Menschen dazu, größere Versionen eines bestimmten Musters (ein Innenhof) und große Ansammlungen zu noch größeren Mustern (ein urbaner Platz) zu wiederholen.

Wie wir von der Beobachtung von biologischen und informatischen Strukturen lernen, geht es jedoch nicht nur um bestimmte Größen; kleinere Strukturen wie rechteckige Fenster oder Türen „perforieren" die Ränder eines Raumes. Die Grenzbereiche von größeren Strukturen können zum Beispiel durch Kolonnaden perforiert sein (wir reden über lebendige und nicht tote Räume, wie in der Architektur und dem Urbanismus der Nachkriegszeit).

Diese repetierenden Perforationen in kleineren Größen — die fraktale Gewichtung, die sich aus dem charakteristischen „generativen Algorithmus" von fraktalen Strukturen ergibt — wiederholt sich oft bis in die Details und Ornamente. Warum? Es liegt wahrscheinlich daran, daß wir, die Nutzer, uns lieber in solch komplexen Umgebungen (komplex bedeutet in diesem Rahmen „sehr genau geordnet") bewegen, weil sie für uns leichter zu deuten und zu verstehen sind — nutzvoller geordnet und viel schöner. Es liegt uns sehr, die verschiedenen Größen dieser „Raumnetzwerke" zu lesen.

Es besteht jedoch ein größeres Problem. Designer, die in unserer industriell-künstlerischen Kultur ausgebildet werden, verfolgen ein anderes Ziel als die Nutzer, die wir sind, und zwar: Sie wollen eine andere Art von Ordnung in der gebauten Umwelt schaffen. Dieses Ziel beruht auf völlig anderen Kriterien als auf der menschlichen Umwelterfahrung.

Es ist so, um es einfach zu sagen: Die heutigen Methoden des Städtebaus hängen stark von der Ökonomie der Wiederholungen und Größen ab, die nur begrenzte Vorteile bietet, weil sie sehr einseitig ist; außerdem sind die Methoden, human gesehen, besonders rauh und zerstörerisch. In natürlichen Systemen bestehen solche Strategien nie isoliert, kommen sie doch immer in Kombination mit Differenzierungs- und Adaptationsökonomien vor. Es ist erstaunlich, daß dies in heutigen Strategien nicht berücksichtigt wird (obwohl viele Akteure an der Lösung dieses Problems arbeiten; auch wir stellen uns dieser Herausforderung).

Als sie sich dazu entschieden, technologisch stark eingeschränkt zu arbeiten, begründeteten modernistische Designer ihren Ansatz damit, daß sie dadurch ihre Bauten auf „minimalistische" Kompositionen beschränkten und diese viel einfacher und kostengünstiger im Rahmen der primitiven industriellen Vorgehensweisen des anfänglichen 20. Jahrhunderts zu produzieren vermochten.

Architekten wie Le Corbusier behaupteten, daß diese Kompositionen aus elementaren „Platonischen" Feststoffen die schönsten seien, weil sie die „reinen" Formen zum Ausdruck bringen. Die alten gothischen Kathedralen mit ihrem fraktalen Astwerk seien „nicht sehr schön", sagte er bekanntlich — wie auch die Straßen voller Leben, die er ebenso verachtete! Tatsächlich plädierten Le Corbusier und andere Designer auf ideologische Weise (heute denkt man weiterhin so), daß die alten mit Ornamenten versehenen Bauten bürgerlich, verachtenswert und sogar „ein Verbrechen" waren (in den berühmten Worten Adolf Loos').

Diese ideologisch geprägte Bewegung setzt die falsche Idee voraus, daß Fraktale irgendwie primitiv sind, wobei die weichen, undifferenzierten „Platonischen" Formen „modern" und elegant sind. Ironischerweise ist es genau umgekehrt: In den neuesten wissenschaftlichen Theorien geht es ausschließlich um Komplexität, Netzwerke und Fraktale — ein deutlicher Kontrast zu den einfältigen, weichen industriellen Geometrien des frühen Modernismus.

Viele Architekten und Urbanisten haben das erkannt und beziehen sich jetzt auf Fraktale, Größenstufengesetze und „morphogenetisches Design". Aber die Frage bleibt: Geht es ihnen wirklich um Strukturen, die an die Bedürfnisse des Menschen angepaßt sind? Oder machen sie von diesen Ausdrücken nur Gebrauch wegen einer bestimmten ästhetischen Effekthascherei — was natürlich grundsätzlich nichts am Versagen des industriellen Designmodells ändert? Diese Fragen bilden weiterhin den Kern der Debatte über die Zukunft der gebauten Umwelt.

Welche Lehren können wir also daraus ziehen? Die fraktale Struktur ist kein bloßer ästhetischer Firlefanz. Sie ist ein wichtiger Teil von nachhaltigen menschlichen Umgebungen. Diese Struktur ist kein Produkt der wohlmeinenden „Top-Down"-Absichten von Kunstdesignern der alten Schule; sie stammt vielmehr von Designern, die bewußt auf Prozesse der Selbstorganisation als Teil ihrer neuartigen Überlegungen zum Wesen des Designs selbst zurückgreifen.

Und doch haben wir Gestalter uns extrem schwer mit der Anwendung dieser Lehren getan. Wir sind einer fehlgeleiteten Theorie der Umweltstrukturen gefolgt, die Einfachheit mit Ordnung verwechselt, und haben dabei die wichtige Verbindung von Größen und fraktalen Beziehungen innerhalb unserer Umwelt bewußt übersehen. Wir haben eine Welt, in der der Urbanismus hochgradig verbunden war, durch eine ungeordnete Geographie von kunstvoll verpackten, aber katastrophal versagenden Kunstprodukten ersetzt.

26

Fraktale Kunst und Architektur minimieren den physiologischen Stress

Von Nikos A. Salingaros

JBU — Journal of Biourbanism, Nr. 3, März 2013

DER MENSCH SCHEINT SO VERANLAGT zu sein, daß er Umgebungen bevorzugt, die selbstähnliche Eigenschaften von Fraktalen besitzen. Ferner scheint, daß, da unterschiedliche Typen von Fraktalen durch ihre sogenannte „fraktale Dimension" D gekennzeichnet sind, es Fraktale der „Mittelklasse" (D liegt zwischen 1,3 und 1,5) sind, die der Mensch bevorzugt. In dieser Art von fraktalen Umgebungen kann unser Körper automatisch den Streß, der durch intensive Aktivitäten und als Reaktion auf äußere Kräfte entsteht, dämpfen. Daraus ergibt sich also, daß bestimmte fraktale Umgebungen heilend wirken oder zumindest Streßsymptome im Alltag lindern. Bemerkenswert ist die Tatsache, daß es sich dabei um eine von den fraktalen Strukturen, von denen wir umgeben sind, unabhängige Reaktion ist: Es spielt keine Rolle, ob sie darstellender oder abstrakter Natur sind. Summa summarum stehen wir somit am Anfang einer neuen

Interpretationsweise, wie visuelle Umgebungen unsere Gesundheit beeinflussen.

Einführung

Die Bedeutung des Begriffs „Fraktal" ist im Verb „brechen" bzw. im Partizip „gebrochen" zu suchen; fraktale Strukturen sind geometrisch weder glatt noch rein und werden durch Komponenten in unterschiedlichen hierarchischen Skalen definiert. Fraktale können entweder aus einer angesammelten Staffelung (Muster, die durch eine geordnete Heterogenität gekennzeichnet sind, Stacheln, Granulationen, „Behaarung") bestehen oder Lücken und Löcher (Perforierungen, Siebe, hierarchisch geordnete Abstände) besitzen. In beiden Fällen unterscheiden sich fraktale Strukturen von der Glattheit und Uniformität dadurch, daß sie die geometrische Linearität aufheben. Ihr Name tendiert eher dazu, ihren „Zacken"- Aspekt hervorzuheben, der nur für eine Gruppe von Fraktalen typisch ist. Fraktale können aber auch gebogen sein: Blumenkohl besteht aus aufeinanderbauenden Wirteln von immer kleiner werdenden Größen, sodaß von „Zacken" nicht die Rede sein kann.

Eine Grundeigenschaft von Fraktalen ist ihre Selbstähnlichkeit — eine ähnliche Struktur, die sowohl bei Vergrößerungen als auch bei Verkleinerungen sichtbar bleibt. Jedes perfekte Fraktal kann in einem bestimmten Skalierungsgrad wiederholt magnifiziert werden — und dabei immer wieder gleich aussehen. Zu den wenigen natürlichen Fraktalen, die kennbar und auffallend selbstähnlich sind, gehören Blumenkohl und Lungen von Säugetieren. In mathematischen Fraktalen zeigt sich die Ähnlichkeit bei unterschiedlichen Skalierungen in beliebig vielen sukzessiven Magnifikationen; bei natürlichen Fraktalen jedoch ändert sich die Grundstruktur irgendwann. Die sukzessiven Magnifikationen vom Bronchialbaum einer Lunge beim Säugetier führen irgendwann zur Ebene der Zelle, die keine verästelte Struktur aufweist (West & Deering, 1995; West & Goldberger, 1987). Viele natürliche Fraktale, wie zum Beispiel die Struktur von Pflanzen oder anderen biologischen Strukturen, sind tendenziell nur statistisch gesehen selbstähnlich. In diesen Fällen gleichen magnifizierte Teile eines

Fraktals dem Original, sind aber nicht damit identisch.

Architekten sind zunehmend an fraktalen Mustern und Formen interessiert und setzen diese in ihren Designs immer mehr ein. Es ist aber so, daß sie lediglich in Bauplänen und Dekorationen an Fassaden angewendet werden. Fraktale Formen, die kürzlich gebaut wurden, kontrastieren jedoch auffallend stark mit traditionellen fraktalen architektonischen Ausdrucksformen wie der gothischen Formensprache (Joye, 2007).

Allein diese Tatsache zeigt, daß immer mehr Abstand genommen wird von den entschieden „reinen" Formen, die der Modernismus im 20. Jahrhundert bevorzugte, und in dem es nur um einfache und leere geometrische Formen wie Vierecke, Rechtecke oder gleichmäßige Kurven wie Halbkreise oder Parabolen ging. Elementare, reine Feststoffe und Fraktale befinden sich jeweils an den entgegengesetzten Enden des Designspektrums: Erstere kommen in reduktionistischen Designs zum Ausdruck, während letztere die geordnete Komplexität zum Ausdruck bringen, die das Ergebnis der Zusammenstellung einer Hierarchie von miteinander verbundenen Skalen ist. Es gibt keinen Grund, weshalb Architekten keine Fraktale in ihren Designs nutzen sollten — aber es sollten nicht bloße Motive sein.

Im Alltag kommen wir oft sowohl mit natürlichen als auch mit künstlichen Fraktalen in Kontakt. Eigentlich sind viele, wenn nicht sogar alle, natürliche Strukturen fraktaler Natur. Natürliche Formen weisen komplexe geometrische Strukturen in Skalenhierarchien auf, von groß bis klein, inklusive der mikroskopischen Ebene. Künstliche Fraktale sind immer in traditionellen Artefakten und Gebäuden vorhanden gewesen (Goldberger, 1996). Wegen der allgegenwärtigen digitalen Technologie sind per Computer generierte Fraktale nun ein ganz gewöhnlicher Teil unserer Umwelt im Alltag. Sie werden durch rekursive Algorithmen generiert, die Substrukturen in immer kleineren Skalen hervorbringen bzw. sie lassen ein komplexes Ganzes entstehen, indem sie progressiv Komponenten hinzufügen, die das Ganze aus den kleineren Komponenten bilden.

Mich interessiert die Frage, wie Menschen auf Fraktale reagieren. Fangen wir an mit der Vermutung von Ary Goldberger (1996), das menschliche Gehirn habe eine intrinsische fraktale Struktur, die die Aufnahme von fraktaler Information logischerweise begünstige (Mikiten et al., 2000). Unsere Neigung, fraktale Formen als „natürlichste" Formen zu betrachten, ist also eine Konsequenz dieses anatomischen Merkmals — ein entscheidender Punkt in der Architektur und in der Gestaltung. Obwohl diese Hypothese noch nicht belegt ist, widerspricht sie der häufigen Behauptung durch modernistische Architekten, der Mensch habe eine Vorliebe für einfache geometrische Formen. Tatsächlich geht es um zwei grundverschiedene Sichtweisen. Ein Blick auf die experimentellen Beweise, die zeigen, welche Art von Formen der Mensch als am angenehmsten empfindet, kann uns helfen, die Frage zu klären. Bevor wir dies tun, erinnern wir uns zunächst daran, daß die Behauptung der modernistischen Architekten, der Mensch bevorzuge abstrakte geometrische Formen, Jahrzehnte vor den neuesten wissenschaftlichen Erkenntnissen gemacht wurde; und, daß die Architekten-Gemeinschaft ihre ursprüngliche Aussage trotzdem nie überdacht hat.

Aufregung im Vergleich zu Stress

In diesem Buch zeigen wir, daß fraktales Bildmaterial den Streß am Arbeitsplatz und im Lebensumfeld minimiert, und untersuchen gründlich die Forschungsergebnisse, die belegen, daß manche Fraktale dafür besser als andere geeignet sind. Experimentelle Nachweise lassen vermuten, daß es optimale fraktale Abmessungen gibt, die der Streßminimierung dienlich sind, und daß der Kontakt mit glatten nicht-fraktalen Formen Streß verursachen kann. Diese Erkenntnisse erklären, weshalb Menschen fraktales Bildmaterial in ihrer Umgebung bevorzugen und, demzufolge, weshalb unsere traditionelle Kunst, Artefakte und Architektur eine fraktale Natur besitzen. Es ist bekannt, daß Menschen eine besondere Freude an den komplexen Mustern von Waldlandschaften haben, die sich als fraktal erweisen. Über die reine Freude hinaus kann man sogar behaupten, daß das Betrachten von Naturlandschaften einen wohltuenden Effekt hat: Es ist gut für die Gesundheit.

In der Architektur sind karge modernistische Inneneinrichtungen, wie sie Adolf Loos und später das Bauhaus geprägt haben, in ihrem Bestreben, sowohl eine Art von universeller und emotionaler Anziehung als auch ein Behaglichkeitsgefühl hervorzurufen, kläglich gescheitert — im Gegensatz zu traditionelleren Inneneinrichtungstypen, wie sie die Mehrheit der Bevölkerung in ihren Wohnräumen vorzieht. In ihren Wohn- und Arbeitsräumen umgeben sich die Menschen gern mit Objekten wie Photos, Pflanzen, Puppen und Kunstwerken. Diese Vorliebe ist von einer Minderheit von engstirnigen Designern, die zur „Elite" gehören, verurteilt worden. Sie unterstützen weiterhin die alte minimalistische Design-Ideologie und widersprechen dadurch allen Beweisen, die die Komfort-

Abb. 1: Die Photographie eines Waldes (oben), eine künstlerische Reproduktion einer Landschaft (Mitte), gezeichnete Linien (unten). © *Richard P. Taylor, mit freundlicher Genehmigung.*

Präferenzen der überwältigenden Mehrheit der Menschen belegen. Die Forschung, die diese allgemeinen gesellschaftlichen Vorlieben aufdeckt, kommt zu dem Schluß, daß für glatte, leere Formen überhaupt kein Platz in der Architektur ist — zumindest in der Architektur, die von Menschen genutzt werden soll (Industriegebäude stellen ohnehin einen anderen Fall dar). Ist es also das Ziel der Architektur, Streß zu minimieren? Das ist eine offene Frage, die wichtige Punkte berührt, da einige zeitgenössische Architekten gezielt Streß beim Nutzer verursachen. An dieser Stelle müssen wir unterscheiden zwischen Aufregung, die einen positiven physiologischen Effekt, und Streß, der auf den menschlichen Organismus einen negativen Effekt ausübt. Positive Aufregung wird durch Euphorie verursacht — Liebesgefühle, Inspiration durch traditionelle Kunst, Musik und Tanz, religiöse Extase, transzendentale und mystische Erfahrungen, sexuelle Anziehung usw.; Streß aufgrund von negativer Aufregung hat seinen Ursprung in physischen Bedrohungen („Kampf-Flucht"-Strategie) — Krieg, Paniksituationen, Horror und heftige Erfahrungen mit Gewalt in der Wirklichkeit und im Film, verlängertes Ausgesetztsein gegenüber Umweltbedingungen oder Schadstoffen, die zur Erschöpfung führen. Beide Gruppen von Umwelteinflüssen bringen die Homöostase (Gleichgewichtszustand des menschlichen Körpers) durcheinander, wobei die einen nutzvoll, die anderen schädlich sind (Selye, 1974).

Ich bin der Meinung, daß die Architektur, die auf die menschliche Physiologie Rücksicht nimmt, einen nutzvollen Effekt hat, weil sie positive Gefühle durch eine positive kognitive Reaktion auf Symmetrien und Fraktale hervorbringt (Salingaros, 2003). Eine künstliche Umgebung, die diese meßbaren Qualitäten besitzt, bietet eine höhere Lebensqualität (Salingaros, 2012). Im Gegenteil dazu verursachen stressige Umgebungen, die entgegengesetzte Merkmale besitzen, Angst und ein depressives Verhalten und nicht zuletzt auch Pathologien bei ihren Nutzern und Bewohnern.

Physiologische Reaktion auf Fraktale

Studien zur visuellen Wahrnehmung haben gezeigt, daß der Mensch eine Vorliebe für fraktale Landschaften und Strukturen hat. Ich beziehe mich im Folgenden auf Arbeiten von Richard Taylor und James Wise (Taylor, 2006; Wise & Rosenberg, 1986; Wise & Taylor, 2002). Diese Autoren haben herausgefunden, daß Menschen sich beim Betrachten von fraktalem Bildmaterial in der Natur wohler fühlen als bei nicht-fraktalem Bildmaterial bzw. nicht-fraktaler Kunst. Als erstes muß hervorgehoben werden, daß die Untersuchungen auf physiologischen Messungen basieren und nicht auf Reaktionen, die den intellektuellen Präferenzen der Nutzer entsprechen, da diese meistens durch angeeignete äußere „Einflüsse" motiviert sind. Stattdessen wurden die direkten körperlichen Reaktionen durch Messungen der Hautleitwerte begutachtet. Es ist in der Medizin allgemein bekannt, daß höhere Hautleitwerte (elektrodermale Reaktion) sehr genau mit erhöhtem Körperstreß korrelieren. Hautleitwerte erreichen ihren höchsten Stand in streßreichen Umgebungen, können aber in streßarmen Umgebungen gesenkt werden.

Die Ergebnisse einer 1986 durch die NASA (Wise & Rosenberg, 1986) durchgeführten Studie zeigen deutlich, daß Menschen positiv auf natürliche Szenerien reagieren (reelle Szenen oder gleichermaßen deren Bilddarstellungen), während sie negativ auf nicht-fraktale abstrakte Formen reagieren. In dieser Studie mußten die Probanden drei Arten mentaler Aufgaben bewältigen: arithmetische Aufgaben, logisches Problemlösen und kreatives Denken im Kontakt mit vier verschiedenen 1m x 2m Bildern. Da solche Aufgabenstellungen gewöhnlich ein bestimmtes Maß an physiologischem Streß verursachen, war es möglich, den Effekt des Bildmaterials auf den Körper während der Aufgabe zu messen. Die Hautleitwerte der Testpersonen in den drei unterschiedlichen Umgebungen wurden mit den Werten verglichen, die beim gleichen Test in einer neutralen Kontrollumgebung (bestehend aus einem ganz weißen Paneel derselben Größe) ermittelt wurden. Die Ergebnisse lauten: Abstraktes, nicht-fraktales Bildmaterial *erhöht* den Streß um 13% im Vergleich zur Kontrollsituation, während die beiden natürlichen Szenerien den Streß um 3% und 44% im Vergleich zur Kontrollsituation *minimierten* (Taylor, 2006).

Ein zweiter interessanter Aspekt ergibt sich aus der Analyse der Daten. Die beiden Naturszenerien, auf die in diesem Experiment zurückgegriffen wurde, hatten einen jeweils unterschiedlich ausgeprägten Effekt von Streßminimierung bei den Probanden. Das erste Bild, auf dem eine Szenerie mit dichtem Wald zu sehen ist (Abb. 1, oben), minimierte den Streß leicht; das zweite Bild, das einen vereinzelten Baum in einer Savanne zeigt, minimierte den Streß deutlich. Die Forscher kamen zu dem Schluß, daß die Prodanden aus unerklärten Gründen bedeutend positiver auf eine bestimmte Art von Natur-Szenerien reagierten. Es geht also nicht nur um „mehr Natur", da die Waldszenerie eine höhere Dichte an Flora besitzt. Nichtsdestotrotz paßt diese Erkenntnis zur Biophilie-Hypothese (Kellert et al., 2008), nach welcher Menschen sich am wohlsten in Umgebungen fühlen, die die mathematischen Eigenschaften der urmenschlichen Entwicklungsumgebungen besitzen. Es wird angenommen, daß sich der Mensch in der Savanne entwickelt hat und nicht in einer Waldlandschaft; der Mensch sollte also am positivsten auf eine Savannenlandschaft reagieren — was er auch tatsächlich tut. Der Unterschied zwischen beiden Natur-Szenerien liegt in ihrer fraktalen Dimension (ein mathematisches Maß für die interne Skalierung, auf das wir weiter unten eingehen). Daraus ergibt sich die Möglichkeit, ziemlich genau unsere angeborenen biophilen fraktalen Präferenzen zu bestimmen.

Es gibt eine dritte Erkenntnis, die wir aus diesen Experimenten gewinnen können. Während die Wald-Szenerie eine Photographie ist, ist die Savannenlandschaft keine Photographie, sondern eine stilisierte Zeichnung einer Savannenlandschaft. Daraus können wir schließen, daß unsere Reaktion viel mehr von fraktalen Eigenschaften als von einer genauen Darstellung abhängt. Inwiefern die Szenerien physiologische Reaktionen auslösen können, hängt also direkt von ihrem mathematischen Inhalt ab und nicht von irgendwelchen intrinsisch oder mysteriösen vitalistischen Eigenschaften der Naturlandschaften selbst. Diese Erkenntnis führt zu einer beachtlichen Vereinfachung eines Effektes, der zunächst als höchst befremdend erscheint.

Ich stimme der Interpretation vom Mechanismus, der für die physiologischen Effekte von Fraktalen auf Menschen verantwortlich ist, zu, den mein ehemaliger Student Yannick Joye eher im mathematischen als im biologischen Inhalt der Umgebung verankert vermutet (Joye, 2007). Diese Vermutung alleine erklärt weshalb wir positiv auf künstliche Fraktale reagieren. Zufälligerweise erklärt sie auch, warum die Menschen seit Tausenden von Jahren fraktale Designs auf Artefakten und Gebäuden produzieren (Goldberger, 1996).

Eine andere Interpretation des Stressreduktion-Effektes

Ich möchte eine alternative Interpretation der oben genannten Daten vorlegen und daraus eine neue Schlußfolgerung ziehen. Von der Savanne-Lanschaftsszenerie als feste Baseline — unsere vermutete evolutionäre Urumgebung — ausgehend, lassen sich die zunehmenden Streßbedingungen, die die unterschiedlichen experimentellen Umgebungen verursachen, graduell auflisten. Die Kontrollsituation (weiße Tafel) dient nur als weiteres Element, mit der gleichen Wichtigkeit wie die anderen Elemente.

(i) Savannenlandschaft: minimaler Umweltstreß

(ii) Dichte Waldlanschaft: leichte Zunahme von Umweltstreß

(iii) Minimalistische eintönige Umgebung: starke Zunahme von Umweltstreß

(iv) Abstraktes nicht-fraktales Design: noch stärkere Zunahme von Streß

Diese Einordnung von experimentellen Umgebungen zeigt deutlich, daß minimalistische Designs weder von uns vorgezogen werden noch die Fähigkeit besitzen, unsere Reaktion auf physiologischen Streß zu minimieren. Sie verursachen sogar Streß, weil sie unserer angeborenen Baseline-Präferenz für Fraktale nicht entsprechen. Wenn wir auf Minimalismus im Design verzichten und diesen durch komplexe, aber nicht-fraktale Umgebungen ersetzen, hat es zur Folge, daß der Streß gesteigert wird. Es ist mir klar, daß Designer, Künstler und Architekten diese Aussage als schockierend empfinden, dennoch liegen ihr unbestreitbare experimentelle Forschungsergebnisse zugrunde.

Als er mit Judith Heerwagen für die Herman Miller Furniture Com-

Abb. 2 Ein fraktaler Rand, durch das sich wiederholende Muster des Borobodur-Tempels, Java, definiert. © *Richard P. Taylor, mit freundlicher Genehmigung.*

pany tätig war, führte Wise sein ursprüngliches NASA-Experiment noch einmal durch (Heerwagen & Wise, 2000). In diesem Fall wurde auf kognitive Werte zurückgegriffen. Für die Studie wurden gewöhnliche Zellenarbeitsplätze in drei verschiedenen Ausführungen genutzt — die Tapete an der sichtbaren Oberfläche war jeweils unterschiedlich. Auf einer Variation war zum Beispiel eine Savanne zu sehen, während eine andere Variation grau war und eine weitere ein geometrisches Muster aufwies. Die Probanden arbeiteten einen halben Tag lang an diesen Arbeitsplätzen und lösten auf kreative Weise eine Reihe von Problemen. Eine positive Korrelation zwischen den Testergebnissen der kreativen Problemlösung und dem Arbeitsplatz, in der die Naturszenerie zu sehen war, wurde festgestellt. (Weil diese Arbeit urheberrechtlich geschützt ist, sind nur wenige

Details bekannt.)

Der Mensch nimmt fraktale Ränder und Konturen wahr

Die Erklärungen zur Art und Weise, wie die fraktalen Dimensionen in Bild 1 (oben) berechnet werden, sind aufschlußreich. In der Regel formt das Auge ein zweidimensionales Bild eines dreidimensionalen Komplexes von Objekten. Gewöhnlich fokussiert das Auge auf kontrastierende Kanten im Bild: eine bestimmte Linie, Umriß, Rand, Kante, wo zwei kontrastierende Bereiche in Berührung kommen usw. Wir wissen, daß das Auge ein Bild abtastet, indem es den Bereich mit höchstem Kontrast folgt, was wir „Abtastpfad" nennen (Salingaros, 2003; Yarbus, 1967). Der Eindruck, den wir von Szenerien gewinnen, wird somit durch den fraktalen bzw. nicht-fraktalen Charakter der dominanten kontrastierenden Linien bestimmt — die man „fraktale Konturen" nennt. Was Gebäude angeht, können es die Dachlinie oder die Silhouette sein, Ränder, Kanten, artikulierte

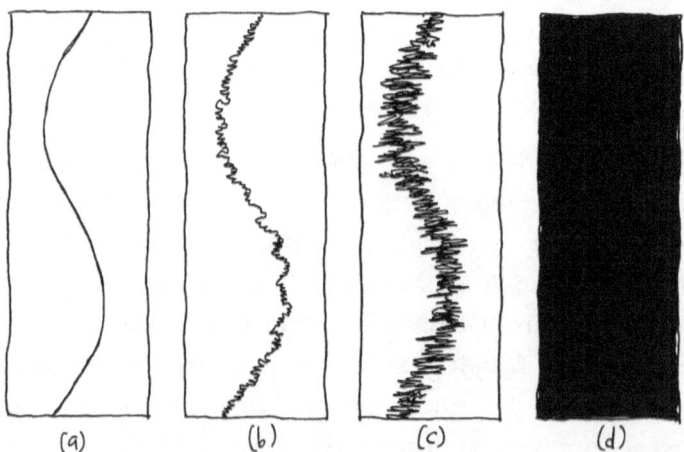

Abb. 3 Fraktale Linien mit steigender Dimension, bis sie zur Fläche werden: (a) $D=1$ (nicht fraktal), (b) $D=1{,}2$, (c) $D=1{,}7$, (d) $D=2$ (nicht fraktal). Eigentlich handelt es sich um Zeichnungen (von Nikos Salingaros) und nicht um genaue Fraktale.

oder ornamentale Linien usw. Die fraktale Dimension D (die wir unten erläutern) wird für diese dominanten Linien anschließend berechnet, wobei die Werte zwischen 1 und 2 erwartet werden.

Diese Experimente mit Fraktalen bestätigen, daß die Anwesenheit von dominanten Linien in unserer Umgebung unseren physiologischen Zustand beeinflussen: Obwohl unterbewußt, ist dieser Effekt bedeutsam. Ferner ist der Effekt nutzvoll, wenn diese Umgebungen eine fraktale Eigenschaft besitzen, und besonders wenn sie einem „durchschnittlichen" Fraktal entsprechen. Von Anfang ihrer Zivilisation an haben die Menschen fraktale Kunst und Architektur produziert — was aus der Untersuchung der traditionellen Kunst, der Artefakte und der architektonischen Ornamentation hervorgeht, die von den ersten Menschen produziert wurden (Eglash, 1999; Washburn and Crowe, 1988). Dieser Meilenstein, der sich parallel zum Aufkommen der Menscheit und der Kultur ergeben hat, kann jetzt so gedeutet werden: der natürliche Versuch, auf der Grundlage von sensoriellen Reaktionen stressminimierende Umgebungen zu entwerfen. Diese Hypothese erklärt vieles in der Anthropologie und der Geschichte bis zum Anfang des 20. Jahrhunderts, als die Kunst und die Architektur angefangen haben, sich drastisch von den traditionellen Modellen zu lösen.

DIE FRAKTALE DIMENSION

Erlauben Sie mir ein paar Grundlagen zum Begriff der fraktalen Dimension zu wiederholen. Eine sanfte Linie (entweder gerade oder gebogen) hat $D=1$, während eine Fläche einen zweidimensionalen Bereich füllt und $D=2$ hat. Eine stark gekräuselte, schlängelnde und gewundene Linie überschwappt jedoch in die Nebenfläche und hat D irgendwo zwischen 1 und 2. Ein Beispiel dieser Art von fraktaler Linie ist die Kochsche Schneeflocke, mit $D=1{,}26$ (viele Informationen sind im Web zu finden). Ein mathematisches Objekt, dessen Dimension ungefähr halbwegs zwischen einer Linie und einer Fläche, d. h. fraktale Dimension um 1,5 liegt, nennt sich ein „mittleres" Fraktal. Je gewundener und geschlängelter eine fraktale Linie ist, desto näher an 2 wird ihre fraktale Dimension sein, an welchem Punkt sie keine Linie mehr ist, da sie die gesamte Fläche füllt.

Es ist also möglich, auf verschiedene Arten und Weisen „mittlere" Fraktale zu erzeugen. Bei einer gefüllten Fläche mit $D=2$ als Ausgangspunkt beginnen wir, immer kleinere Löcher zu perforieren. Wenn wir dies auf eine regelmäßige, hierarchische Weise tun, reduzieren wir ihre Dimension und erzeugen schließlich ein „mittleres" Fraktal mit D irgendwo zwischen 1 und 2. Dieses Objekt ensteht aber auf ganz unterschiedliche Weise, als zum Beispiel eine gekräuselte Linie: Obwohl es ein Sieb ist und es überhaupt nicht als Linie angefangen hat, könnte es jedoch eine vergleichbare fraktale Dimension zu einer fraktalen Linie haben. Das Sierpinski-Dreieck, mit $D=1{,}58$, ist ein Beispiel für ein solches Fraktal (auch hierzu gibt es viele Informationen im Web).

Kehren wir nun zu den visuellen Elementen des NASA-Experimentes zurück. Jede der parallelen, geraden Linien, die in Mengen von drei bis sieben (Abb. 1, unten) gruppiert sind, hat die Dimension $D=1$ und ist nicht fraktal. Obwohl die Linien, die zusammengefügt sind, ein interessantes visuelles Muster bilden können, bilden sie dennoch keine fraktale Struktur. Die Gruppen selbst sind willkürlich angelegt, ohne jegliche Art von Skalierungssymmetrie, die Fraktale generieren könnte.

Taylors Analyse auf der Grundlage der fraktalen Dimension von dominanten Linien

In seiner Analyse, in der eine Vielzahl von fraktalen Linien mit unterschiedlichen fraktalen Dimensionen D untersucht wurden, zeigt Taylor, daß Menschen tatsächlich eine Vorliebe für einen spezifischen Typ von Fraktalen haben (Taylor, 2006). Aus dieser Analyse geht hervor, daß Fraktale streßminimierend wirken, wenn D bei ungefähr 1,4 liegt (Fraktale der „Mittelklasse"). Obwohl diese Messungen sehr approximativ sind, dienen sie dennoch dazu, einen klaren Höchstwert für physiologische Reaktionen des Menschen auf fraktale Linien, die in Szenerien vorkommen, auszumachen.

Diese Entdeckung hilft uns, das merkwürdige und unerwartete Ergebnis des ursprünglichen Experimentes der NASA zu erklären (Wise & Rosenberg, 1986; Wise & Taylor, 2002). Die dominanten Linien der Waldszene (Abb. 1, oben), die einen leicht positiven Effekt hat, haben eine fraktale Dimension $D=1{,}6$, während die Linien der Savannen-Szene (Abb. 1, Mitte), die einen ausgeprägten positiven Effekt hat, eine fraktale Dimension $D=1{,}4$ haben. Dieses Experiment, so wie andere Experimente auch, zeigt, daß Menschen besser auf fraktales Bildmaterial reagieren, das Linien mit einer fraktalen Dimension mit einem ungefähren bevorzugten Wert $D=1{,}4$ aufweist. Es ist also keine Überraschung, daß die Probanden beim vorgenannten Experiment besser auf die Savannen-Szenerie reagierten.

Weitere unterschiedliche Experimente, die Taylor und seine Mit-

Abb. 4: Konstruktion eines viereckigen Fraktals mit einem Skalierungsfaktor gleich 3, durch sukzessives Auslassen von kleinen Vierecken um ein symmetrisches Muster zu erstellen. *Zeichnung von Nikos Salingaros.*

arbeiter durchführten, ergaben einen bevorzugten Wert für die fraktale Dimension der Randlinien, der bei $D=1{,}3$ lag (Hagerhall et al., 2008). In diesem Experiment wurden die Alphawellen der zerebralen kortikalen Aktivität bei der Reaktion der Probanden mit der quantitativen Elektroenzephalographie (QEEG) gemessen. Fraktale Ränder mit einer mittleren fraktalen Dimension zwischen $D=1{,}1$ und 1,7 wurden per Computer generiert. (Die Bilder sollten fraktale Horizonte nachahmen, die die Konturen des Borobudur-Tempels wie auf Abbildung 2 darstellen, sind jedoch weniger attraktiv.) Verschiedene Zeichnungen wurden den Probanden gezeigt; die Messung der Alphawellen-Intensität ergab eine Höchstpräferenz für $D=1{,}3$. Da hohe Alphawellen-Aktivitäten bekanntlich auf einen entspannten Zustand zurückzuführen sind, paßt dieses Ergebnis zur Hypothese, wonach solche Fraktalränder das höchste Maß an Stärkung und Entspannung vermitteln (Hagerhall et al., 2008).

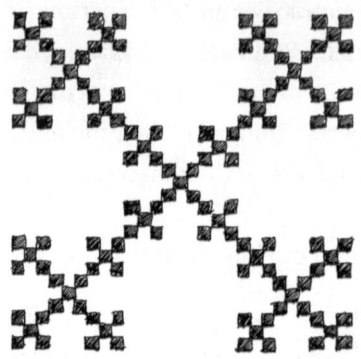

Abb. 5 Dritte Iteration des Sierpinski-Dreiecks. Jetzt gleicht es einer fraktalen Linie und ähnelt auf bemerkenswerte Weise traditionellen Mustern in der Häkelarbeit und Kreuzstichmustern. *Zeichnung von Nikos Salingaros.*

Ein perforiertes Dreieck und die entspannenden Effekte des Spitzenklöppeln

Ich werde nun ein viereckiges perforiertes Fraktal zeichnen, eine Variante des Sierpinski-Dreiecks, und anschließend seine fraktale Dimension berechnen. Diese Übung zeigt, daß es möglich ist, von einem bestimmten Bereich ausgehend, ein „mittelgroßes" Fraktal zu bauen, das sich nicht von einer fraktalen Linie unterscheidet. Wir beginnen mit einem gefüllten Viereck der Größe L, und unterteilen es in neun kleinere Vierecke, deren Kanten die Größe $L/3$ (Abb. 4) haben. Die neu definierten Vierecke werden nach dem gleichen Prinzip unterteilt, was zum linienähnlichen Muster in der dritten Iteration führt (Abb. 5).

Erlauben Sie mir jetzt, den iterativen Vorgang, der zu den Objekten in Bild 4 geführt hat, zu beschreiben. Das originale volle Viereck (Abb. 4, links) gilt als „nullartige" Iteration, da noch nichts verändert worden ist. Die erste Iteration (Abb. 4, Mitte) unterteilt das originale schwarze Viereck in fünf kleinere schwarze Vierecke, die jeweils die Größe $L/3$ haben. Die zweite Iteration (Abb. 4, rechts) unterteilt diese Vierecke weiter in kleinere Vierecke der Größe $L/9$. In der Regel entspricht die Kante x_i jedes

Vierecks in der i-sten Iteration: $x0 = L$, $x_i = L/3^i$. Die Zahl N nicht-leerer Vierecke (ihre Multiplizität) entspricht bei jeder Iteration: $N_0 = 1$, $N_i = 5^i$. Mit diesen Werten berechnen wir die fraktale Dimension: $D = -\Delta \ln(N_i)/\Delta \ln(x_i) = \ln 5/\ln 3 = 1{,}46$. (Ich verweise auf die üblichen Beschreibungen, wie diese Formel zustande kommt.)

Ohne in mathematische Einzelheiten gehen zu wollen: Die fraktale Dimension hängt sowohl vom Skalierungsgrad des Fraktals als auch von der geometrischen Dichte/Spärlichkeit des Designs ab. Ich habe an anderer Stelle (Salingaros & West, 1999) die fraktalen Dimensionen der bekanntesten mathematischen Fraktale berechnet: die Kochsche Schneeflocke ($D = 1{,}26$) und das Sierpinski-Dreieck ($D = 1{,}58$). Die angewandte Methode, die zu diesen Ergebnissen geführt hat, wird dort beschrieben.

Folgende Belege haben eine eher anekdotische Natur, sind jedoch von Interesse. Im Volksmund heißt es, daß das Spitzenklöppeln und das Erfinden von Häkelmustern mit einer mittelgroßen Dimension wie auf Bild 5 eine beruhigende Wirkung hat. Jahrhundertelang, bevor es das Fernsehen gab, haben sich Frauen damit beschäftigt. Die Nadelarbeit hat sich als traditionelle Tätigkeit mit einer beruhigenden Wirkung auf das Nervensystem bewährt. Über die besondere Wirkung von Mustern sagt es allerdings nichts aus. Der Psychologe Robert H. Reiner hat im Auftrag der American Home Sewing & Craft Association (AHSCA) eine Studie durchgeführt. Sie ergab, daß Frauen, die nähen, einen deutlich niedrigeren Blutdruck und eine niedrigere Herzfrequenz hatten; außerdem schwitzten sie weniger (Reiner, 1995). (Leider sind keine Details dieser Studie veröffentlicht worden.)

Ornamente schaffen eine heilende Umgebung

Es gibt heute eine grundsätzliche Konfusion, die von bestimmten kulturellen Kräften gefördert wird, und die dazu führt, daß oberflächliche, visuelle Merkmale kopiert werden, ohne daß der Sinn dieser Formen verstanden wird. Die Folge ist ein falsches Verständnis vom traditionellen Handwerk und den Ornamenten. Viele Gelehrte sind der Meinung, daß Ornamente zwangsläufig „Imitate der Natur" sind, jedoch ist dies eine zweischneidige Einschätzung; außerdem ist sie fehlleitend. Die traditionelle Kunst, und besonders die Ornamente, enstammen in allererster Linie der mentalen Kreativität des Menschen, die auf direkteste und immanenteste Art und Weise zum Ausdruck kommt. Wenn innovative Strukturen zu kohärenten komplexen Formen entwickelt werden, sind Ornamente einfach der erste Schritt im kreativen Prozeß. So gut wie alle menschlichen Errungenschaften gehen in diese Richtung, entwickeln sie sich doch aus dem gleichen kreativen Prozeß, der zur organisierten Komplexität führt.

Abb. 6 Das äthiopische Silberkreuz, eindeutig fraktal geprägt. *Zeichnung von Nikos Salingaros.*

Die unglaubliche mathematische Ausgereiftheit von traditionellen materiellen Kulturen wird heutzutage gern übersehen, weil Design-Profis entweder von den „reinen Formen" besessen sind oder das neue zu jedem Preis suchen. Als „unmodern" werden die extrem reichen Traditionen des fraktalen Designs im Urbanismus, der Architektur und den Artefakten in der ganzen Welt herabgestuft; eine kleine Elite von Kunst-Interessierten und Intellektuellen haben sie im 20. Jahrhundert als das Produkt der Unfähigkeit, exakte industrielle Formen zu schaffen, fehlgedeutet (Eglash, 1999). Die typische Begründung lautet immer wieder, daß solche Objekte

„nicht utilitär" seien. Nichts ist jedoch von der Wahrheit entfernter: Ornamente sind gerade die praktischsten Hilfsmittel, um heilende künstliche Umgebungen zu schaffen. Weise Menschen haben in früheren Zeiten verstanden, daß Ornamente wie eine Art Gegenmittel gegen den Alltagsstreß wirken (Abb. 6).

Der Blick auf die Industrie-Produkte der letzten Jahrzehnte zeigt uns, daß darin kaum ein Fraktal vorhanden ist. Eine weit verbreitete Interpretation dieser Armut begründet diese Notwendigkeit in einer anti-fraktalen Ästhetik als Spiegelbild der Bedürfnisse des Maschinenzeitalters. Jedoch ist das nur Propaganda im Dienste einer Ideologie, denn die utilitären Industrie-Designs und Objekte des späten 19. und des anfänglichen 20. Jahrhunderts waren eigentlich stark von Fraktalen geprägt, genau wie es davor der Fall war. Industrie-Möbel und Haushaltsgegenstände der frühen Industriezeit waren auch so gestaltet, daß sie eine Wirkung auf die Nutzer hatten. Die spätere radikale Vereinfachung der Formen wurde ideologisch vom Bauhaus und dessen Nachfolgern gefordert. Seit den 1920ern werden „moderne" Objekte daran bewertet, ob sie dieser komischen und intoleranten Ästhetik entsprechen, und nicht daran, ob sie im Zeichen der neuesten Technologie stehen.

Taylor überraschte die Welt der Kunst, als er bewies, daß die Gemälde von Jackson Pollock fraktal geprägt sind (Taylor, 2006; Taylor et al., 2011). Wir haben hier also ein Beispiel von total abstrakter Kunst, die dennoch fraktal ist. Daraus kann man schließen, daß diese Kunstform beliebt ist, weil sie fraktal ist. Die Aussage Taylors sorgte für Aufregung, und einige Forscher fragten sich, ob die Skalierung in Jackson Pollocks Gemälden einem bestimmten Skalierungsgrad entspreche oder ob sie eine ausreichende Anzahl von Skalen beinhalte, um einem echten Fraktal zu entsprechen (Jones-Smith & Mathur, 2006).

Taylors Widerlegung löste das Problem (Taylor et al., 2006), woraufhin eine Reihe von Interessengruppen ihre eigenen fraktalen Analysen von Pollocks Gemälden durchführten. Diese Diskussion hat Kunstgeschichtler dazu bewegt, einen neuartigen, fraktalen Blick auf die Malerei sowie auf andere Produkte der materiellen Kultur zu werfen. Fraktale Kunst muß nicht zwangsläufig direkt natürliche Formen nachahmen: wovon sie sich inspirieren läßt, ist der generative Prozeß, dem die Natur folgt.

Eine wichtige Frage, die die Diskussion um Pollocks Gemälde hervorgebracht hat, lautet deshalb: „*Wieviele Vergrößerungsstufen sind nötig, damit ein selbstähnliches Bildelement fraktal aussieht?*". Das Auge kann bereits fraktale Strukturen erkennen, die nur wenige Skalierungsgrade beinhalten. Die Struktur in Bild 5 zählt nur drei Iterationen, und doch nehmen wir das Ganze als Fraktal wahr. Sein Skalierungsgrad ist gleich 3, zwei aufeinanderfolgende Vergrößerungen ergeben 9 oder ungefähr eine Größenordnung, in der das Kreuzmuster noch erkennbar ist (Abb. 4, Mitte). Nach drei aufeinanderfolgenden Vergrößerungen (27x) geht das Muster verloren, und es bleibt nur ein Viereck (Abb. 4, links). Taylor hat herausgefunden, daß Strukturen, die statistisch zwischen einer und zwei Größenordnungen (i. e., von 10x bis 100x) liegen, wie Fraktale wirken.

Eine andere Frage, die sich in diesem Rahmen stellt, lautet: Wieviele Skalierungsgrade sind in der Architektur nötig, damit Strukturen als Fraktale wahrgenommen werden? Die Antwort ist nicht einfach, weil das Auge des Nutzers extrem feine Details in den Materialien wahrnimmt. Wenn ein fraktales Design bzw. eine fraktale Struktur hierarchisch nicht in den kleinen Skalen verankert ist, erscheinen alle größeren Fraktale wie „abgetrennt". Das Ganze wird zwar wie ein Fraktal aussehen, ästhetisch wird es aber eher wie aufgezwungen (und kognitiv davon abgetrennt) wirken — nicht wie ein fester Bestandteil der Struktur. Die Architekten, die heute abstrakte Fraktale entwerfen, beachten nicht die nowendige Anzahl von Iterationen, die streßminimierende Effekte hervorbringen. Im Vergleich zu den fraktalen Eigenschaften von traditionellen und lokalen Architektursprachen bis zum, und einschließlich des, Jugendstils und Art Decos, kann man feststellen, daß letztere tatsächlich eine viel tiefere Verbindung zu Materialien vorweisen.

Fraktale Besserung und sieben Antworten zur kognitiven Resonanz

Goldberger, Joye, Taylor, Wise und ich (sowie weitere Forscher auf diesem Gebiet) sind uns über einen grungsätzlichen Punkt einig: Es sieht so aus, als gäbe es eine Art Resonanz zwischen dem kognitiven Apparat und den Umgebungen, die fraktale Eigenschaften besitzen. Ferner lösen nicht alle Fraktale das gleiche Maß an positiven Emotionen aus, die zu einer physiologischen Streßreduktion führen, sondern nur die mittelwertigen Fraktale, die eine fraktale Dimension $D = 1{,}4$ haben. Menschen sind allem Anschein nach natürlich auf visuelle Signale mit fraktalem Charakter und einer besonderen fraktalen Dimension eingestellt. Das Gehirn berechnet ständig die Charakteristiken seiner Umgebung und mißt Elemente, die für unser Überleben grundlegend sind, sodaß diese Resonanz eine große Rolle spielt. Da es keine ausreichende Erklärung dafür gibt, weshalb unser Körper so reagiert, können wir lediglich versuchen, auf die unterschwelligen Mechanismen hinzuweisen. Hier werden einige Hinweise aufgelistet:

Erster Hinweis: Zur Struktur des Geistes. Der Körper eines jeden Säugetiers, vor allem aber sein Gehirn, ist nach den Prinzipien der fraktalen Morphologie organisiert. Das Gehirn ist ein strukturiertes System von hierarchisch organisierten anatomischen Modulen, die auf unterschiedlichen Skalierungsebenen koexistieren. Magnetresonanztomographie (MRT)-Messungen des menschlichen Gehirns bestätigen seine grundsätzlich fraktale Anatomie (Kiselev et al., 2003). Das assoziative Gedächtnis liefert Indizien, die auf eine Parallele zwischen Gedankenprozessen und der fraktalen physischen Struktur des Gehirns hinweisen (Mikiten et al., 2000). Mikiten, Yu und ich haben weiter überlegt und vermuten nun, daß der Signalempfang im Gehirn wie das Einstellen eines Radios auf ein bestimmtes Signal funktioniert; diese Vermutung korreliert mit der Idee der Resonanz des Gehirns mit bestimmten fraktalen Größen. Funktionelle MRT- und Magnetenzephalographie (MEG)-Untersuchungen des menschlichen Gehirns weisen sowohl räumliche als auch zeitliche Synchronisierungen in verschiedenen Bereichen des aktiven Gehirns auf. Bezeichnenderweise weisen sowohl Raum- als auch Zeitmessungen fraktale Muster im Gehirn auf (Pincus, 2009).

Zweiter Hinweis: *Von fraktalen Antennen*. Eine neuere technologische Entwicklung, die zur Entdeckung von fraktalen Resonatoren in der Mikroelektronik geführt hat (Nathan Cohen, 2005), öffnet vielversprechende Möglichkeiten zur Erforschung von parallelen Mechanismen bei elektronischen Geräten. Antennen, die nach den Prinzipien der fraktalen Geometrie gebaut sind, haben sich als leistungsfähiger als lineare Antennen erwiesen. Fraktale Antennen nach einem Design wie im Bild 5 erweisen sich als extrem effizient, wenn die geographische Lage nur schwache Signale zuläßt, also da, wo übliche Antennen nicht richtig funktionieren können. Vorteile der fraktalen Antennen sind unter anderem: ihre stark reduzierte Größe, die keinen Einfluß auf die Empfangsqualität haben, sowie ihre sehr große Bandbreite, die es, im Vergleich zu linearen Antennen, ermöglicht, auf eine zusätzliche Abstimmeinheit zu verzichten. Fraktale Antennen sind somit in der Lage, verschiedene Frequenzen ohne geometrische oder elektronische Einstellung zu empfangen. Diese Analogie läßt uns vermuten, daß die fraktalen physiologischen Strukturen, die unseren Körper ausmachen, irgendwie mit fraktalen Strukturen in der Außenwelt mitschwingen.

Dritter Hinweis: *Von dynamischen Fraktalen in der menschlichen Physiologie*. Bisher haben wir geometrische Objekte besprochen, die unterschiedliche Skalen beinhalteten. Das gleiche Phänomen existiert auch in der Zeit, wo fraktale Strukturen die Signale unterschiedlicher Längen beinhalten. Die Zeitsequenzen eines Elektrokardiogramms (EKG) des menschlichen Herzen besitzen fraktale Eigenschaften (West & Deering, 1995). Die Dynamik des menschlichen Herzen hat viele Frequenzen, die die Variabilität des Grundtakts von 70 Schlägen pro Minute kennzeichnen, und die bei einem gesunden Herzen ein Zeitmuster von 50 bis 110 mit fraktalen Komponenten erreichen kann. Eine für unsere Zwecke besonders interessante Studie hat gezeigt, daß Herzkrankheiten kein fraktales Spektrum mehr aufweisen, wenn das EKG linearer wird und die unterschiedlichen Zeitskalen sich vermehren. Es sind Vorzeichen eines

Herzinfarkts. Die West-Goldberger-Hypothese besagt: *„Die Abnahme der gesunden Variabilität eines physiologischen Systems wird durch dessen abnehmende fraktale Dimension verdeutlicht"* (West & Goldberger, 1987). Diese Ergebnisse über dynamische physiologische Prozesse lassen ähnliche Muster für die Raumskalen vermuten, die bereits erklärt worden sind.

Vierter Hinweis: Von der Savannen-Hypothese. Trotz ihrer jeweils unterschiedlichen Überlegungsansätze teilen viele Forscher unsere Meinung zum Einfluß der Umwelt, wie wir ihn uns zu Zeiten unserer Ahnen vorstellen. Die mittelgroße fraktale Dimension einer Savannenlandschaft bietet Überlebensvorteile, wie zum Beispiel das mühelose Zur-Verfügung-Stellen von strukturellen Grundinformationen (Joye, 2007; Kellert et al., 2008). In Umgebungen, die eine größere fraktale Dimension aufweisen, wie Wälder, können sich Raubtiere besser verstecken; dadurch sind diese Umgebungen gefährlicher als die mit einer viel niedrigeren fraktalen Dimension, in denen es für Raubtiere weniger Möglichkeiten gibt, sich zu verstecken und daher auch weniger zu erbeuten. Wenn wir also tatsächlich auf solche Arten von Umgebungen „eingestellt" sind, müßten wir eigentlich mit mehr Streß auf Umgebungen reagieren, die die Eigenschaften der Savanne nicht aufweisen — Umgebungen, deren fraktalen Werte entweder viel größer, bzw. viel niedriger, als der Mittelwert von ca. $D = 1{,}5$ liegen.

Fünfter Hinweis: Von den Augenbewegungen. Taylor und seine Mitarbeiter erklären die fraktale Resonanz auf der Grundlage von Messungen von Augenbewegungen, die beim Scannen von Bildmaterial vorgenommen wurden. Das Auge macht beim „Abtasten" eines Bildes sogenannte „sakkadische" Bewegungen — eine Vielzahl von „Sprüngen" von unterschiedlichen Längen. Der Pfad selber ist nicht regulär, sondern erfolgt nach Bereichen, die einen großen Kontrast aufweisen (Yarbus, 1967). Wenn sie nicht darauf angelegt sind, die maximalen Kontraste auszusuchen, entsprechen die unregelmäßigen Bewegungen einem stochastischen Fraktal, das den Namen „Lévy Flight" trägt (Taylor et al., 2011). Taylor hat die fraktale Dimension der Lévy Flights des Auges beim Abtasten von fraktalen Szenerien unterschiedlicher Dimensionen berechnet. Interessanterweise änderte sich die fraktale Dimension des Musters des

Augenpfades nicht und behielt ihren Wert $D = 1{,}5$. Somit scheint es, daß das Auge eine eigene intrinsische fraktale Scanprozedur hat, die nicht von der fraktalen Dimension des gescannten Objektes beeinflußt wird. Daraus folgt, daß es bei jeder Linie, die eine fraktale Dimension von ca. 1,5 hat, zu einer kognitiven Resonanz kommen soll.

Sechster Hinweis: Von Haien auf Nahrungssuche. Tiere, die auf Nahrungssuche sind, tendieren dazu, „stochastisch" zu suchen (willkürliche Richtungen und Pfadlängen, die einem Lévy Flight ähneln). Dabei durchsucht das Tier einen bestimmten Bereich gründlich, bevor es zu einem anderen Bereich übergeht, wo es seine Suche wieder aufnimmt. Nicht nur Haie sind bei dieser Art Nahrungssuche beobachtet worden, sondern auch Albatrosse. Die geradlinigen Bewegungen setzen sich eigentlich aus einer Vielzahl von kürzeren Bewegungen sowie auch mittellangen und einigen längeren Bewegungen zusammen. Es handelt sich hierbei um die typische Verteilung von inversen Potenzskalen in Fraktalen. Taylor vermutet, daß diese Lévy-Flight-Muster bei der Nahrungssuche ebenfalls auf die Augenbewegungen bei der effizientesten Bild-Informationssuche von größter Bedeutung sind (Taylor et al., 2011). Die stochastischen fraktalen Lévy-Augenbewegungen beim Scannen einer Szenerie gehen also auf eine evolutionäre mathematische Adaptation zurück und sind nicht für die Anatomie des Auges charakteristisch — was den fünften Hinweis untermauert.

Siebter Hinweis: Von streßminimierender Kunst. Eine Riesenmenge an Kunstgegenständen, die die Menschen im Laufe der Geschichte produziert haben, müssen auf ihre fraktalen Eigenschaften untersucht werden. Sofern sie tatsächlich welche besitzen, sollte auch ihre fraktale Dimension gemessen werden. In einer 1993 durchgeführten Studie behaupten Vitaly Komar und Alexander Melamid, daß die beliebteste Landschaftsmalerei, und das in der ganzen Welt, immer die Elemente Wasser, Menschen und Tiere beinhaltet (Dutton, 2009). Man bemerke, daß die Anwesenheit von Wasser in einer Szenerie die fraktale Dimension der Konturen auf ein mittelgroßes Fraktal reduziert. Diese Veröffentlichung verursachte einen Aufstand in der Welt der schönen Künste, da realistische Landschaften seit langem als Kitsch gelten und dadurch Tabu geworden waren. Innenarchitekten und Umweltpsychologen wissen jedoch, daß angewandte Biophilie den Streß bei ängstlichen Patienten senkt; deshalb hängen solche Landschaften häufig in Warteräumen von Zahnarztpraxen — neben Bildern von süßen kleinen Hunden.

Obwohl die Vorteile von fraktalen Umgebungen bei Medizinforschern immer beliebter werden, herrscht noch kein Konsens über die optimale fraktale Dimension. Einige Forscher sind zum Beispiel nicht der Meinung, daß es mittelgroße Fraktale sind, die der menschliche Wahrnehmungsapparat in der Regel vorzieht. Alexandra Forsythe und Mitarbeiter schätzen zwar die Genesungswerte in fraktalen Umgebungen, aber sie stufen die bevorzugte fraktale Dimension viel höher ein — zwischen 1,6 und 1,9 (Forsythe et al., 2010). Als Beweis nennen sie die fraktale Dimension von bekannten Gemälden wie Botticellis „Die Geburt der Venus" ($D = 1,86$), Monets „Wasserlilien" ($D = 1,78$), und van Goghs „Sonnenblumen" ($D = 1,76$). An anderer Stelle hat Ali Lavine Hokusais „Die große Welle vor Kanagawa" berechnet und den Wert $D = 1,73$ ermittelt (Lavine, 2009). Diese Werte, wenn sie unabhängig bestätigt würden, müßten natürlich mit den experimentellen Daten von Taylor und anderen verglichen werden.

Ich möchte meinen Standpunkt anhand von zwei „Vorsichtsmaßnahmen" darlegen. Zunächst einmal geht es hier in erster Linie um Gemälde, die erwiesenermaßen Streß beim Betrachter mindern. Obwohl ein bekanntes Kunstwerk sowohl sehr bekannt als auch sehr geschätzt sein mag, ist dies keine Garantie dafür, daß es auch erholsame Eigenschaften besitzt. Es könnte sogar sein, daß es Aufregung verursacht. Hokusais Welle verfügt gewiß über fraktale Eigenschaften, aber ob sie streßrezudierend wirken, ist eine andere Frage. Die Gegenüberstellung von streßverursachenden und streßminimierenden Typen von Stimuli zeigt, daß Menschen in der Regel problemlos für eine kurze Zeit einem herausfordernden und provokativen Kunstgegenstand ausgesetzt sein können; eine ganze Umgebung, die diese Eigenschaften besitzt, würde jedoch sehr wahrscheinlich unangenehme physiologische Effekte auf den menschlichen Körper haben, und zwar in der Form von chronischem Streß. Zweitens ist es bekannterweise sehr schwer, die fraktale Dimension von Bildmaterial anhand der Boxcounting-Methode (Gonzato et al., 2000) zu berechnen. Zum Beispiel können die von einer vielgebrauchten Software ermittelten Ergebnisse eine Fehlerquote von bis zu 50% bei der Berechnung von echten Fraktalen erreichen. Schlimmer noch, es könnte ein Wert für die fraktale Dimension eines nicht-fraktalen Bildes berechnet werden — was natürlich völlig sinnlos ist. Wir müssen sehr vorsichtig mit den gemeldeten Werten der fraktalen Dimension von Kunstwerken umgehen und zuverlässige Daten abwarten.

Schlussbemerkung

Die Arbeit, über die wir gerade berichtet haben, befaßt sich mit den Folgen der streßvollen mentalen Auseinandersetzung des Menschen mit fraktalem Bildmaterial. Wohltuende und heilende Umgebungen mindern den unausweichlichen physiologischen Streß, der zwangsläufig durch jede Form von notwendiger Konzentration verursacht wird. Im Gegenteil, diejenigen Umgebungen, die bei normaler mentaler Konzentration den Streß in uns erhöhen, sollten grundsätzlich als langfristig schädlich betrachtet werden. Trotz der umfangreichen Literatur, die es zu Lern- und Arbeitsumgebungen gibt, werden die positiven, streßminimierenden Effekte von fraktalen Szenerien immer noch nicht ausreichend genug berücksichtigt. Im Gegenteil, es werden immer mehr streßerhöhende Umgebungen in neuen Büro- und Arbeitsräumen sowie in Schulen erschaffen. Die Apologeten solcher Typologien berufen sich immer wieder hauptsächlich auf eine legendenhafte industrielle Effizienz, auf eine stilistische „Ehrlichkeit" sowie auf die Unantastbarkeit der Prinzipien des modernistischen Designs usw.

Wir könnten aber auch einen neuen Weg gehen und auf die Ergebnisse der hier besprochenen Forschungsansätze zurückgreifen, um drastische Änderungen in unseren Lern- und Arbeitsumgebungen vorzunehmen. Die bereits existierenden Ergebnisse reichen dazu völlig aus. Vom wissenschaftlichen Standpunkt aus betrachtet überrascht es, daß kaum

Studien gemacht werden, die den direkten Einfluß von fraktalen Eigenschaften auf ihre Umgebung untersuchen. Jedoch entspricht die bekannte Untätigkeit des Design-Establishments auch im vorliegenden Rahmen, leider, allen Erwartungen. Man könnte meinen, daß es sich hierbei um einen Forschungsschwerpunkt handelt, dem die Gesellschaft mehr Achtung schenken sollte, und für den auch mehr Mittel zur Verfügung gestellt werden sollten. Zuviel von dem, was als „normal" gilt, in Untersuchungen jedoch schlecht abschneidet, gründet in subjektiven Meinungen. Wenn Menschen gefragt werden, was ihnen lieber ist, antworten sie immer mit dem, womit sie indoktriniert wurden; dadurch kolportieren sie Ideen, die die Fakten in den Schatten stellen. Es ist an der Zeit, diese Informationsfälschungen über Design und gebaute Umgebungen zu korrigieren.

Danksagung: Ich möchte mich bei Neil Campbell und Christopher Stone bedanken. Obwohl sie nicht mit all dem, was ich hier geschrieben habe, einverstanden sind, haben sie viele interessante Korrekturvorschläge gemacht. Danke an Richard P. Taylor für die Erlaubnis zur Nutzung seiner Bilder. Abschließend, danke an Graham Cairns-Smith, dessen wunderbares Buch *Seven Clues to the Origin of Life* (1985) mir die Idee für den letzten Teil dieses Kapitels gegeben hat.

LITERATUR

- Nathan Cohen (2005) „Fractals' New Era in Military Antenna Design", *RF Design's Defense Electronics* (1. August).
- Denis Dutton (2009) *The Art Instinct* (Bloomsbury Press, New York).
- Ron Eglash (1999) *African Fractals: Modern Computing and Indigenous Design* (Rutgers University Press, New Brunswick, New Jersey).
- Alexandra Forsythe, M. Nadal, N. Sheehy, C. J. Cela-Conde & M. Sawey (2011) „Predicting beauty: Fractal dimension and visual complexity in art", *British Journal of Psychology*, Band 102, Seiten 49–70.
- Ary L. Goldberger (1996) „Fractals and the Birth of Gothic", *Molecular Psychiatry*, Band 1, Seiten 99–104.

- Guido Gonzato, Francesco Mulargia & Matteo Ciccotti (2000) „Measuring the fractal dimensions of ideal and actual objects", *Geophysical Journal International*, Band 142, Seiten 108–116.

- Caroline M. Hagerhall, Thorbjörn Laike, Richard P. Taylor, Marianne Küller, Rikard Küller & Theodore P. Martin (2008) „Investigations of human EEG response to viewing fractal patterns", *Perception*, Band 37, Seiten 1488–1494.

- Judith Heerwagen & James A. Wise mit der Herman Miller Knowledge Resource Group (2000) „Natural Aesthetics Affecting Cognitive Performance in the Workplace", bekannt als „Project Savanna", Internal Report (Februar), Herman Miller Inc. Berichtet in „Evolutionary Psychology and Workplace Design", Herman Miller Inc., 2004.

- Katherine Jones-Smith & Harsh Mathur (2006) „Revisiting Pollock's drip paintings", *Nature*, Band 444, Seiten E9-E10.

- Yannick Joye (2007) „Fractal Architecture Could be Good for You", *Nexus Network Journal*, Band 9, Nr. 2, Seiten 311–320.

- Stephen R. Kellert, Judith Heerwagen & Martin Mador, Herausgeber (2008) *Biophilic Design: the Theory, Science and Practice of Bringing Buildings to Life* (John Wiley, New York).

- Valerij G. Kiselev, Klaus R. Hahn & Dorothee P. Auer (2003) „Is the brain cortex a fractal?", *NeuroImage*, Band 20, Seiten 1765–1774.

- Ali Lavine (2009) „Chaos, Fractals, and Art", *MATH53 project*, Dartmouth University (3. Dezember).

- Terry M. Mikiten, Nikos A. Salingaros & Hing-Sing Yu (2000) „Pavements as Embodiments of Meaning for a Fractal Mind", Nexus Network Journal, Band 2 (2000), Seiten 61–72. Die überarbeitete Fassung ist Kapitel 7 von Nikos A. Salingaros, *A Theory of Architecture* (Umbau-Verlag, Solingen, Deutschland, 2006).

- David Pincus (2009) „Fractal Brains: Fractal Thoughts", *Psychology Today* (4. September).

- Robert H. Reiner (1995) „Stress Reduction's Common Thread", Bericht einer Studie von Behavioral Associates, New York, erschien als Nachricht in der JAMA — *Journal of the American Medical Association*, 26. Juli.

- Nikos A. Salingaros (2003) „The Sensory Value of Ornament", *Communication & Cognition*, Band 36, Nr. 3-4, Seiten 331-351. Die überarbeitete Fassung ist Kapitel 4 von Nikos A. Salingaros, *A Theory of Architecture* (Umbau-Verlag, Solingen, Deutschland, 2006).

- Nikos A. Salingaros (2012) „Beauty, Life, and the Geometry of the Environment", Kapitel 2 von: Agnes Horvath & James B. Cuffe, Editors, *Reclaiming Beauty*, Band I (Ficino Press, Cork, Ireland), Seiten 63-103. Bearbeitete Fassung eines Aufsatzes aus dem *Athens Dialogues E-Journal, Harvard University's Center for Hellenic Studies*, Oktober 2010. http://www.math.utsa.edu/~yxk833/lifeandthegeometry.pdf

- Nikos A. Salingaros & Bruce J. West (1999) „A Universal Rule for the Distribution of Sizes", *Environment and Planning B*, Band 26, Seiten 909-923. Die bearbeitete Fassung ist Kapitel 3 von Nikos A. Salingaros, *Principles of Urban Structure* (Techne Press, Amsterdam, Niederlande, 2005).

- Hans Selye (1974) *Stress Without Distress* (J. B. Lippincott Company, Philadelphia).

- Richard P. Taylor (2006) „Reduction Of Physiological Stress Using Fractal Art And Architecture", *Leonardo*, Band 39, Nr. 3 (Juni), Seiten 245-251.

- Richard P. Taylor, A. P. Micolich & D. Jonas (2006) „Taylor et al. reply", *Nature*, Band 444, Seiten E10-E11.

- Richard P. Taylor, Branka Spehar, Paul Van Donkelaar & Caroline M. Hagerhall (2011) „Perceptual and Physiological Responses to Jackson Pollock's Fractals", *Frontiers in Human Neuroscience*, Band 5, Artikel 60, Seiten 1-13.

- Dorothy K. Washburn & Donald W. Crowe (1988) *Symmetries of Culture* (University of Washington Press, Seattle).

- Bruce J. West & Bill Deering (1995) *The Lure of Modern Science* (World Scientific, Singapore).

- Bruce J. West & Ary L. Goldberger (1987) „Physiology in Fractal Dimensions", *American Scientist*, Band 75, Seiten 354-365.

- James A. Wise & Erika Rosenberg (1986) „The Effects of Interior Treatments on Performance Stress in Three Types of Mental Tasks", Technical Report, Space Human Factors Office, NASA-ARC, Sunnyvale, Kalifornien.

- James A. Wise & Richard P. Taylor (2002) „Fractal Design Strategies for Enhancement of Knowledge Work Environments", Bericht über die 46. Tagung der The Human Factors and Ergonomics Society, 2002, Baltimore, Maryland (Oktober), HFES, Kalifornien, Seiten 845–859.

- Alfred L. Yarbus (1967) *Eye Movements and Vision* (Plenum Press, New York).

27

VORLESUNGSSKRIPT, ZWÖLFTE WOCHE
ORNAMENTE UND MENSCHLICHE INTELLIGENZ

LEKTÜRE IN DER ZWÖLFTEN WOCHE:

- Alexander, *The Phenomenon of Life*, Kapitel 11, „The Awakening of Space".
- Mehaffy & Salingaros, „Intelligence and the Information Environment", *Metropolis*, 25. Februar 2012.
- Salingaros, *A Theory of Architecture*, Kapitel 4, „The Sensory Value of Ornament".

ORNAMENTE UND FUNKTIONEN GEHÖREN ZUSAMMEN. Es gibt in der Natur keine Strukturen, die als „reine Ornamente ohne Funktion" klassifiziert werden können. In der traditionellen Architektur, die enger mit der Natur verbunden war, existierte eine solche Trennung überhaupt nicht. In unserer Kultur wurde die konzeptuelle Trennung von Ornament und Funktion regelrecht auferzwungen, was eine relativ neue Entwicklung in der Geschichte der Menschheit darstellt. Der Bruch im traditionellen Anpassungsprozeß der Architektur an die Bedürfnisse der Menschen geht auf diese Trennung zurück. Erst im architektonischen Diskurs des 20. Jahrhunderts haben die Menschen angefangen, Ornamente von ihrer Funktion zu trennen.

Der Versuch, Form und Struktur in ein Gesamtsystem zusammenzuführen, in das das physische Umfeld und der Betrachter einbezogen werden, stellt ein besonderes Anliegen dieses Buches dar. Der Einfluß von Struktur und Raum auf den Nutzer ist Teil seiner Funktion. Auch Ornamente haben einen Einfluß auf den Nutzer, sodaß kein einzelner Aspekt aus der gesamten Erfahrung als „reine Funktion" betrachtet werden kann. Die mechanistische Aufteilung von Ornament und Struktur taugt bei einfachen Mechanismen, paßt aber nicht für die Analyse von Situationen, in denen Menschen involviert sind.

Wenn er in einer Sequenz von interaktiven Schritten erfolgt, entwickelt der Gestaltungsprozeß ein Endprodukt mit Lebensqualitäten. Das macht einen großen Unterschied aus zu der üblichen Befriedigung, die minimalistische Nutzungskataloge und abstrakte Anforderungen darstellen. Wie können wir wissen, daß das, was wir auf dem Papier oder am Computerbildschirm entwerfen, tatsächlich die Nutzer befriedigt, wenn der Bau einmal steht? Wir können es nicht wissen. Nur indem wir auf Lösungen zurückgreifen, die sich seit langem empirisch bewährt haben, können wir sicherstellen, daß wir erfolgreich gestalten.

Dennoch bleibt die entscheidende Lektion, die wir daraus ziehen können: unsere Unfähigkeit, im voraus zu bestimmen, was genau ein rein funktionelles Bedürfnis zu stillen vermag. „Einfache" Funktionen ohne Komplexität bringen keine guten Lösungen. Die Nicht-Berücksichtigung der evolvierten Komplexität hat zu so vielen angeblichen funktionellen Lösungen geführt, die sich gleich als desaströs erwiesen haben — einfach nicht zu gebrauchen, weil unmenschlich. Die Suche nach der geometrischen Kohärenz innerhalb eines theoretischen Rahmens, die wir ausführlich besprochen haben, genau das ist es, was uns helfen kann. Für einen Menschen, der mit der mechanistischen Weltsicht des 20. Jahrhunderts groß geworden ist, führt die Suche nach Kohärenz und Gesamtheit paradoxerweise zu funktionellen Lösungsansätzen, die nicht bloß illusorisch, sondern echt sind.

Daß Ornament und Funktion unzertrennlich sind, wird besonders klar, wenn man sich vor Augen führt, wie positiv Objekte und Raum zueinander stehen, wenn die systemische Kohärenz beachtet wurde. Es macht überhaupt keinen Sinn, nur über das eine, nicht aber das andere zu reden — die Formen in der Natur sind dafür das beste Beispiel. Deshalb müssen wir lernen, Dinge zu entwerfen, die lebendige Qualitäten haben und die Ganzheit besitzen. Wenn wir nach diesem Prinzip vorgehen, entwickeln sich Ornament und Funktion zusammen, sodaß keine Kategorie eine besondere, getrennte Beachtung verlangt.

Die Auseinandersetzung mit außergewöhnlichen Lösungsansätzen, die in der Vergangenheit ausgearbeitet wurden, kann zu echten Überraschungen führen. Was als rein funktionelle Lösungsansätze betrachtet wurde, könnte genauso gut aus der Berücksichtigung der Ganzheit der geometrischen Konfiguration enstanden sein. Das ist in jeder Größe wahr, von Artefakten bis zu Räumen bzw. Bauten oder urbanen Raumflächen. Sie wirken positiv und bereiten dadurch gleichzeitig Freude.

Die Kopplung „Information-Teilnahme" führt zu einer engen „Mensch-Umwelt"-Beziehung. Es ist deshalb keine Überraschung, daß die Informationsqualitäten der Umwelt ernste Konsequenzen auf unsere biologische Struktur haben. Obwohl noch keine eideutigen Forschungsergebnisse vorliegen, sieht es wirklich so aus, als wären unsere kognitiven Fähigkeiten tatsächlich durch die Art von Informationen geprägt, die es in der Umwelt gibt.

Verschiedene Experimente mit Tieren haben gezeigt, daß die Jungen, die in informationsreicheren Umgebungen aufgewachsen sind, eine bedeutend größere Hirnleistung haben und intelligenter sind. Tiere, die in minimalistischen und informationsarmen Umgebungen großgezogen wurden, weisen eine niedrigere Intelligenz auf. Es sind strukturelle, physiologische Unterschiede, die für die Intelligenz unwiderrufliche Folgen haben.

Dieser Effekt wurde 1994 in einem Bericht der Carnegie Task Force, in dem davor gewarnt wurde, daß minimalistische Umgebungen (in denen die Sinne überhaupt nicht gefordert werden) sich unwiderruflich auf die geistige Entwicklung von Kindern negativ auswirken können, bestätigt. Der Bericht machte außerdem deutlich, daß gerade die Art von Informationen, die wir in diesem Buch besprechen, zur Feineinstellung unserer Intelligenz führt — und zwar die geordneten, kohärenten Muster. Beim Menschen liefert die klassische Musik, und nicht die Kunst oder die Architektur, die besten Beweise für diese Theorie. In der Schule sind Kinder, die in klassischer Musik ausgebildet werden, in der Regel viel erfolgreicher als die anderen Kinder, und zwar in allen Bereichen.

Das menschliche neuro-physiologische System hat sich mit der Zeit entwickelt, um die Informationen zu nutzen, die natürlichen Umgebungen liefern. Als die Menschen anfingen, Gegenstände herzustellen, hat der evolvierte kognitive Rahmen automatisch begonnen, eine bestimmte Art von Artefakten zu produzieren, die eine bestimmte geometrische Kohärenz widerspiegelten. Dabei handelt es sich um die gleiche natürliche Kohärenz, die am Anfang unsere kognitive Kohärenz ermöglicht hat. Deshalb erstreckt sich unser Geist durch das, was wir machen, als Information in die Außenwelt.

Die Paläo-Geschichte lehrt uns interessantes. Lang wurde heftig darüber gestritten, ob die Neanderthaler Kunst und Ornamente produzierten. Obwohl viele Forscher der Meinung sind, daß es nicht der Fall war, haben die neuesten Funde doch belegen können, daß sie sehr wohl Kunst produzierten, und daß ihr soziales Leben überhaupt nicht so „barbarisch" geregelt war, wie man einst glaubte. Die Frage nach der Weiterentwicklung ist jedoch von Bedeutung. Sie ist wichtig, weil die Kunst- und Ornamentenproduktion unserer Gattung Homo Sapiens sich über die Zeit weiterentwickelt hat. Diese Perfektionierung ist ein wesentlicher Teil unserer evolvierten Intelligenz und Entwicklung. Bei den Neanderthalern wiederum läßt sich in ihrer 200.000-jährigen Geschichte kaum eine technologische und kulturelle Weiterentwicklung erkennen. Daraus läßt sich einfach schließen, daß unsere weiterentwickelte Intelligenz — die für unsere einmaligen evolutionären Vorteile verantwortlich ist — irgendwie eng mit unserer Produktion von Ornamenten verbunden ist.

In den letzten 50 Jahren haben Wissenschaftler herausgefunden, wie wir mit dem Informationsfeld, das uns die Umwelt zur Verfügung stellt, interagieren. Zum Beispiel scannen die Augen eine Landschaft, indem sie die verschiedenen Bereiche nach Detailgenauigkeit, Differenzierungen, Kontrast und Krümmungen abtasten. Dadurch, daß die Augen Linien folgen, die miteinenander verbunden sind (sogenannte „Scan-Pfade"), entsteht ein Bild. Der Auge-Hirn-Mechanismus erkennt und nutzt somit die Bereiche eines Bildes mit hoher architektonischer Temperatur, um Informationen zu sammeln (vgl. Kapitel 21). Diese Erkenntnis validiert die Fünfzehn Grundeigenschaften (Kapitel 19) sowie auch die drei strukturellen Gesetze der Architektur (Kapitel 20).

Weitere Forschungsergebnisse belegen, daß unsere Wahrnehmung der Umgebung, in der wir uns befinden, mit der Speicherung der diesbezüglichen Informationen im Gehirn zusammenhängt und somit unsere Handlungen und Entscheidungen bestimmt. Das menschliche Leben ist in weiten Teilen von diesen angeborenen Aufnahme-, Integrations- und Reaktionsmechanismen auf Information von außen geprägt. Unsere angeborenen Reaktionen auf Formen sind tief in unserem Organismus verankert.

Mit dem Modernismus jedoch beginnt eine Zeit des Widerspruchs zwischen der Gestaltung von Bauten und der menschlichen Physiologie. Die modernistischen Architekten scheinen alles zu tun, damit sie die visuellen und morphologischen Elemente, die sowohl die menschliche Kognition als auch ihre Physiologie voraussetzen, leugnen können. Kann das ein Zufall sein? Das glaube ich nicht. Widerspruch und Ausmerzung der Wahrnehmungskohärenz erfolgen systematisch, weshalb sie das Ergebnis eines bewußten Handelns sind.

Ich verstehe das so, daß Ornamente der direkte Ausdruck menschlicher Intelligenz darstellen. Seit über einem Jahrhundert behauptet die viel beachtete Annahme im Diskurs der Architektur, daß Ornamente bloße Imitate der Natur sind; jedoch stimmt es einfach nicht. Ornamente entstehen immer als ein Akt spontaner Kreativität des menschlichen Geistes. Der Mensch kann auch Ornamente produzieren, die die Natur nur visuell nachahmen, aber das ist eine andere Frage.

Der materielle Beweis für die oben angeführte These liegt in den individuellen Neuronen, deren spezifische Funktion das Erkennen von ornamentalen Komponenten ist. Das Beispiel der retinalen Zapfzellen ist allgemein bekannt; sie reagieren auf unterschiedliche Farbtöne. Was aber weniger bekannt ist, ist die Tatsache, daß diese Zellen für die Erkennung von feinen Details verantwortlich sind. Zudem besteht eine Verbindung zwischen dem Phänomen der „Farbkonstanz" und der Wahrnehmung von Farben dank der hochentwickelten Rechenkapazität des Gehirns. Entsprechend der unterschiedlichen Lichtverhältnisse passen wir automatisch die tatsächlichen Farbtöne an, damit wir die „natürlichen" Farben wahrnehmen können — nur ein hochentwickeltes Gehirn kann Farben sehen.

Noch weniger bekannt außerhalb von wissenschaftlichen Kreisen ist die Existenz einer großen Anzahl von kortikalen Nervenzellen (im Gehirn, nicht im Auge), die nur durch ornamentale Elemente aktiviert werden. Sie schließen Reaktionen auf Kreuze, Sterne, konzentrische Kreise, Kreuze mit Umrissen sowie weitere konzentrisch-organisierte symmetrische Figuren ein, die ein gewisses Maß an Komplexität aufweisen. Diese Muster sind deshalb in unserer kognitiven Nervenstruktur verankert. Da diese Neuronen aus gutem Grund existieren, sollten sie auch stimuliert werden.

Was die Anatomie des menschlichen Gehirns angeht, so befinden sich die individuellen Neuronen, die für die Reaktion auf komplexere Muster sorgen, in höher entwickelten (aus einem evolutionären Blickpunkt betrachtet) Bereichen des Gehirns. Die relative Anzahl von Muster-sensiblen Nervenzellen nimmt auch zu, je „neuer", evolutionär gesehen, die Schichten des Gehirns sind — im Vergleich zu primitiveren Bereichen. Diese Erkenntnis belegt, daß die Wahrnehmung von der geordneten visuellen Komplexität und von Ornamenten mit der Entwicklung der menschlichen Intelligenz korreliert.

Wir müssen jetzt beschreiben, was geschieht, wenn dieser wunderbare Apparat, der uns ermöglicht, die geometrische Kohärenz in unserer Umgebung wahrzunehmen und sie auch in Artefakten und Strukturen zu generieren, nicht ausreichend genährt bzw. frustriert wird. Unser Körper reagiert darauf mit physiologischer und psychologischer Not. Minimalistische und sonstige informationsarme Umgebungen führen zu Depressionen.

Farblose und glatte Umgebungen verursachen nicht immer „betäubungsähnliche" Reaktionen, sie können jedoch einen Notzustand auslösen, der von einem akuten Gefühl von Bedrohung geprägt ist. Minimalistische Umgebungen lösen in uns Zeichen für dieses akute Gefühl von Kranksein aus. Eine Reihe von Krankheiten bewirken, daß wir normale, informationsreiche Umgebungen als minimalistische Umgebungen wahrnehmen, die dann den Alarm auslösen.

Makuladegeneration und Netzhautablösung können zum Beispiel Angstzustände bewirken, weil sie dazu führen, daß wir uns kein korrektes Bild mehr von der Umgebung machen können, in der wir uns befinden. Oder der Katarakt zum Beispiel, der zu einer Trübung der Augenlinse führt. Es handelt sich also um Augenkrankheiten. Andere Pathologien, die das Gehirn selbst angreifen, können ähnliche Notsignale auslösen. Oder besonders bei Hirnläsionen, die aus einem Schlaganfall resultieren bzw. bei einer Kohlenmonoxidvergiftung, die eine „visuelle Agnosie" bewirkt — obwohl die Augen perfekt leistungsfähig sind —, ist das Gehirn nicht mehr in der Lage, Formen oder Farben zu erkennen. Solche „agnosischen" Patienten können die strukturelle Kohärenz nicht mehr erkennen.

Ein weiteres Beispiel von Hirnerkrankungen, die dazu führen, daß der Betroffene sich wie in einer Art „minimalistischer Umgebung" aus Grautönen befindet, ist die sogenannte „cerebrale Achromatopsie". Diese Erkrankung ist viel schlimmer als die normale Achromatopsie, bei der statt drei „nur" noch zwei Farbtöne wahrgenommen werden. Bei der „cerebralen Achromatopsie" jedoch wird alles grau. Organische Objekte, wie zum Beispiel menschliche Gesichter oder Nahrung, werden als bedrohlich empfunden, weil sie an den Tod erinnern. Die armen Erkrankten leben dann deprimiert in einer Welt, an der sie verzweifeln.

Unsere Erkenntnisse lenken die Architektur in eine völlig neue Bahn, für die die Menschen womöglich noch gar nicht bereit sind — mit Sicherheit sind es die allermeisten im heutigen Bildungssystem nicht! Unser Ansatz ist dennoch wichtig, denn er offenbart, weshalb das Gestalten von Umgebungen die Nutzer maßgeblich beeinflußt (ob negativ oder positiv). Selbstredend gilt es, unseren Ansatz in den Lehrplan aufzunehmen, damit sich die Studenten mit ihm auseinandersetzen müssen. Vielleicht könnte unsere Methode direkt in Bauten umgesetzt werden — damit die positiven Effekte auf den Nutzer verdeutlicht werden. Architekten könnten nämlich direkt von den gebauten Beispielen lernen. Ferner ist es möglich, im Rahmen von Mustersprachen diese Methode mit den heutigen Bauweisen zu kombinieren. Diese Kombination würde mit Sicherheit für Aufsehen sorgen.

28

INTELLIGENZ UND INFORMATIONSUMWELT

Von Michael W. Mehaffy und Nikos A. Salingaros

Metropolis, 25. Februar 2012. Abgedruckt mit freundlicher Genehmigung.

AUS EINER BESTIMMTEN PERSPEKTIVE BETRACHTET, gleicht die Umwelt des Menschen einer Art gigantischer Produktionsmaschine von höchst nutzvollen Informationen.

Sie liefert uns Informationen zu evidenten Fragen, wie wer wir sind, wo wir uns bewegen müssen, wo wir etwas zu essen bekommen, wo Gefahren lauern (wie rasende Fahrzeuge, unsichere Stellen, um auszusteigen usw.) sowie viele andere Dinge. Etwas subtiler, dennoch ebenso wichtig, sind die Informationen über die Orte, wo wir uns sicher und gut fühlen.

Wir gehen davon aus, daß wir eine Umgebung als besonders schön empfinden, die uns einfach gut tut, wenn uns die integrierten, bedeutsamen Informationen wichtiges über die Struktur des Ortes mitteilen. Gesunde Bäume und leckere Früchte erachten wir grundsätzlich als schöner als kranke Bäume und faules Obst, was kein Zufall ist. Unser ästhetisches Urteilsvermögen hat sich zu einem ausgeklügelten Mechanismus entwickelt, der uns Organismen bewerten hilft, was uns gut tut.

Einfach formuliert: Unsere Sehnsucht nach Schönheit ist angeboren — weil wir natürlich auf der Suche nach tiefgründigeren, biologisch relevanten Merkmalen von Orten und Dingen sind, die wir als schön empfinden. Dies geschieht durch die Aufnahme von Informationen über unser Nervensystem, das sich auf ihre Verarbeitung und Auslegung spezialisiert hat, damit wir die oftmals versteckte Bedeutung hinter der Oberfläche der Dinge besser erkennen.

Abb. 1: Zwei Gebäude an der Burnside Street in Portland, Oregon, die sich direkt gegenüberstehen, mit sehr unterschiedlichen Informationsarten und -graden für den Passanten: Das Gebäude rechts gibt Informationen über die Bauzeit und die Alterung, einzelne Geschäftsbereiche, Eingänge, Unterschiede in den inneren Räumlichkeiten und vieles mehr. Das Gebäude links übermittelt keine solchen Informationen, sondern besteht nur aus informationslosen (außer Farbe) Paneelen, die einem strikt repetitiven Muster folgen, und von den Gestaltern so angelegt wurden, daß sie dem Passanten kunstvoll erscheinen sollen. Es hängt von persönlichen ästhetischen Vorlieben oder von einer Präferenz für Schlichtheit ab, wenn man das Gebäude links dem „altmodischen" Gebäude gegenüber, rechts, vorzieht. Eindeutig jedoch ist die Tatsache, daß das linke Gebäude dem Gehirn nur wenig Nahrung (stimulierende Informationen) gibt, die auch noch oberflächlich ist. *Photo: Michael Mehaffy*

Es gibt auch Hinweise dafür, daß wir eindeutig Informationen vorziehen, die, in Mustern gebündelt, mental am einfachsten zu verarbeiten sind. Wie der Psychologe George A. Miller gezeigt hat, tendieren wir dazu, „Bündel", die zwischen zwei bis sieben verschiedene Informationen beinhalten, vorzuziehen.

Scheinbar haben wir auch eine angeborene Neigung für die komplexen Muster, die Pflanzen und andere natürliche Strukturen kennzeichnen. Das ist einer der Gründe, weshalb wir eine angeborene Neigung für bestimmte biologische Muster haben, die sich Biophilie nennt (siehe unser Essay aus dem Jahr 2011, „Frontiers of Design Science: Biophilia").

Umweltpsychologische Forschungsarbeiten haben gezeigt, daß wir informationsreiche Umgebungen vorziehen, die wir am liebsten als einfach zu verarbeitende, unerläßliche „Informationsbündel" sehen: Bauten und Räume, die eine kohärente Beziehung zu ihrer jeweiligen Umgebung aufweisen, die erkennbare Eingänge und Fußwege haben, die wie Zimmer aneinander gereiht sind, die wie ein Ansporn wirken, und die komplexe Verstrickungen und räumliche Beziehungen bilden. Die interessantesten Bereiche, in denen Fußgänger unterwegs sind, weisen solche verstrickten, informationsreichen Strukturen auf.

Außerdem bevorzugen wir informationsreiche Flächen, die wir in einfacher zu verarbeitende Einheiten, die sowohl miteinander als auch mit dem Ganzen verbunden bleiben, „auseinandernehmen" können, und die ein bestimmtes „System" ausmachen. Das bedeutet, unter anderem, daß die Strukturen in unterschiedlichen Größen nicht zu „abrupt" im Verhältnis zueinander stehen, sondern kohärent und proportional richtig.

Die geometrische Kohärenz, sowohl in derselben Größe als auch in unterschiedlichen Größen, spielt allem Anschein nach eine Schlüsselrolle in der Wahrnehmung, die wir von schönen Dingen haben, die uns auch mit geistiger Nahrung versorgen.

Und was ist mit Umweltkunst? Als kulturelles Produkt ist sie doch mit Sicherheit ein viel „plastischeres" Phänomen, das viel mehr von einem kreativen Ausdruck als von biologischen Notwendigkeiten geprägt ist, oder nicht? Die Antwort lautet... ja und nein. Wir sind tatsächlich in der Lage, die normalen evolutionären Verhältnisse zwischen den Menschen und ihren Umgebungen zu verunstalten, um auffallende, störende, provokative Erfahrungen mit Kunst hervorzubringen. Solche Eingriffe bleiben jedoch nicht ohne Konsequenzen. Indem wir uns für diese Kurzzeit-Gefallen entscheiden, öffnen wir mit großer Sicherheit negativen Langzeit-Konsequenzen die Tür, was Gesundheit und Wohlbefinden des Menschen angeht. Die Risiken sind gewiß begrenzt, wenn es um Erfahrungen geht, die man in einer Kunstgalerie machen kann. Wenn es aber um Erfahrungen auf der Ebene von normalen menschlichen Umgebungen geht, die

Stunde für Stunde, Tag für Tag, gemacht werden, deutet alles darauf hin, daß die Effekte katastrophal sein können.

Einer dieser Effekte, der am meisten für Aufsehen sorgt, ist wohl die Fähigkeit der Umwelt, uns zum Lernen zu stimulieren. So unglaublich es klingen mag: Die Umwelt kann einen intelligenter, aber auch dümmer machen!

Einige Beweise, die diese überraschende Erkenntnis gebracht haben, stammen aus der Tierforschung. In einem Experiment, das R. Kihsinger et al. durchführten, wurden Forellen in minimalistischen Fischbecken einerseits und in einer natürlicheren Umgebung (ein Fischbecken mit einem Boden aus Kieselsteinen) andererseits gezüchtet. Die Gehirnmasse der Fische wurde gemessen (insbesondere der Bereich, der für Intelligenz zuständig ist), und anschließend wurden die Ergebnisse mit Messungen an wilden Forellen verglichen. Es stellte sich heraus, daß die Hirnmasse der Forellen je nach Gruppe sehr unterschiedlich war. Bedeutend größer als das Hirn der Forellen, die in einer minimalistischen Umgebung gezüchtet wurden, war das Hirn der Forellen, die in natürlicheren Bedingungen gezüchtet worden waren. Die größte Hirnmasse hatten jedoch die Forellen, die in der Natur selbst aufgewachsen sind — wohl, weil die Fische in der Wildnis viel mehr Reizen ausgesetzt sind.

In ähnlichen Experimenten, die G. Kempermann et al. (1997) mit Mäusen durchführten, wurde eine viel größere Zahl von Neuronen im Hirnbereich, der für Intelligenz verantwortlich ist, festgestellt. Es wurden zwei Gruppen von Mäusen untersucht: Eine Gruppe wurde in einer Umgebung gezüchtet, die, „architektonisch" betrachtet, komplexer war; die andere Gruppe von Mäusen wurde in einfachen Käfigen gezüchtet. In einer anderen Studie fanden A. Sale et al. (2004) heraus, daß der Hirnbereich, der für das Sehen verantwortlich ist, bei den Mäusen, die in komplexeren Umgebungen leben, viel weiter entwickelt ist, als bei den Mäusen, die in minimalistischeren Umgebungen leben. An dieser Stelle erinnere ich daran, daß Sehkraft und Intelligenz im Gehirn eng miteinander verbunden sind.

Diese Experimente unterstützen eine Grunderkenntnis, die der Vater der modernen Psychologie, Donald O. Hebb, in den 1940er Jahren machte: Umgebungen, die eine geordnete Komplexität aufweisen, steigern die

Intelligenz dauerhaft. Hebb fand heraus, daß „angereicherte" Erlebnisse gleich welcher Art (nicht nur Erlebnisse, die die geordnete visuelle Komplexität betreffen) notwendig sind, damit sich Intelligenz in der Tierwelt voll entwickeln kann. Ein Durchbruch in der Wissenschaft erfolgte in den 1960er Jahren, als M. Rosenzweig und seine Forschungsgruppe einwandfrei belegen konnten, daß die Anreicherung der Umwelt strukturelle Veränderungen im Gehirn von Tieren zur Folge hat.

Abbild. 2 Kann uns Louis Sullivan intelligenter machen? Eckeingang des Geschäftes Carson, Pirie, Scott & Company Store, Chicago, 1899. *Photo: Nikos Salingaros*

Es scheint, daß sich das, was wir heute Intelligenz nennen, bei Menschen sowie bereits bei anderen Tieren vor uns, als Werkzeug zur Bewältigung der Komplexität — eingehende Informationen — der natürlichen Umgebung entwickelt hat. Irgendwann begannen die Menschen, ihre Umwelt zu gestalten und projizierten eine ähnliche Komplexität in sie zurück — ausgehende Informationen — als Wandmalerei, Farben, Ornamentierung und fraktale Formen. Von

Abbild. 3 Eine dreifaltige Mischung aus komplexen Informationen: Der Rhythmus der klassischen indischen Musik, der Bharatanatyam-Tanz, und farbenfrohe volkstümliche Kunst stellen für junge Menschen eine lehrreiche Umwelt dar. Ist die Vermutung, diese Art Erfahrungen sei für die beachtlich hohe Zahl von künftigen Ingenieuren, Ärzten, Mathematikern und Wissenschaftlern in Indien mitverantwortlich, nicht äußerst interessant? *Photo: Alexia Salingaros*

Anbeginn unserer Entwicklung zum Menschen, der unseren Drang, Kunst zu produzieren, kennzeichnete, sind Menschen in einem ganz besonderen gegenseitigen Prozeß von Stärkung der Umweltkomplexität eingebunden.

Wenn auch nur ein Teil dieses Austauschmechanismus beschädigt wird, wird das ganze System beschädigt. Was genau bedeutet das für uns Menschen?

Eine Vielzahl von Studien hat gezeigt, daß die Umwelt, in der sie aufwachsen, die Entwicklung des Gehirns bei Kindern stark beeinflußt. 1994 veröffentlichte die Carnegie Task Force einen Bericht, in dem davor gewarnt wurde, daß bei Kindern, die in erlebnisarmen Umgebungen aufwachsen, mit dauerhaften Entwicklungsschwächen zu rechnen sei, im Vergleich zu Kindern, die in erlebnisreicheren und angereicherten Umgebungen groß werden. Diese Erkenntnis war bereits der Ausgangspunkt des „Head Start Programs", das einige Jahrzehnte zuvor in den USA initiiert worden war.

Die Zuwendung zur Philosophie und der Robotik ermöglicht uns, zu neuen Erkenntnissen zu gelangen. 1998 führten A. Clark and D. Chalmers das Konzept „erweiterter Geist" (*extended mind*) ein. Damit ist die Fähigkeit des menschlichen Geistes gemeint, Arbeitsleistungen außerhalb des Gehirns, in sein direktes Umfeld, auszudehnen.

Ein Zusammenspiel zwischen unseren Gedanken und inneren Erinnerungen einerseits und dem Wissen und den Informationen, die wir zwar außerhalb unseres Gehirns, jedoch schnell greifbar halten, andererseits, findet statt. Mobile Roboter nutzen tatsächlich ihre Umgebung als Gedächtnis. Da sie nämlich auf keine gespeicherten Erinnerungen in ihrem „Inneren" zurückgreifen, ersparen sie sich enorme Rechenaufgaben. Genau nach diesem Prinzip funktioniert der Mars Explorer von Rodney Brooks. Seine Fähigkeit, sich in einer Umgebung zu bewegen, wird durch eine „Intelligenz", die interne Prozessoren mit Informationen von außen verbindet, möglich gemacht.

Dies hat zur Folge, daß unsere Umwelt eine entscheidende Rolle in der Entwicklung unseres Gehirns spielt: Unser Geist ist ein Bestandteil unserer Umwelt und wenn wir wollen, daß er unsere Intelligenz „aktiviert", muß die Umwelt wohl eine ähnliche organisierte Komplexität aufweisen wie unsere neurologischen Prozesse selbst. Zwei mögliche Konnektivitätsszenarien kontrastieren also auffallend miteinander: (1) In informationsarmen, minimalistischen Umgebungen dehnt sich unser Geist nicht über das Innenleben unseres Gehirns hinaus. (2) In kohärent komplexen Umgebungen kann unser Geist auf visuelle Informationen, die außerhalb gespeichert sind, zurückgreifen und mit ihnen interagieren. In diesem letzten Fall geht es um ein viel reicheres Informationsfeld, das das Wachstum des menschlichen Gehirns fördert, damit es diese Informationen bearbeiten und interpretieren kann.

Unsere Hirnvernetzungen verändern sich — auch bei Erwachsenen, vor allem aber bei Kleinkindern — als Antwort auf kohärente eingehende Informationen. Obwohl es nur wenige Daten zum Einfluß von architektonischen Umgebungen auf Menschen gibt, ist bewiesen worden, daß Aktivitäten im Gehirn dessen Konnektivität verändern. Aktiv musizieren oder Sport treiben zum Beispiel stärkt die Neuronen, die für diese körperlichen Tätigkeiten verantwortlich sind. Überall auf der Welt ermutigen Eltern ihre Kinder dazu, Musikunterricht zu nehmen — wenn sie dazu in der Lage sind. Nicht, um aus ihnen professionelle Musiker zu machen, sondern weil die geordnete Komplexität der klassischen Musik Schülern dabei hilft, in der Schule besser zu sein.

Ich gebe zu, daß es ein weiter Schritt ist, von Mäusen und Forellen zu reden und dann zu behaupten, daß unsere Umwelt im Alltag eine geordnete Komplexität *verlangt*, und daß es gar nicht um den individuellen Geschmack geht, wie so oft behauptet wird. Wir gehen jedoch davon aus, daß zukünftige Experimente einen solchen Einfluß der Umwelt auf den Menschen belegen werden. Somit wird deutlich werden, daß Umweltfaktoren tatsächlich unsere Intelligenz mitbestimmen. Am wichtigsten ist, daß ihr Einfluß auf die Entwicklung der Intelligenz von Kindern noch größer sein muß als auf Erwachsene, die ein bereits ausgewachsenes Gehirn haben.

Welche Lehre sollen also Gestalter von menschlichen Umgebungen daraus ziehen? Der Informationsgehalt unserer Kreationen hat tiefgreifende Effekte auf das menschliche Leben und womöglich auch auf das menschliche Wohlbefinden. Wir können uns natürlich für minimalistische Umgebungen entscheiden, weil irgendjemand sie als ideologisch aufregende, fesselnde oder passende Ausdrücke industrieller Technologie betrachtet. In der Regel war dies ja die Haltung der ersten modernistischen Architekten, aber langsam dämmert uns, welch tiefgreifende Folgen dieser schicksalhafte Ansatz verursacht hat.

Wir können uns auch für die Vermittlung von anderen Arten von Information entscheiden — spektakuläre Ausdrucksformen der neuen Kunst-Avantgarde, auffallende Produktwerbungen, die Kommerzialisierung von aufregenden industriellen Formen bzw. vielleicht sogar eine verblüffende Kombination all dieser „Tendenzen". Es gibt jedoch Beweise dafür, daß diese Informationen die Aufnahme von anderen Arten von Informationen, für die wir biologisch veranlagt sind, stören und hindern — was natürlich sehr negative Konsequenzen hat.

Wenn es also wirklich um das Wohlsein der Nutzer geht, müssen wir — wenn wir uns selbst als ehrenvolle Design-Fachleute mit Fürsorge-Auftrag betrachten — in die Umwelt, die wir gestalten, die Art Informationsreichtum, die wir Menschen benötigen, einfließen lassen. Dies ist ein alternativer Design-Ansatz, der womöglich überlebenswichtig ist.

Literatur

- Andy Clark & David J. Chalmers (1998) „The Extended Mind", *Analysis*, Band 58, S. 7-19. Abrufbar unter <http://consc.net/papers/extended.html>.

- Gerd Kempermann, H. Georg Kuhn & Fred H. Gage (1997) „More hippocampal neurons in adult mice living in an enriched environment", *Nature*, Band 386, 3. April, S. 493-495.

- Rebecca L. Kihslinger & Gabrielle A. Nevitt (2006) „Early rearing environment impacts cerebellar growth in juvenile salmon", *The Journal of Experimental Biology*, Band 209, S. 504-509.

- Michael Mehaffy & Nikos Salingaros (2011) „Frontiers of Design Science: Biophilia", *Metropolis*, 29. November.

- Alessandro Sale, Elena Putignano, Laura Cancedda, Silvia Landi, Francesca Cirulli, Nicoletta Berardi & Lamberto Maffei (2004) „Enriched environment and acceleration of visual system development", *Neuropharmacology*, Band 47, S. 649-660.

29

Vorlesungsskript, Dreizehnte Woche
Architektur als Biologisches System

Lektüre in der dreizehnten Woche:

- Mehaffy & Salingaros, „Complex Adaptive Systems", *Metropolis*, 6. August 2012.
- Salingaros & Masden, „Architecture: Biological Form and Artificial Intelligence", *The Structurist*, 45/46 (2006), S. 54–61.

OB WIR ES WOLLEN ODER nicht: Architektur ist ein Teil des lebendigen Systems Erde. Unsere Bautätigkeiten können seine Lebensprozesse ergänzen oder sie können sie behindern und schädigen. Die Entscheidung liegt beim Architekten, beim Kunden, aber auch bei der Gesellschaft im allgemeinen. Wäre es keine gute Idee, wenn die Architektur nicht mehr als Wille einer einzigen oder mehrerer Personen, sondern allen anderen aufgezwungen würde, was auch eine „biologischere" Form von Design fördern würde? Dabei lautet die Frage vor allem: Wie kann die Architektur selbst in ein ökologisches System umgewandelt werden?

Es ist möglich, den tatsächlichen Entstehungsprozeß von biologischen Formen nachzuahmen. Diese kommen als spezifische Anordnungen von Systemen zustande und entwickeln sich, um bestimmte Probleme zu lösen. Die organischen Formen, die so entstehen, sind eng mit den Prozessen, die sie enstehen lassen, verbunden. Man bemerke, wie unterschiedlich dieser Ansatz von der Auferzwingung einer Form aufgrund von einer bestimmten Design-Ästhetik ist.

Es wäre sinnvoll, angefangen bei den vielen Komponenten eines Gebäudes, wenn diese aufeinander abgestimmt würden — ein Kernpunkt im Design-Prozeß. Wie soll konkret vorgegangen werden? Die Methode der Zerlegung und Überarbeitung kann uns dabei helfen. Sie ermöglicht die Visualisierung von Subsystemen, wodurch ihr Zusammenwirken besser verdeutlicht werden kann.

Der Entwurf eines Gebäudes beinhaltet zum Beispiel mindestens fünf unterschiedliche Systemzerlegungen. Folgende Ansatzpunkte wären denkbar:

(i) Die Harmonisierung des Gebäudes mit seiner Umgebung und die Vermeidung von geometrischen Konflikten, was natürlich auch die Adaptation an das Klima, die Lage des Hauses in Bezug auf die Sonnenstrahlung und die Witterungsabläufe usw. beinhaltet.

(ii) Die Anbindung an bestehende Verkehrsnetzwerke, die es in der Umgebung gibt.

(iii) Die Gestaltung des öffentlichen Raumes, vom Bürgersteig bis zu öffentlichen Plätzen.

(iv) Die Planung von inneren Wegen für eine bequeme Anbindung und einen guten Verkehrsfluß.

(v) Die Abstimmung der inneren Räume aufeinander.

Weitere Systeme, die mit persönlichen Vorlieben, Möglichkeiten und Nutzungen zusammenhängen, sind denkbar.

Die Lebensumwelt, ob natürlich oder künstlich, ist eine Struktur, die aus Verbindungen zwischen Systemen mit bestimmten geometrischen Merkmalen besteht. Eine solche Umwelt muß sich gestalterisch vor allem selbst entwickeln, damit sie sowohl praktisch als auch angenehm zu nutzen ist. Sie muß sich auch nach dem Bau weiterentwickeln können. Die Adaptation muß nicht am Eröffnungstag aufhören. Man bemerke, daß traditionelle Umgebungen sich über Jahrhunderte weiterentwickelten. Schädliche Entwicklungen wurden dank einer allgemein anerkannten Formensprache und die konsequente Anwendung von evolvierten Mustersprachen unter Kontrolle gehalten.

Der Schlüssel zu einem gelungenen Design heißt Adaptation. Auf der kürzesten Zeitebene bedeutet das, daß der einzelne Nutzer die materielle Struktur des Gebäudes auf irgendeine Weise ändern kann, um den Informationsaustausch zu optimieren. Etwas so einfaches wie die Möglichkeit, ein Fenster zu öffnen oder Fensterläden zu schließen, führt bereits zu diesem Ziel. Sehr häufig hat der deterministische Ansatz in der zeitgenössischen Architektur dieser Freiheit jedoch einen Riegel vorgeschoben: Fenster bleiben hermetisch geschlossen und sind zu einem festen Bestandteil der Wand mutiert, sodaß sie nicht mehr geöffnet werden können.

Die Adaptation des Designs an die Nutzung durch den Menschen, bevor das Gebäude fertiggestellt ist, kann nur dann erfolgen, wenn der Designprozeß einer Reihe von Schritten folgt, die mit Feedback gekoppelt sind. Fertige Formen, die sich ein Architekt ausgedacht hat, sollten niemals von oben herab dem Gebäude auferzwungen werden. Außerdem ist adaptives Design genau das Gegenteil von generischem und minimalistischem Design; diese beiden unterschiedlichen Ansätze sind nicht miteinander kompatibel, wenn es um gebaute Umgebungen geht.

Uns liegt eine Architektur am Herzen, die ihre eigene Intentionalität besitzt sowie auch die Fähigkeit sich anzupassen. Wir lehnen Architektur als Ausdruck und Aufzwingen eines bestimmten menschlichen Willens ab, ein Ansatz, der heute, in unserem post-industriellen Zeitalter, jedoch leider die Norm geworden ist. Somit können wir eine Liste von sieben Eigenschaften vorlegen, die alle lebendigen Systeme besitzen.

Lebendige Strukturen sind dafür bekannt, daß sie verschiedene natürliche Eigenschaften besitzen:

1. geordnete Komplexität (Informationsspeicherung);
2. Metabolismus (Energieverbrauch);
3. Fortpflanzung (Selbstreproduktion);
4. Adaptation (der Organismus verändert sich, um seine Umwelt besser zu nutzen);
5. Intervention (der Organismus verändert seine Umwelt);
6. Situiertheit (in der Welt eingebunden durch Sensoren);
7. Konnektivität (Informationsbearbeitung).

Obwohl sie theoretisch unterschiedliche Konzepte darstellen, erfolgen diese Prozesse bei Lebewesen zusammen.

Ein Großteil dieses Kurses ist der Beschreibung von der geordneten Komplexität gewidmet. Wir untersuchen auch, wie diese sich anhand von diversen Techniken bewerten läßt. Biologische Strukturen und Prozesse arbeiten mit Mechanismen, die sowohl komplex als auch geordnet sind. Das Gleiche gilt für die Bauten in traditionellen Architekturen. Die Informationen, die wir von Strukturen erhalten, die das menschliche Leben und die menschlichen Tätigkeiten optimieren, sind in kondensierter und kodierter Form in der traditionell gebauten urbanen Umwelt vorhanden. Diese Kodierung führt zu Ornamenten auf kleineren Skalen sowie zu einem Netzwerk von miteinander verknüpften urbanen Wegen und Flächen auf größeren Skalen.

Befassen wir uns jetzt im Detail mit den oben erwähnten biologischen Mechanismen. Metabolismus ist der Austausch von Informationen und Stoffen eines Organismus mit seiner Umwelt. Um das Weiterleben des Organismus zu sichern, sorgt der Metabolismus dafür, daß die geordnete Komplexität des Organismus auf dem notwendigen Niveau bestehen bleibt. Man denke dabei an die Absage an den Metabolismus für Gebäude durch modernistische Architekten, die bemüht waren, verwitterungsbeständige Materialien einzusetzen. Obwohl sie mit ihrer Suche gescheitert sind, ist es genau diese Idee, die dazu führt, daß die Architektur nicht als lebendiger Prozeß betrachtet wird.

„Replikation" heißt der Prozeß, wodurch Kopien einer Struktur gemacht werden. Generationen von Organismen haben sich zu einer bestimmten kohärenten Form entwickelt; individuelle Organismen sorgen dafür, daß diese Vorlage erhalten bleibt, indem sie sich selbst vervielfältigen. Gebäude vervielfältigen sich ebenfalls, wenn eine bewährte Typologie kopiert wird. Modernistische Gebäude waren außerordentlich erfolgreich in ihrer Replikation auf der ganzen Welt, obwohl ihre Mängel in Bezug auf ihre Adaptationsfähigkeit an das jeweilige lokale Klima, auf Energie und Menschennutzen allgemein bekannt waren.

Dieses Rätsel (weshalb eine Replikation trotz Nicht-Adaptation stattfindet) erklärt sich unter anderem durch die offenbare Einfachheit der modernistischen im Vergleich zu traditionellen Bauten. Erstere sind eher für Viren anfällig, da sie nie metabolisieren und sich auch nicht an die jeweilige Umgebung anpassen. Das gibt ihnen einen Replikationsvorteil, weil sie weniger Komplexität vervielfältigen müssen.

Biologische Organismen passen sich ihrer Umwelt auf zwei verschiedene Weisen an. Erstens passen sich kurzfristig die sensorischen Organe der unmittelbaren Situation durch Feedback an, was für das Überleben des Organismus wichtig ist. Zweitens paßt sich der Genpool (aber nicht die einzelnen Organismen) den sich ändernden Bedingungen an — auch, um von einer vorteilhaften Langzeit-Änderung zu profitieren. Das ist Evolution.

Wir haben es hier mit einer Kontradiktion mit den modernistischen Typologien zu tun, die sich zwar nicht anpassen — da sie für sich einen internationalen Stil beanspruchen — und die dennoch wuchern. Man kann darin trotzdem noch eine Adaptation sehen, jedoch keine Adaptation an den tatsächlichen Nutzer, sondern an den Kunden, der spekulativ bauen läßt. Die typische modernistische Bauweise favorisiert die Stahl-, Glas- und Betonindustrie sowie eine Reihe von Baufirmen, die jetzt den Baumarkt dominieren. Diese Akteure machen gigantische Gewinne mit den inzwischen standardisierten industriellen Bautechniken. Das aktuelle ökonomische Modell, das auf billiger fossiler Energie beruht, fördert die weltweite Replikation von nicht-adaptiven Gebäuden.

Eine andere Eigenschaft von lebendigen Strukturen ist, daß diese Organismen ihre Umgebung aktiv verändern, wenn in ihnen selbst interveniert wird. Das Bauen ist eine solche Intervention. Es kann bei Gebäuden, die einen direkten Einfluß auf ihre Umgebung durch einen passiven oder aktiven Energieverbrauch haben, von Intervention die Rede sein. Es gibt natürlich einen Riesenunterschied zwischen passiver Temperaturregelung und dem Verbrauch von fossilen Energien, um das gleiche Ziel zu erreichen. Außerdem führen diese beiden unterschiedlichen Typen von Energieintervention zu entgegengesetzten Typologien für die Bauten selbst.

Alle Organismen sind situiert, weil sie in einer natürlichen Umgebung eingebettet sind. Sie besitzen Sensoren, die sie lenken und ihr Verhalten durch Feedback anpassen. Organismen „tasten" permanent ihre Umgebung ab. Obwohl Gebäude dies normalerweise nicht tun, haben die neuesten technologischen Entwicklungen dazu geführt, daß wir heute intelligente Gebäude produzieren können. Ich bin aber der Meinung, daß nicht-adaptierte Bauten die architektonische Praxis seit knapp einem Jahrhundert belasten, und vermute auch, daß besagte architektonische Praxis nicht bereit ist, Sensoren für eine bessere Adaptation einzusetzen. Der einzige praktische Grund, seine Umgebung abzutasten, hat mit Adaptation und Intervention als Folgeantwort auf die Arbeit der Sensoren zu tun. Eine neue, experimentelle Art von Gestaltung scheint aber endlich die richtige Richtung zu zeigen.

Das Leben produziert Strukturen, die miteinander verbunden sind. Alles Lebendige trägt dazu bei, ein komplexes System, in dem die Teile miteinander verbunden sind, zu erschaffen: den Organismus. Außerdem ist jeder Organismus eng mit seiner Umwelt verbunden. Lebendige Systeme verbinden sich chemisch mit ihrer Nahrung und metabolisieren, um Energie zu produzieren. Das Leben ist auch abhängig von der Aufnahme und aktiven Nutzung von Information, die die Umwelt zur Verfügung stellt: Schäden und Bedrohungen meiden, nützliche Situationen bevorzugen. Ein anderes Informationssystem besteht aus internen Sensoren, die dem Organismus mitteilen, daß alle Teile gut funktionieren. Die genetische Information ist noch ein weiteres System, das die Struktur eines Organismus ausmacht.

Wieso werden nicht alle Bauten grundsätzlich als lebendige Strukturen betrachtet? Weil ein Denkfehler Architekten, und die Gesellschaft im allgemeinen, fehlleitet. Menschen besitzen die einzigartige Fähigkeit unter allen Lebewesen, geistig eine abstrakte Repräsentation der Welt zu erzeugen. Diese Fähigkeit erlaubt uns, von unserer Umwelt zu lernen und Informationen, die wir zu einem späteren Zeitpunkt brauchen, zu speichern. Sie kann aber auch mißbraucht werden. Menschen neigen dazu, eine falsche und entsprechend gefährliche alternative Realität herstellen zu wollen; anstatt sich nach der natürlichen Welt zu richten, machen sie ihre Taten und Handlungen von dieser nicht-lebendigen Phantasiewelt abhängig. Dieser Fehler führt zu einem Gefühl von Fremdheit der Welt gegenüber, dessen Symptome die nicht-adaptive Architektur des 20. und 21. Jahrhunderts kennzeichnen.

30

KOMPLEXE ADAPTIVE SYSTEME

Von Michael W. Mehaffy und Nikos A. Salingaros

Metropolis, 6. August 2012. Nachgedruckt mit freundlicher Genehmigung.

Abb. 1 Das Ökosystem eines Korallenriffs lebt von der kontinuierlichen gegenseitigen Adaptation jedes einzelnen Lebewesen und jeder Spezies, wie zum Beispiel das Jolanda-Riff im Naturpark Ras Muhammad, Sinai, Ägypten. *Photo:* Mikhail Rogov, Wikimedia Commons

ENTWURF UND GESTALTUNG, ALSO DESIGN, können heute stark von den Fortschritten in der Wissenschaft, den Mathematiken, und besonders der Geometrie, profitieren — jedoch wahrscheinlich nicht in der Form, wie viele Designer glauben.

Wir Menschen erweisen uns als außerordentlich begabt, wenn es darum geht, uns die Welt als eine Ansammlung von Objekten samt ihren geometrischen Attributen vorzustellen, die wir beliebig auseinandernehmen und wieder zusammenfügen können, um spektakuläre Dinge (die Unglaubliches für uns leisten oder Spektakuläres darstellen bzw. beides zusammen) zu produzieren. Obwohl die mächtige Technologie die Grundlage für diese Art von Design ist, hat die moderne Wissenschaft gezeigt, wie unvollkommen sie ist. Kritische systemische Effekte müssen während des Designprozeßes berücksichtigt werden. Ansonsten laufen wir Gefahr, ein Betriebsversagen, oder gar schlimmer, Katastrophen auszulösen.

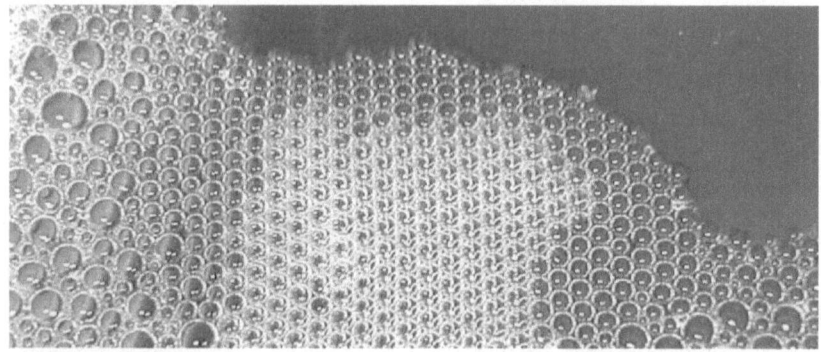

Abb. 2 Seifenblasen bilden selbst ein komplexes Muster als Ergebnis ihrer gegenseitigen Adaptation. *Photo: Timothy Pilgrim, Wikimedia Commons*

Heute erleben wir exakt solche Versagen in Großsystemen, wie zum Beispiel der Ökologie. In unserer Eigenschaft als Gestalter, in gleich welchem Bereich, müssen wir im Umgang mit unseren Umgebungen lernen, diese nicht als bloße Ansammlungen von Objekten zu betrachten, sondern auch als miteinander verbundene Felder, die sich nach geometrischen Grundeigenschaften organisieren, und sich im Raum und in der Zeit dynamisch ausbreiten. Das ist eine der wichtigsten Lehren, die wir aus den relativ neuen Erkenntnissen zur Dynamik der „komplexen adaptiven Systeme" und deren Applikationen in Bereichen wie der Biologie und der Ökologie ziehen können.

Es geht nicht nur darum, Fehler zu vermeiden. Obwohl es mit Sicherheit bemerkenswerte Bauten gibt, können wir der Natur in Sachen Gestaltung einfach nicht das Wasser reichen. Kein Flugzeug kann so flink wie ein Adler oder eine Fliege manövrieren, und kein Supercomputer ist in der Lage, das zu tun, was das menschliche Hirn tun kann. Die Ausgeklüngeltheit und Kraft dieser „Designs" gründen in ihren komplexen geometrischen Strukturen und vor allem in den Prozessen, die diesen Strukturen ermöglichen, sich innerhalb von Gruppierungen oder Systemen zu entwickeln und zu verändern.

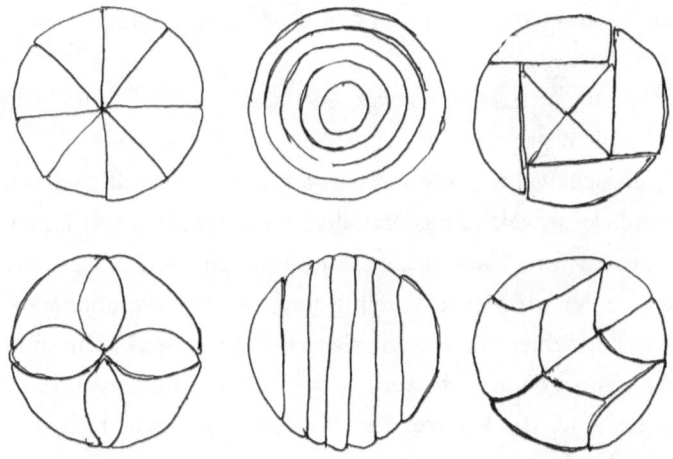

Abbild. 3 Sechs verschiedene Möglichkeiten (von einer unbegrenzten Zahl), einen Kreis zu unterteilen — mit radialen Sektoren, konzentrischen Kreisen, linearen Streifen usw. Ähnlich kann ein System auf der Grundlage von unterschiedlichen Konzeptualisierungen zerlegt werden, zum Beispiel, um die Distribution von inneren Flächen, der Wegestruktur oder der urbanen Außenflächen hervorzuheben. *Zeichnung von Nikos Salingaros.*

In der natürlichen Welt ist es einfach, zu erkennen, wie Formen, um bestimmte Probleme zu lösen, durch adaptive Entwicklungen entstehen — das Auge sammelt Informationen, sowohl beim Jäger als auch beim Gejagten, der Flügel oder das Bein machen schnelle Bewegungen möglich usw. Anatomische Formen entstehen nicht innerhalb eines großen undifferenzierten „Sortiments". Sie entwickeln sich als spezifische Gruppierungen von Systemen und Subsystemen; diese Systeme verknüpfen sich wiederum mit anderen, größeren Systemen.

Die strukturelle Dynamik von Systemen kommt als Konsequenz der Interaktionen zwischen Teilen und Ganzen zustande. Es handelt sich um eine neue Wissenschaft, die in der Arbeit der vorherigen Generation von Biologen gründet; diese Wissenschaftler hatten die adaptiven Prozesse in der Formgebung und ihren geometrischen Eigenschaften erkannt — heute als „Morphogenesis" bekannt. Pioniere wie D'Arcy Thompson erkannten, daß lebendige Strukturen in charakteristische Gruppierungen unterteilt werden können, die eng mit den Prozessen verbunden sind, die sie entstehen lassen.

Ihre wichtigste Erkenntnis war jedoch, daß formelle und ästhetische Merkmale nicht getrennt zu verstehen sind, sondern als system-spezifische Eigenschaft. Im Laufe ihrer historischen Entwicklung haben Organismen gelernt, solche Eigenschaften auszumachen, was ihnen in der Anpassung an ihre Umwelt zugute gekommen ist. Die Erfahrung des Schönen, zu der wir Menschen fähig sind, ist, vom evolutionären Standpunkt aus betrachtet, nicht mehr als ein biologisches Erkenntnisvermögen. Wir können dadurch bewerten, was wahrscheinlich gut für uns ist.

Was bedeutet das konkret für Gestalter? Es bedeutet, daß alle Teile ausreichend aufeinander abgestimmt sein müssen. Fangen wir mit einem allgemeinen Prozeß für adaptive Gestaltung an, der die neuen Erkenntnisse in der Systemtheorie berücksichtigt.

Erstens müssen wir ein Gestaltungsproblem zerlegen, damit die grundsätzlich unterschiedlichen, jedoch ineinandergreifenden Subsysteme tatsächlich dargestellt werden. Zweitens werden wir verschiedene alternative Zerlegungsmethoden des Systems nutzen, um es in nachvollziehbareren kleineren Einheiten und Komponenten klarer darzustellen. Wie wir seit den Arbeiten des Systemtheoretikers Herbert Simon wissen, kann ein komplexes hierarchisches System auf verschiedene Weisen zerlegt werden.

Die Konnektivität schreibt vor, wie die Zerlegung der Probleme vorgenommen werden muß — indem von jeweils einem anderen Aspekt des gesamten Systems ausgegangen wird. Der Designer arbeitet konnektive

Komponenten heraus, denen er die gleiche Gewichtung gibt — genauso wie den strukturellen Komponenten auch. Die Verflechtungen zwischen Objekten sind genau so wichtig wie die Objekte selbst; die Zerlegung des Systems in Verflechtungen zwischen Objekten macht es deutlich.

Der Entwurf eines Gebäudes beinhaltet zum Beispiel mindestens fünf unterschiedliche Systemzerlegungen: *(i)* Harmonisierung des Außenbereichs des Gebäudes mit seiner Umgebung sowie die Vermeidung von geometrischen Konflikten, was natürlich die Berücksichtigung der klimatischen, solaren und witterungsbedingten Verhältnisse usw. voraussetzt, *(ii)* lokale Verkehrsanbindung, *(iii)* Gestaltung der öffentlichen Räume, vom Bürgersteig bis zu offenen Plätzen, *(iv)* Planung der inneren Wege, *(v)* Abstimmung der inneren Räume aufeinander. Andere Systeme sind denkbar — in Bezug auf individuelle Wünsche, Zustand und Nutzung.

Jedes dieser Probleme verlangt eine Systemzerlegung, die eine bestimmte Art von Subsystemen des gesamten Designs bestimmt. Außerdem muß jedes Problem einzeln angegangen werden, zumindest am Anfang. Aber natürlich muß am Ende alles wieder zusammengebracht werden. In der Praxis beschäftigen sich erfahrene Fachleute mit allen Subsystemen gleichzeitig. Da diese Methode heute jedoch ungewöhnlich für Architekten ist, stellen wir mit Absicht diese künstliche Aufteilung dar, um alternative Zerlegungsmöglichkeiten zu verdeutlichen.

Als Architekten besteht unsere Aufgabe also darin, die Funktionen jedes Subsystems zu optimieren, damit sie das gesamte System, in dem sie eingebettet sind, unterstützen, jedoch keine alternativen Systemzerlegungen behindern. Wir fordern adaptive Selektionskriterien, die die Gestaltung zu einer Gesamtkohärenz konvergieren lassen (die wir befürworten, aber nicht aufzwingen). Die endgültige Konfiguration konvergiert weder zu einem „abgesegneten" Bild noch zu einer im Vorfeld definierten Abstraktion, sondern eher zu einer aufkommenden Qualität des Systems selbst, die sich im Laufe seiner Adaptation entwickelt hat, um eine starke innerliche und äußerliche Kohärenz zu erreichen.

So viele gestalterische Entscheidungen wie möglich vor Ort treffen, das ist der operative Schlüssel zu einer engen Beziehung zwischen einem

Design und seiner Umgebung. Wenn entsprechend vorgegangen wird, kann es keine vorher bestimmten Formen geben! Die Prozedur, die wir hier beschreiben, wurde von Christopher Alexander entwickelt, nach einer Methode, der die Menschen in vernakulären Bauweisen immer gefolgt sind. Eine solche Prozedur kann einfach am Reißbrett erfolgen, weil sie grundsätzlich kontextuell ist.

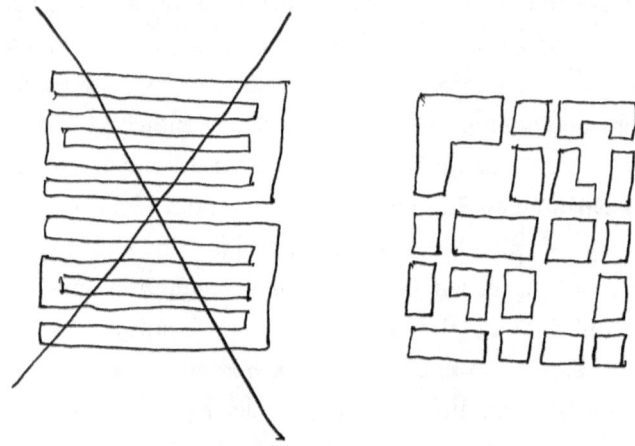

Abb. 4 Ein nicht-adaptiver und ein adaptiver Plan für eine Gruppe von Gebäuden. Der Plan links ist nur eine geometrische Idee; zu sehen rechts ist eine typische Adaptation an verschiedene Systeme von menschlichen Bedürfnissen, wie zum Beispiel komplexe Raumvolumen, Bewegung, Bestimmung von nutzbaren urbanen Flächen, Konnektivität auf menschlicher Ebene usw. *Zeichung von Nikos Salingaros.*

Diese Gestaltungsmethode hängt von der Vor-Ort-Erfahrung ab. Erst nachdem wichtige Entscheidungen zu Dimensionen, Positionierung und Geometrie der verschiedenen Subsysteme mithilfe der menschlichen Vorstellungskraft und von materiellen Hilfen vor Ort getroffen wurden, können diese Informationen auf ein Maßstabmodell, auf eine Skizze oder an einen Computerbildschirm übertragen werden.

Das Hauptziel der adaptiven Gestaltung besteht darin, den Zusammenschluß der unterschiedlichen Komponenten eines bestimmten Subsystems zu einem kohärenten, Subsystem zu fördern. Obwohl zum

Beispiel die Bedingungen und Nutzungen bestimmte innere Wege voraussetzen, bleibt ihre Verbindung zueinander in einem Netzwerk frei — dies muß in Abstimmung mit allen anderen Systemzerlegungen erfolgen.

Hier liegt die wahre Neuigkeit des Ansatzes: Jedes einzelne Subsystem kann sich innerhalb der Regeln der Adaptation frei entwickeln, wodurch unsere Rolle als Gestalter auf die eines „Erleichterers" begrenzt wird. Das heißt, daß wir kein Design vorschreiben, indem wir auf vorgefertigte Ideen und Bilder zurückgreifen (ein schockierender Vorschlag für die Designer von heute), sondern nur nach Möglichkeiten suchen, um den Benutzungs-, Orts- und Umweltzwängen gerecht zu werden. So werden die Komponenten, mit denen wir arbeiten müssen, wirklich „zueinander finden". Dieses Phänomen nennt man Selbstorganisation — es ist ein sehr wichtiges Thema, das wir ausführlich in unserem Essay „Frontiers of Design Science: Self-Organization" (2011) besprechen.

Abb. 5 Menschliche Orte sind wie Systeme von Zimmer-ähnlichen Strukturen, die sich über viele Skalen erstrecken — drinnen sind es tatsächlich Zimmer, draußen sind es Zimmer-ähnliche Raumflächen. Diese Systeme sind derart gestaltet, daß sie sich gut an unsere Aktivitäten und Bedürfnisse (besonders unser Bedürfnis nach Privatsphäre) anpassen, und daß Nutzer sie anpassen können — Türen und Fenster können geschlossen, Vorhänge zugezogen werden usw. Rechts, ein zusammengesetztes Beispiel für eine typische gemischt genutzte Straße. *Photo von Michael Mehaffy*

Das Ergebnis sollte doch noch ein bestimmtes Maß an Rauheit aufweisen, und zwar aus Gründen, die wir später erläutern werden. Diese Prozedur wird für jedes einzelne Subsystem wiederholt, um eine Ansammlung von Subsystemen zu erreichen, die mehr oder weniger untereinander kohärent sind.

Am Ende werden alle Subsysteme zu einem kohärenten Ganzen gebündelt und kombiniert. Von entscheidender Bedeutung ist, daß alle Subsysteme funktionell zusammenarbeiten. Wir setzen also unseren Willen nicht durch, sondern wir fördern die engen Beziehungen von allen Subsystemen untereinander. Im Falle des oben besprochenen Gebäudes handelt es sich um mindestens fünf Subsysteme, die miteinander verschmelzen müssen.

Das Endergebnis ist ein struktureller Kompromiß von allen alternativen Systemzerlegungen, die bei der Gestaltung miteinander konkurrieren. Es ist wichtig, diese „konfliktuelle" Designkomponente zu berücksichtigen, die aus der Notwendigkeit entsteht, mehrere unterschiedliche Systeme untereinander abzustimmen. Jedes System hat zwar eine optimale Auslegung; jedoch kann diese Konfiguration schnell zur Behinderung der Funktionalität von anderen Subsystemen führen. Die Verflechtung der einzelnen Subsysteme kann also nur dann erfolgen, wenn sie sich einigermaßen „kompromittieren" lassen. Nur so erlangt das Ganze seine optimale Konfiguration.

Das mag alles befremdend klingen, aber so läuft es permanent in natürlichen Systemen. So läuft es zum Beispiel, wenn Mitochondrien sich den Zellkernen, und umgekehrt, anpassen, oder wenn sich Organismen in einem Riff ökologisch aufeinander einstellen. Im besten Fall tun auch wir nichts anderes bzw. wir überlassen es ganz den natürlichen Prozessen um uns herum. Wir „ahmen die Natur nach" oder durchlaufen zum Beispiel einen Optimierungszyklus.

Wie wir bereits erklärt haben, tendieren Menschen zu oft dazu, die Produkte, die sie umgeben, als getrennt zu betrachten und diesen nur eine sehr niedrige Funktion zuzusprechen, und auch, daß man sie ohne Konsequenzen beliebig isolieren und wieder zusammenführen kann. Funktionell gesprochen ist das ein Fehler. Ein Grundprinzip der Systemtheorie besagt nämlich, daß Systeme nur bis zu einem gewissen Punkt als geschlossen betrachtet werden können. Schlußendlich gilt es, zu erkennen, wie alle Systeme teilweise offen und miteinander verwoben sind.

Biologische und ökologische Systeme, von denen die Menschen ein Teil sind, sind offene Systeme.

Kommen wir jetzt zu einem Grundsatz für Gestalter: Man sollte Produktdesign nicht wirklich von der Umweltgestaltung trennen. Wir sind alle, irgendwie, Umweltgestalter und arbeiten in einer menschlichen Umwelt. Da jedes System nur teilweise geschlossen ist, müssen wir Wege finden, sie als offene Systeme zu bearbeiten, d. h. als Teile von größeren, optimierenden Ganzen. Die regelmäßige Nicht-Berücksichtigung dieses Grundsatzes hat zu ökologischen Missgeschicken geführt.

Das bedeutet, daß wir diese Raumsysteme, in denen wir leben, als

Abb. 6 Zwei Orte in London, unweit voneinander entfernt, die entgegengesetzte Systemeigenschaften aufweisen. Links, ein „Ortsnetzwerk", also ein gut strukturiertes System von geometrischen Räumen. Rechts, ein Ort ohne Netzwerk — ein Durcheinander von kaum strukturierten abstrakten Teilen, das keine Beziehung zu menschlichen Erlebnissen oder Bedürfnissen aufweist. *Photos von Michael Mehaffy*

eine Art *Verbindungsgeflecht* von teilweise offenen räumlichen Subsystemen mit geometrischen Eigenschaften betrachten (und entsprechend behandeln) müssen. Als Gestalter müssen wir Teile dieses Geflechtes zu lebensfördernden, kontinuierlichen Strukturen machen. Stellen wir uns dieses Geflecht als ein Netzwerk von Zimmer-ähnlichen Strukturen vor. Jede dieser Strukturen besitzt eine membranenartige Verbindung zu den anderen Räumen um sie herum. (Stellen Sie sich Zimmer mit Türen und Fenstern, Gärten mit Toren und Hecken usw. vor.)

Mit solchen Umgebungen wird dem Nutzer ein wichtiger Aspekt der adaptiven Evolution angeboten. Diese Umgebungen geben uns die Möglichkeit, den Grad der Stimulierung und der Abwechslung zu kontrollieren, ineinander verwobene und wechselnde Raumschichten zu erkunden, komplexe geometrische Strukturen, die wir Nutzer interessant und wunderschön finden, zu orten. Wir könnten noch mehr über diese Strukturen schreiben, um sie klarer darzustellen, damit sie „lesbarer" werden — oder damit sie uns noch schöner erscheinen. Es ist die Freiheit, unsere Umgebungen weiterzuentwickeln, zumindest teilweise, die in der deterministischen Herangehensweise der zeitgenössischen Architektur meistens fehlt.

Wir haben bereits auf die Forschung in der Umweltpsychologie hingewiesen, die gezeigt hat, daß solche ästhetischen Eigenschaften von extremer Bedeutung für das menschliche Wohlbefinden sind. Am wichtigsten ist womöglich, daß sie *nicht* von der zellularen, systemischen Struktur der menschlichen Umwelt trennbar sind. Die Begrenzungsbereiche von verschiedenen Räumen werden zu klaren Grenzen, und die geometrischen Zentren werden zu erkennbaren Punkten, um welche lokale Zeitsymmetrien regelmäßig auftauchen könnten. Wir könnten regelmäßige Wiederholungs- und Abwechslungsmuster bzw. andere typische Muster menschlicher Nutzung und Bewegung erkennen, die sich aus der besonderen Geometrie ergeben. Es scheint, daß wir programmiert sind, um nach Geometrien zu suchen, die diese ästhetisch interessanten und oft sehr schönen Muster hervorbringen (wir gehen an anderer Stelle auf die faszinierende und vielversprechende *Biophilie* ein).

Diese Fähigkeit spielt in der Umweltgestaltung eine entscheidende Rolle: Sie erleichtert solche adaptiven Weiterentwicklungen sowohl kurzfristig als auch langfristig (d. h. permanenter). Es ist wichtig, die geometrischen Eigenschaften des menschlichen Raumes genau zu kennen und einzusetzen, insbesondere ihre Verbindungsmuster. Wir, in unserer Eigenschaft als Städtebauer und auch als Architekten bzw. als Gestalter in gleich welchem Bereich, müssen damit sehr vorsichtig umgehen. Die Kunst unseres Berufes liegt in der Klärung und der Ausarbeitung dieser tiefen Lebensrealitäten.

Die Analyse von geometrischen Systemen in der Umwelt bietet einen außerordentlich kohärenten Zugang zu den Herausforderungen, die die

Umwelt an den Menschen stellt. Es geht vor allem darum, herauszufinden, ob und wie wir tatsächlich die organisatorischen Kräfte von evolutionären Systemen *gestalten* bzw. meistern können, um reichere, besser „konnektierte", besser adaptierte, *lebendigere* menschliche Umgebungen zu produzieren.

Vergleichen wir erneut diese Vorgehensweise mit der üblichen dominanten „Alles beim Besten"-Einstellung, wie sie heute unter Architekten sehr weit verbreitet ist—ein Überbleibsel aus dem vormodernen, industriellen Design oder, besser gesagt, aus der *vorwissenschaftlichen* Zeit. Anstatt Systeme, die aufeinander abgestimmt sind, zu produzieren und zu transformieren, werden unzusammenhängende Objekte produziert und miteinander verbunden und anschließend ästhetisch „verpackt". Irgendjemand denkt sich die „Innereien" eines Autos aus, und dann stülpt irgendein anderer eine „gestylte" Karosserie darüber.

Oder wir fertigen Aktenschränke genauso wie Gebäude, nach „einfältigen" Programmen, die wir außen, und vielleicht sogar innen, mit viel ästhetischem und auffälligem Lack versehen—alles Verpackung, keine Substanz. Oder wir bauen Städte wie Aktenschränke, mit Superwohnblocks und abgetrennten Zonen, die wir anschließend mit komischen Landschaftsformen und ökologischem Firlefanz „aufwerten". Und dem Ganzen verpassen wir auch noch oft einen „Nachhaltigkeitsstempel".

Dabei hinterlassen wir einen planetarischen toxischen Scherbenhaufen, der bloß, wie wir inzwischen erkannt haben, unser Überleben gefährdet. Auch hier müssen wir uns adaptieren, was unsere angepaßte Denkweise, unsere Methoden und Gestaltungsziele infrage stellt.

Literatur

- Michael Mehaffy & Nikos Salingaros (2011) „Frontiers of Design Science: Self-Organization", *Metropolis*, 1. November.

31

ARCHITEKTUR: BIOLOGISCHE FORMEN UND KÜNSTLICHE INTELLIGENZ

Von Nikos A. Salingaros und Kenneth G. Masden II

The Structurist, Nr 45/46 (2006), S. 54–61. Nachgedruckt mit freundlicher Genehmigung.

IN DIESEM KAPITEL GREIFEN WIR Ideen über die Biologie auf, um herauszufinden, unter welchen architektonischen Bedingungen wir leben. Wir zeigen, wie moderne Gestaltungsformen arbeiten und die Beziehung zwischen der gebauten Umwelt und den primären Grundeigenschaften von lebenden Strukturen völlig verdrängt haben, d. h. *(i)* organisierte Komplexität, *(ii)* Metabolismus, *(iii)* Replikation, *(iv)* Adaptation, *(v)* Intervention, *(vi)* Situiertheit und *(vii)* Konnektivität. Heute erscheint die Architektur meistens leer und leblos, ohne jegliche notwendigen, natürlichen Informationen, die der Mensch im Alltag braucht. Unverständlich in ihren Formen und Nutzungsweisen sind die architektonischen Bauformen nicht mehr in der Lage, Lebenserfahrungen zu spenden. Wenn wir Parallelen aus lebenden Strukturen und der künstlichen Intelligenz ziehen, können wir uns dennoch neue Wege für die Architektur im 21. Jahrhundert erhoffen. Das Beispiel der modernen Kybernetik verweist auf eindeutige Korrelationen zwischen biologisch angetriebenen Funktionen von lebenden Strukturen und dem adaptiven Prozeß, der die Architektur hervorgebracht hat, und der heute den Mars Explorer steuert.

1. Einführung

In einem Punkt handeln Architekten heute völlig anders als ihre Mitmenschen und andere Lebewesen, die die Biosphäre ausmachen. Ihr Alltag besteht darin, Ideen hervorzubringen, die die Welt, die sie und ihre Mitmenschen erfahren, materiell gestalten. Erstaunlicherweise sind jedoch viele Architekten und ihre Arbeiten gar nicht mehr in der Welt, der sie dienen, *situiert*. Während ihrer Ausbildung wird die innere Vorstellung der Welt des Architekten durch abstrakte, formelle Konstrukte von Bildern ersetzt. Obwohl diese Praxis schon lange existiert, sind wir an einem Punkt angelangt, an dem fast ausschließlich Bilder, die per Computer generiert werden, von den Architekten genutzt werden — nicht nur in der Gestaltung, sondern überhaupt, beinahe als bevorzugte Alternative zur physischen Welt. Und doch repräsentieren diese Bilder nicht die Wirklichkeit, sind sie doch bloß eine Art Fiktion, die es nicht wirklich gibt.

Zunehmend entfernt sich die architektonische Arbeit von der physischen Welt und zieht die Repräsentation einer falschen, künstlichen Wirklichkeit vor. Es ist diese Art „verinnerlichter Vision", die die zeitgenössischen Ausdrucksformen der Architektur prägt. Und es sind genau diese Ausdrucksformen, die die gebaute Umwelt heute gestalten, nach der verinnerlichten Vorstellung der Architekten. Die Probleme, die mit einer solchen Vision einhergehen, werden sofort deutlich, wenn man bemüht ist, die Zusammenarbeit von Welt, Körper und Geist zu verstehen.

2. Vom Natürlichen zum Künstlichen

Obwohl die Architektur im Lauf ihrer Geschichte eine Vielfalt von Gestaltungsformen und Stilen hervorgebracht hat, teilen die gelungensten Gebäude und urbanen Umgebungen eine Grundeigenschaft mit lebendigen Formen: Sie haben materielle Eigenschaften und sie setzen sich aus Teilen zusammen. Es ist jedoch wichtig, zwischen einer oberflächlichen Ähnlichkeit, die zu dysfunktionalen und inhumanen Gebäuden führen kann einerseits, und einem Ansatz, der im echten Verständnis der Lebensprozesse gründet andererseits, zu unterscheiden.

Historisch betrachtet ist die Gestaltung von Gebäuden durch natürliche Vorkommnisse und Erdprozesse sowie strukturelle Prinzipien der physischen Welt abhängig gewesen. Traditionelle Gestaltungs- und Bauweisen, die stark von ihrem tiefgründigen Verständnis der menschlichen Bedürfnisse und Handlungen geprägt sind, entsprachen dem ehrlichen (realen) Ausdruck der gebauten Umwelt. Als der Mensch anfing, seine natürliche Umwelt zu meistern, weitete er die Gestaltung jenseits der physischen Grenzen von Formen und Materialien aus. Die Baumeister versuchten ihre architektonischen Ausdrucksweisen weiterzuentwickeln und errichteten dabei ihre großen und immer höheren Kathedralen. Obwohl es das menschliche Leben nicht zu transzendieren vermochte und doch von Natur aus dazu bemüht, die Beschränkungen der Materialität des Bauens zu überwinden, begann das Studium der Architektur sich von seiner natürlichen Umwelt abzukapseln. Aufgrund ihrer Formalisierung durch das akademische Umfeld wurde die Architektur bald zum intellektuellen Eigentum der Universität. Es folgte ein Prozeß, im Laufe dessen die Architektur zu einer künstlichen und abstrakten Ausdrucksform für die abgekapselten philosophischen und ideologischen Grübeleien des Menschen gemacht wurde.

Heute belügen sich Architekten selbst, wenn sie glauben, sie könnten das echte Verständnis der natürlichen Erdprozesse und der strukturellen Prinzipien der physischen Welt durch Philosophie oder Ideologie ersetzen. Auch wenn die großen architektonischen Bauten der Vergangenheit aus einem besonderen Aspekt der Natur abgeleitet wurden, oder vielleicht gerade trotz diesem, werden bestimmte philosophische Richtungen in der zeitgenössischen Architektur mißbraucht, um die Natur zu ersetzen.

Indem sie natürliche und humane Mechanismen ablehnt, entfernt sich die Architektur von den Grundprinzipen physischer Strukturen und verkommt zu einer Ansammlung von ästhetisierten und verinnerlichten Ausdrucksformen der gebauten Umwelt. Diese Feststellung ist keine Kritik eines bestimmten Stiles, sie bezieht sich vielmehr auf die Denkprozesse in der zeitgenössischen Architektur. Um besser zu verstehen, wie sehr die Architektur in der natürlichen Welt verankert ist, müssen wir uns näher mit der Biologie befassen. Erstaunlicherweise waren viele Ideen der Pionier-Architekten des 20. Jahrhunderts stark von genau den Eigenschaften von lebendigen Strukturen geprägt, die wir hier besprechen. Nichtsdestotrotz können sie nur ein flüchtiges Verständnis der wissenschaftlichen Grundlagen dieses Wissenskorpus haben. Es entstanden Bauten, die nicht ganz den Absichten entsprachen. Schlimmer, einfältige Nachahmungen dieser innovativen Prototypen reduzierten diese Ideen zu bloßen oberflächlichen Ausdrucksformen, die schließlich zum einen oder anderen modischen Stil führten.

3. Eigenschaften von lebendigen Strukturen

Es ist bekannt, daß lebendige Strukturen diverse Eigenschaften besitzen: organisierte Komplexität (Informationsspeicherung); Metabolismus (Energieverbrauch); Replikation (Selbstreproduktion); Adaptation (der Organismus verändert sich selbst, um seine Umwelt besser zu nutzen); Intervention (der Organismus verändert seine Umwelt); Situiertheit (durch Sensoren in der Welt eingebettet); und Konnektivität (Informationsverarbeitung). Obwohl alle Prozesse bei biologischen Wesen zur selben Zeit erfolgen, handelt es sich theoretisch um unterschiedliche Konzepte.

3-1. Organisierte Komplexität.

Mit Christopher Alexander (Alexander, 2002-2004) assoziieren wir die biologische und architektonische Ordnung mit der Organisation von Komplexität, die eine Kompression von Information darstellt. Eine geordnete Struktur muß komplex sein; dennoch ist sie auch deshalb geordnet, weil sie eine Vielzahl von Korrelationen beinhaltet, die zu einer Gesamtkohärenz führen. In architektonischen Beispielen erscheinen Korrelationen als leicht auszumachende visuelle Symmetrien und Verbindungen (Salingaros, 2006: Kapitel 1). Das Leben, ob biologischer, künstlicher oder architektonischer Natur, ist das Ergebnis der physischen Konzentration von Information. Es bedarf nur wenig mathematischer Information, um nicht-komplexe Strukturen hervorzubringen, was zu simplistischen Strukturen ohne jegliche interne Differenzierung führt. Die Welt der rechteckigen Gebäudeblocks, die typisch für die industrielle und urbanistische Architektur ist, ist mathematisch gesehen leer. Viele Architekten sehen darin eine oberflächliche „Ordnung" wegen der Anreihung und der fehlenden ablenkenden Substrukturen. Wer eine solche Uniformität sucht, mißinterpretiert jedoch die tatsächlichen Gegenbenheiten von Ordnung.

Eine Einsicht von Stephen Wolfram ist besonders aufklärend, ganz einfach, weil sie erstaunlicherweise die Uniformität mit der Willkürlichkeit verbindet. Wolfram unterstreicht, daß die Uniformität von Strukturen nichts einfaches, sondern das Ergebnis von intentional gerichteten Prozessen ist:

„In der Natur scheint die Uniformität jedoch oft mit einem komplexen mikroskopischen Verhalten einherzugehen. Meistens sieht es so aus, daß ein System im kleinen Maßstab Willkürlichkeit an den Tag legt, diese Willkürlichkeit aber in einem größeren Maßstab verschwindet, und Uniformität zum Vorschein tritt..." (Wolfram, 2001: S. 353).

Diese scharfsinnige Aussage erklärt, wie Uniformität aus Willkürlichkeit (d. h. Desorganisation) entsteht. Die Implikationen für die Gestaltung sind von Bedeutung, da die Uniformität dadurch nicht mit der Einfachheit oder Ordnung in Verbindung gebracht wird, sondern mit Desorganisation.

3-II. METABOLISMUS.

Tiere und Pflanzen metabolisieren, um ihre organisierte Komplexität zu gewährleisten. Aufgrund ihrer komplexen physischen Struktur sind Metabolismus, Replikation und Konnektivität möglich. Der Metabolismus ist ein Prozeß, bei dem bestehende Ordnungsquellen aufgenommen und Unordnungen beseitigt werden, damit der Organismus seine strukturelle Organisation aufrechterhalten kann. Bei einem sich entwickelnden

Organismus (Embryos oder Jungtiere) erfolgt die Metabolisierung parallel zur Steigerung der organisierten Komplexität, bis eine optimale, stabile „Ebene" erreicht ist. Am Ende des natürlichen Lebenszyklus des Organismus schafft es der Metabolismus aus verschiedenen Gründen nicht mehr, seine organisierte Komplexität auf einer optimalen Ebene zu erhalten — ein Anzeichen vom Altern. Der Metabolismus sorgt für die Lebenserhaltung des Individuums, während die Replikation das Design (d. h. die Vorlage der strukturellen Information) nach dem Tod des Individuums bewahrt.

Aus diesem Grunde können Verwitterung und Instandsetzung Lebendigkeit hervorrufen. Das erklärt auch, weshalb einige heilige Stätten in Japan alle Jahrzehnte lang traditionell immer wieder gleich erneuert werden. Es entsteht eine psychologische Beziehung zwischen Menschen und Strukturen, die fraktale Muster duch Verwitterung aufweisen (jedoch nicht, wenn sie häßlich werden bzw. wenn sie kollabieren). Somit kann also behauptet werden, daß minimalistische, nicht-verwitternde Strukturen nicht metabolisieren. Und deshalb stellen wir den Trend zu einfachen Gebäudeoberflächen und Geometrien, die sich nicht natürlich entwickeln, infrage. Wir legen nahe, daß ältere Techniken, die die unausweichliche Verwitterung in den Lebenszyklus der Bauten einbeziehen, tatsächlich adaptiver sind.

3-III. REPLIKATION.

Replikation wird oft als die wichtigste Eigenschaft von lebendigen Strukturen betrachtet. Organismen reproduzieren sich, indem sie Kopien von sich selbst produzieren. Nichtsdestotrotz ist es möglich, daß replikative Strukturen nicht metabolisieren, wie zum Beispiel Viren (Salingaros, 2008). Außerdem sind auch Strukturen möglich, die metabolisieren, sich jedoch nicht reproduzieren — Maultiere zum Beispiel sind dafür das beste tierische Beispiel. Solche außergewöhnlichen Arten können sich nicht eigenständig reproduzieren.

Die einfachsten „Vorlagen", die nicht metabolisieren (Viren), reproduzieren sich schneller als Tiere mit einer höheren Komplexität, weil diese in den Metabolismus und in konnektive Systeme investieren und somit ihre organisierte Komplexität erhöhen (Salingaros, 2008). Unter den Organismen, die metabolisieren, reproduzieren sich diejenigen am schnellsten, die einen niedrigen Grad an organisierter Komplexität aufweisen (also Bakterien), weswegen sie sich auch mehr verbreiten.

3-IV. ADAPTATION.

Es gibt verschiedene unterschiedliche Typen von Adaptation: Während sich Organismen kurzzeitig an ihre Umgebung anpassen, paßt sich ihr Genotyp (ihre DNA) langzeitig an und durchläuft eine Entwicklung, um die bestehenden bzw. ändernden ökologischen Situationen besser zu nutzen. Die Kurzzeitadaptation hängt von der Konnektivität zur Umwelt ab — die *Situiertheit*. Die Langzeitadaptation folgt einem darwinistischen Selektionsprozeß, der Teile der Population, die weniger gut angepaßt sind, ausschließt. So entsteht eine Population von Überlebenden, die bessere adaptive Züge hat.

Wir sprechen uns hier für eine Architektur der Adaptation aus und kritisieren die heutigen Trends als grundsätzlich nicht-adaptiv. Der Grund, weshalb eine adaptive Architektur sich entfalten konnte, besteht darin, daß der Selektionsprozeß bei Bauten und architektonischen Stilen nicht so direkt erfolgt wie bei Organismen (Salingaros, 2006). Die Selektion in der Achitektur wird von Kräften angetrieben, die dem natürlichen Prozeß der Adaptation fremd sind, wie zum Beispiel Modeerscheinungen, persönliche Meinungen, Politik.

3-V. INTERVENTION.

Wenn sie dazu in der Lage sind, können Organismen ihre Umwelt zu ihrem eigenen Wohle verändern. Dabei handelt es sich dann um das Gegenteil von Adaptation. Nichtsdestotrotz, die eingreifenden Praktiken, die die (natürliche) Evolution überleben, erweisen sich immer als eine Kombination von adaptiven und evolutionären Anwendungen. Tiere bauen Neste; Biber bauen Dämme; Tintenfische geben Tinte von sich, um vor ihren

Angreifern flüchten zu können; manche Pflanzen produzieren Gifte, damit andere Pflanzen um sie herum nicht mehr wachsen usw. Der Mensch bleibt jedoch der Meister: Wir nutzen unsere Intelligenz, um Kleider und Unterkünfte herzustellen, um zu jagen, oder auch in der Landwirtschaft, und ziehen daraus einen großen Vorteil — im Vergleich zu anderen Tierarten.

Knapp formuliert: Sowohl Adaptation als auch Intervention kennzeichnen die traditionelle Architektur und den Städtebau. Seit Mitte des 20. Jahrhunderts jedoch sind menschliche Unterkünfte vor allem zu Interventionen geworden, wobei die Adaptation nicht bzw. nur wenig berücksichtigt worden ist.

3-VI. SITUIERTHEIT.

Lebendige Organismen sind natürlich in der Welt eingebettet und interagieren direkt mit ihr dank sensorischen Mechanismen. Das Verhalten des Organismus wird von inneren Sensoren gesteuert, die ein Feedback von außen erhalten: eine Nahrungsquelle erkennen und nutzen; eine ökologische Gefahr ausmachen und auf diese reagieren; zwischen „fight or flight" bei Aggressionen wählen usw. Organismen sind in ihrer Umwelt situiert und „tasten" diese ununterbrochen ab. Obwohl dieses Verhalten typisch für lebendige Strukturen ist, ist es am gründlichsten in der Robotik, und nicht der Biologie, erforscht worden (Brooks, 1999; 2002).

Die *Situiertheit* hängt immer von dem Vorhandensein von sensorischen Mechanismen ab, die den Organismus mit Information über die Umwelt versorgen. Diese Mechanismen brauchen einen konnektiven Rahmen. Das Gegenteil von *situiert sein* bedeutet, daß ein Verhalten aufgrund von abstrakten Beschreibungen vorgegeben ist. Da wir keine niedrigen Wesen kennen, die ein solches Verhalten an den Tag legen können, gehen wir logischerweise davon aus, daß ein Mindestmaß an neuronaler Entwicklung zur Speicherung von Information notwendig ist. Organismen können keine interne Repräsentation der Welt haben und ihr Verhalten danach richten, wenn sie nicht über die ausreichenden Kapazitäten zur Informationsspeicherung verfügen.

3-VII. KONNEKTIVITÄT.

In der Biologie führen konnektive Mechanismen zu Korrelationen. Darunter finden sich strukturelle Mechanismen wie Pflanzenstiele, Tierknochen, Arterien und Ligamente sowie informative Mechanismen wie Hormonfelder, Nerven, Augen und photosensitive Flächen auf Blättern. Es sind sehr gute Beispiele von organisierter Komplexität, bei denen komplexe physische Netzwerke genutzt werden um konnektive Aufgaben zu bewerkstelligen.

Embryos entwickeln sich, indem ihre Zellen sich wiederholt teilen, sodaß Wachstum ein „Bottom-Up"-Prozeß ist, der von genetischen Anleitungen in der DNA gesteuert wird. Dennoch argumentiert Alexander, daß ein globaler Kontrollmechanismus, der das Wachstum in Schach hält, unabdingbar für die Entwicklung von Embryos ist (Alexander, 2002-2004). Dies kann entweder durch einen Wiederholungsprozeß geschehen, bei dem jede Komponente zur Unterstützung und Lenkung der Entwicklung aller anderen Komponenten beiträgt, oder aufgrund von Hormonfeldern. Wichtig ist, daß eine globale Kommunikation stattfindet. Jede Komponente (Zelle) des Embryos kommuniziert über chemische Wege mit dem gesamten existierenden Embryo, sodaß jede Zelle ihre Position und Entwicklung prüfen kann. So entwickeln sich embryonale Zellen entweder zu Muskel- oder Hirngewebe, je nach ihrer Position zu einem bestimmten Zeitpunkt des Prozeßes.

Lebendige Systeme sind dadurch gekennzeichnet, daß sie Information aktiv verarbeiten (Dyson, 2001). Der Austausch von Information kann in der Biologie viele Formen annehmen. Hormon- und Nervensysteme sind bei Tieren nicht nur eine Voraussetzung, um mit der Außenwelt zu kommunizieren, sondern auch für die interne Kommunikation im Organismus selbst. Die gespeicherten Geninformationen kodieren Vorlagen, die die Replikation der individuellen Zellen, die die erschöpften Zellen regelmäßig ersetzen, möglich macht. Zum Beispiel werden bei Säugetieren alle Zellen (außer den Hirnzellen) regelmäßig ausgetauscht. Geerbte Informationen (von Generation zu Generation) werden ebenfalls im Gehirn gespeichert, damit die instinktiven Routineabläufe im täglichen Leben von Säugetieren einfach ermöglicht werden. Je höher die Organismen entwickelt sind, desto wichtiger ist die Rolle von Information und deren Verarbeitung im Leben. Die höher entwickelten Säugetiere sind fähig zu lernen, weil sie entsprechende Speicherungsmechanismen für Informationen besitzen.

Mit der Zeit haben Menschen die Fähigkeit enwickelt, sowohl unmittelbare (in der Umwelt eingebettete) als auch gespeicherte (als mentale Bilder) Informationen zu verarbeiten. Indem sie sich mehr auf gespeicherte Informationen verlassen, entfernen sich Architekten von der unmittelbaren Wirklichkeit (Salingaros, 2006). Die Fähigkeit, künstliche Repräsentationen zu speichern, kann irreführend sein, wenn letztere die Wirklichkeit ersetzen. Das führt zu einer Art Abgrenzung, bei der der Mensch letztendlich nur bestimmte sinnliche und emotionale Erfahrungen macht. Heute fördern das viele Architekten, indem sie versuchen, abstrakte architektonische und urbane Lösungen in unseren Umgebungen durchzusetzen.

4. Architektur und biologische Prozesse

Nur wenn sie konstruktiv und human genutzt werden, können Wissenschaft und Technologie die besondere Beziehung zwischen lebendigen Strukturen und der Architektur wirklich offenbaren (Alexander, 2002-2004). Wir sind der Meinung, daß eine direkte Analogie zwischen dem Metabolismus von biologischen Wesen und dem Prozeß der Beibehaltung von komplexen Strukturen (Formen) bei nicht-biologischen Wesen besteht. In ihrer Eigenschaft als unnatürliche künstliche Wesen sind Bauten im Laufe ihrer Existenz auf gewisse unterschiedliche Formen von Reparatur durch die Menschen angewiesen. Wird die Struktur durch die Instandsetzung lebendiger? Ist dieser Prozeß irgendwie vergleichbar mit dem Metabolismus?

Da wir Menschen über die Welt herrschen und physiologisch abhängig von den physischen Strukturen sind, die wir um uns erbauen, können wir davon ausgehen, daß es für Bauten eine intrinsische Notwendigkeit gibt, sich zu reproduzieren (selbst dann, wenn sie unbelebte Strukturen sind). Oft wird die Replikation von Formen in der gebauten Umwelt als ortsgebunden, sprich als lokale Formen, angesehen. Die reproduzierten Formen entstehen innerhalb eines materiellen Systems in einer bestimmten Gegend und sind den lokalen klimatischen Begebenheiten ausgesetzt. So entstehen in einer bestimmten Gegend sehr ähnliche Formen, die sich an die programmatischen Unterschiede und unterschiedlichen örtlichen Begebenheiten adaptieren.

Was sind die Kräfte, die das Überleben von bestimmten architektonischen Vorlagen gefährden? Von einem energetischen Blickpunkt aus betrachtet, ist es zum Beispiel katastrophal, Hochhäuser zu errichten, die hauptsächlich aus Glaswänden bestehen. Und doch wurden große rechteckige Gebäude zu einer der weltweit häufigsten Gebäudetypologien Anfang des 20. Jahrhunderts gemacht. Dieses Beispiel, wie auch andere industrielle Beispiele, sind nicht funktionell; sie werden bloß von Vorlagen kopiert, die nichts mit menschlichen Bedürfnissen zu tun haben. Das steht im Widerspruch zur biologischen Replikation.

Nicht-adaptive Kräfte in der gebauten Umwelt (die in der von Medien dominierten architektonischen Kultur vorherrschen) errichten überall auf der Welt replikative Strukturen. Architektonische und urbane Strukturen, die sich einfach reproduzieren, anstatt sich aus ganz präzisen lokalen Bedürfnissen heraus zu entwickeln, folgen lediglich dem inneren visuellen Modell, das generisch und nicht adaptiv entwickelt wurde. Daher rührt wohl die fundamentale Abkopplung (Salingaros, 2008). Freeman Dyson führt diese biologische Analogie weiter und setzt Metabolismus mit der Produktion von Proteinen (ähnlich wie bei physischen Strukturen) und Replikation mit der Produktion von nukleidischen Säuren gleich (ähnlich wie bei reproduzierbaren Designtypologien). Konnektivität bedeutet in unseren Augen die Entstehung von komplexen sensorischen Organen und kommunikativen Bahnen in biologischen Strukturen. Daraus ergibt sich also, daß Konnektivität eine viel höhere Systemfunktion sowohl als der Metabolismus als auch die Replikation ist; sie ermöglicht Adaptation, Intervention und *Situiertheit* in Organismen. Wir sind überzeugt, daß die architektonischen Äquivalente dieser Eigenschaften unentbehrlich für die menschliche gebaute Umwelt sind.

Situiertheit ist notwendig, damit einige der anderen Eigenschaften überhaupt entstehen können. Architekten, die nicht situiert sind, können weder auf den Kontext noch auf die Ökologie oder auf die Physikalität der Formen reagieren. Der Architektur, die daraus entsteht, fehlt die Konnektivität und somit auch die Fähigkeit, sich zu adaptieren.

5. INFORMATIONELLE PROZESSE, ROBOTER UND ADAPTATION

Bei lebendigen Strukturen (Formen) macht sich Adaptation verschiedentlich bemerkbar, auf verschiedenen Ebenen. Die innere Adaptation sorgt dafür, daß die Temperatur und die chemischen Gradienten im Gleichgewicht bleiben und führt zu Homeostase und Osmose-Regulation. Dies ist entscheidend für das gute Funktionieren der Komponenten in jedem Organismus. Ferner gibt es eine Adaptation in Bezug auf die physische Umwelt, die sich zum Beispiel in der Position zur Sonne, der Reaktion auf Wärme und Gefahren oder der Felldichte in den unterschiedlichen Jahreszeiten bemerkbar macht. Manche Reaktionen erfolgen unmittelbar, während andere eher auf Langzeit-Umweltveränderungen abzielen. Diese adaptiven Mechanismen sind unentbehrlich für das Überleben des einzelnen Organismus. Die Adaptation auf der Ebene der Gattung erfolgt dann durch die natürliche Selektion. Wenn die physischen Mechanismen eines Organismus nicht mehr mit den äußeren Bedingungen klarkommen, sterben einige Varianten der Gattung aus. Diejenigen Organismen, die bereits etwas besser angepaßt sind, überleben. Entwicklung durch Überleben bringt eine Veränderung von physischen Eigenschaften mit sich.

Eine Architektur, die sich als adaptiv versteht, muß gewissen Regeln folgen. Das Entwerfen sollte aus einer großen Anzahl Schritte bestehen, sodaß Feedback eine wichtige Rolle spielt, bis das Produkt fertig ist. Im adaptiven Sofwaredesign wird sehr oft auf diese Methode zurückgegriffen. Das verfolgte Ziel ist nicht ganz klar definiert, was dazu führt, daß der Designer sich auf Sequenzen von Schritten während der Entwicklung konzentrieren kann (Highsmith, 2000). Jede Entscheidung im Entwurfsprozeß muß aufgrund ihrer Auswirkung auf das Ganze, wie es zu dem Zeitpunkt existiert, getroffen werden. Mit anderen Worten: Ein Design muß mit all seinen Teilen kommunizieren (in der Regel im Kopf des Entwerfers). Ein Design muß in jedem Stadium seiner Entwicklung das Ganze berücksichtigen (zum Beispiel die Landschaft, Gebäude in der Umgebung, historische Kultur) (Alexander, 2002-2004). Das geht nur, wenn kommunikative Systeme bestehen, die die kleinen Ebenen mit den größeren Ebenen verbinden, und ein Feedback ermöglichen (Alexander, 2002-2005; Salingaros, 2006). Da Baustellen und Reißbretter weder ein „Nerven-" noch ein „Hormonsystem" besitzen, muß das menschliche Gehirn für diese Verbindungen durch eigene Entscheidungen Sorge tragen.

Das adaptive Design ist das genaue Gegenteil vom generischen oder formalistischen Design. Es füllt die gebaute Umgebung mit Leben und ersetzt gleichzeitig die leblosen industriellen Formen, die sich seit der frühen modernistischen Zeit repliziert haben. Nur eine globale Vorstellung kann den Gesamtrahmen für die Kommunikation zwischen allen Teilen schaffen. Es handelt sich dabei nicht um eine formalistische Methode, die eine vorgefertigte Ordnung aufzwingt, sondern um einen Mechanismus, der die Konnektivität fördert. Indem das Ganze konzeptualisiert wird, kann sich die Form wie beim Embryo dank dem konnektiven Feedbacknetzwerk entwickeln und nicht durch Akkretion von einzelnen Teilen (Alexander, 2002-2005).

Wenn man sich mit höheren Lebensformen auseinandersetzen möchte, sollte man sich zunächst einmal Gedanken über grundlegende Lebensprozesse machen, wie zum Beispiel das Wesen von Intelligenz selbst. Biologen besitzen nicht alle Antworten auf die Frage: Wie interagiert der Mensch mit seiner Umgebung? Deshalb wird weiter gesucht, im Ingenieurwesen (Roboter) und der künstlichen Intelligenz. Laborroboter ermöglichen uns, Parallelen mit den hochkomplexen Systemen zu ziehen, die intelligenten Tieren zur Informationsverarbeitung dienen. Diese Verarbeitung ist es, die die höheren Lebensformen von anderen Lebensformen unterscheiden.

Früher wurde angenommen, daß intelligente Handlungen in drei Schritten erfolgen: Aufnahme von Information; Vergleich mit einer gespeicherten Repräsentation; anschließend die Entscheidung zu handeln. Roboter, die anders arbeiten, zeigten, daß diese Annahme nicht korrekt war. Rodney Brooks hat Roboter gebaut, die keine innere Repräsentation der Welt haben. Sie greifen bei allen Entscheidungen direkt auf ihre Umgebung (Brooks, 1999) zurück. Alle Informationen, die für eine Entscheidung wichtig sind, sind bereits in der Außenwelt vorhanden. Enorme Verarbeitungsressourcen, die anderweitig besser genutzt werden können, bleiben somit erspart, da sie nicht im Speicher kopiert werden. Nach diesem Prinzip gebaut, navigierte der Mars Explorer von Brooks sehr effektiv auf dem unwegsamen Gelände des gleichnamigen Planeten (Brooks, 2002). Wir können daraus lernen: Lebensformen nutzen wahrscheinlich Intelligenz ohne innere Repräsentationen. Brooks ist der Meinung, daß das Gegenteil besonders ineffizient wäre (Brooks, 1999).

Es sind auch Roboter gebaut worden, die mit der Drei-Schritte-Methode arbeiten, aber sie sind aufgrund ihrer inneren Repräsentation steckengeblieben und sind grundsätzlich durch diese stark eingeschränkt. Sie reagieren unglaublich langsam und können keine neuen Formen erkennen. Der Grund dafür ist ein einfacher: Jede innere Repräsentation der Welt muß eine abstrakte sein, formell und höchst vereinfacht. In der Welt der Robotik bedeutet dies also ein Universum, das aus einfachen monochromatischen Körpern wie zum Beispiel Kübel, Zylinder und Pyramiden besteht. Selbst wenn Roboter nach diesen Prinzipien gebaut sind, haben sie Probleme, wenn Objekte in ihrer abstrakten geometrischen Umgebung nicht perfekt positioniert sind oder wenn sie einen Schatten werfen (Brooks, 2002).

Organismen und Roboter, die ihr Verhalten aufgrund von sensorischen Kontakten mit der Welt steuern, sind *situiert*. *Nicht situiert* sind dagegen Organismen und Roboter, deren Verhalten auf der Grundlage von abstrakten Beschreibungen (innerlich gespeicherte Informationen) ablaufen; deshalb kann nicht behauptet werden, daß diese Organismen und Roboter lebendigen Strukturen entsprechen. Wir sind der Meinung, daß zeitgenössische Architekten nicht mehr in der Welt *situiert* und deshalb nicht mehr in der Lage sind, die gleiche Wahrnehmung von der gebauten Umwelt wie andere Menschen zu haben. Es ist tatsächlich kein geerbtes Merkmal, sondern bloß das Ergebnis einer Art psychologischer Konditionierung, die in unserer von Medien stark beeinflußten Welt häufig vorkommt. Nichtsdestotrotz ist diese Praxis in der Welt der Architektur seit Generationen der Alltag; Studenten werden dazu konditioniert, mit der Umwelt über abstrakte Bilder zu interagieren, anstatt direkt über ihre sensorische Wahrnehmung.

Was die Situiertheit anbelangt, gehen wir gern von einer Analogie mit dem Fahren aus. Autofahren setzt sowohl die kontinuierliche Aufnahme von sensorischen Informationen als auch die Interpretation der unmittelbaren Umgebung voraus. Eine abstrakte Straßenkarte hilft mit Sicherheit bei der generellen Übersicht der Reise, die unzähligen Zwischenentscheidungen sind jedoch abhängig von der *Situiertheit* des Fahrers im physischen Straßennetz, wo er auf jede Variation reagieren muß. Die räumliche Analogie dieses Zeit-Beispiels dient uns als adäquates Modell für eine adaptive Architektur, in der die Gestaltung jederzeit auf Formen, Bedürfnisse und Verhältnisse reagiert.

6. Architektur und Intelligenz

Wir beschäftigen uns im folgenden mit der Frage nach der Art und Weise, wie aufgenommene Informationen von intelligenten Systemen, die ihre physische Umgebung als primäre Repräsentation nutzen, gespeichert werden. Solche Informationen werden extern gespeichert, indem sie der Umgebung „aufgeprägt" werden. Dem Menschen stehen dafür verschiedene Möglichkeiten zur Verfügung: Die Repräsentation von Information als Strukturen kann unterschiedliche Formen annehmen, unter anderem Kalligraphie, repräsentationale oder geometrische Ornamente, wenn die gebauten Objekte bis in die Dimension von architektonischen und urbanen Flächen reichen. Grundsätzlich kann die traditionell reiche gebaute

Umwelt also als Informationsspeicherungssystem an und für sich interpretiert werden. Im Vergleich taugt die zeitgenössische gebaute Umwelt und ihre Architektur nicht als Informationsspeicherungssystem. Sie gleicht lediglich dem Versuch, die abstrakten mentalen Bilder, denen es an organisierter Komplexität mangelt, zu externalisieren.

Die Art Information, die in traditionell gebauten Umgebungen beinhaltet ist, besteht aus organisierter Komplexität; es handelt sich präzise um die Art Information, die lebendige Systeme selbst definiert. Die traditionelle gebaute Umwelt besteht also aus evolvierten und herausgearbeiteten Lösungen (Schemata), die unser Leben einfacher und sinnvoller machen.

Ollivier Dyens hat sich interessante Gedanken zu gespeicherten inneren Repräsentationen gemacht, die ausschließlich künstlich sind. Da sich die Weltsicht der Architekten heute zunehmend auf der Grundlage von Computerbildern entwickelt, handelt es sich dabei um etwas sehr wichtiges. Es geht nicht nur um formale Systeme, sondern darum, daß Computerbilder eine Welt darstellen, die es nie gegeben hat. Laut Dyens

> suggeriert die digitale Bildtechnologie Modelle für das Leben, die einen völlig anderen Respräsentationsstil als Grundlage haben, der nicht in der Reproduktion, sondern in der Produktion gründet... Mit digitalen Bildern gibt es keine primären, originalen Momente, von denen wir behaupten können: „Dieses Bild ist eine Analogie von dieser Sache oder von diesem Objekt". Im Gegenteil, digitale Bilder sind gleichzeitig Welten und Modelle von Welten. Da digitale Bilder nicht an eine äußere Dynamik gebunden sind und sich nicht an externen Phänomenen anlehnen, wie zum Beispiel Konzepte, Bezugsysteme, Ideen usw., wird die Repräsentation zum Abgrund von endlosen Möglichkeiten mit unterschiedlichen Bedeutungen (Dyens, 2001: S. 87–88).

Organismen, die in symbolischen abstrakten Bereichen existieren, sind nicht ganz lebendig, da sie durch nichts in der realen Welt verankert werden können. Sie sind eher wie Computer, die Algorithmen ausführen, aber nicht Teil an der Außenwelt haben. Sie existieren, teilweise oder ganz, innerhalb ihres eigenen Modells einer künstlichen Welt. Man kann sogar soweit gehen und behaupten, daß sie nicht einmal intelligent sind. Wie Brooks schreibt:

Es ist schwer, eine Trennlinie zwischen Intelligenz und ökologischer Interaktion zu ziehen. Irgendwie ist es auch egal, was was ist, da alle intelligenten Systeme in irgendeiner Welt situiert sein müssen, um nutzvolle Strukturen zu sein. Der Kerngedanke bei Intelligenz lautet: 'Intelligenz ist durch die Dynamik von Interaktion in der Welt gekennzeichnet' (Brooks, 1999).

In einer direkten Analogie mit den beiden oben erwähnten Typen von Robotern (die entweder mit oder ohne innere Repräsentation arbeiten) sind Architekten von einer künstlichen inneren Repräsentation von der Welt geprägt worden, die keine Bedeutung für die physische Realität hat. Sie bewerten die gebaute Umwelt an diesen inneren Repräsentationen. Im Vergleich reagieren alle nicht-indoktrinierten Menschen (also alle anderen) direkt mit ihrer Umwelt, indem sie ihre Sinne und Intuitionen nutzen, um Entscheidungen über die Architektur zu treffen. Auf der Grundlage der Verarbeitungsmechanismen, die Menschen nutzen, um auf ihre Umwelt zu reagieren, haben wir zwei unterschiedliche Typen festgestellt: psychologisch konditionierte Menschen (d. h. viele der heutigen Architekten) und biologisch motivierte Menschen (d. h. alle anderen).

7. Schlussfolgerung

Lokale Formen der Architektur sind immer eine Verkörperung von menschlicher Intelligenz, die, auf der Grundlage von Gedächtnis (gespeicherte Information), in einer externen Repräsentation eingebettet sind. Formen, Raumflächen, Strukturen und Materialien haben sich adaptiv entwickelt, um in bestmöglicher Verbindung zu ihren Nutzern zu stehen. Die Menschen bauen Objekte, die ihnen im Alltag helfen, nicht zuletzt, indem sie sie auch emotional befriedigen. Designentscheidungen günden in der direkten Wahrnehmung von und Interaktion mit der Form.

Die formale Architektur, im Gegensatz, zwingt meistens formale Regeln bzw. externe Bilder auf und führt dazu, daß Bauten nur nach ihrer Analogie mit dem inneren Ideal beurteilt werden, das im Gedächtnis des Architekten gespeichert ist. Diese Methode mag in gewissen Fällen in Ordnung sein, der Prozeß ist jedoch *per definitionem* human nicht adaptiv. Innere Repräsentationen sind von der Realität unabhängig; sie sind unkontrolliert und neigen zur Fälschung, was sie zu einem Ersatz für die Wirklichkeit machen kann. Viele Entscheidungen der Architekten werden von ihrem künstlichen Weltbild geleitet, das gar nichts mit menschlichen Wahrnehmungssystemen zu tun hat. Die architektonische Ausbildung ist darauf ausgerichtet, dieses innere Weltbild (eine Repräsentation einer künstlichen Welt) zu erzeugen, das der physischen Welt nicht entspricht.

Dank dieser Analyse wird die erstaunliche Kluft zwischen der Meinung der Architekten und der derjenigen von normalen Menschen über das was ein „gutes Gebäude" ausmacht deutlich. Dieser Meinungsunterschied ist wohl bekannt, wenn es um ihre Privathäuser geht — der Geschmack der Architekten ist oft dem Geschmack von normalen Menschen diametral entgegengesetzt. Ein weiteres Beispiel hierfür ist die Debatte um neue Gebäude, die mit den Ideen von Thomas Jeffersons Originalbauten auf dem Campus der Universität von Virginia im Einklang sind. Die Fakultät für Architektur verurteilte aufs schärfste die kontextuell — also adaptiv und traditionell — entworfenen Gebäude. Ansonsten wurden die Gebäude von allen anderen Menschen — ob Studenten, Lehr- oder Verwaltungspersonal oder Besucher — als gelungen begrüßt. Die logischste Erklärung dafür ist, daß alle, außer den Architekten, auf diese Formen intuitiv reagierten (indem sie direkt auf den Kontakt mit ihnen reagierten), während die Architekten sie wohl mit gespeicherten inneren Bildern einer künstlichen Welt verglichen.

Es sind biologische Systeme und natürliche Prozesse, die alle lebendigen Strukturen hervorbringen; ebenso füllten sie früher die Architektur und die gebaute Umwelt mit Leben. Da sie in der Erfahrung des Alltags verankert war, diente die Architektur der Menschheit als adaptive Notwendigkeit und Vermittlerin von Informationen — sie strebte an, die Menschen in ihre Alltagsumgebungen besser einzubinden. Mit dem Siegeszug der Industrialisierung, die umfassende physische Veränderungen hervorgebracht hat, ist die natürliche Beziehung zwischen dem Menschen und seiner Umwelt stark beeinträchtigt worden. Gegen diese Entwicklung verteidigen wir die Vorstellung einer adaptiven Architektur innerhalb der natürlichen Grenzen, mit einem starken Gehalt an Informationen, die eine immanentere (kontextuelle) Bestimmung von architektonischen Formen ermöglicht.

LITERATUR

- Christopher Alexander, *The Nature of Order: Books One to Four* (Berkeley, Kalifornien: Center for Environmental Structure, 2002–2005).

- Rodney A. Brooks, *Cambrian Intelligence* (Cambridge, Massachusetts: MIT Press, 1999).

- Rodney A. Brooks, *Flesh and Machines* (New York: Pantheon Books, 2002).

- Ollivier Dyens, *Metal and Flesh* (Cambridge, Massachusetts: MIT Press, 2001), S. 87–88.

- Freeman Dyson, *Origins of Life*, Neuauflage (Cambridge: Cambridge University Press, 1999).

- Freeman Dyson, „Is Life Analog or Digital?", *Edge* (2001). Unter <http://www.edge.org/3rd_culture/dyson_ad/dyson_ad_index.html> abrufbar. Eine veränderte Fassung wurde veröffentlicht als „Can Life Go On Forever?", Kapitel 5 in *A Many-Colored Glass* (Charlottesville: University of Virginia Press, 2007), S. 83–101.

- Nikos A. Salingaros, *A Theory of Architecture* (Solingen, Deutschland: Umbau-Verlag, 2006), Kapitel 1.

- Nikos A. Salingaros, *Anti-Architecture and Deconstruction*, dritte Auflage (Solingen, Deutschland: Umbau-Verlag, 2008).

- James A. Highsmith, *Adaptive Software Development* (New York: Dorset House Publishing, 2000).

- Stephen Wolfram, *A New Kind of Science* (Champaign, Illinois: Wolfram Media Inc., 2001), S. 353.

32

Vorlesungsskript, Vierzehnte Woche.
Natürliche und unnatürliche Formensprachen

Lektüre in der vierzehnten Woche:

- Alexander, *The Phenomenon of Life*, „Conclusion".
- The 1982 Alexander-Eisenman Debate, *Katarxis* Nr. 3, September 2004.
- Alexander, „Some Sober Reflections on the Nature of Architecture in Our Time", *Katarxis* Nr. 3, September 2004.

Das Konzept „lebendige Struktur" und die Ideen, die es untermauern, haben ihren Ursprung sowohl in der direkten Erfahrung als auch in der Wissenschaft; sie bieten die perfekte Grundlage, um Architektur zu praktizieren und zu verstehen. Sie stellen für die Gestaltung und das Bauen einen vernünftigen Ansatz dar, der weder Ideologien noch persönlichen Vorhaben unterworfen ist. Zudem steht dieser Ansatz im direkten

Gegensatz zur Unvernunft anderer Zielsetzungen, die den heutigen architektonischen Diskurs antreiben.

Wenn wir nach Sinn in der gebauten Umwelt suchen wollen, dürfen wir uns nicht mehr weiter interpretativer Methoden bedienen, die keine intellektuelle Kohärenz aufweisen. So etwas wichtiges wie die Architektur darf nicht auf willkürlichen Grundlagen aufgebaut sein. Genau diese Situation erleben wir jedoch seit Jahrzehnten, und das Ergebnis, zu dem es geführt hat, ist weit davon entfernt, befriedigend zu sein, geschweige denn ideal. Wir hingegen favorisieren eine Architektur, die menschliche Gefühle berücksichtigt und in der Gestaltungsentscheidungen auf der Grundlage von Beobachtung und empirischer Prüfung stattfinden. Das mindeste, was wir von Gebäuden erwarten sollten, sind gute, gesunde Umgebungen für die Menschen, die gleichzeitig ökologisch und so wenig wie nur möglich schädlich für die Erde sind.

In diesem Buch stellen wir Ideen vor, die als universelle Grundlagen für die Einschätzung von guter und schlechter Architektur fungieren können. Die Kriterien, die dazu dienen, Strukturen in die Kategorie „gute" Gebäude aufzunehmen, sind von persönlichen Meinungen, ändernden Moden, Machtinteressen usw. getrennt. Sie gehen jeden etwas an, der sich für eine gesunde Umwelt interessiert. Die Stärke der Ideen, die wir vorgestellt haben, liegt in dem Gefühl von Nützlichkeit, das sie bei Menschen von verschiedenen Kulturen und Herkünften verursacht. Der beste Beweis für die Tauglichkeit dieses Modells ist seine grundlegende Verankerung in der physischen Welt. Darüber redet man nicht gern unter Architekten, da man lieber in einer eigens gemachten künstlichen Welt verweilt — einer Welt von Bildern, die von der Wirklichkeit getrennt ist. Einige Architekten sind neue Wege gegangen, indem sie sich von der Natur abgewendet haben. Dies scheint ein typisches Rezept der Modernität zu sein, mit dem diese Architekten einen kommerziellen Erfolg gehabt haben. Nichtsdestotrotz, die Geschichte hat uns gelehrt, daß es niemals eine gute Idee ist, sich von der Natur abzuwenden, da es immer zu einer Art Kollaps führt.

Unser Modell versteht sich auch als Verbindungsglied zu den großen künstlerischen und architektonischen Leistungen der Vergangenheit. In einer Disziplin, die immer nur das neue sucht, ist das heute jedoch strikt verboten. Niemals nach hinten blicken, lautet die Regel! Die Studenten sollen sich mit der Geschichte der Architektur auseinandersetzen, dürfen aber nicht die praktischen Lehren daraus ziehen. „Schaut euch das alles an und bewundert das Ganze, aber wendet nichts davon in euren eigenen Projekten an!". Es ist merkwürdig, wie sehr die Menschen erpicht sind, ihr eigenes Kulturerbe über Bord zu werfen, um der letzten Mode hinterherzurennen.

Da wir uns langsam dem Ende unseres Buches nähern, sollten wir nun in der Lage sein, bewerten zu können, welche Gebäude gut für uns sind und welche Gebäude die biologischen Prozesse ignorieren bzw. verletzen. Die Eigenschaften, mit denen wir Gebäude versehen, können wir auswählen. Jetzt haben wir die Grundlage, um diese Eigenschaften zu analysieren. Sowohl Christopher Alexander als auch ich selber glauben, daß hiermit bessere lebendige Strukturen gebaut werden können. Aber wir können nur für uns sprechen, die anderen müssen schon selbst für sich entscheiden, welche Eigenschaften sie in ihre Strukturen integrieren.

Das berühmte Streitgespräch zwischen Alexander und Peter Eisenman aus dem Jahre 1982 illustriert bestens, wie sich unsere Vorstellung von Architektur und die der anderen Architekten unterscheiden. Die Auseinandersetzung markierte einen wichtigen Moment in der Geschichte der Architektur: Alexander stellte sein Werk *The Nature of Order* der Öffentlichkeit vor, und zwar an der Harvard Graduate School of Design. Es war auch ein Wendepunkt, da die postmodernen und dekonstruktivistischen Architekturrichtungen zum ersten Mal internationale Beachtung fanden. Es war genau die Zeit, als die Postmoderne mit der berühmten Ausstellung am Museum of Modern Art 1988 „abhob". Ihr folgte die Dekonstruktion.

Dieses Streitgespräch ist heute genauso wie damals relevant, da die Themen, über die diskutiert wurde, weiterhin die zeitgenössische Architektur und den architektonischen Diskurs prägen. Eine der großen Überraschungen in dieser Diskussion war, als Eisenman anfangs versuchte, Alexander davon zu überzeugen, daß sie über dasselbe Thema sprachen, obwohl ihre Vorstellungen von Gestaltung völlig entgegengesetzt waren.

Zurecht blieb Alexander vorsichtig, obwohl beide einen ähnlichen Wortschatz gebrauchten.

Aus dieser Debatte lassen sich folgende Lehren ziehen. Erstens: Eisenman und andere Architekten bedienten sich einer Design-Methode, die auf Bildern basierte. Sie zogen den Neuigkeitseffekt vor und verachteten die Wissenschaft, die Alexander in seiner eigenen Design-Methode angewandt hatte. Zweitens: Klar ist, daß die Architekten, die nach dieser Debatte zu „Stars" wurden, Eisenman ebenfalls, einfach alles an sich rissen, was gerade paßte, um ihre dysfunktionalen Bauten zu rechtfertigen.

Drittens: Die Debatte hat auch die Schwachstellen in Alexanders Denkweise an den Tag gelegt. Er glaubte fest daran, daß Wissenschaft und objektive Wahrheit stärker als Durcheinander und Marketing-Hype sind. Denn so wie er sie sich vorstellte, funktioniert die Welt jedoch nicht. Die Werbebranche hat uns gelehrt, daß das, was sich gut verkauft, nicht unbedingt das beste für einen ist. Eisenman, im Gegensatz, hatte das System bestens durchschaut und griff deshalb auf die französischen Dekonstruktivisten zurück, um die Akzeptanz seiner Werke zu fördern. Er arbeitete an seinem eigenen Aufstieg in einem System, das eher wie die Konsumgesellschaft und nicht wie die Wissenschaft funktioniert.

Nach einem anfänglichen verbalen Schlagabtausch offenbart Alexander die grundlegende Meinungsdifferenz mit Eisenman, die er von Anfang an spürte. Was folgt ist ziemlich schockierend und Alexander ist wirklich alarmiert, weil er niemals gedacht hätte, daß Architekten (mitunter Architekten mit einem solchen Bekanntheitsgrad wie Eisenman) solch absichtlich befremdende Sichtweisen haben könnten. Alexander wird wirklich wütend, als er sich bewußt wird, wie gegen Formen und Ordnung planmäßig verstoßen wird.

Zufällig ist es Rafael Moneos Rathaus in Logroño, Spanien, das die Auseinandersetzung provoziert. Eisenman ist der Meinung, daß Moneo bewußt Disharmonie und Inkongruenz sucht, was Alexander abstoßend findet. Doch verteidigt Eisenman diesen architektonischen Ansatz als absolut gerechtfertigt. Wir werden sehen, wer sich in dieser Debatte behaupten konnte. Eisenman wurde zum Star-Architekten, lehrte in Yale und gewann große Architekturwettbewerbe in der ganzen Welt. Moneo selbst war von 1985 bis 1990 Leiter der Harvard Graduate School of Design (wo das Streitgespräch stattgefunden hatte). Er gewann 1993 den Pritzker Preis und wurde 1996 mit dem Bau der Kathedrale von Los Angeles beauftragt (2012 habe ich eine kritische Rezension zu diesem Gebäude geschrieben). Die Machthaber in der Architektur hatten ihren Standpunkt gewählt: Alexander wurde links liegen gelassen und schließlich aus dem System hinausgetrieben.

Anstatt sich für die Bedürfnisse der Nutzer zu interessieren, erklärt Eisenman, wie die Formen, die er sich ausgedacht hat, ihn regelrecht „high" in seinem Kopf machen. Es dürfte also niemanden wundern, wenn er mit seinen verzwickten und formal unausgeglichenen Bauten ein Gefühl von Streß zu vermitteln sucht. Diese ehrliche Aussage zu seiner Design-Philosophie der „unangenehmen Gebäude" beweist, wie sehr diese von Alexanders wissenschaftlichem Rationalismus abweicht. Weil er so frei darüber sprach, am Anfang der 1980er Jahre, konnte Eisenman junge Architekten ermutigen, ähnlich wie er zu handeln — was sie auch taten. Für die Kritiker bedeutete die geistige Vorliebe für bestimmte architektonische Formen ein intellektueller und materieller Fortschritt, während Gefühle und die Beziehung zur Erde als banal und überholt galten.

Eine Architekturtheorie dient der gesamten Menschheit nur dann, wenn sie die tiefen Gefühle und die direkten Erlebnisse der einfachen Leute widerspiegelt. Eine sogenannte Theorie darf nicht von oben herab auf die Menschen schauen und nur eine gewisse Elite ansprechen. Sie darf einfache Leute nicht als dumm betrachten, und sie darf auch nicht davon ausgehen, daß alles in der Architektur relativ ist. Es gibt sie doch, die Wahrheiten, und oftmals erweist sich die zeitgenössische Architektur einfach nur als absurd, insbesondere wenn der architektonische Diskurs bemüht ist, die relativistische Mogelei zu vertuschen. Vielleicht ist das der Grund, weshalb Alexander und sein Verständnis von Architektur von fanatischen Relativisten ausgegrenzt wurde. Dazu sagte Eisenman später einmal: „Ich glaube, daß Chris leider vor einiger Zeit vom Radarbildschirm verschwunden ist".

Wieso bleiben Werte in der Architektur seit vielen Jahrzehnten willkürlich oder zumindest sehr idiosynkratisch, wie Alexander behauptet, und weshalb ist es immer noch so? Es scheint, daß eine Kultur der Bilder der durch das Kapital geförderten Bebauung dient, vor allem dem spekulativen Bauen. Wir sind also nicht bloß mit dummen oder absurden Formensprachen an prominentester Stelle konfrontiert, sondern haben es mit einem mächtigen und tiefverwurzelten System zu tun, das das Ganze unterstützt. Das System besteht aus der Baubranche, die jetzt völlig abhängig ist von den Materialien und Herstellungsmethoden der Industrie, vom Lizensierungssystem, das angepaßt wurde, damit nur zugelassene Bilder erlaubt sind, vom Bankensystem, das das spekulative Bauen finanziert, von der Versicherungsindustrie, die nur bestimmte Bautypen zuläßt usw. Schließlich wird dieses System von den Architekturschulen gefördert.

Dank diesem System machen Grundstückspekulanten und Baufirmen immense Summen Geld, brauchen jedoch keine gute Architektur bzw. gesunde Wohnumgebungen für Nutzer zu produzieren. Überlegen Sie, daß diese Tendenz seit vielen Jahrzehnten besteht: Die Kunden sind nicht mehr die Nutzer, die Kunden sind die Grundstücksspekulanten und die Baufirmen. Architekten halten sich an die Forderungen der Auftraggeber — das Gebäude wird als Bild verkauft. Diese Praxis steht im krassen Gegensatz zum echten Bauen von Wohn- und Arbeitsumfeldern *für* die Menschen. Diejenigen Architekten, die sich für Grundstücksspekulanten und Baufirmen gut als Verkaufspersonal machen, verdienen besser als andere und ernten Preise, Kommissionen und Einfluß.

Wir sind also mit zwei sehr unterschiedlichen Visionen von dem, was Architektur ist und zu sein hat, konfrontiert. Auf der einen Seite fördert das heutige System eine Kultur der Bilder, deren eingebaute „Trägheit" dafür sorgt, daß nicht viel anderes gebaut werden kann. Ein Student kann nicht einmal abweichende Techniken lernen, um etwas anderes zu bauen. Andererseits ist unser Ansatz sowie die in diesem Buch enthaltenen Ideen der Beweis, daß es doch möglich ist, Architektur so zu betreiben, daß sie den Bedürfnissen und Sensibilitäten der Menschen dient. Es geht uns darum, wie die gebaute Umwelt Menschen und ihre Gesundheit sowie ihre

Aktivitäten beeinflussen kann. Dieses Wissen kann uns helfen, das Leben auf der Erde wertvoller zu gestalten.

33

Zur Macht der Gefühle. Peter Eisenman im Gespräch mit Christopher Alexander

Dieses Streitgespräch liegt hier in einer neuen Übersetzung aus dem Englischen vor. Sie wurde online bei Katarxis (3) veröffentlicht. Eine ältere Übersetzung erschien bei ArchPlus (von Michael Pelerek übersetzt, Band 73, 1984, S. 70–73, www.archplus.net/ausgabe/73). Mit freundlicher Genehmigung abgedruckt.

Peter Eisenmann: Ich bin Christopher Alexander das erste Mal vor genau zwei Minuten begegnet, aber ich habe das Gefühl, ich würde ihn schon sehr lange kennen. 1959 arbeitete ich in Cambridge, USA, für Ben Thompson und TAC. Zu jener Zeit war Chris Alexander in Harvard. Dann ging ich nach Cambridge, Großbritannien, ohne zu wissen, daß er schon dort gewesen war. Chris hatte an der ehrwürdigen Universität Mathematik studiert und sich dann der Architektur zugewandt. Ich war aus keinem besonderen Grund in Cambridge, eigentlich einfach nur, weil Michael McKinnell mir gesagt hatte, daß ich ungebildet sei und nach England gehen solle, um klüger zu werden. *Sandy Wilson*, eine Kommilitonin an der Fakultät in Cambridge und heute dort Architekturprofessorin, gab mir ein Manuskript zu lesen: Es war Alexanders Doktorarbeit, die später sein erstes Buch werden sollte, *Notes on the Synthesis of Form*. Der Text verärgerte mich derart, daß ich beschloß, meine eigene Doktorarbeit zu schreiben. Ihr Titel lautete „Die formalen Grundlagen der modernen Architektur"; es war der Versuch, die Argumentation des Alexander'schen Buches dialektisch zu widerlegen. Sein Buch wurde veröffentlicht; meine Arbeit war so primitiv, daß ich niemals auch nur daran gedacht habe, sie zu veröffentlichen.

Vorhin habe ich mir die Tonbandaufzeichnung deiner gestrigen Vorlesung angehört, Chris, und wiederum stoße ich auf Argumente, denen ich widersprechen muß. Du sagst, daß wir unsere Kosmologie verändern müssen, eine Kosmologie, die ihre Grundlagen in der Physik und den Naturwissenschaften der Vergangenheit hat und in einem gewissen Sinn 300 Jahre alt ist. Soweit stimme ich mit dir vollkommen überein. Du sagst auch, daß wir im Rahmen dieser Kosmologie nur gewisse Ordnungssysteme verstehen können, z.B. sei uns das Ordnungssystem der Dampfmaschine zugänglich, da es unserer kausalen, mechanistischen Betrachtungsweise der Welt entspreche, während uns das Ordnungssystem einer Symphonie von Mozart nicht zugänglich sei.

Glaubst du nicht, daß die Aktivitäten der französischen Strukturalisten den Versuch darstellen, ein Ordnungssystem der *Dinge* im Gegensatz zu einem Ordnungssystem der *Mechanismen* herauszufinden, eine Ontologie der Dinge im Gegensatz zu einer Epistemologie der Dinge, d. h. eine innere Struktur? Diese philosophischen Fragen beschäftigen die Franzosen seit nun etwa 20 Jahren, sprichst du nicht von etwas Ähnlichem?

Christopher Alexander: Ich weiß nicht, welche Leute du meinst.

PE: Ich meine *Roland Barthes. Michel Foucault, Jacques Derrida.*

CA: Was sagen sie?

PE: Sie sagen, daß es Strukturen im Inneren der Dinge gibt, und daß wir über die bloße Funktion einer Symphonie oder einer literarischen Schrift hinausgehen müssen, um diese eingeschriebenen Strukturen, das Ordnungssystem dieser Dinge, erkennen zu können. Und sie sagen, daß dieses Ordnungssystem wenig mit den hierarchischen, mechanistischen und deterministischen Ordnungssystemen der letzten 300 Jahre zu tun habe. Mir hat das, was du in deiner Vorlesung gesagt hast, zum Teil sehr gut gefallen. In der Tat glaube ich, daß ich mich in den letzten zehn bis fünfzehn Jahren meines Lebens bei meiner Arbeit mit den gleichen Dingen beschäftigt habe. Mein post-funktionalistischer Aufsatz in *Oppositions 6* unterstreicht z. B. einen *anderen* Aspekt der Architektur *jenseits* der Funktion.

CA: Ich weiß nicht, auf was du hinaus willst. Was jene Postmodernisten und Strukturalisten sagen, ist absolut nicht das, was ich in meiner gestrigen Vorlesung gesagt habe. Selbstverständlich bin ich davon überzeugt, daß es sehr ernsthafte Leute gibt, die mit der privilegierten Betrachtungsweise der Architektur aufräumen wollen. Doch Worte sind sehr, sehr billig. Man kann an intellektuellen Diskussionen rechts, links, in der Mitte teilnehmen und den einen oder den anderen Weg einschlagen. Doch wenn ich mir die Bauten anschaue, die aus einer Betrachtungsweise resultieren, die der meinen verwandt ist, und sie mit den Bauten jener Postmodernisten vergleiche, dann stelle ich fest, daß die Gebäude — wie auch immer die Worte geklungen haben mögen — völlig anders sind. Diametral entgegengesetzt. In der Tat, ich weiß gar nicht genau, worum es jenen Architekten eigentlich geht; ich weiß allerdings, daß es ihnen nicht um *Gefühle* geht. So gesehen sind jene Gebäude den entfremdeten Konstruktionen sehr ähnlich, die ihnen seit 1930 vorangegangen sind. Alles, was ich sehe, ist: erstens eine neue und launenhafte Sprache; zweitens vage, verfremdete und manieristische Anspielungen auf die Architekturgeschichte. Die ganzen Spielereien der Strukturalisten und der Postmodernisten sind in meinen Augen nichts anderes als Intellektualismen, die mit dem Kern der Architektur wenig zu tun haben. Dieser hat, wie eh und je, mit *Gefühlen* zu tun.

PE: In der Jung'schen Kosmologie magst du ein *fühlender* Typ sein und ich ein *denkender* Typ. Mir wird es nie gelingen, jene Gefühle aufzubringen, die du verspürst, wie umgekehrt.

CA: Über die Sache mit dem fühlenden und dem denkenden Typ brauchen wir gar nicht erst zu sprechen. Ich kenne die Jung'schen Klassifikationen. Daß wir unterschiedliche Wesenszüge aufweisen, ist eine Tatsache, die nicht zu leugnen ist. Der Kern der Sache ist für mich aber die Frage, worum es in der Debatte um Architektur gehen muß. Wenn du sagst, ich sei ein fühlender und du ein denkender Typ und wir bräuchten darüber gar nicht erst zu diskutieren, weil wir immer auf entgegengesetzten Seiten ständen, dann nimmst du das aus der Debatte heraus, was ich für das absolute Kernstück und die Seele der Angelegenheit halte, wenn es ums Bauen geht. Ich will absolut nicht das infrage stellen, was du über Persönlichkeitsstrukturen gesagt hast. Aber ich kann mir keine eigentliche Haltung des Künstlers oder Bauschaffenden dem Bauen gegenüber vorstellen, die letztendlich nicht von der Tatsache ausginge, daß das Bauen eine Tätigkeit im Bereich der Gefühle ist. Glaubst du denn bei dem, was du sagst, daß das Bauen nichts mit Gefühlen zu tun hat? Vielleicht kannst du mir diese Frage beantworten.

PE: Wenn du ein fühlender Typ bist, *mußt* du natürlich glauben, daß *Gefühle* das Wesen der Sache ausmachen; ich als *denkender* Typ komme dagegen nicht umhin zu glauben, daß *Ideen* das Wesen der Sache ausmachen. Das ist etwas, von dem ich mich nicht lösen kann. Ich akzeptiere dich wie du bist, und bitte dich, mich zu akzeptieren, wie ich bin, und nicht das, was ich sage, mit der Argumentation zu verwerfen, es gehe am Kern der Sache vorbei. Für dich sind Gefühle der Kern der Sache, da du nur auf diese Weise die Welt fassen kannst. Ich kann das nicht auf deine Art und Weise tun, weil ich ansonsten nicht ich selbst wäre.

CA: Ich bin da nicht so sicher.

PE: Laß uns versuchen, über ernsthafte Dinge zu diskutieren. Ich sage ja nur, du sollst nicht grundsätzlich alle Leute schlecht machen, die nicht durch Gefühle zu ihren Ideen kommen. Das sind mindestens fünfzig Prozent der hier Anwesenden.

CA: Wir befinden uns in einem grundsätzlichen Widerspruch zueinander. Und ich bin nicht sicher, ob wir überhaupt in die gleiche Richtung zielen. Ich möchte das an ein paar Beispielen von Bauwerken überprüfen, z. B. *Chartres*. Wir stimmen vermutlich darin überein, daß es ein großartiges Bauwerk ist.

PE: Nein. wir stimmen da nicht überein. Ich halte es für ein langweiliges Gebäude. Chartres ist für mich eine der am wenigsten interessanten Kathedralen. Ich bin dort ein paarmal gewesen, um im Restaurant gegenüber der Kathedrale zu essen. Die Kathedrale habe ich im vorbeigehen besichtigt. Sobald du eine der gotischen Kathedralen gesehen hast, kennst du sie alle.

CA: Dann wähle du ein Gebäude, ein anderes.

PE: *Palladios Palazzo Chiericati*, denn dieser ist ein mehr intellektueller und weniger emotionaler Bau. Er erzeugt ein Hochgefühl in meinem Gehirn und nicht in meinen Eingeweiden. Dinge, die ein Hochgefühl in meinen Eingeweiden erzeugen, sind mir verdächtig. Aber das ist mein Problem. *Mies* und Palladio sind weitaus besser als *Moore*, denn er ist bloß ein *pasticheur*. Mies und Palladio sind gute Beispiele. Und ich finde vieles von dem, was in Palladio steckt, auch bei Mies.

CA: Ich bin noch niemandem begegnet, der das Schlüsselerlebnis von Chartres so explizit zurückweist wie du. Dieses Gespräch ist äußerst interessant. Wenn es keine öffentliche Diskussion wäre, wäre ich versucht, diese Tatsache auf der psychiatrischen Ebene weiterzuverfolgen. Ich meine das ganz ernst. Ich meine damit, daß ich nicht verstehen kann, wie jemand eine derart panische Angst vor Gefühlen haben kann. In der Tat habe ich den Eindruck, daß einen großen Teil der Geschichte der modernen Architektur der panische Rückzug vor solchen Gefühlen auszeichnet, wie sie die Entstehung von Gebäuden während der letzten 2.000 Jahre bestimmt haben. Den Grund für diesen panischen Rückzug versuche ich noch herauszufinden. Er ist mir noch nicht klar. Ich habe aber bis vor einigen Minuten noch niemanden gehört, der explizit gesagt hat: „Ja, ich finde all das verrückt. Ich möchte nichts mit Gefühlen zu tun haben. Ich möchte allein mit Ideen zu tun haben". Dann ist die Konsequenz natürlich klar. Du ziehst das Palladio-Gebäude vor, du bist nicht besonders glücklich über Chartres usw...

In den letzten zehn bis fünfzehn Jahren meiner Berufstätigkeit habe ich oft die Erfahrung gemacht, daß Leute Angst haben, ihre wahren Gefühle in der Öffentlichkeit preiszugeben. Es herrscht tatsächlich eine richtige Angst vor einfachen, gewöhnlichen, verletzlichen Dingen. Ich möchte ein Beispiel anführen, ein beinahe absurdes Beispiel. Die Geschichte hat sich vor etlichen Jahren zugetragen. Eine Gruppe von Studenten hat unter meiner Anleitung Häuser für ein Dutzend Leute entworfen, jeder Student ein Haus. Um die Sache zu beschleunigen (wir hatten nur wenige Wochen Zeit für dieses Projekt), sagte ich: „Wir müssen uns auf den Lageplan und die städtebauliche Anordnung der Gebäude konzentrieren; das konstruktive System soll deshalb nicht infrage gestellt werden". Ich gab ein konstruktives System vor, das zufälligerweise geneigte, ziemlich steil geneigte, Dächer, enthielt. In der nächsten Woche, nachdem sich die Leute mit den Unterlagen, die ich ausgegeben hatte, beschäftigt hatten, erhob jemand die Hand und sagte: „Alles ist in Ordnung, aber könnten wir uns vielleicht über die Dächer unterhalten?" Ich sagte: „Natürlich, aber worüber möchtet ihr dabei sprechen?" Und der Betreffende antwortete: „Dürfen wir die Dächer etwas anders gestalten?" Ich hatte ihnen ganz gewöhnliche, geneigte Dächer vorgegeben. Deshalb fragte ich: „Was stört euch an den Dächern?" „Eigentlich nichts, sie sind nur etwas komisch..." Das Gespräch verebbte, doch kaum fünf Minuten später erhob schon wieder jemand seine Hand und fragte: „Mir gefällt das konstruktive System ganz gut, ausgenommen die Dächer. Können wir darüber sprechen?" Ich fragte abermals: „Was ist denn mit den Dächern los?" „Na ja", antwortete er, „ich habe mit meiner Frau über die Dächer gesprochen, sie gefallen ihr...", und dann begann er zu kichern. „Was ist denn daran so lustig?" fragte ich. „Na ja, ich weiß nicht, ich..."

Um es mit ein paar Strichen zu verdeutlichen...

[Christopher Alexander geht an die Tafel und zeichnet unterschiedliche Dachformen auf]

Jeder der hier Anwesenden, der gemäß dem Kanon der Moderne erzogen worden ist, weiß, daß er als anständiger Architekt...

[Alexander deutet auf einige Dachformen]

dieses Dach und dieses Dach und dieses Dach entwerfen darf, aber um Himmels Willen nicht dieses...

[Alexander deutet auf das geneigte Dach].

Die Frage heißt: Weshalb nicht dieses Dach? Weshalb existiert dieses Tabu? Weshalb diese komische Sache, daß man beweisen muß, ein moderner Architekt zu sein, und alles machen darf, nur kein geneigtes Dach? Die einfachste Erklärung ist, daß man diese anderen Dächer entwerfen muß, um seine Mitgliedschaft in der Bruderschaft der modernen Architekten unter Beweis zu stellen. Man muß etwas ausgefallenes entwerfen, sonst denken die Leute, man sei ein Einfaltspinsel. Doch ich glaube, das ist noch nicht alles. Das Entscheidende ist, daß das geneigte Dach sehr, sehr primitive Gefühle anspricht — nicht das schwach geneigte oder das einseitig geneigte Dach, sondern das wunderbar geformte, steil geneigte Dach. Diese Art von Dach hat als Form etwas sehr primitives an sich, das einen sehr empfindlichen Teil im Betrachter anspricht (nämlich seine Gefühle). Ich meine, der Grund, weshalb die Bruderschaft der Architekten den Imperativ ausgegeben hat, jene *anderen* Dächer zu machen, liegt darin, daß jedes einzelne jener anderen Dächer weit davon entfernt ist, unsere Gefühle anzusprechen. Natürlich gibt es zahlreiche wunderbare Gebäude auf der Welt mit Flachdächern, die sehr stark unser Empfinden ansprechen, aber das hängt dann immer mit anderen Dingen zusammen. Die Version, die innerhalb der Bruderschaft der Architekten in Ordnung ist, ist diejenige, die unser Empfinden *nicht* anspricht: das seltsam geformte Dach, das Dach in Schmetterlingsform, das asymmetrische Dach usw. — alles Formen, die interessant ausschauen, aber nichts mit Gefühlen zu tun haben.

Das geneigte Dach ist nur ein simples Beispiel. Ich glaube, daß die ganze Geschichte der Architektur der letzten Jahrzehnte bewußt und wiederholt versucht hat, mit primitiven Gefühlen nichts zu tun zu haben. Warum das so ist, weiß ich nicht.

PE: Das ist ein wunderbarer Zufall. Auch ich beschäftige mich mit der Frage der Dachformen. Ich möchte mit einem Wort von *Gaston Bachelard* behaupten, daß das geneigte Dach eines der ganz wesentlichen Kennzeichen von 'Behausung' ist. Es stellt die Verlängerung der Wirbelstruktur dar, die den Menschen schütze und stütze. *Michel Foucault* hat gesagt, daß im 19. Jahrhundert, als der Mensch den Menschen zu untersuchen begann, eine Verdrängung des Menschen aus der Mitte stattgefunden hat. Diese Tatsache, nämlich daß der Mensch nicht länger den Mittelpunkt der Welt darstellt, nicht länger der Gebieter ist und somit nicht länger die Kontrolle über die Artefakte ausübt, spiegelt sich in einer Verlagerung von der „Wirbelstruktur" zu einer „Struktur der leeren Mitte" wider. Das, was du Entfremdung oder Mangel an Gefühlen nennst, ist vielleicht das selbstverständliche Ergebnis dieser veränderten Kosmologie.

Der Verlust der Mitte drückt sich in der Entfremdung aus. Die Moderne hat versucht, durch ihre Formgebung jene Entfremdung deutlich zu machen. In unserer heutigen Zeit, in der die Technologie überhand nimmt, müssen wir vielleicht erneut die Kosmologie überdenken. Doch können wir zu einer Kosmologie des Anthropozentrismus zurückkehren? Ich glaube nicht, daß diese ein angemessener Weg wäre.

CA: Ich möchte eine Sache klarstellen. Ich schlage nicht vor, romantisch in die Vergangenheit zurückzukehren, das geneigte Dach wiederaufzugreifen und zu sagen: „Gut, es hat seine Dienste ein paar Jahrhunderte lang getan; warum sollten wir es nicht behalten und weiter verwenden?" Ich meine etwas ganz anderes. Ich muß ein wenig weiter ausholen. Bis etwa zum Jahre 1600 betrachtete man den Menschen und das Universum als etwas zusammenhängendes, voneinander untrennbares ... verbunden durch ein Medium, das man Gott nannte oder so ähnlich. Das wurde von allen verstanden. Erst das besondere intellektuelle Spiel, das uns die Entdeckung all der naturwissenschaftlichen Wunder lehrte, zwang uns, jene Ideen vorübergehend aufzugeben. Mit anderen Worten: Um Biologie und Physik machen zu können, lehrte man uns die Vorstellung, alle Dinge seien sozusagen kleine Maschinen, denn nur so konnte man an ihnen herumbasteln und herausfinden, warum sie tickten. So weit, so gut. Das war eine große Anstrengung, und sie hat sich ausgezahlt.

Aber sie ist faktisch vielleicht falsch gewesen. D. h. der Aufbau des Universums mag vielleicht dergestalt sein, daß das menschliche Wesen und die Substanz, aus der die Dinge gemacht sind, viel enger miteinander verwoben sind als wir bislang erkannt haben. Ich meine nicht irgendeinen urzeitlichen Primitivismus. Ich meine nur, daß es unter Umständen eine Tatsache sein mag, daß jene Dinge viel enger miteinander verbunden sind als wir erkennen, und daß wir uns in den letzten 300 Jahren vielleicht einem selbst auferlegten Trick fügen mußten, um gewisse Dinge erforschen zu können. Wenn das wahr sein sollte — und viele Leute auf der Welt fangen an, solches zu behaupten, z. B. auf dem Gebiet der Physik und der mit ihr verwandten Wissenschaften —, dann läge mein Beitrag zu solchen Gedankengängen in der Erforschung jener „Strukturen der Gleichartigkeit", von denen ich gestern in meiner Vorlesung gesprochen habe.

Wenn das alles so ist, dann ist z. B. das geneigte Dach einfach eine Konsequenz aus alledem — und kein Vorläufer. Es stellt sich heraus, daß in den Fällen, in denen ein Haus mit einem Dach zu decken ist und es keine besonders starken Kräfte gibt, die einen zwingen, etwas anderes zu tun, das geneigte Dach einfach die natürlichste und simpelste Form ist. Und deshalb taucht diese Ordnungsstruktur wieder auf — natürlich in einem vollkommen anderen, modernen, technologischen Stil —, einfach weil sie in der Natur der Dinge liegt, und nicht weil man auf die Romantik vergangener Jahre zurückblickt.

PE: Du hast von einem Gefühl der 'Ganzheit' gesprochen. Andere Stimmen behaupten, daß es nicht die 'Ganzheit' sei, die unser innerstes Empfinden anspreche, und daß gerade die 'Ganzheit' der anthropozentrischen Welt heute fehl am Platz sei. Ich würde behaupten, daß die 'Gegenwart des Abwesenden', d. h. das Nicht-Ganzheitliche, das Fragment, heute vielleicht unseren innersten Gefühlen am nächsten kommen.

Gestern hast du in deiner Vorlesung zwei Beispiele von räumlichen Strukturen erwähnt, die deiner Ansicht nach Gefühle von 'Ganzheit' erwecken — eine große Arkade um einen Hof herum und einen Fensterrahmen, der ebenfalls zu groß ist. *Le Corbusier* hat einmal die 'Architektur' als etwas definiert, das entweder mit zu großen oder mit zu kleinen Fenstern zu tun habe, aber niemals mit Fenstern der richtigen Größe, sonst handele es sich um ein bloßes 'Gebäude'.

Ich habe mich an diesen Satz erinnert, als ich im letzten Sommer in

Spanien das *Rathaus* in *Logrone* von *Rafael Moneo* besichtigt habe. Es besitzt eine Arkade, deren Säulen zu dünn sind. Das hat mich sehr gestört, als ich zum ersten Mal Photos davon sah. Die Säulen wirkten zu dünn für eine Arkade, die einen öffentlichen Raum umschließt. Doch dann, als ich vor Ort war, habe ich begriffen, was Moneo getan hat. Er hat von einem Etwas, das zu groß war, etwas weggenommen und damit die trennende Distanz, die Zerbrechlichkeit, ausgedrückt, die der Mensch heute dem technologischen Maßstab seines Lebens, den Maschinen, der vom Auto dominierten Umwelt gegenüber empfindet. Ich bin gespannt, ob in deiner Vorstellung von 'Ganzheit' auch Platz für eine Vorstellung von 'trennender Distanz' ist.

CA: Ich verstehe dich nicht, und leider kenne ich das Gebäude nicht, von dem du sprichst. Die Beschreibung, die du gegeben hast, klingt erschreckend in meinen Ohren. Natürlich kann ich es nicht beurteilen, ohne es wirklich gesehen zu haben. Der Grund, weshalb mir Moneos Arkade seltsam und wie ein Stachel im Fleisch erscheint, liegt darin, daß ich, wenn ich eine Arkade gestalte, nur ein simples Ziel im Auge habe: sie absolut bequem zu machen — in physischer, emotionaler, praktischer Hinsicht. Das ist ganz schön schwer. Weitaus schwerer als der größte Teil der gegenwärtigen Architekten-Generation zugeben möchte. Laß uns ein bißchen darüber reden! Bei meiner eigenen praktischen Tätigkeit halte ich es für das beste, um herauszufinden, was wirklich bequem ist, den Entwurf im Maßstab 1 : 1 zu erproben. Das tue ich normalerweise. Ich nehme mir ein paar Bretter, etwas Gerümpel, und fange an. Wie groß sind die Stützen? Wie groß die Zwischenräume? Wie hoch liegt die Decke? Und wie breit ist das Ganze? Wenn du alle diese Dinge richtig in den Griff bekommst, dann hast du auf einmal ein Gefühl von Harmonie.

Natürlich hängt Harmonie nicht nur von dir allein ab, sondern auch von der Umgebung. Mit anderen Worten, was an einem Ort harmonisch sein mag, ist es vielleicht an einem anderen Ort nicht. Meine Erfahrung zeigt mir, daß die Ansichten einer Gruppe von Leuten, die beginnt, gemeinsam herauszufinden, was harmonisch ist, was in dieser oder jener Situation bequem ist, am Ende tendenziell übereinstimmen, wenn reale Materie im Maßstab 1 : 1 gestaltet wird. Mir geht es darum, eine solche

Art von Harmonie zu erzeugen. Was mich an dem Gebäude deines Freundes stört ist, daß es — wenn ich dich richtig verstanden habe — in einer gewissen Weise mit Absicht unharmonisch sein möchte. Moneo strebt absichtlich einen gewissen Effekt an. Vielleicht eine bewußte Unstimmigkeit.

PE: Das ist richtig.

CA: Ich finde das unverständlich. Ich finde es sehr verantwortungslos. Mir tut der Mann leid, aber ich ärgere mich auch unbeschreiblich über ihn, weil er die Welt verhunzt.

(Das Publikum im Saal klatscht)

PE: Wenn ich auf die Straße ginge und Leute nach der Musik fragte, die sie gerne hören, würden viele Mantovani anführen. Ich bin allerdings nicht davon überzeugt, daß Mantovanis Musik etwas ist, das ich unbedingt hören muß, nur weil sie von einer Mehrheit der Leute für gut befunden wird. Warum verspürt Chris ein Bedürfnis nach Behaglichkeit und ich nicht? Warum verspürt er ein Bedürfnis nach Harmonie und ich nicht? Warum hält er Unstimmigkeit für unverantwortlich und ärgert sich darüber? Ich ärgere mich nicht darüber, wenn er ein Bedürfnis nach Harmonie verspürt. Ich fühle nur, daß ich eine ganz andere Meinung von alledem habe. Ich glaube, daß, wenn ich nicht hier wäre und nicht das Gegenteil verträte, niemand von Christophers Vorstellung von Harmonie wissen würde. Wenn man nur nach Harmonie strebt, sieht man nicht die Dissonanzen und Unstimmigkeiten, welche die Harmonie bestimmen und sie verständlich machen. In einer Welt voller Harmonie herrscht gar keine Harmonie. Da es mich gibt, könnt ihr erst euer Bedürfnis nach Harmonie verstehen; aber behauptet bitte nicht, ich sei unverantwortlich oder ich gäbe moralische Werturteile ab oder ich verhunze die Welt.

CA: Mein lieber Gott!

PE: Ihr solltet euch auch nicht ärgern. Ich denke, ihr solltet bloß fühlen, daß diese Harmonie etwas ist, das der größte Teil der Menschen braucht und will. Doch gleichzeitig muß es auch Leute wie mich geben, die ein Bedürfnis nach Unstimmigkeit, Disharmonie usw. verspüren.

CA: Wenn du eine unwichtige Person wärest, würde es mir nichts ausmachen, dich deinen eigenen Weg gehen zu lassen. Aber Tatsache ist, daß Leute, die ebenso denken wie du, den ganzen Berufsstand der Architekten durcheinanderbringen, indem sie derartige Gedanken verbreiten. Entschuldige, es tut mir leid, aber die Sache ist mir sehr, sehr wichtig. Es ist ein leichtes, zu sagen: „Hier Harmonie, dort Disharmonie, hier Harmonie — alles ist gut". Tatsache ist doch, daß wir als Architekten mit der Ausformung jener Harmonie auf der Welt beauftragt sind.

PE: Ich predige keine Disharmonie. Ich behaupte bloß, daß Disharmonie ein Bestandteil der Kosmologie ist, in der wir zu leben haben. Ich behaupte nicht, das eine oder das andere sei richtig oder falsch. Meine Kinder leben in der unbewußten Angst, daß sie ihr natürliches Leben vielleicht nicht zu Ende werden leben können. Ich sage nicht, Angst sei gut. Ich suche nur nach einem Weg, mit dieser Angst fertigzuwerden. Eine Architektur, die den Kopf in den Sand steckt und zurückkehrt zum Neoklassizismus, zu Schinkel, Lutyens und Ledoux, scheint mir nicht der richtige Weg zu sein. Das meiste von dem, was meine Kollegen heute tun, scheint mir nicht der richtige Weg zu sein. Und ich glaube auch nicht, daß der Weg, den du vorschlägst, nämlich Strukturen zu schaffen, die die Leute glücklich machen, jene Angst ausschließt.

CA: Glaubst du nicht, daß es gegenwärtig schon zu viel Angst gibt? Glaubst du wirklich, daß wir noch mehr Angst in Form von Gebäuden produzieren sollten?

PE: Ich behaupte nur, daß, wenn wir es den Leuten so bequem machen wie in deinen niedlichen, kleinen Strukturen, wir sie in dem Gedanken einwiegen, „alles ist in Ordnung, Hans", während in Wirklichkeit nichts in Ordnung ist. Es könnte gerade die Rolle der Kunst und der Architektur sein, die Leute daran zu erinnern, daß nicht alles in Ordnung ist.

Jene 'Ganzheit', von der du sprichst, ist in der heutigen Situation zwangsläufig etwas, das gar nicht so 'ganzheitlich' ist, an das man aber glauben muß, um morgens aufstehen zu können. Ich glaube aber nicht, daß wir zu einer Kosmologie der Ganzheit zurückkehren können. Ich glaube, wir müssen Verständnis entwickeln für eine Kosmologie der Abwesenheiten wie der Gegenwärtigkeiten, der Unterschiedlichkeiten wie der Gleichartigkeiten, und wir müssen Strukturen finden, die *alle* diese Vorstellungen berücksichtigen. Ich bin überzeugt, daß weder du noch ich jetzt schon die Antwort kennen. Ich verspüre die Ernsthaftigkeit deiner Bemühungen, aber sie schließen mich aus, genauso wie meine dich ausschließen.

CA: Es geht hier nicht mehr um den bloßen Widerspruch zwischen Gefühl und Intellekt, von dem wir ausgegangen sind, sondern um eine grundsätzliche Meinungsverschiedenheit. Es geht darum, ob man, wenn man ein Objekt gestaltet, möchte, daß der Nutzer dieses Objekt *erfahren* kann und sich in den Mittelpunkt gestellt oder ob er sich aus dem Mittelpunkt herauskatapultiert fühlt. Bei meiner Tätigkeit als Architekt gilt die Grundregel, daß fortlaufend, zu jeder Minute und zu jeder Stunde, zu entscheiden ist, wo genau etwas zu platzieren ist, damit es eine größtmögliche *Harmonie* mit der sich fortentwickelnden Struktur erreichen kann.

Das hat nichts — und hier unterscheiden wir beide uns — mit einem *Statement*, z. B. über die Berliner Mauer oder ähnlichem, zu tun. Es hat nichts damit zu tun, Kommentare abzuliefern. Es hat damit zu tun, eine Einheit zu schaffen zwischen dem Individuum und dem Großen Ich, wenn ich das einmal so nennen darf. Es tut mir leid, aber literarische Kommentare durch Bauten auszudrücken, ist meiner Meinung nach fehl am Platz.

PE: Solche Statements führen mich zu einer Einheit mit dem Vollkommenen Ich.

34

NÜCHTERNE BETRACHTUNGEN ZUR NATUR DER ZEITGENÖSSISCHEN ARCHITEKTUR

von Christopher Alexander
Original erschienen bei Katarxis 3, September 2004.
Mit freundlicher Genehmigung.

Der nachstehende Kommentar war meine Antwort auf einen Brief, den ich von William Saunders (Harvard Graduate School of Design) erhalten habe. Saunders hatte eine Rezension zum ersten Band von The Nature of Order *verfaßt, in der er meines Erachtens meinen Ansatz völlig falsch darstellte. Er besprach nicht einmal meine Ideen, weder positiv noch negativ. Das veranlaßte mich dazu, meine Ideen zu erläutern, und ich fügte ein paar Überlegungen zum Stand des Architekten-Berufes hinzu sowie Gründe, weshalb diese Ideen auf Widerstand stoßen.*

EIN OBJEKTIVES KRITERIUM FÜR DIE BEWERTUNG VON ARCHITEKTUR

IN THE PHENOMENON OF LIFE — Band I von *The Nature of Order* — beschreibe ich ein völlig neues, wissenschaftliches Kriterium für die Bewertung von Architektur. Es hat seinen Ursprung in den gründlichen Beobachtungen, die ich über 27 Jahre lang dokumentiert habe.

Die Grundthese dieses Buches lautet: Die Lebendigkeit ist eine objektive und beobachtbare Eigenschaft von Gebäuden sowie auch von anderen Artefakten, und hängt von der Anwesenheit bzw. der Abwesenheit einer erkennbaren Struktur ab, die „lebendige Struktur" genannt werden kann. *Die Anwesenheit bzw. Abwesenheit dieser Struktur ist das Unterscheidungsmerkmal zwischen wertvollen und weniger wertvollen Gebäuden, zwischen guter und schlechter Architektur.*

Ich möchte hervorheben, daß es sich hierbei um echte Wissenschaft handelt, die zu echten Ergebnissen führt, und keine akademische Arbeit, die bloß die Formen von wissenschaftlichen Untersuchungen und ihren Stilen, ihrer Wortwahl und ihren Darstellungsweisen nachäfft. Es geht um echte Wissenschaft, die empirische Fragen untersucht; trotz ihrer prinzipiellen Schwierigkeiten fangen die Untersuchungen an, gemeinsam nutzbare, empirische Ergebnisse zu produzieren. Innerhalb von einem bis zwei Jahrzehnten könnten sie einen sehr großen Effekt auf unsere Gesellschaft haben. Außerdem hat diese Arbeit massive Implikationen für alle grundlegendsten Fragen des architektonischen Designs und der architektonischen Planung.

Ich habe dieses Buch geschrieben in der Hoffnung, der Architektur echte Grundlagen zu geben, aber auch, weil ich der tiefen Überzeugung bin, daß diese Fragen das Wesen der Arbeit selbst ausmachen, die wir Architekten tagtäglich leisten.

In meinem Buch erkläre ich, weshalb es aus wissenschaftlicher Sicht schwierig ist, sich mit dem Thema auseinanderzusetzen. Ich lege hunderte von Beispielen für diese Schwierigkeit vor. Ich stelle einen mathematischen Rahmen vor, auf den ich für die Deutung von architektonischen Beispielen aus der Geschichte zurückgreife.

Ich habe das Werk bewußt in einer einfachen Sprache verfaßt und meine Ideen sorgfältig nahegelegt. Ich bin von Grundlagen und Grundprinzipien ausgegangen, die ich zu konkreten Ergebnissen, zu einer experimentellen Technik (der Vergleich mit anderen, ähnlichen Methoden, die in der Architektur gebraucht werden) weiterentwickelt habe.

Wenn es tatsächlich ein wissenschaftliches Kriterium für die Unterscheidung zwischen lebendigen und nicht-lebendigen Strukturen gibt, das ausreichend präzise definiert ist, kann es auch in der Architektur Anwendung finden. Es wäre nicht nur für die architektonische Disziplin maßgebend, sondern auch für die Gesellschaft von enormer Bedeutung, da es womöglich den Beginn unserer Abkehr von der heute allgemein erkannten Schwierigkeit, gute Umgebungen zu errichten, einläuten würde.

Eine für die Architekten von heute sehr unangenehme Tatsache wird in *The Phenomenon of Life* deutlich zum Ausdruck gebracht: Das Kriterium für lebendige Strukturen läßt, was die stilistische, architektonische Produktion unserer Zeit anbelangt, fast ausschließlich negative Gutachten zu. Diesen kritischen Ansatz, der zum ersten Mal die Hohepriesterschaft der Architektur infrage stellt, teilen auch viele einfache Menschen, die mit der eingebildeten, Image-basierten Architektur von heute nichts anfangen können. Es ist also durchaus möglich, daß, wenn dieses Buch von Architekten und von der Gesellschaft als Ganzes ernstgenommen wird, die Blase der Architektur des späten 20. Jahrhunderts und deren Versuch, die Öffentlichkeit zu betrügen, sehr wohl plötzlich platzen könnte.

Mangelnder Kanon von geteilten Werten

Die womöglich größte Schwachstelle in der heutigen Architektur besteht in ihrem Versagen, keinen Kanon von legitimen, geteilten Werten definiert zu haben, die in den tiefsten Gefühlen von normalen Menschen beheimatet sind, und die ihre Erfahrungen widerspiegeln. Auch das Versagen, öffentlich erlebte Wertschätzungen nicht als Tatsachen zu betrachten und die Respektlosigkeit gegenüber den Werten der „normalen" Menschen hat seine Bedeutung.

Stattdessen hat sich die ganze Disziplin verirrt, nicht nur, weil sie auf die normalen Menschen herabsieht, sondern auch weil sie sich an einer höchst idiosynkratischen und spezialisierten Vorstellung vom Wert der Architektur festklammert. Nach dieser Vorstellung, die von den „oberen Zehntausend" getragen worden ist, ist Otto-Normalverbraucher ein Ignorant. Ferner sieht diese Vorstellung vor, daß Architekten nicht nur das

Recht haben, sondern auch die Autorität und die politische Macht besitzen, die öffentliche Meinung in Sachen architektonischer Werte weiterhin zu ignorieren. Außerdem geht es den Architekten nur darum, ihren eigenen Stempel („postmoderne Image-Architektur") zu verkaufen, obwohl kaum jemand damit eigentlich etwas anfangen kann.

Es wird wohl daran liegen, daß die Mehrheit der postmodernen, seelenlosen Fachleute jede Hoffnung auf einen Wahrheitsanspruch in der Architektur aufgegeben hat, und es bloß nur noch um Attitüden, Meinungen und Verschleierungen geht, die alle gleich wert sind. Diese ungesunde Einstellung, die wohl eindeutig auf die cartesianische Weltvorstellung zurückgeht, hat das Grab der Architektur in den letzten fünfzig Jahren geschaufelt. Diejenigen, die sie teilen, sind zwangsläufig dazu verdammt, diesen Glauben aufrechtzuerhalten, geht es ihnen doch nur darum, ihre eigenen Vorstellungen zu retten, egal wie absurd sie auch sein mögen. Ideen, die sich auf das Gefühl, die Eigenschaft „Lebendigkeit" beziehen, also objektiv sind, müssen somit mit ihrem Anathema gebrandmarkt werden. Denn wenn sie die Objektivität dieses Kriteriums einsähen, müßten sie ja zugeben, daß ihre Vorstellungen nichts taugen, was zur Folge hätte, daß die gesamte Disziplin seit einem Jahrhundert nichts als leerer Schein wäre.

Worum geht es also im Band 1, *The Phenomenon of Life*? Die These, die ich vertrete, ist sehr einfach. Sie besagt, daß die positivistische Trennung zwischen Fakt und Wert und die Vorstellung, daß nur Fakten objektiv sein können, während Wertschätzungen immer nur persönliche Meinungen sind, falsch sind. Außerdem müssen die Dinge in einem größeren Zusammenhang betrachtet werden, der es erlauben würde, Wertschätzungen empirisch zu untersuchen. So könnten die Vorstellungen der normalen Menschen, dank unserer besonderen Untersuchungsmethode, einen ausgeglichenen und vertrauenswürdigen Gesamtüberblick der Wertschätzungen liefern, von Mensch zu Mensch, die inhaltlich deutlich anders ausfallen als bei den heutigen Star-Architekten.

Meine These sieht auch vor, daß die Werte, die diese empirische Methode „offenbart", durch eine erkennbare, sich wiederholende Struktur produziert werden, die mathematisch definiert werden kann und immer wieder erkannt wird, in allen natürlichen Strukturen, insbesondere in denjenigen, die als „lebendig" gelten. Wenn man diese mit den Strukturen vergleicht, die Architekten in den letzten Jahrzehnten errichtet haben, fallen letztere als leblos auf und machen einen toten Eindruck.

Das wichtige ist natürlich, daß sowohl die Hauptthese als auch diese zweite Beobachtung durch viele empirische Daten aus Experimenten belegt sind, die beobachtet und einfach überprüft werden können. Obwohl die Experimente keine üblichen Prozeduren darstellen, sind sie dennoch beobacht- und wiederholbar. Ich möchte gleich betonen, daß die Experimente keine Meinungsumfragen sind, sondern subjektive Wertschätzungen einer ganz besonderen, kontrollierten Art, die darauf abzielen, Lebendigkeitswerte in Dingen, Ereignissen und Situationen zusammenzutragen.

Also kann der Gesamtrahmen, in dem Werte neu definiert und in dem Wertschätzungen über Gebäude überprüft und in einer vernünftigen Sprache besprochen werden können, als tauglich erklärt werden. Somit könnte dieser Rahmen, wenn er sich als verläßlich erweist, einen enormen Einfluß auf die gegenwärtige und zukünftige Architektur haben. Diese These, die, wenn wahr, insbesondere für die Architektur bedeutsam wäre, ist in diesem ersten Band von *The Nature of Order* klar und deutlich dargestellt.

Das Konzept der Ganzheit

Was ist, unter wissenschaftlichem Aspekt, der Ursprung von lebendigen Strukturen? Wo stammt dieser Ursprung her? Und wie kann er definiert werden, damit er diskussionsfähig wird und man mit ihm experimentieren, ihn besprechen kann?

Der Kern dieses Ursprungs liegt in der Ganzheit. In den letzten beiden Jahrzehnten haben Physiker und andere Naturwissenschaftler sowie auch Wissenschaftsphilosophen entdeckt, daß die Weltsicht, die auf Ganzheit basiert, wesentlich für das Verständnis des rein physischen Universums ist. Die Ganzheit-Sicht als existierende und wegweisende Struktur ist wesentlich in der Quantenphysik, in der Biologie, in der Ökologie und in der einen oder anderen Form in beinahe jedem Bereich der modernen Wissenschaft. Und doch ist es selbst auf diesen Gebieten bislang nur schwer gelungen, eine wissenschaftlich präzise Definition von Ganzheit auszuarbeiten. Das Konzept „Ganzheit" stellt besondere Forderungen an die Wissenschaft und ihre Untersuchungsgrundlagen. Die Ganzheit setzt eine Sicht voraus, in der sowohl die Werte als auch die Vorstellung vom Ganzen sowie auch die subjektive Beschreibung des Beobachteten im Widerspruch zur wissenschaftlichen Methode zu stehen scheint. Dennoch müssen sie berücksichtigt werden, damit brauchbare Ergebnisse erzielt werden.

Wissenschaftler sehen sich deshalb gezwungen, neue Untersuchungs- und Beobachtungsmethoden zu finden, in denen das Ganze, das Selbst, Gefühle und Werte im Akt des Erkennens selbst eine Rolle spielen — wenn sie dem wissenschaftlichen Anspruch gerecht sein wollen. Jedoch dürfen diese Elemente auf keinen Fall die Objektivität, die Kohärenz und Verläßlichkeit der Wissenschaft gefährden.

Überhaupt ist die Vorstellung, die experimentellen Techniken und die Art und Weise, wie wir unsere grundsätzlich cartesianische Weltsicht ändern sollen, damit das „Selbst", das „Ich" und Gefühle berücksichtigt werden können, außerordentlich schwierig umzusetzen. Und doch sind sie unabdingbar, wenn die Wissenschaft Fortschritte erzielen soll.

Auch für den Fortschritt der Architektur sind diese Elemente unabdingbar. Die gesamte Thematik ist für Architekten und für die Architektur als Disziplin von größter Wichtigkeit — da das Teil-Sein vom größeren Ganzen der umgebenden Welt den Erfolg, die Harmonie und den Lebendigkeitsgrad eines Gebäudes bestimmt, und zwar jedesmal, wenn wir ein Gebäude errichten.

Wieso ist das alles so wichtig für die Architektur? Die Harmonie einer Straße oder eines Gebäudes kann nur dann wirklich eingeschätzt und verstanden werden, wenn wir uns ein Bild der Ganzheit machen können, die harmonisch enstehen soll. Nur mit einem Bild der Struktur des Ganzen, die die Adaptation möglich macht, können wir diese am Licht und an

Bewegungen, im Eingangsbereich eines Gebäudes zum Beispiel, richtig verstehen. Damit ein Wandfenster an der richtigen Stelle in der richtigen Größe gut entworfen und zur Harmonie des Ganzen paßt, müssen wir das Ganze verstehen. Ich erinnere mich daran, daß Peter Eisenman mir sagte, er sei nicht an Harmonie interessiert! Weil die Welt so sehr leidet, wolle er das Leid der Erde zum Ausdruck bringen.

Na prima, Herr Eisenman! Erzählen Sie das mal den armen Nutzern dieser „Gebäude"!

Und doch scheinen Architekten trotz der Wichtigkeit dieser Aspekte aus merkwürdigen Gründen immer noch nicht ganz begriffen zu haben, daß es eine weltweite und kulturelle Bewegung gibt, die sich mit den Konzepten „Ganzheit" und „Ganzes" beschäftigt, und diese immer noch strikt ablehnen.

Ich erinnere mich sehr gut daran, wie meine akademischen Kollegen in Berkeley extrem feindselig reagierten, als ich vor 25 Jahren auf unseren akademischen Versammlungen anfing, über Ganzheit als notwendige Grundlage für die Architektur zu sprechen. Das Wort „Ganzheit" selbst verärgerte einige von ihnen und machte sie wütend, als hätte ich sie persönlich angegriffen. Leider blieb es nicht dabei. 1989 schlug unser Dekan Howard Friedman vor, die Ganzheit als Studienfach in das Programm des Lehrplans für Architektur in Berkeley aufzunehmen. Während der nächsten Sitzung wurde er persönlich von einem anderen Professor scharf angegriffen. Die verbale Attacke war derart intensiv, daß die Sitzung abgebrochen wurde. Noch bevor alle den Raum verlassen hatten, erlitt Howard einen Herzinfarkt und verstarb wenig später im Krankenhaus.

Ein solch tragischer Vorfall wird jedoch nicht die Themen Ganzheit und Werte vom Tisch fegen. Er zeigt nur, auf wieviel Antagonismus das Konzept stößt, womöglich, weil es die heutige architektonische Praxis und deren Grundvoraussetzungen zutiefst zu erschüttern droht.

Diese Art von Herausforderungen scheint sehr unangenehm für Architekten und Professoren zu sein, da viele von ihnen mit unglaublicher Feindseligkeit reagieren. Anstatt sich sachlich mit der Botschaft, d. h. den äußerst schwierigen wissenschaftlichen und architektonischen Problemen zu befassen, entscheiden sie sich dafür, den Überbringer der Botschaft zu zerstören. Sie sprechen die Probleme gar nicht an, weil sie sie vermutlich nicht einmal verstehen. Ob sie sich erhoffen, daß die Probleme dadurch verschwinden?

Und somit bleibt das Thema hochaktuell.

Eine neuartige Vision der Architektur als heilende Kraft in der Welt

Worum es mir geht, ist eine völlig unterschiedliche Betrachtungsweise der Architektur, in der jede Handlung, ob klein, mittelgroß oder groß, nur einem einzigen Grundsatz folgt: „Was auch immer getan wird, muß immer zum Wohle des Ganzen (die Umgebung, die Menschen, die bereits existierenden Strukturen in der Stadt) geschehen."

Dieser Grundsatz muß zum Beispiel Anwendung finden, wenn ein Fenster in eine Wand eingebaut wird; er wird angewandt, wenn ein Gebäude in einer Straße errichtet wird; er wird angewandt, wenn ein ganzer Stadtteil neu gebaut oder renoviert wird. Es geht immer hauptsächlich um das Wohl des Ganzen, um die lebendige Ganzheit der Erde, wie zum Beispiel in besagtem Stadtteil, und die Liebe und die Verbundenheit, die Leben spenden und heilende Entwicklungen vorantreiben.

Dieser völlig andere, übergreifende Ansatz unterscheidet sich grundlegend von der jetzigen Vorstellung, die davon ausgeht, daß alles für sich, getrennt vom Rest, betrachtet werden muß. Spielereien, unnötige Stilisierungen und Profit sind, im Gegensatz zu unserer Vorstellung, das, was eigentlich heute bezweckt wird.

Unser neuer Ansatz beruht auf der Trias „Ganzheit — Wohlsein — konservierende Transformationen" und ersetzt die alte Trias „Stil — Profit — Werbe- und Marketingvorteile durch Design", die über die klassische postmoderne Architektur des heutigen Mainstreams herrscht.

Die Welt ist in zwei geteilt und, egal was man heute über die Ökologie sagt, es ist die zweite Form von Architektur, die in der zweiten Hälfte des 20. Jahrhunderts das Sagen hatte, in den 2% der Welt, wo die „Image-

Architektur" eine Rolle spielt.

Die Erde, die Stadt, die Metropole, sie könnten alle durch einen Prozeß gestaltet werden, der das Leben als Mitte hat; sie könnten teilhaben an der Heilung der Erdoberfläche, sowohl in urbanen Gebieten als auch in der Natur, und eine lebendige Gesamtstruktur bilden. Dieser neue architektonische Ansatz würde zu einem neuen Verständnis von Geometrie, Gestaltung und Bauen führen. Was wir heute als Architektur betrachten, würde aufgegeben werden, und zwar für eine neue Vision, die das Wohl der Erde, deren Bewohner, die menschlichen Orte, die Tiere und selbst die Steine als oberstes Gut hat.

Große Veränderungen bahnen sich in der Architektur an: Der Gedanke der Heilung

Die mechanistische Philosophie und die aktuellen willkürlichen Wertschätzungen, die in der Architektur dominieren, sind eng miteinander verbunden.

Erstens, die Gier der Bauherren und ihre an Profit orientierte Sicht der Architektur, des Bauens und des Planens: Sie arbeiten gegen die Ganzheit und gegen die Heilung der Erde, weil die Werte, die das mechanistische Konzept ausmachen, grundsätzlich unfähig sind, die Ganzheit zu fördern bzw. Systeme zu heilen.

Zweitens, die Idee der Heilung selbst setzt voraus, daß wir wissen, was Heilung bedeutet, was Gesundheit ist und somit, was Ganzheit ist. Noch wichtiger, wenn man innerhalb des mentalen Rahmens einer Welt denkt und spricht, die von mechanistischen Ideen geprägt ist, wirkt jede Wertvorstellung gleich willkürlich, weil sie abhängig ist von der Logik der Maschine. Sie ist dieser Logik fremd und kann deshalb nur als willkürlich in diesem Denkschema betrachtet werden.

Deshalb sind in der Architektur die Werte in den letzten fünfzig Jahren also willkürlich gewesen, weil sie willkürlich erfunden worden sind. Und nun werden sie nur von Fachleuten vertreten, weil sie der großen Geldmacherei dienen — des postmodernen Architekten täglich Brot. Die

Werte, die erfunden worden sind — die postmodernen Bilder — arbeiten wie alle anderen modischen Stile und Bilder nur fürs Kapital, für den Profit, für die Immobilienentwicklung, jedoch gegen die Ganzheit, gegen die Gesundheit und gegen das Wohlbefinden der Erde.

Diese künstlichen Werte machen heute das literarische und künstlerische Erbe aus, das in Architektur-Schulen gelehrt wird. Die Architekten lassen es in ihre Bauten einfließen, zugunsten der Geldmacherei durch Immobilienentwicklung.

Dieses Erbe dient nicht der Ganzheit, es dient nicht dem Ganzen. Es hilft nicht, die Erde zu heilen, und es hilft auch nicht, die Erde als einen Ort der Freiheit wiederherzustellen.

Ich habe mein Leben damit verbracht, nach einem gemeinsam nutzbaren, rationalen und wissenschaftlichen Modell zu suchen, welches diese Thematik der Lebendigkeit, der Ganzheit und der Harmonie offenbart — insbesondere was die Geometrie von Gebäuden anbelangt, da sie es möglich macht, daß wir ihre Folgen beobachten und uns über sie austauschen.

Es steht in unserer Macht, einen alternativen Weg zu gehen, bei dem jeder Bauakt, jedes Design, jedes Ornament und jede wirtschaftsfördernde Maßnahme die Heilung der Erde vorantreibt. Er ist selbst in den dicht besiedelten Metropolen möglich, da wir auch dort die Natur gestalten können.

Jedoch können wir dieses Ziel nicht erreichen bzw. diese Richtung nicht einschlagen, wenn wir die Ganzheit nicht respektieren. Sie muß sich als Konzept behaupten und so formuliert werden, daß sie all unsere gegenwärtigen Ansprüche, Vorstellungen und kurzfristigen Ideale transzendiert.

Die Zukunft gehört der tiefgründigen Kenntnis der Ganzheit, als Konzept und als Basis für die Praxis. Diese Evidenz nicht zu beachten, kann nur als kurzsichtig gelten. Es wäre doch eine Tragödie, wenn Architekten weiterhin der Erde Schaden zufügten.

Anstatt weiterhin auf unseren Fehlern zu beharren, sollten wir einen neuen Weg gehen; ein solcher lebensfördernder Weg könnte zur Grundlage der architektonischen Praxis werden — moralischer, gerechter und schöner. Jeder, der diesen Ansatz in die Praxis umsetzt, wird sich mit Sicherheit selbst „gänzlicher" fühlen.

Da die Umwelt doch eine solch wichtige Rolle im Wohlbefinden der Erde spielt und wenn die Wissenschaft selbst sich schwer tut, das Wesen der Ganzheit in den meisten neuen wissenschaflichen Disziplinen zu erfassen, wäre es doch sehr schade, wenn ein Angriff von Kulturbanausen gegen notwendige, vorläufige Anstrengungen, Fortschritte in diese Richtung zu machen, die Architektur als letzten der philosophischen Dinosaurier aus dem mechanistischen Zeitalter behalten würde.

Die Folgen der auf Ganzheit basierten Architektur für unsere leitenden architektonischen Werte

Die Theorie ist so reich an Details, daß wir aus ihnen außergewöhnliche Schlußfolgerungen ziehen konnten. Wir stellen diese Erkenntnisse in Band 2, 3 und 4 vor. Diese Schlußfolgerungen aus der Theorie haben Implikationen für die Prozesse, die die Architektur nutzen muß, um zu gelingen und um Gebäude zu errichten, die mit Lebendigkeit gefüllt sind.

Sie haben Implikationen, die bestimmte Beziehungen zwischen dem Entwerfen und dem Bauen ein- und ausschließen — ein Selektionsprozeß, der zwangsläufig zur Architektur gehört.

Es sind Implikationen, die nicht nur Menschen in die Gestaltung von Gebäuden einbeziehen, sondern auch für die verstrickten Wege verantwortlich sind, die diese Beteiligung entweder zu Erfolg oder Nicht-Erfolg führen.

Natürlich haben diese Implikationen auch Folgen für den Geldfluß. Sie beeinflussen den Umgang mit Details in der Architektur und die erfolgreiche Integration des konstruktiven Ingenieurbaus in den Gestaltungsrahmen.

Auch auf die peinliche Allianz zwischen Architekten und Immobilienentwicklern haben die Implikationen einen Einfluß. Dieses Zusammenspiel ist möglicherweise das dunkelste Geheimnis in der Geschichte der modernen Architektur, weil sie aus Architekten bloße Verkäufer gemacht hat. Sie werben auf riesigen Tafeln, die sie für Kunst halten, die aber nur als Zeichensprachen fungieren und die möglichst viel Geld in die Taschen der Entwickler fließen lassen sollen.

Da die Implikationen einen Einfluß auf alle Bereiche von dem haben, was wir heute als „Architektur" bezeichnen, muß es überall zu einem Wechsel kommen.

Es besteht kein Zweifel, daß diese Theorie die Architektur von Grund auf verändern wird, und zwar zum Besten hin!

Eine Bemerkung zur Wissenschaft

Ich möchte mit einer kurzen Bemerkung zum Wesen der Wissenschaft (was sie ist und was sie nicht ist) abschließen. Ich mache diese Beobachtung als Physiker und Mathematiker, der in Cambridge ausgebildet und als Architekt und Forscher, der mit der ersten Goldmedaille der AIA für Architektur-Forschung überhaupt ausgezeichnet wurde.

Es wird immer dann Wissenschaft betrieben, wenn der Versuch unternommen wird zu erklären, wie etwas funktioniert. Dies ist besonders wahr, wenn es darum geht, etwas zu erklären, was noch nicht erklärt wurde. Da braucht man nicht zu makulieren, sondern lediglich zu beschreiben.

Der Rest ist nur Show. Pompöse Formulierungen, nette Formatierungen mit Zusammenfassung, Haupttext und neuen Erkenntnissen, Fußnoten, Verweise auf Experten usw. Das sind tatsächlich die Werkzeuge der Wissenschaft, das sieht wie Wissenschaft aus, ist aber keine Wissenschaft. Zu oft geht es nur um das äußere, damit es als Wissenschaft präsentiert werden kann, und nur selten um echte Erkenntnisse.

Der Stoff in *The Phenomenon of Life* sowie auch in *A Pattern Language*, einem Buch, das 25 Jahre davor veröffentlicht wurde, das ist Wissenschaft. In beiden Fällen konnten wir teilweise Fragen zur Rolle der Umwelt auf das Wohlbefinden des Menschen klären. In beiden Fällen konnten wir zunächst einmal grobe Erklärungen für gewisse Sachverhalte liefern. Ich hätte in beiden Fällen meine Erkentnisse natürlich schöner verpacken können, aber dadurch wären sie nicht anders ausgefallen.

Es wäre zum Beispiel denkbar gewesen, die 253 Muster, die wir in *A Pattern Language* besprechen, als Anthropologie zu „makulieren" — sie also in Wissenschaft mit Literaturnachweisen, Fachausdrücken zu verpacken. Das hätte ihnen dazu verholfen, wie „harte" Wissenschaft auszusehen. Aber es hätte nichts „verbessert" bzw. es hätte nichts an unseren Erkenntnissen geändert. Wir haben teilweise und ohne Schnick-Schnack gezeigt, wie die Umwelt das menschliche Leben innerhalb der Gesellschaft prägt. Natürlich sind nicht alle 253 Muster gleich fundiert, jedoch haben wir gezeigt, daß sie fast alle etwas über die Welt erzählen. Nach unserer Arbeit waren wir einfach schlauer. Und da wir die Ergebnisse veröffentlicht haben, ist dieses Wissen für immer erhalten. Es sei denn, jemand macht da weiter, wo wir aufgehört haben, und gewinnt neue Erkenntnisse über diese Dinge.

In *The Phenomenon of Life* werden noch wichtigere, tiefgründigere Erkenntnisse vorgestellt. Sie könnten nicht wichtiger gemacht werden, indem man sie anthropologisch oder psychologisch verpacken würde. Sie taugen auch ohne Schminke, wovon sich jeder Leser ein Bild machen kann, indem er den Text einfach studiert. Die wissenschaftliche Verpackung kann später erfolgen, wenn die harte Detailarbeit und feinere Experimente es verlangen. Doch jetzt sind die wichtigen Grundlagen erst einmal geschaffen worden.

In *The Phenomenon of Life* werden Kriterien für die Lebendigkeit von Gebäuden definiert und wiederholbare Tests vorgestellt, mit denen sich ermitteln läßt, welchen Anteil an lebendiger Struktur unterschiedliche Gebäude beinhalten. Natürlich könnten Fachleute kalte Füße bekommen, wenn sie sehen, wie echte Wertschätzungen in der Architektur tatsächlich aussehen. Wenn sie jedoch noch ein wenig Würde hätten, dann könnten sie erklären, was wir falsch gemacht haben. Wir laden sie deshalb zu einer Debatte unter Erwachsenen ein.

Literatur

- Christopher Alexander, *The Nature of Order*, Buch 1: *The Phenomenon of Life*, Center for Environmental Structure Publishing, Berkeley, 2002.

- Christopher Alexander, *The Nature of Order*, Buch 2: *The Process of Creating Life*, Center for Environmental Structure Publishing, Berkeley, 2003.

- Christopher Alexander, *The Nature of Order*, Buch 3: *A Vision of a Living World*, Center for Environmental Structure Publishing, Berkeley, 2004.

- Christopher Alexander, *The Nature of Order*, Buch 4: *The Luminous Ground*, Center for Environmental Structure Publishing, Berkeley, 2004.

- William S. Saunders, „From Taste to Judgment", *Harvard Design Magazine*, Winter-Frühjahr, 1999, Nr 7.

- William S. Saunders, „A Pattern Language: reviewed", *Harvard Design Magazine*, Winter-Frühjahr, 2002, Nr 16.

35

Schlussfolgerung

Am Ende meiner Vorlesung sagten mir die Studenten, sie hätten vieles über die Grundlagen der Architektur gelernt, das nie in anderen Architektur-Lehrveranstaltungen Erwähnung findet. Genauer gesagt beklagten sich Studenten, daß sie einerseits zwar über die Wichtigkeit von gewissen Faktoren für den Erfolg von Strukturen unterrichtet worden waren — Baugelände, umliegende Architektur, regionale Adaptation, Ornamente (eher, wie man sie ausläßt), Beziehungen zwischen strukturellen Größen, Proportionen, Bäume und Grünflächen —, ihnen aber nie beigebracht worden wäre, wie diese Faktoren einzusetzen sind. Bei uns werden sie erklärt, weil wir durch unsere Erfahrung herausgefunden haben, daß sie sich aus unserer eigenen Biologie und aus natürlichen Prozessen ergeben.

Dabei ist die Konnektivität ein wichtiges Konzept, und zwar Konnektivität zwischen den offenen Flächen, den Strukturen, den verschiedenen Ebenen von Strukturen, zwischen Nutzer und Erbauer usw. Es ist ein Grundwerkzeug für jedes kohärente Design. Und doch wird Konnektivität oft als zufällig — ein „versehentlicher" Effekt im Design — bzw. als sekundär im Vergleich zu Struktur und Form erachtet. Nachdem sie unsere Besprechung der Systemkomplexität gehört haben, hat für die Studenten „Konnektivität" eine neue Bedeutung erhalten. Sie haben verstanden, daß das Konzept die Zusammenarbeit von allen Teilen mit allen Teilen meint, mit dem Ziel, daß das System kohärent als Ganzes arbeiten kann.

Unsere Analyse zeigt, daß Ornamentierung viel mehr ist als nur eine bloße ästhetische Angelegenheit. Sie spielt für alle Muster, in allen Größen, eine wichtige Rolle und geht schlußendlich auf die hohe Konnektivität als Eigenschaft von guter Architektur zurück (mit „gut" meine ich „gut für unsere Gesundheit"). Ein Ornament hat mit Biophilie zu tun; genau dieser Gedanke war für viele Studenten das auffälligste und nutzvollste, das sie in diesem Kurs gelernt haben. Besonders staunten sie darüber, daß die Biophilie oft unbemerkt in vielen Designs, die eigentlich etwas ganz anderes bewirken wollen, vorhanden ist. Da die Biophilie einen solch großen Unterschied in der Lebensqualität ausmacht, sollte sie in allen Designs enthalten sein.

Als Fazit erkannten die Studenten, daß sie endlich eine Methode gefunden hatten, die ihnen ermöglicht, Bauten dank objektiven Kriterien besser zu bewerten und nicht mehr von ungefähren Konzepten wie der „Korrektheit" abhängig zu sein. Sie können jetzt auf einen Katalog von universellen Prinzipien und Kriterien zurückzugreifen, wie zum Beispiel Alexanders Fünfzehn Eigenschaften, um die Attraktivität eines Gebäudes zu bewerten — ohne „Fremdeinwirken" sozusagen. Die Studenten erinnerten sich an Situationen, in denen sie sich der Meinung eines Lehrers anschließen mußten, obwohl ihr Gefühl ihnen etwas anderes suggerierte. Die „Autorität" verlangte eine Art Gehorsam, ohne ihre Position erläutern zu müssen. Die Studenten mußten einfach alles hinnehmen, was natürlich sehr frustrierend war. In einem solchen Verhältnis können Studenten leider nichts lernen.

Besonders aufschlußreich war das Geständnis der Studenten. Sie gaben zu, vor diesem Kurs von den Ideen, die Eisenman in der Debatte mit Christopher Alexander vorstellte, begeistert gewesen zu sein; nach dem Kurs sahen sie die Dinge jedoch in einem anderen Licht. Sie hatten gelernt, auf eine neue Art und Weise die menschlichen Gefühle als Grundlage für adaptive Architektur zu bewerten — eigentlich genau das, was Alexander meinte. Gleichzeitig verstanden sie die Entwicklung von architektonischen Stilen und den Theorien, die sie untermauern, viel besser. Sie hatten einen tieferen Blick in den Innovationsprozeß erhalten, der die grundlegenden Faktoren für Leben berücksichtigt.

Der Gedanke, die Architektur in der Zukunft als empirischen, wissenschaftlichen Prozeß zu betreiben, begeisterte die Studenten. Sie konnten zum Beispiel Konzepte aus der Biologie übernehmen, die sie in ihrer eigenen Arbeit verwendeten — z. B. der teleologische Entwurf von einzelnen Teilen, die Evolution von organismischen Formen, Innovation durch Adaptation, Selektion durch Feedback usw. Diese neue Denkweise setzt eine klare Trennung von abstrakter Kunst als persönliche Aussage durch den Künstler und der Architektur als Praxis für die Menschen. Die Studenten sagten, daß sie zuvor immer „scharf" auf innovative Formen gewesen seien, auch auf solche, die „organisch" aussahen, aber jetzt verstanden hätten, daß Bilder nicht wichtig seien, wohl aber die adaptiven Prozesse, die zur fertigen Struktur führen. „Gute" Architektur ist sowohl wunderschön als auch funktional und bewirkt, daß die Menschen sich psychisch und physisch wohlfühlen.

TEIL ZWEI

VORLESUNGSPLAN UND PROJEKTE

„Musikalische Details, die ich zuvor als ornamental empfunden hatte, erschienen mir plötzlich wie organische Elemente... "
— Glenn Gould über Sviatoslav Richters Interpretation von Schubert.

36

Die Entdeckung der Theorie auf der Grundlage von Bewertungen

In dieser Vorlesung wurden die Studenten zum ersten Mal aufgefordert, architektonische *Eigenschaften* zu bewerten. Während die technische Seite der Architektur darin besteht, physische Messungen durchzuführen, kann die grundsätzliche Bewertung von Designeigenschaften in der Tat als bahnbrechend gelten. Die einfachen Messungen und Bewertungen, die wir im Rahmen unserer beiden Projekte vornahmen, erwiesen sich als Grundlagenträger einer neuen Architekturtheorie.

Somit wurden die Studenten nicht nur in eine mathematische Modellierung von Design eingeführt, sondern auch in die Erschaffung des Modells selbst, was für sie neu war. Ich bin überzeugt, daß diese Erkenntnisse aus erster Hand zur Rolle der Wissenschaft in der Weltsicht des Menschen eine Lektion von unschätzbarem Wert für junge Architekten darstellt. Denn sie sind es, die unsere künftige gebaute Umwelt gestalten werden.

In den weiteren Kapiteln dieses Buches wird das Material, das wir für die Ausführung unserer beiden Kursprojekte nutzen, vorgelegt, damit Kursleiter und Studenten die qualitativen Analysen besser befolgen können. Dieses Material ist neu, da es in diesem Kurs selbst entwickelt wurde. Ich hoffe, daß andere von der Erfahrung und den Erkenntnissen, die wir gewinnen konnten, profitieren werden.

Gleich von Anfang an haben wir in meiner Lehrveranstaltung gleichzeitig die Entwicklung des Modells und die theoretischen Lektüren besprochen. Der Entwicklungsprozeß unserer quantitativen Architekturtheorie war vom Material abhängig, das die Forschungsergebnisse von anderen Wissenschaftlern beschrieb, die das gleiche Ziel verfolgten. Studenten konnten selbst feststellen, wie diese Forschung betrieben wird. Somit fielen sie nicht in die folgenschwere relativistische Falle, nach der unsere Lektüren bloß weitere Meinungen von bloß weiteren Denkern darstellten, die, der üblichen falschen Logik entsprechend, nicht mehr oder weniger Gültigkeit besitzen als andere Meinungen zur Architektur. Im Endeffekt führt der Relativismus zum genauen Gegenteil von dem, was er anstrebt: Er validiert die Ideen der stärksten Gruppe und nicht Ideen, die der Wirklichkeit am ehesten entsprechen.

In der Regel verlaufen Entwicklungs- und Ableitungsprozeß einer Theorie wie folgt: Ein einfaches quantitatives/statistisches Modell zur Bewertung von komplexen Phänomenen wird eingeführt (im vorliegenden Fall: Elemente der Designkomplexität selbst). Als nächstes suchen wir nach Mustern und Korrelationen zwischen den Variablen, die zunächst als voneinander unabhängig erschienen. Zum Beispiel wurde in unserem ersten Projekt eine Korrelation zwischen der Komplexität einer Formensprache (gemessen an der Kolmogorov-Chaitin-Komplexität) und der regionalen Adaptation dieser Sprache abgeleitet (auf die Methode gehen wir unten in Kapitel 37 und 38 ein).

Diese Korrelation, die ein nutzvolles und wichtiges Konzept in der Architekturtheorie ist, konnte hier, in einer einfachen Lehrveranstaltung, abgeleitet werden! Wir haben die mathematische Online-Software *Wolfram Alpha* benutzt, um die Wortzählung der Formensprache jedes einzelnen Studenten aufzuzeichnen, und zwar im Vergleich zu ihrer geschätzten regionalen Adaptation, auf einer Skala von 0 bis 10. Jeder Student gab einen Datenpunkt ein, wie zum Beispiel (*Wortzählung, regionale Adaptation*) = (336, 7). Alle Datenpunkte wurden über die Funktion „Linear Fit" zusammen aufgezeichnet. Als Ergebnis kam heraus, daß die Punkte sich selbst um eine gerade Linie bündelten, was auf eine lineare Abhängigkeit des Regionalismus von der Komplexität hinweist.

Das Ergebnis war nicht perfekt, und es wurden Abweichungen von der geraden Linie beobachtet. Zudem konnten die Studenten noch etwas neues lernen, und zwar etwas wissenschaftliches: Variationen eines perfekten Ergebnisses weisen auf andere, unbekannte Faktoren hin, die eine Rolle spielen. Aus diesem Grunde haben wir das Modell für Design-Komplexität weiterentwickelt, um die organisierte von der unorganisierten Komplexität zu trennen. Es war das Ziel des zweiten Projektes, in dem wir die Unterscheidung auf formaler Basis gemacht haben. Ein besseres Modell für Design-Komplexität, das mit zwei Parametern arbeitet, nutzt mehrere Eigenschaften von Alexanders „Fünfzehn Lebenseigenschaften", um zwei unabhängige Komponenten der Design-Komplexität zu bewerten (*architektonische Temperatur, architektonische Harmonie*) = (T, H) (vgl. Kapitel 21 für die Beschreibung).

Der erste innovative Ansatz, den wir in unserer Lehrveranstaltung erarbeiteten, bestand darin, Regionalismus und Komplexität tatsächlich miteinander zu verknüpfen. Es war eines der Ziele des ersten Kursprojektes. Für das zweite, erweiterte Modell mußten parallele Messungen und Bewertungen des Regionalismus eingeführt werden, um sie direkt mit unseren Messungen der organisierten bzw. unorganisierten Design-Komplexität zu vergleichen. Der zweite Satz Messungen (Adaptivität und Regionalismus) war bedeutend detaillierter als eine einfache Positionierung auf einer Skala von 0 bis 10, wie es im ersten Projekt der Fall war.

Der Regionalismus der Materialien ist also eine ernste Sache in der Architektur. Und was die Örtlichkeit anbelangt, ist er außerdem als philosophischer Ansatz zu betrachten. Quantitative Modelle, mit denen Designelemente bewertet werden, gehören noch nicht zum typischen regionalistischen Diskurs und auch nicht zu anderen Aspekten der Architekturtheorie. Wir gehen tatsächlich einen neuen Weg, indem wir ein Modell einführen, mit dem der Regionalismus in einem zweidimensionalen Parameterraum schätzt. Mit diesem Modell wird (*geographische Adaptation, menschliche Adaptation*) = (x,y) mit Punkten, die von (0, 0) bis (10,10) reichen, dargestellt. Ich bin der Meinung, daß diese einfache Bewertung die Essenz von Regionalismus auf eine beachtenswerte Weise erfaßt.

Diese Bewertungen und Schätzungen vom Regionalismus in der Architektur wurden mit dem anderen Satz von Bewertungen und Schätzungen von der Design-Komplexität, wie unten beschrieben (Kapitel 39), mit Hilfe des Wertepaares (*architektonische Temperatur, architektonische Harmonie*) = (T, H) der Formensprache, verglichen. Auch diese Werte reichen von (0, 0) bis (10, 10). Eine Korrelation zwischen dem Regionalismus und der organisierten Komplexität wurde festgestellt, was das Modell unseres ersten Projektes erweiterte und bekräftigte. Die Daten dieses Korrelats werden in einem Forschungsbericht verwertet, in dem wir unsere Ergebnisse vorstellen.

Die womöglich wichtigste Lehre, die die Studenten aus dem Kurs ziehen konnten war, daß ein quantitativer Ansatz für die Analyse von Design, samt Adaptation, tatsächlich möglich ist. Auch lernten die Studenten, daß sie in der Lehrveranstaltung selbst mit sehr einfachen Bewertungswerkzeugen vorgenommen werden kann. Dieses Potential kehrt die übliche Weise, Architekturtheorie zu lehren, einfach um. Wir können dies jetzt auf der Grundlage von Elementen aus der Architektur und der Wissenschaft beweisen und begründen. Seit der Mitte des 20. Jahrhunderts ist es im akademischen Lehrbetrieb für Studenten nicht üblich, die Grundprinzipien der architektonischen Gestaltung zu hinterfragen, selbst wenn sie intuitiv nicht mit den Regeln einverstanden sind. Obwohl das Debattieren in Seminaren zur Architekturtheorie praktiziert wird, kann dabei, aufgrund der verzerrten Argumentationsquellen, nichts Gescheites herauskommen. Am Ende siegt immer nur die etablierte Sichtweise, die als Norm in der Ausbildung und in der Bewertung der Arbeit von Studenten unangefochten bleibt. Den Studenten wird auch keine Möglichkeit geboten, sich andere Mittel zur Bewertung bzw. Widerlegung von anderen Theorien anzueignen. Der quantitative Ansatz in der Architekturtheorie, den wir in unserer Lehrveranstaltung entwickeln, wird hoffentlich die Studenten dazu bringen, auf unabhängigere Weise über Architektur nachzudenken.

37

Erstes Kursprojekt

Eine Formensprache dokumentieren und ihre Komplexität bewerten

JEDER STUDENT SUCHT SICH EINE Formensprache aus, die er dokumentiert; anschließend entwirft er ein Gebäude mit dieser Formensprache und stellt es der Klasse vor. Bitte die „Checkliste Formensprache" als Anleitung berücksichtigen (siehe Kapitel 38). Jedem Studenten wird per Los eine Formensprache zugewiesen — keine Duplikate, damit nur unterschiedliche Formensprachen dokumentiert werden. So wird ein Maximum an Formensprachen vorgestellt, von denen die Studenten lernen können. Das detaillierte Studium und die Analyse von Formensprachen bereiten Studenten darauf vor, diese als Gestaltungswerkzeug zu nutzen; dadurch werden sie besser verstehen können, wie ein Design aus der kombinatorischen „linguistischen" Struktur von Formen ensteht. Diese Methode hat nichts mit der bloßen Nachahmung von oberflächlichen Bildern von Dritten gemein.

Die Studenten sollen dieselben Überschriften wie in der Checkliste (Kapitel 38) nutzen und so knapp wie möglich die Angaben zur jeweiligen Formensprache eintragen. Eingetragen werden sollen: Materialienlisten, Formen, Größen usw. Bei einigen Einträgen reicht ein enfaches Ja oder Nein, um anzugeben, ob etwas (ein strukturelles Element bzw. eine Eigenschaft dieses Elements) vorhanden ist. Es müssen sowohl die tatsächlichen Komponentengrößen wie auch die relativen Größenverhältnisse zwischen den verschiedenen Komponenten bewertet werden. Das Auflisten der Korrelationen soll dazu dienen, ein außergewöhnliches (zumindest in der heutigen Gestaltungspraxis) aber interessantes Element zu erkennen und ein Verbindungsglied zwischen zwei weiteren Komponenten zu dokumentieren. In vielen zeitgenössischen Gebäuden fehlt diese Zwischenverbindung aus stilistischen Gründen. Wenn die Studenten diese Übung machen, werden sie dazu gezwungen, ihre architektonische Sichtweise zu ändern.

Mir geht es darum, daß Studenten das nutzen, was sie durch die Wahl ihrer Formensprache gelernt haben, um ein sehr einfaches Gebäude zu entwerfen. Funktion und Gesamtspezifikation des Gebäudes dürfen die Studenten selber auswählen. Ziel der Übung ist, sich klar zu werden, was es bedeutet, eine bestimmte Formensprache zu „sprechen" (in unserem Rahmen lediglich die ersten Gestaltungsschritte). In der Lehrveranstaltung stellen Studenten ihre Formensprache samt Eigenschaften vor; auch ein einfacher Entwurf des Gebäudes (entsprechend der jeweiligen Formensprache) soll vorgestellt werden. Zudem soll die Kolmogorov-Chaitin-Komplexität der jeweiligen Formensprache anhand der Wortzählung der erfaßten Checkliste berechnet werden. Je „wortreicher" die Checkliste, desto komplexer die Formensprache. Außerdem soll die regionale Adaptation der Formensprache auf einer Skala von 0 bis 10 (je höher die Werte, desto höher die Adaptation) grob bewertet werden. Es handelt sich hierbei um die einfachste Bewertung der regionalen Adaptivität eines Gebäudes, die es überhaupt gibt. Diese Methode ist das Gegenteil jeder abstrakten, formalen bzw. „universellen" Design-Methode. Gebäude im „International Style" werden zwangsläufig sehr niedrige Werte erzielen. Die Teilnehmer zeichnen anschließend diese Werte für die (*Wortzählung, regionale Adaptation*) zusammen in einem Streudiagramm auf, um die Korrelationen zu verdeutlichen.

Das Beachtenswerte überhaupt ist, daß wir in der Lage sind, die Komplexität von Formensprachen zu evaluieren — mit einer einfachen Methode: der Wortzählung eines Textverarbeitungsprogramms. Jedoch ist es genau das, was herausgekommen ist, als wir alle Daten aufgetragen haben. Der mathematische Rahmen für dieses Modell wurde in der Lehrveranstaltung besprochen (Kapitel 9). Wir haben nun also mit einer neuen Untersuchung der Komplexität in der Architektur zu tun. In unserem zweiten Projekt gehen wir einen Schritt weiter und korrelieren diese Komplexität mit der Adaptabilität und dem Regionalismus.

Es folgen jetzt ein paar Richtlinien, die den Studenten beim Aussuchen ihrer Formensprache für dieses Projekt helfen werden.

1. Ich weiß, daß alle gern ein bekanntes Gebäude, entweder aus dem 20. Jahrhundert bzw. von einem zeitgenössischen Star-Architekten, dokumentieren möchten. Diese Bauten sind jedoch nur als Photomaterial „zugänglich", weshalb ich den Studenten rate, sich ein Gebäude aus gleich welcher Epoche auszusuchen, zu dem sie tatsächlich einen physischen Zugang haben. Nur so kann der Umgang mit Bauten und Formensprache richtig gelernt werden.

2. Architekturstudenten werden zwar von den Prachtbauten namhafter Architekten regelrecht verzaubert, der größte Teil der Menschheit lebt und arbeitet jedoch in bescheideneren Gebäuden. Studieren Sie also lieber ein Gebäude in Ihrer Nähe — Haus, Bürogebäude, Bank, Kaufhaus, Verwaltungsgebäude. Es muß kein besonderes Gebäude sein, sondern ein ganz normales Wohn- oder Arbeitsgebäude in der Gegend, in der Sie leben. Ihre Analyse wird ihre Bedeutung haben.

3. Eines der Ziele dieser Lehrveransltung ist die Validierung von historischen Formensprachen für den heutigen Gebrauch. Auf diesem Hintergrund macht es Sinn, daß Sie sich für ein lokales Gebäude aus einer älteren architektonischen Tradition entscheiden. Dieser Ansatz bietet die Gelegenheit, die Formensprache des Gebäudes (in der Regel eine viel reichere Sprache) zu dokumentieren und zu analysieren, wie die Formensprache für ein ähnliches Gebäude heute genutzt werden kann.

4. Einige von Ihnen haben bereits einen Teilzeitjob in einem Architekturbüro. Am besten suchen Sie sich also ein Gebäude aus, zu dem Sie

über Ihren Arbeitgeber Zugang haben. Suchen Sie sich ein Gebäude aus, das entweder fertig oder beinahe fertiggestellt ist, damit Sie nicht bloß mit Zeichnungen oder Darstellungen arbeiten. Das ist wichtig, denn Sie werden sowohl Räume und Flächen als auch die Komponenten vor Ort beurteilen müssen.

38

CHECKLISTE FORMENSPRACHE

NAME DER FORMENSPRACHE: Standort, Epoche, Name des Architekten, besonderes Gebäude?

DOKUMENTATION: Gibt es Arbeitsregeln für diese Formensprache? (Vorgaben, keine philosophischen oder ideologischen Berechtigungen.)

MATERIALIEN: Titan, Stahl, Glas, Backsteine, Beton, Holz, Stein, Adobe, Stroh usw.

KOMPONENTEN: Wände, Böden, Dächer, Tragebalken, Fenster, Türe, samt Maße.

VERBINDUNGEN: Gesims, Fugen, Formteile, Berührungspunkte Wand+Wand, Wand+Boden, Wand+Fenster, Tür+Wand, Wand+Decke, Fassade+Dach, Verbindungsgröße im Vergleich zu den zu verbindenden Teilen.

ÜBERHÄNGE UND AUSLEGER: Stützentyp, oben oder unten positioniert?

BÖGEN: ja/nein, Typ, Abstand, Höhe, Maße.

SÄULEN: ja/nein, Typ, Größe, Weite, Ausrichtung, Abstand zwischen Säulen, Riffelung?

SÄULENVERBINDUNGEN: Säule+Flur=Basis, Säule+oberes Ende=Kapitell, relative Größe.

RECHTECKE UND ANDERE GEOMETRISCHE FORMEN: rechteckige, diagonale oder gebogene Formen.

CHARAKTERISTISCHE FORMEN: allgemeine Geometrie der Komponenten, ihre relative Ausrichtung und ihre Vielfalt.

UNTERTEILUNG DER FORMEN: ja/nein, für Wände, für Fenster, ihre relativen Maße.

GRAMMATIK UND SYNTAX: welche Komponenten sind unter einander verbunden (Symmetrie) bzw. sollten nicht miteinander verbunden sein (Asymmetrie). Versteckte Regeln?

EINGANG: relative Maße im Vergleich zu anderen Komponenten, Bestimmungsmethode, Skalenwechsel?

VORBAUTEN UND BALKONE: ja/nein, Tiefe, Dachverbindungen, Gitter oder festes Mauerwerk?

FLURPLAN: Unterteilung der Raumflächen, Ordnung und Hierarchie der Räume, Verkehrsfläche.

SKALENKATALOG: gut definierte und idR sich wiederholende Strukturen (1mm, 3mm, 1cm, 3cm, 10cm, 1m, 3m, 10m sowie weitere Skalen).

FARBEN: ja/nein, welche? Intensität? Harmonisieren die verschiedenen Farben miteinander?

GRÖSSERE SYMMETRIEN: formale Symmetrien in Skalen von 10m bis ca. 1m.

KLEINERE SYMMETRIEN: Subsymmetrien von 1m bis Feindetail.

DEKORATIVE ELEMENTE: nicht-funktionale, große Elemente zu Stilzwecken.

ORNAMENTE: ja/nein, Typ und Design, Skalen, in denen sie vorkommen, Umfang.

FLÄCHEN: Materialien und Strukturen, die dem Nutzer vorgelegt werden, „freundlich" oder nicht?

39

ARCHITEKTONISCHER REGIONALISMUS KORRELIERT MIT DESIGN-KOMPLEXITÄT

JEDER STUDENT SUCHTE EINE BESTIMMTE Formensprache (die einem bestimmten Gebäude entsprach) aus, dokumentierte sie und bewertete die „Komplexität", indem er eine Wortzählung der Beschreibung der Sprache gemäß der erfaßten „Checkliste Formensprache" durchführte (siehe Kapitel 38, oben).

Gleichzeitig sollte jeder Student die regionale Adaptation des Gebäudes auf einer Skala von 0 bis 10 bewerten (0 entspricht dabei der niedrigsten Adaptation an Lokalität, Baukultur und den spezifischen Bedürfnisssen, die an diese Baukultur geknüpft sind). Bezüglich der Bedeutung von lokalen Materialien, der Nutzung von traditionellen Typologien, Niedrigkosten-Methoden der Energienutzung und Optimierung, der historischen Kontinuität der Design-Typologien und der Nutzung von traditioneller Ornamentierung usw. konnten sich die Studenten an unserer Klassendiskussion orientieren. Außerdem konnten sie prospektiv die detaillierteren Kriterien für den Regionalismus im Text „Quantitative Bewertungen von Regionalismus und Komplexität" (Kapitel 41, unten) nachlesen. Diese Kriterien waren ihnen eine große Hilfe, um die regionale Adaptation anhand einer einzelnen Ziffer zu bewerten.

Jeder Student legte ein geordnetes Paar von Ziffern vor, die ich zusammen darstellte. Es folgt ein unvollständiges Diagramm der Daten, die wir in der Lehrveranstaltung ermittelt haben:

Obwohl diese Darstellung nicht wirklich eine lineare Relation dokumentiert, verweist sie dennoch auf eine Korrelation der regionalen Adaptation mit der Formensprache. Dieses Resultat ist umso auffallender, weil die Projekte der Studenten sich in der Analyse der Gebäude, die sie ausgesucht hatten, unterschieden, selbst bei den jeweiligen spezifischen Schreibstilen der Studenten. Selbstverständlich ist die Bewertung der Komplexität einer Formensprache, die von der Wortzählung abhängt, auch von der „Wortfülle" des jeweiligen Studenten abhängig! Unabhängig von den evidenten Ungenauigkeiten, die diese Methode mit sich bringt,

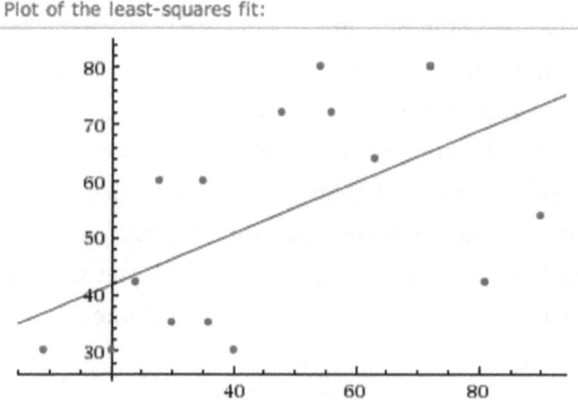

Projekt 1. Regionale Adaptation (vertikale Achse) im Vergleich zur Komplexität einer Formensprache, die anhand der Wortzählung ihrer verbalen Beschreibung gemessen wurde (horizontale Achse).

führen diese Resultate zu vielversprechenden Untersuchungsmöglichkeiten. Nachdem wir dies erkannt hatten, gingen wir gleich zum zweiten Projekt (siehe Kapitel 40 und 41, unten) über und versuchten, die regionale Adaptivität eines Gebäudes anhand von viel präziseren Kriterien als der Einzelziffer des ursprünglichen Modells zu berechnen.

Indem wir uns in unserem zweiten Projekt Christopher Alexanders Fünfzehn Eigenschaften zugewendet haben, hat sich unsere erste Bewertung der Design-Komplexität deutlich gebessert. Die Bewertung der Komplexität, die ich zur Einschätzung des „Lebendigkeitsgrades" von Gebäuden vorgelegt habe, macht es möglich, potentielle Fehlerquellen auszumerzen. Wie in diesem Modell dargestellt, liefern die Fünfzehn Eigenschaften eine präzisere zweidimensionale Bewertung der Design-Komplexität. Das ist viel mehr als die einstelligen Ziffern der Kolmogorov-Chaitin-Komplexität-Messung einer Formensprache.

Nachdem das oben erwähnte Diagramm in der Lehrveranstaltung präsentiert wurde, konnten wir behaupten, daß sich die architektonischen Vorlieben einiger Studenten drastisch verändert haben. Das war eine Überraschung. Während wir jedes Gebäude im Kontext der allgemeinen Resultate begutachteten, gaben einige Studenten zu, daß ihre Gebäudewahl letztendlich „doch keine gute Wahl gewesen war". Als sie aufgefordert wurden, dies zu erläutern, sagten sie, sie hätten sich ursprünglich für das Gebäude aufgrund der üblichen architektonischen Design-Kriterien entschieden. Unsere Analyse hätte ihnen jedoch gezeigt, daß wichtige Eigenschaften bezüglich der Nutzung durch Menschen sowie einfache ökonomische Aspekte nicht berücksichtigt wurden. Sie gaben schließlich zu, sie würden nie mehr die von ihnen ausgewählte Formensprache, sondern viel adaptivere Formensprachen nutzen. Sie hätten nun verstanden, wie sie die Adaptivität von Formensprachen bewerten können.

40

ZWEITES KLASSENPROJEKT: BEWERTUNG UND KLASSIFIZIERUNG VON FORMENSPRACHEN

IN UNSEREM ERSTEN PROJEKT WURDEN die Studenten damit beauftragt, eine Formensprache zu dokumentieren. In unserem zweiten Projekt geht es nun darum, die jeweilige Formensprache zu analysieren, um herauszufinden, wie sie für das heutige Bauen taugt. Zu diesem Zweck soll ein Bericht von 2–3 Seiten geschrieben werden — mit beliebig vielen Graphiken —, den die Studenten der Klasse in elektronischer Form liefern. Eine Papierversion wird dem Dozenten zur Evaluierung (Benotung) und Archivierung vorgelegt. Die Studenten sollen sich an folgende Vorgaben halten.

In der Lehrveranstaltung klassifizieren die Studenten ihre jeweilige Formensprache, und zwar nach ihren regionalen/globalen und natürlichen/künstlichen Merkmalen. Die Bewertung von zwei unabhängigen Komponenten für Regionalismus aus geographischer und humaner Adaptation soll auf der Grundlage der Richtlinien „Quantitative Bewertungen von Regionalismus und Komplexität" (Kapitel 41, unten) vorgenommen werden. Anschließend sollen die architektonischen Werte (x, y) für die jeweiligen Formensprachen evaluiert werden.

Die regionalen Werte (x, y) der Formensprache sind überhaupt eine weitere Neuerung. Indem wir grundlegende Fragen über die echte Adaptabilität von Gebäuden stellen, räumen wir mit den stilistischen Vorurteilen der letzten Jahrzehnte auf. Mit diesen Bewertungen gelingt eine erste Annährung an die tatsächliche Bewertung der Adaptabilität. Außerdem führt unser Ansatz zu einem besseren Verständnis von Nachhaltigkeitsfragen. Um es ganz klar zu sagen: Es geht hier um einen neuen Denkansatz über den Regionalismus und die Nachhaltigkeit; es geht um eine quantitative Sichtweise, die die alte stilistische Zwangsjacke beseitigt, die der Disziplin auferzwungen wurde. Dieser bescheidene Anfang öffnet die Tür zu einem besseren quantitativen Deutungsmodell und zu weiteren Entwicklungsmöglichkeiten.

Der nächste Schritt ist die Berechnung der architektonischen Temperatur T und der architektonischen Harmonie H; mit diesem weiteren Wertepaar (T, H) kann die Komplexität der jeweiligen Formensprache (nach der Modellbeschreibung in Kapitel 21) bewertet werden. Diese Werte stellen wir anschließend der ganzen Klasse in einer Graphik vor und suchen dann gemeinsam nach Korrelationen zwischen allen verschiedenen Variablen. Abschließend evaluieren alle Studenten ihre jeweilige Formensprache im Hinblick auf ihren heutigen allgemeinen Gebrauch und legen der Klasse ihre Analyse vor.

Die Komplexitätsbewertung, die durch die Werte (T, H) dargestellt wird, ist viel aufwendiger als die vorherige Komplexitätsbewertung (Kolmogorov-Chaitin-Wortzählung). Ohne ins Detail zu gehen, läßt sich behaupten, daß die Kolmogorov-Chaitin-Komplexität zwischen einfachen und komplexen Sprachen zu unterscheiden vermag, jedoch nicht zwischen geordneten und ungeordneten Formen der Komplexität, die sich auf Nutzer gegenteilig auswirken. Die präzisere Anwendung der „Fünfzehn Lebenseigenschaften" in Bezug auf die (T, H) Approximation trennt beide Arten von Komplexität voneinander. Somit läßt sich das, was intuitiv selbstverständlich in einem komplexen Design ist, bewerten. Mit anderen Worten: Der Kohärenzgrad eines komplexen Designs läßt sich somit besser bewerten.

41

QUANTITATIVE BEWERTUNGEN DES REGIONALISMUS UND DER KOMPLEXITÄT

Regionale Bewertungen von Formensprachen: Geographische und humane Adaptationen von (0, 0) bis (10, 10)

Auf einer Skala mit 3 Optionen (0 bis 2) evaluieren Sie bitte die folgenden Grundeigenschaften Ihrer Formensprache. Bewerten Sie mit 0 die Eigenschaften im linken Deskriptor und 2 im rechten Deskriptor. Wenn Sie sich nicht entscheiden können, weil die Eigenschaft weder 0 noch 2 entspricht, bewerten Sie bitte mit 1. Diese gepaarten architektonischen Eigenschaften entsprechen eindeutig Gegensatzpaaren.

Die erste Gruppe von Werten bezieht sich auf die Geographie; wir nennen sie x-Werte:

x_1 : GLOBALE TYPOLOGIE → REGIONALE TYPOLOGIE

x_2 : GEBRAUCH VON IMPORTIERTEN MATERIALIEN → GEBRAUCH VON LOKALEN MATERIALIEN

x_3 : UNABHÄNGIG VOM LOKALEN KLIMA → DEM LOKALEN KLIMA ANGEPASST

x_4 : NICHT ENERGIEEFFIZIENT → UM ENERGIEEFFIZIENZ BEMÜHT

x_5 : VERTRAUT DER GLOBALEN INDUSTRIE BEZ. DER ENERGIEEFFIZIENZ → NUTZT LOW-TECH ENERGIE-LÖSUNGEN

Die zweite Gruppe von Werten bezieht sich auf die humane Adaptation; wir nennen sie y-Werte:

y_1 : UM EINEN GLOBALEN STIL BEMÜHT → VERSUCHT HISTORISCHE TRADITIONEN MIT DER LOKALEN KULTUR ZU VERBINDEN

y_2 : AN ABSTRAKTE FORMALE REGELN ADAPTIERT → AN DIE HUMANE PHYSIOLOGIE ADAPTIERT

y_3 : RÄUME UND FLÄCHEN SIND DURCH PHILOSOPHISCHE ÜBERLEGUNGEN GEPRÄGT → RÄUME UND FLÄCHEN SIND AN DIE HUMANE PHYSIOLOGIE ADAPTIERT

y_4 : BEDÜRFNISSE VON KINDERN WERDEN KAUM BERÜCKSICHTIGT → DEN BEDÜRFNISSEN VON KINDERN ADAPTIERT

y_5 : VON DEN INTELLEKTUELLEN VORSTELLUNGEN EINER ELITE GEPRÄGT → ANGETRIEBEN VON DER FREUDE, DIE JEDERMANN EMPFINDEN KANN

Berechnen Sie das Gesamtergebnis, indem Sie die Variablen für beide Gruppen separat addieren. Das Gesamtergebnis wird als geordnetes Paar aufgenommen $(x, y) = (geographische\ Adaptation,\ humane\ Adaptation)$ und bewegt sich zwischen den Werten (0, 0) bis (10, 10). Verschiedene Gebäude können verglichen werden, indem ihre (x, y) Werte in einem zweidimensionalen Diagramm dargestellt werden.

Für die Gesamtbewertung der regionalen Adaptabilität definieren wir einen Prozentwert als Produkt $R = xy$. Da bei x und y die Werte zwischen 0 und 10 liegen, muß R einer Zahl zwischen 0 und 100 entsprechen. Dieser Zahlenwert wird hier zum ersten Mal definiert. Als Bezeichnung haben wir R für den kombinierten Wert aus der regionalen und der humanen Adaptabilität der Formensprache gewählt. Diese Zahl entspricht einer einfachen Schätzung in Prozenten, die im Vergleich mit dem Wert für „*architektonische Lebendigkeit L*", wie wir ihn im nächsten Abschnitt definieren, genutzt werden kann. R ergibt sich aus den üblichen Voraussetzungen für regionale Adaptation; L ergibt sich lediglich aus den geometrischen Faktoren der Formensprache. Deshalb ist der Vergleich sehr lehrreich — indem er eine Korrelation zwischen der Geometrie des Designs und der Adaptibilität des Gebäudes herstellt.

BERECHNUNG DES WAHRGENOMMENEN LEBENDIGKEITSGRADES VON FORMENSPRACHEN: ARCHITEKTONISCHE TEMPERATUR UND HARMONIE VON (0, 0) BIS (10, 10)

Die nötigen Werkzeuge sind im Vorlesungsskript *Neunte Woche* (Kapitel 21) beschrieben. Dort gehen wir auf das Modell aus unserem ein Lehrbuch: Salingaros, *A Theory of Architecture*, Kapitel 5, „Life and Complexity in Architecture from a Thermodynamic Analogy". Berechnen Sie die architektonische Temperatur T und die architektonische Harmonie H für Ihre Formensprache und generieren Sie dabei ein weiteres geordnetes Paar Werte (T, H), die von (0, 0) bis (10, 10) reichen. Selbst vor dem Vergleich mit der regionalen Adaptation kann der „Lebendigkeitsgrad" Ihres Gebäudes als Prozentwert des Produktes $L = TH$ berechnet werden. Vergleichen Sie diesen Wert mit allen verschiedenen Gebäuden, die in der Lehrveranstaltung untersucht werden. Haben Sie das Gefühl, daß dieser Prozentwert TH dem emotionalen Verbindungsgrad entspricht, den dieses Gebäude bei Ihnen hervorrufen würde?

KORRELATION ZWISCHEN DEN VARIABLEN

Können Sie eine Korrelation zwischen diesen unterschiedlichen Variablen feststellen? Es gibt Hauptkorrelationen, die es zu untersucht gilt. Erstens suchen wir nach internen Korrelationen zwischen den Werten für den architektonischen Regionalismus (x, y). Korrelieren die geographischen Werte x mit den humanen y-Werten? Zweitens korreliert der Wert für den architektonischen Regionalismus (x, y) mit dem Wert für die architektonische Lebendigkeit (T, H), und, wenn ja, warum? Mit anderen Worten, korrelieren die geographischen und humanen Adaptationsgrade mit den eher abstrakten Komplexitätswerten, die die architektonische Temperatur und die architektonische Harmonie bestimmen?

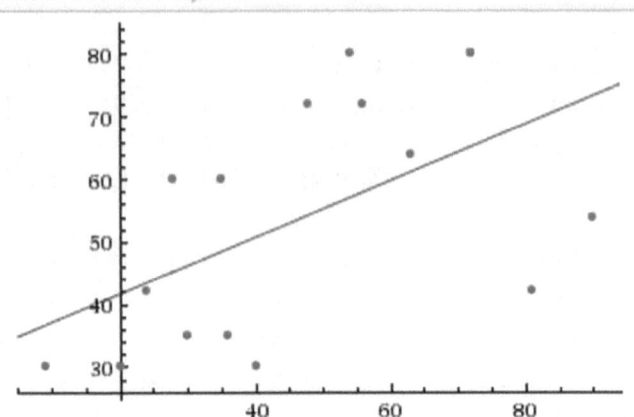

Projekt 2: Bewertung der regionalen Adaptation durch das Produkt xy (vertikale Achse) im Vergleich zur Bewertung der architektonischen Lebendigkeit von Formensprachen durch das Produkt TH (horizontale Achse).

Klassifizierung von Formensprachen

Gemeinsam besprechen wir in der Lehrveranstaltung alle Formensprachen; die berechneten Werte werden in einem Gesamtdiagramm (das alle Formensprachen beinhaltet) dargestellt, um die verschiedenen Formensprachen zu positionieren. So kommt es zu einer besseren Einsicht in alle Formensprachen auf der Grundlage ihrer adaptiven Nutzung und ihres architektonischen Regionalismus und ihrer architektonischen Lebendigkeit. Diese Interpretation der Architektur hat nichts mit Modeerscheinungen, Design-Ideologien, Politik oder sonst etwas zu tun, das die Einschätzung von sehr unterschiedlichen Formensprachen durch Architekten bestimmt hat.

Erstellen Sie ein Diagramm, in dem alle Gebäude enthalten sind, mit dem Wert R (regionale Adaptation) auf der vertikalen Achse und dem Wert L (architektonische Lebendigkeit) auf der horizontalen Achse. Wie korrelieren diese Werte miteinander? Dieses Diagramm soll ein präziseres Vergleichsbild „regionale Adaptation — geometrische Komplexität" liefern als unser erstes Modell (Kapitel 39). Gibt es eine ähnliche lineare

Abhängikeit von der regionalen Adaptation im Vergleich zur Komplexität, wie wir sie mit dem viel einfacheren Modell des ersten Projektes in unserer Lehrveranstaltung festgestellt haben? Glauben Sie, daß es möglich ist, auf der Grundlage dieser Resultate, regional adaptive Gebäude mit einer Formensprache zu entwerfen, die einen niedrigen Lebendigkeitswert L hat? Können wir uns eine nachhaltige Architektur für die Zukunft — die zwangsläufig eine hohe regionale Adaptation R haben muß — vorstellen, ohne daß Designelemente eingebaut werden, die zu einer hohen architektonischen Lebendigkeit L führen?

Evaluierung der Ausgereiftheit von Formensprachen

Auf der Grundlage dieser Analyse, bewerten Sie Ihre Formensprache als mehr oder weniger ausgereift für das Bauen in der heutigen Gesellschaft? Hat sich diese Formensprache bestätigt, weil sie über längere Zeiten von vielen Architekten mit Erfolg genutzt worden ist? Oder geht es um eine unbestätigte experimentelle Formensprache? Vermutlich handelt es sich um genau eine solche Formensprache, die, vor allem wenn sie immer wieder genutzt wird, um einen „Look" zu erzeugen, stets bei der Erschaffung einer wirklich gemütlichen Wohn- und Arbeitsumgebung versagt. Mit den Werkzeugen, die dieser Kurs bietet, ist es jetzt möglich, solche Formensprachen frei von Vorurteilen zu beurteilen — besonders bei „altmodischen" Formensprachen, die in den letzten Jahrzehnten aufgrund der herrschenden Ideologie ignoriert wurden. Mit den „zeitgenössischen" Formensprachen gehen viele extrem wichtige Informationen ganz einfach verloren.

Empfohlene Veränderungen von Formensprachen

Kann die von Ihnen ausgewählte Formensprache durch Veränderungen für das Bauen in der heutigen Gesellschaft ausgereifter gemacht werden? Formensprachen sind nicht strikt an eine Zeit gebunden und jede Veränderung ist willkommen, solange diese zu einer besseren Adaptation an Nutzer und an die natürliche Umgebung führt. Fördern Sie die „genetische Evolution" Ihrer Formensprache, indem Sie diese verändern. Anschließend überprüfen Sie erneut ihre Ausgereiftheit, indem Sie die Werte für den architektonischen Regionalismus (x, y) und die architektonische Lebendigkeit (T, H) neu berechnen. Sollten diese Werte niedriger ausfallen, dann haben Sie einen Fehler gemacht! Die natürliche Selektion läßt nur Maßnahmen zu, die diese beiden Werte erhöhen.

Übergeordnete Faktoren

Können andere Faktoren, die von gebauten Beispielen stammen und in der vorliegenden Analyse nicht erwähnt sind, für den Erfolg Ihrer Formensprachen verantwortlich sein? Analysieren Sie, wie diese Faktoren das berechnete Ausgereiftheitsmodell, das ich dargestellt habe, überschatten können. Mit anderen Worten, existieren unnatürliche Selektionsregeln, die eigentlich zum Erfolg Ihrer Formensprache beitragen, obwohl sie gegen die regionalen, adaptiven und humanen Faktoren gerichtet sind? Als solches ist dies bereits eine Evolution, die bloß nicht gemäß natürlicher Kriterien gerichtet ist. Ideologie, eigennützige Interessen und bürokratische Trägheit können zum Beispiel den Einsatz von nicht-adaptiven Formensprachen fördern.

Vertiefung dieses wesentlichen Themas

Die Kernfrage in der Architektur lautet, und das seit über einem Jahrhundert: Welche Formensprache paßt für das Bauen in der heutigen Gesellschaft? In unserer Lehrveranstaltung haben wir analytische Methoden zur Evaluierung von Formensprachen entwickelt, mit denen wir sowohl deren Evolution in der Zeit als auch durch gewollte Veränderungen durch Architekten evaluieren können. Wir hoffen sehr, daß dieses Bewertungsschema jungen Architekten bei der Adaptation und dem persönlichen Ausdrucksvermögen behilflich sein wird. Das Ende unseres Kurses ist nichts anderes als der Beginn der Suche des Architekten nach Design-

Lösungen. Wir empfehlen den Studenten die Auseinandersetzung mit Formensprachen im Kapitel 16: „Form Language and Style" in Christopher Alexanders Buch 2 von *The Nature of Order: The Process of Creating Life* (Center for Environmental Structure, Berkeley, Kalifornien, 2002), S. 431–460.

42

Anmerkungen für Studenten zum allgemeinen Rahmen der Lehrveranstaltung

Struktur des Kurses und Aufgaben

Diese Lehrveranstaltung ist eine hybride Mischung, teils Vorlesung, teils Seminar und teils Architekturbüro. Als „seminarartig" bezeichnen wir die Lektüren und Diskussionen. Mit „Architekturbüro" ist die Arbeit an einem Projekt gemeint, bei dem auf die Konzepte und Ansätze, die auf dem Hintergrund der Architekturtheorie besprochen wurden, zurückgegriffen wird. Diese Konzepte werden in der Lehrveranstaltung vorgestellt und besprochen. Es geht bei diesem Vorhaben darum, das Verständnis für den Gestaltungsprozeß zu vertiefen, indem Nachdenken und Machen, Theorie und Praxis, miteinander verbunden werden. Das Projekt bietet den Studenten die Möglichkeit, viel gründlicher als in der üblichen Praxis des Architekturstudiums, ihren kritischen Sinn zu schärfen und ihre analytischen Fähigkeiten zu testen.

Wöchentliche Berichte über die Pflichtlektüren

Unsere Lektürevorgaben sind wichtig und sollten zum besseren Gesamtverständnis dienen. Der Stoff, den wir durchnehmen, ist nicht einfach und es bedeutet eine Menge Arbeit, ihn zu verstehen. Es wird überhaupt seine Zeit brauchen, um alles zu verstehen; ein bloßes „Reinschauen" wird nicht reichen. Wir verlangen viel mehr von den Studenten als es üblicherweise der Fall ist; seid also bereit, mehr Zeit zu investieren. Ich erwarte, daß alle Studenten jede Woche das neue Wissen, das sie aus den Pflichtlektüren und den Diskussionen zu diesen Lektüren in den Lehrveranstaltungen gewonnen haben, in einem 2-Seiten-Bericht (maximal) zusammenfassen und analysieren. Graphiken und Bilder können helfen und beliebig hinzugefügt werden. Viele Berichte werden Zusammenfassungen von diversen Pflichtlektüren beinhalten, fassen Sie sich also bitte kurz. Es werden 14 Berichte sein, die jeweils 4% der Gesamtnote ausmachen.

Richtlinien für die Wochenberichte

1. Sie müssen mich davon überzeugen, daß Sie den Stoff gelesen und verstanden haben. Es soll nur der Stoff der jeweiligen Woche besprochen werden — es sei denn, der direkte Bezug zu einer anderen Pflichtlektüre ist für das bessere Verständnis wichtig.

2. Zitieren Sie nicht die Autoren der Pflichtlektüren. Etwas zu zitieren bedeutet nicht, etwas zu validieren; mir geht es nicht um das Zitieren, sondern darum, zu wissen, daß Sie den Inhalt verstanden haben. Womöglich ist die Aussage im Zitat sogar falsch. Versuchen Sie anhand von Beweisen zu klären, ob die Aussage richtig ist.

3. Wie lautet die Kernaussage des Autors?

4. Welche Beweise führt der Autor an, um seine Aussagen zu untermauern?

5. Können die Ideen des Autors mit den Grundeigenschaften der Architektur vereinbart werden?

6. Wie lauten die Kriterien für Bewertung und Kritik und wie stehen Sie zu ihnen?

Besprechungen in der Lehrveranstaltung

Anwesenheit und Teilnahme an den Besprechungen in der Lehrveranstaltung sind Pflicht. Die aktive Teilnahme an unserem konstruktiven Austausch wird benotet (4% der Gesamtnote).

Studiengruppen

Besonders empfehle ich den Studenten, Studiengruppen von 2-5 Studenten zu bilden — zur Besprechung der Aufgaben und Pflichtlektüren sowie auch zur Vorbereitung der Projekte. Es ist bekannt, daß die Zusammenarbeit in Studiengruppen das Selbstvertrauen und das bessere Verständnis der Studenten fördert und sie somit bessere Noten erhalten. Vergessen Sie jedoch bitte nicht, Ihre individuellen „Hausaufgaben" (wöchentliche Berichte und Projekte) einzureichen. Schreiben Sie nicht voneinander ab, bearbeiten Sie nicht die gleichen Themen.

Projekte

Während des Semesters werden zwei Projekte durchgeführt. Jedes Projekt dauert ca. drei Wochen und kreist um Fragen, die in der Lehrveranstaltung aufgekommen sind. Zusammen machen diese Projekte 40% der Gesamtnote aus.

Im ersten Projekt, das am Anfang des Semesters beginnt, wird jedem Student eine spezifische Formensprache zugeteilt. Die Studenten nehmen an einem Losverfahren teil. Jeder Student erhält ein Los, auf dem eine Ziffer steht. Nummer 1 darf als erster eine Formensprache auswählen, dann Nummer 2 usw. Die Studenten dokumentieren ihre Formensprache, die sie benutzen, um ein Gebäude ihrer Wahl zu entwerfen. Sie stellen der Klasse sowohl die Formensprache als auch ein grobes Modell des Gebäudes vor. Es handelt sich um eine einfache Entwurfsübung, die darauf abzielt, die Konzepte umzusetzen, die im Unterricht durchgenommen wurden.

Im zweiten Projekt geht es um das Analysieren. Nachdem der Hauptteil der Theorie durchgenommen wurde, können regionale Adaptabilität und Natürlichkeitsgrad besser evaluiert werden. Alle Formensprachen (aus dem ersten Projekt) werden in eine Gesamtklassifizierung aufgenommen. Zusammen produzieren wir ein Diagramm, in dem jede Formensprache eingetragen wird. Die Resultate werden in der Lehrveranstaltung besprochen.

43

LEHRVERANSTALTUNG: DAS KONZEPT

ICH FÜGE DIESE LISTE HINZU, damit jeder Dozent die Struktur meiner Lehrveranstaltung mühelos übernehmen kann. Die Lektüren stammen aus Kapiteln unserer beiden Lehrbücher: Christopher Alexanders *The Nature of Order, Book 1: The Phenomenon of Life*; und Salingaros' *A Theory of Architecture*. Das sonstige Material ist im vorliegenden Buch enthalten.

WOCHE 1

Die Struktur einer wissenschaftlichen Theorie. Voraussetzungen, damit eine Denkweise als Architekturtheorie fungieren kann. Diskurse und Denkweisen, die keine Theorien sind.

Lektüren: Alexander, Prolog & Kapitel 1. Salingaros, „Architectural Theory", Auszüge aus AAAD (auch auf Chinesisch, Französisch, Italienisch und Russisch erhältlich). Edward O. Wilson, „Integrated Science and the Coming Century of the Environment".

WOCHE 2

Formensprachen. Formen- und Tektonikbegriffe und ihre kombinatorischen Eigenschaften. Reichtum von Formensprachen und Bewertung ihrer Komplexität.

Lektüren: Alexander, Kapitel 2. Alexander, Auszüge aus „A Pattern Language". Salingaros, Kapitel 11.

Woche 3

Unterschiedliche Beispiele von Formensprachen. Klassische Beispiele, historische, regionale usw. Formensprachen aus der Zeit der Industrialisierung. Formensprachen berühmter Architekten. Drei Gesetze von struktureller Ordnung.
Lektüren: Salingaros, Kapitel 1 (auch auf Spanisch erhätlich). Salingaros, „Kolmogorov-Chaitin-Complexity". Salingaros & Masden, „Against Ecophobia".

Beginn des ersten Projektes: Jeder Student wählt eine bestimmte Formensprache aus und dokumentiert sie, entwirft anschließend ein Gebäude mit dieser Formensprache und präsentiert es in der Lehrveranstaltung. Bitte die „Checkliste Formensprache" als Leitfaden nutzen. Das Losverfahren entscheidet über die Zuteilung von Formensprachen — damit jeder Student eine andere studiert.

Woche 4

Vergleich von verschiedenen Formensprachen. Komplexitätsgrad als Adaptivitätsbewertung. Regionalismus als Adaptation an Lokalität. Regional versus global: eine praktische Dimension in der Klassifizierung von Formensprachen. Philosophische Rechtfertigungen von Formensprachen.
Lektüren: Alexander, Kapitel 7. Léon Krier, „Building Civil Cities". Salingaros & Masden, „Politics, Philosophy, Critical Theory".

Weiterführung des ersten Projektes: Die Studenten stellen ihr Gebäude und die Formensprache, die sie beim Entwurf des Gebäudes benutzt haben, in der Klasse vor. Sie berechnen die Kolmogorov-Chaitin-Komplexität der jeweiligen Formensprache mithilfe der Wortzählung der ausgefüllten Checkliste. Auch die regionale Adaptation wird auf einer Skala von 0 bis 10 (je höher die Ziffer, desto höher die Adaptation) bewertet. Diese Werte werden dann in einem Streudiagramm in der Klasse graphisch dargestellt (Suche nach Korrelationen).

WOCHE 5

Adaptivität einer Formensprache an das humane Leben. Humane Physiologie und Psychologie. Ein direkter und nützlicher Test: Alexanders 'Selbstbespiegelungstest'. Evidenzbasiertes Design.
Lektüren: Alexander, Kapitel 8 & 9. Mehaffy & Salingaros, „Evidenzbasiertes Design".

WOCHE 6

Biophilie: unsere evolutionäre Verwandschaft mit der Stuktur biologischer Formen. Wie natürliche Formen Menschen versorgen. Krankenhaus-Design und heilende Umgebungen.
Lektüren: Alexander, Kapitel 10. Mehaffy & Salingaros, „Biophilia". Salingaros & Masden, Auszug aus „Neuroscience, the Natural Environment, and Building Design".

WOCHE 7

Geometrische Grundlagen von natürlichen Formen. Alexanders Fünfzehn Lebenseigenschaften und wie sie zum Phänomen „Leben" führen.
Lektüren: Alexander, Kapitel 5.

WOCHE 8

Wissenschaftlicher Hintergrund der Fünfzehn Lebenseigenschaften. Fraktale und hierarchische Skalierung. Logarithmische Konstante als Durchschnittsmaßstab.
Lektüren: Alexander, Kapitel 6. Salingaros, Kapitel 2 & 3.

WOCHE 9

Organisierte Komplexität. Ein Modell, das die Lebendigkeit in der Architektur evaluiert. Berechnung der architektonischen Temperatur und der

architektonischen Harmonie. Experimente, die die theoretischen Voraussagen mit dem wahrgenommenen Lebendigkeitsgrad korrelieren.
Lektüren: Alexander, Appendix 6. Salingaros, Kapitel 5.

WOCHE 10

Adaptive Rekursion als Grundlage von geometrischer Kohärenz. Der Bereich von Zentren und Gesamtheit. Komplexe adaptive Systeme als Transformationen.
Lektüren: Alexander, Kapitel 3 & 4 und Appendix 3. Mehaffy & Salingaros, „The Transformation of Wholes".

Beginn des zweiten Projektes: Die Studenten evaluieren ihre Formensprache anhand von Adaptabilitäts- und Komplexitätsbewertungen und stellen ihre Analyse in der Lehrveranstaltung vor. Sie bewerten die natürlichen/unnatürlichen und die regionalen/globalen Eigenschaften. Dann berechnen sie die architektonische Temperatur T und die architektonische Harmonie H, um ein weiteres geordnetes Wertepaar (T, H) für jede Formensprache zu ermitteln. Die Studenten arbeiten mit der Beschreibung der „Quantitativen Bewertungen von Regionalismus und Komplexität".

WOCHE 11

Rekursion und Fraktale. Unterschiedliche Größen in einem Design und wie sie miteinander verbunden sind. Wie reduzieren Fraktale den Streß?
Lektüren: Mehaffy & Salingaros, „Scaling and Fractals". Salingaros, Kapitel 6 & 7. Salingaros, „Fractal Art and Architecture Reduce Physiological Stress".

Weiterführung des zweiten Projektes: In der Lehrveranstaltung werden alle Punkte, die bei der Analyse des Regionalismus und der Komplexität bewertet wurden, in einem Diagramm zusammengetragen, und die gesamte Klasse sucht nach Korrelationen. Danach werden die verschiedenen Formensprachen nach ihren Regionalismus- und Komplexitätswerten klassifiziert. Abschließend werden die aktuelle allgemeine Nutzbarkeit jeder

Formensprache und die Möglichkeiten, ihren Einsatz zu optimieren, besprochen.

WOCHE 12

Theorie der Ornamente. Ornamente und menschliche Intelligenz. Ein Streß-Modell in minimalistischen Umgebungen auf der Grundlage von Analogien mit humanen Pathologien.
Lektüren: Alexander, Kapitel 11. Mehaffy and Salingaros, „Intelligence and the Information Environment". Salingaros, Kapitel 4.

WOCHE 13

Die Architektur selbst als biologisches System. Organisationslehren aus der Biologie und der Robotik, die im Design angewandt werden können.
Lektüren: Mehaffy & Salingaros, „Complex Adaptive Systems". Salingaros & Masden, „Architecture: Biological Form and Artificial Intelligence".

WOCHE 14

Klassifizierung von Formensprachen: natürliche Sprachen und künstliche Sprachen. Unterschiedliche Vorstellungen vom Wesen der Architektur und wie sie sich entwickeln sollte.
Lektüren: Alexander, Schlußwort. Die Alexander-Eisenman Debatte 1982. Alexander, „Some Sober Reflections on the Nature of Architecture in Our Time".

44

NACHWORT

EIN BRIEF VON ZAHEER ALLAM

LIEBER HERR PROF. SALINGAROS,
nochmals vielen Dank, daß ich Ihr Vorlesungsskript zur Architekturtheorie durchlesen durfte. Nachdem ich es gründlich studiert habe, sind mir ein paar Fragen eingefallen, die ich Ihnen gern stellen möchte.

Einige Prinzipien, die Sie in der Vorlesung erläutert haben, sind sehr aufschlußreich. Besonders Ihre Ideen über die Geburt des Modernismus als Kulturzerstörung und seine „keine Rücksicht auf Verluste"-Folgen haben mir gefallen. Sie verdeutlichen gut, weshalb es eine neue, intelligente Form von Architektur geben muß. Eine Architektur, die zweckgebunden und praktisch sein muß, im Gegensatz zur modernistischen Architektur, die lediglich als Befriedigung der ästhetischen Bedürfnisse von Architekten und Designern dient. Sie haben auch die Wichtigkeit einer wesentlichen architektonischen Notwendigkeit einfühlsam erläutert: die Notwendigkeit, die Menschen an ihre Umgebung zu binden, so wie sie mit der Welt verbunden sind. Mit anderen Worten, es geht um das Gefühl der „Verbundenheit". Dieses urzeitliche psychologische Bedürfnis wird in den Gestaltungsprinzipien und der architektonischen Praxis von heute viel zu oft ignoriert.

Ihre Stimme ist ein beeindruckendes Echo durch alle Kapitel, beredsamer hätten Sie Ihre Ideen gar nicht darstellen können. Ich wünschte, es gäbe in der Forschung mehr Visionäre wie Sie, die das kritische Denken fördern und nicht blind dem allmächtigen ästhetischen Design huldigen. Es würde zu einem humanistischeren Ansatz in der Gestaltung, und dadurch zu einer Symbiose zwischen den Menschen und der materiellen Welt, führen.

Ich glaube auch, daß die ästhetische Besessenheit in der heutigen architektonischen Ausbildung begründet ist. Es wird nicht genug getan für die architektonische Forschung und zuviel Gewicht auf die Ästhetik gelegt, die zu Ruhm und Reichtum führt. Daraus ergibt sich eine Obsession mit Design, zu Lasten der Grundprinzipien der Ethik.

Ich hoffe, daß viele Menschen, ob Akademiker oder Fachleute, die philosophischen Lehren aus Ihrer Arbeit teilen werden. Und somit ein konstruktiver Wechsel in Gang gesetzt wird, der weg von der „modernen" Architektur zu einem neuen Verständnis vom utilitaristischen Design führt.

In Erwartung weiterer aufschlußreicher Ideen von Ihnen
dankt und grüßt Sie herzlichst

Zaheer

Zaheer Allam *ist ein junger Architekt aus Mauritius. Er hat in Malaysia und den USA studiert und arbeitet zur Zeit im Grünen Design und in der Nachhaltigkeit (Kultur und Umwelt).*

„*Meiner Meinung nach war Nikos Salingaros die zweite Person, die angefangen hat, die tiefe Verbindung zwischen Wissenschaft und Architektur zu untersuchen. Er hatte mir vor Jahren geholfen, das Material für mein Buch* The Nature of Order *auszusuchen. Mitte der neunziger Jahre, glaube ich, begann er wissenschaftlich über die Architektur zu schreiben. Und dann, in der zweiten Hälfte der neunziger Jahre, fing er an, wichtige Beiträge für die Erschaffung dieser Brücke zu leisten und die Architektur als Objekt wissenschaftlicher Forschung zu etablieren.*"

— Christopher Alexander

WEITERE BÜCHER VON ARKTOS

Sri Dharma Pravartaka Acharya	*The Dharma Manifesto*
Joakim Andersen	*Rising from the Ruins: The Right of the 21st Century*
Winston C. Banks	*Excessive Immigration*
Alain de Benoist	*Beyond Human Rights*
	Carl Schmitt Today
	The Indo-Europeans
	Manifesto for a European Renaissance
	On the Brink of the Abyss
	The Problem of Democracy
	Runes and the Origins of Writing
	View from the Right (vol. 1–3)
Arthur Moeller van den Bruck	*Germany's Third Empire*
Matt Battaglioli	*The Consequences of Equality*
Kerry Bolton	*The Perversion of Normality*
	Revolution from Above
	Yockey: A Fascist Odyssey
Isac Boman	*Money Power*
Charles William Dailey	*The Serpent Symbol in Tradition*
Ricardo Duchesne	*Faustian Man in a Multicultural Age*
Alexander Dugin	*Ethnos and Society*
	Ethnosociology
	Eurasian Mission
	The Fourth Political Theory
	The Great Awakening vs the Great Reset
	Last War of the World-Island
	Political Platonism
	Putin vs Putin
	The Rise of the Fourth Political Theory
	The Theory of a Multipolar World
Edward Dutton	*Race Differences in Ethnocentrism*
Mark Dyal	*Hated and Proud*
Clare Ellis	*The Blackening of Europe*
Koenraad Elst	*Return of the Swastika*
Julius Evola	*The Bow and the Club*
	Fascism Viewed from the Right
	A Handbook for Right-Wing Youth
	Metaphysics of Power
	Metaphysics of War
	The Myth of the Blood
	Notes on the Third Reich
	The Path of Cinnabar
	Recognitions

WEITERE BÜCHER VON ARKTOS

	A Traditionalist Confronts Fascism
GUILLAUME FAYE	*Archeofuturism*
	Archeofuturism 2.0
	The Colonisation of Europe
	Convergence of Catastrophes
	Ethnic Apocalypse
	A Global Coup
	Prelude to War
	Sex and Deviance
	Understanding Islam
	Why We Fight
DANIEL S. FORREST	*Suprahumanism*
ANDREW FRASER	*Dissident Dispatches*
	The WASP Question
GÉNÉRATION IDENTITAIRE	*We are Generation Identity*
PETER GOODCHILD	*The Taxi Driver from Baghdad*
	The Western Path
PAUL GOTTFRIED	*War and Democracy*
PETR HAMPL	*Breached Enclosure*
PORUS HOMI HAVEWALA	*The Saga of the Aryan Race*
LARS HOLGER HOLM	*Hiding in Broad Daylight*
	Homo Maximus
	Incidents of Travel in Latin America
	The Owls of Afrasiab
RICHARD HOUCK	*Liberalism Unmasked*
A. J. ILLINGWORTH	*Political Justice*
ALEXANDER JACOB	*De Naturae Natura*
JASON REZA JORJANI	*Closer Encounters*
	Faustian Futurist
	Iranian Leviathan
	Lovers of Sophia
	Novel Folklore
	Prometheism
	Prometheus and Atlas
	World State of Emergency
HENRIK JONASSON	*Sigmund*
VINCENT JOYCE	*The Long Goodbye*
RUUBEN KAALEP & AUGUST MEISTER	*Rebirth of Europe*
RODERICK KAINE	*Smart and SeXy*
PETER KING	*Here and Now*
	Keeping Things Close
	On Modern Manners

WEITERE BÜCHER VON ARKTOS

James Kirkpatrick	Conservatism Inc.
Ludwig Klages	The Biocentric Worldview
	Cosmogonic Reflections
Pierre Krebs	Guillaume Faye: Truths & Tributes
	Fighting for the Essence
Julien Langella	Catholic and Identitarian
John Bruce Leonard	The New Prometheans
Stephen Pax Leonard	The Ideology of Failure
	Travels in Cultural Nihilism
William S. Lind	Retroculture
Pentti Linkola	Can Life Prevail?
H. P. Lovecraft	The Conservative
Norman Lowell	Imperium Europa
Charles Maurras	The Future of the Intelligentsia &
	For a French Awakening
John Harmon McElroy	Agitprop in America
Michael O'Meara	Guillaume Faye and the Battle of Europe
	New Culture, New Right
Michael Millerman	Beginning with Heidegger
John MacLugash	The Return of the Solar King
Richard Lynn	Sex Differences in Intelligence
Brian Anse Patrick	The NRA and the Media
	Rise of the Anti-Media
	The Ten Commandments of Propaganda
	Zombology
Tito Perdue	The Bent Pyramid
	Journey to a Location
	Lee
	Morning Crafts
	Philip
	The Sweet-Scented Manuscript
	William's House (vol. 1–4)
John K. Press	The True West vs the Zombie Apocalypse
Raido	A Handbook of Traditional Living (vol. 1–2)
Glenn Lazar Roberts	Jihad Bubba
Steven J. Rosen	The Agni and the Ecstasy
	The Jedi in the Lotus
Richard Rudgley	Barbarians
	Essential Substances
	Wildest Dreams

WEITERE BÜCHER VON ARKTOS

Ernst von Salomon	*It Cannot Be Stormed*
	The Outlaws
Piero San Giorgio	*CBRN: Surviving Chemical, Biological, Radiological & Nuclear Events*
	Giuseppe
	Survive the Economic Collapse
Sri Sri Ravi Shankar	*Celebrating Silence*
	Know Your Child
	Management Mantras
	Patanjali Yoga Sutras
	Secrets of Relationships
George T. Shaw (ed.)	*A Fair Hearing*
Fenek Solère	*Kraal*
Oswald Spengler	*The Decline of the West*
	Man and Technics
Richard Storey	*The Uniqueness of Western Law*
Tomislav Sunic	*Against Democracy and Equality*
	Homo Americanus
	Postmortem Report
	Titans are in Town
Askr Svarte	*Gods in the Abyss*
Hans-Jürgen Syberberg	*On the Fortunes and Misfortunes of Art in Post-War Germany*
Abir Taha	*Defining Terrorism*
	The Epic of Arya (2nd ed.)
	Nietzsche's Coming God, or the Redemption of the Divine
	Verses of Light
Jean Thiriart	*Europe: An Empire of 400 Million*
Bal Gangadhar Tilak	*The Arctic Home in the Vedas*
Dominique Venner	*For a Positive Critique*
	The Shock of History
Markus Willinger	*A Europe of Nations*
	Generation Identity
Alexander Wolfheze	*Alba Rosa*
	Rupes Nigra

www.ingramcontent.com/pod-product-compliance
Lightning Source LLC
Chambersburg PA
CBHW031751220426
43662CB00007B/359